Kelemen Mikes, geboren im August 1690 in Zágon, tritt 1707 in die Dienste des Fürsten Ferenc Rákóczi II. und folgt diesem nach der Niederwerfung der ungarischen Freiheitskämpfe 1711 über Polen und Frankreich ins türkische Exil, wo er am 2. 10. 1761 stirbt.

Gleich nach der Ankunft in der Türkei – im Oktober 1717 –, beginnt Kelemen Mikes an eine erdachte Verwandte in Konstantinopel Briefe zu schreiben, denn »wir verbringen allhier die Zeit, so wie es armen Flüchtlingen vergönnt ist: bald traurig, bald lustlos.« Bis 1758 werden es insgesamt 207 Briefe, in denen er »seinem herzliebsten Cousinchen« lebhaft und farbig berichtet vom Leben der Emigranten und den Verhältnissen an der Hohen Pforte. Er schildert Sitten und Gebräuche des ihn umgebenden türkisch-griechisch-armenisch-jüdischen Völkergemischs, erzählt von Aufruhr, Plünderungen und Tod und weiß kenntnisreich zu informieren über historische Ereignisse und kriegerische Auseinandersetzungen im Europa der ersten Hälfte des 18. Jahrhunderts. Seine »Briefe aus der Türkei«, die 1794 in Buchform erschienen, gelten als Standardwerk der ungarischen Literatur.

Sie werden mit dieser Ausgabe erstmals ungekürzt in deutscher Übersetzung vorgelegt.

insel taschenbuch 2618

Kelemen Mikes

Briefe aus der Türkei

Kelemen Mikes
Briefe aus der Türkei

Aus dem Ungarischen und mit
einem Anhang versehen
von Paul Kárpáti

Insel Verlag

Der Verlag dankt für die Unterstützung durch
»Frankfurt '99, Gemeinnützige GmbH« Budapest.

insel taschenbuch 2618
Erste Auflage 1999

Vertrieb durch den Suhrkamp Taschenbuch Verlag
Umschlag nach Entwürfen von Willy Fleckhaus
Umschlagabbildung: Master Dust, Abu'l Ma'ali, 1556
Satz: Hümmer GmbH, Waldbüttelbrunn
Druck: Nomos Verlagsgesellschaft, Baden-Baden
Printed in Germany

1 2 3 4 5 6 – 04 03 02 01 00 99

Briefe aus der Türkei

Übersetzt für L.

Die Briefe des K ... M ... an die Gräfin E ... P ... in Constantinopel

I

Aus Gallipoli, Anno 1717, 10. octobris*

Herzliebste Cousine! Wir sind heute hier, Gott sei's gedankt, glücklich angelangt; aufgebrochen aber sind wir in Frankreich am 15. September. Unser Fürst wäre gottlob bei guter Gesundheit, wenn nur die Gicht von ihm Abschied nehmen wollte, aber die türkische Luft wird sie, so hoffen wir, vertreiben. Wie schön ist's doch, liebste Cousine, auf festem Boden zu wandeln! Sehet nur, selbst der Heilige Petrus bekam einen Schreck, da seine Füße im Wasser versanken. Wie sollten wir Sünder uns nicht fürchten, da unser Schiff sich zwischen so hohen Schaumkämmen wie die siebenbürgischen Berge von einer Seite auf die andere legte. Bald fuhren wir obendrauf dahin, bald stürzten wir in ein so tiefes Tal, daß wir nur mehr gewärtigten, jene Wasserberge würden herniederbrechen über uns. So viel Anstand hatten sie indes doch im Leib, daß sie uns nicht mehr Trunk als nötig einflößten. Sei's drum, wir sind hier gesund und wohlbehalten angelangt. Krank werden kann man nämlich auch auf See, nicht nur auf dem Festland; in der Kutsche durchgerüttelt zu werden ermüdet einen, und man hat mehr Gusto aufs Essen. Auf dem Schiff hingegen wird einem vom unablässigen Geschüttel und Geschlinger ganz duselig im Kopf, es kehrt einem den Magen um, und man kann nicht anders als wie ein Betrunkener tun, der Wein nicht verträgt. Solcherart malad dürfte anfänglich, an die zwei Tage, auch mein armer

* *Gallipoli:* heute türk. Gelibolu, Hafenstadt ausgangs der Dardanellen zum Marmarameer

Magen gewesen sein, danach jedoch überkam mich ein Bärenhunger. Unser Fürst war noch gar nicht von Bord, da ließ ihn schon ein tatarischer Khan, der hier im Exil lebt, mancherlei Geschenke, unter anderem ein schönes Pferd samt Sattelzeug, überbringen. Dem Fürst bot man hier ein gutes Quartier, aber wir sind hundsmäßig untergebracht. Trotzdem mag ich lieber hier sein als auf dem Schiff. Von Euch, liebste Cousine, einen lieben Brief hab ich vor zwei Jahren vielleicht empfangen; es wäre wahr, was ich sage, falls ein Jahr aus einem Monat bestünde. Ich hoffe, herzliebste Cousine, liebe Briefe von Euch nunmehr, da wir die gleiche Luft atmen, häufiger zu erhalten. Und sintemal wir etliche hundert Meilen näher beieinander sind, scheint mir, Ihr solltet mich nun auch mehr lieben. Ich aber vermag, sosehr ich Euch auch liebe, mehr nicht zu schreiben, weil mir so ist, als drehe das Haus sich mit mir im Kreise, wie wenn auch jetzt auf dem Schiff ich noch wär.

2

Gallipoli, 21. octobris 1717

Herzliebste Cousine, ich hab von Euch noch keinerlei Brief erhalten, was mir nicht gar so wohltut. Aber gar wohltat mir, daß die Gicht aus der Einsicht, nicht recht geschätzt zu werden, unseren Fürsten verlassen hat, und dieser ist denn auch heute bei dem tatarischen Khan, auf ebendesselben Tatarenkhans Pferd, zur Visite gewesen und mit sehr großer Freundlichkeit empfangen worden. Ich hatte zuerst gedacht, wir würden geraubt werden und wollte nur noch erspähen, welcher von ihnen mich fesseln würde. Aber das sind sehr gutartige Leute; sie hätten sich liebend gern mit uns unterhalten, aber in so kurzer Zeit konnten wir zu Tataren nicht werden. Nachdem der Fürst sich von dem Khan verabschiedet und auch wir Dero-Tataritäten für den guten Willen mit einem Kopfnicken gedankt hatten, begaben wir uns ins Quartier; unserem Herrn aber hatte man ein schönes Reitpferd überlassen. Ich denke wir werden diesen öden und abgelegenen traurigen Wohnsitz morgen hinter uns lassen, denn des Sultans rote Karosse, die unseren Herrn zu holen hergeschickt wurde, ist eingetroffen. Rot nenne ich sie, weil sie außen mit rotem Tuch drapiert ist; den Namen ›Karosse‹ indes verdient sie mitnichten, es ist nämlich nur ein Karren. Gezogen aber wird der gewöhnlich von vier Schimmeln, denen die Trabgangart darum nicht zugemutet wird, weil sie bereits vergessen haben, was das überhaupt ist, so gealtert sind sie. Achtzig Jahre wird man den vieren schon geben können. Ich kann nicht umhin, nun noch etwas über den Kutscher zu sagen. Ihr würdet denken, irgendein Bürgermeister lenke die vier Rösser. Seinen so ehrenwerten weißen Bart hält gar gemächlichen Schritts das Sattelpferd in Bewegung. In einer Hand hält er den Zaum wohl doch aus alter Gewohnheit, ich sag: aus alter Gewohnheit, denn seine Gäule wüßten auch ohne Zaum Bescheid, in der anderen aber die Tabakspfeife und beräuchert eifrig die Klepper, damit sie keinen Schnupfen kriegen. Das alles ist gut und schön, liebste Cousine, aber bei Belgrad sind die Türken geschlagen worden*, und das Volk hier flüchtet bereits nach Asien. Es mutet an, als stünde der Deutsche bereits bei Adrianopel**, wiewohl er von dort anderthalb hundert Meilen entfernt ist. Wir versichern sie immerzu, daß wir hergekommen sind, um gemeinsam mit ihnen zu kämpfen, sie aber halten es nur mit dem Rennen, der eine da, der andere

* *geschlagen worden:* Sieg Prinz Eugens von Savoyen am 15. 8. 1717
** *Adrianopel:* Urspr. Hadrianopel, heute türk. Edirne, zeitweilig Residenzstadt des Sultans

dort lang. Ach! Liebste Cousine, wie kann man mit solch einem Volk Krieg führen! Kurzum, wir brechen morgen gen Adrianopel auf, um dort den mächtigen und vielbeweibten Sultan und die glanzvoll strahlende Pforte* zu erschauen. Aber, liebe Cousine, die Trägheit gilt's zu vertreiben, die Nadel hinzulegen, mit den Händchen klein den Federkiel zu ergreifen und mir öfters zu schreiben, sieben Briefe die Woche allerwenigstens. Auf die Gesundheit jedoch ist gar sehr zu achten, und mich gilt's zu lieben, denn wer könnte Euch, herzliebste Cousine, mehr lieben als ich.

3

Adrianopel, 29. octobris 1717

Es war schon an der Zeit, herzliebste Cousine, von Euch einen Brief zu empfangen, den man mir hier ausgehändigt hat. Auch Ihr habt es schon verdient, daß ich Euch schreibe, wie wir in dieser kaiserlichen Stadt angekommen sind. In Gallipoli sind wir am 22. aufgebrochen. Unterwegs hat sich nichts der Art zugetragen, was des Berichtens wert wäre; wir kamen daher, wie es uns eben vergönnt war, die einen auf guten Pferden, die anderen auf Schindmähren. Doch haben wir da in der Stadt mit Namen Uzunköprü auf dem Hof des Quartiers unseres Herrn einen Weinstock so groß wie ein großer Pflaumenbaum gesehen. Ebensowenig gelogen ist, wenn ich sage, daß auch die Weinbeeren daran so groß waren wie große Pflaumen. Wundersam jedoch war, daß auf der einen Seite reife Trauben an den Reben hingen, auf der anderen Seite die Früchte noch reineweg Stachelbeeren waren und auf einer weiteren Seite die Trauben grad erst zu blühen begannen. Wie drei Teile des Jahres am Weinstock

* *Pforte:* Hof des Sultans, Machtzentrum des Osmanischen Reiches

wirken, hätte man hier auf einmal beobachten können. Als wir dann am 28. bis auf anderthalb Meilen vor Adrianopel angelangt waren, kam der Kâhya, das heißt der Hausvogt des Kaymakams*, in Begleitung von etwa zweihundert Offizieren unserem Herrn entgegen, um ihn im Namen des Sultans und des Großwesirs, seines Herrn eben, zu begrüßen. Aber wer würde denken, daß der Türke so gute Speisen hat. Fest steht, wir waren alle ausgehungert. Fest steht aber auch, liebste Cousine, daß ich ungesättigt vom Tisch aufgestanden bin, obschon ich von Speisen aus mindestens achtzig Schalen gegessen hatte. Das würdet Ihr nicht glauben, wäre Euch der Brauch nicht bekannt. Ein Hundsbrauch, ein Tölenbrauch! Ach weh! Herzliebste Cousine, kaum hatten wir einmal in die Schüsselchen gelangt, da entzog man sie uns auch schon, ebenso die zweite, die dritte, kurzum siebzig oder achtzig Schalen schwebten so vorbei an uns und fort; in manch eine hatten wir noch gar nicht getunkt, und schon war sie weg. Es scheint, man wollte nur unseren Nasen ein Gastmahl bereiten, und so erhoben wir uns Hunger leidend vom reich gedeckten Mittagstisch. Uns erging es wie Tantalus im Bottich voll Wasser, von dem er ja doch nichts trinken konnte. Ich schwor mir da in meiner zornvollen Hungerleiderei, niemals mit leerem Magen zu einem türkischen Gastmahl zu gehen. Von Trinken aber war gar nicht die Rede. Durst erregte das Wenige, was wir gegessen hatten, wahrlich nicht. Als dieses trockene Mittagsmahl vorbei war, schwangen wir uns mit aller Leichtigkeit aufs Pferd. Unser Herr zog auf des Sultans Roß mit großem Pomp quer durch die Stadt ins Quartier. Und zum Abend ließ uns der Kaymakam ein gutes Essen überbringen, das besser als das zu Mittag war,

* *Kaymakam:* Hoher Würdenträger, Stellvertreter des Großwesirs in Kriegszeiten

weil am Tisch nicht Türken auftrugen, sondern unsere Bediensteten, und sie nahmen die Schüssel dann fort, wenn wir es sagten. Dieser Kaymakam nun steht dem Sultan sehr nahe; wie nicht, wo er mit dessen Tochter schläft. Da der Wesir im Feldlager weilt, nimmt dessen Amt er jetzt wahr. Ibrahim* heißt er und ist unserem Herrn sehr zugetan. Er ist einer von denen, die dem Sultan empfahlen, unseren Herrn aus Frankreich herzuholen. Gesehen habe ich Dero-Kaymakamität noch nicht, aber selbst wenn ich ihn nie zu Gesicht bekomme, liebe ich Euch. Ob Ihr wohl mich?

4

Adrianopel, 7. novembris 1717

So mag ich es, herzliebste Cousine, daß Ihr die vermaledeite Trägheit verscheucht und mir schreibt. Euren lieben Brief hab ich grad in dem Moment empfangen, als ich aufsitzen mußte. Soll ich Euch sagen, wohin wir geritten sind? Zu jenem im Höchstmaß glücksverwöhnten und glückseligen Kaymakam, der mit des Sultans Tochter schläft, wo's geht. Aber insoweit neide ich ihm sein Glück nicht, als es heißt, sie sei nicht schön. Ihr dürft mir glauben, daß ich sie nicht gesehen habe. Glauben dürft Ihr mir zudem, daß ich sie nicht so zu sehen wünsche, wie jene kapaunisierten Kastraten sie sehen. Liebste Cousine, es ist eine hohe Ehre, aber keine hohe Lust, des Sultans Tochter zu ehelichen. Mit welcher Bitternis sich dieser Kaymakam wohl von seiner bildschönen Gemahlin getrennt hat, als ihm die sultan'sche Maid zur Frau gegeben wurde. Die Herzensliebe steht höher als der Reichtum; nicht nur in den reichen Häusern ist die gute Ehe heimisch. Ich weiß, liebste Cousine, Ihr spottet jetzt über

* *Ibrahim:* Nevşehirli Ibrahim Paşa, Schwiegersohn Sultan Ahmets III.

mich, ich redete von der Ehe wie der Blinde vom Licht, der weiß, daß es Helligkeit gibt, aber nicht, was und wie beschaffen sie ist. Doch selbst wenn Euer Mündelein mich verlachen sollte: all meine Lunge, Niere, Leber halten dafür, man soll die liebe arme Gemahlin um einer unlieben, aber reichen Frau willen nicht verlassen. Hab ich etwa nicht recht? Ich werde mich also über die Ehe nicht äußern, hier bin ich davon ohnehin zweihundert Meilen weit weg. Wohl zu berichten hab ich Euch, daß der Kaymakam uns herzlich willkommen geheißen und mit großem Pomp empfangen hat. Fast zwei Stunden lang unterhielt er sich mit unserem Herrn, beschenkte ihn gar mit einem schönen Reitpferd, und als er sich verabschieden wollte, ließ seine Gemahlin etliche Spitzentüchlein überbringen. Ihrer beider Freundschaft ist sehr nützlich, denn wenn ich so nah bei Zágon* wär wie er am Großwesirat dran, dann befänd ich mich schon in dessen Gemarkung. Über das, weswegen wir hergekommen sind, wissen wir noch nichts, aber ich bange darum, daß unser Feldzug sich nicht in Rauch auflöse, sintemal der Türke freudig Frieden schließt, wenn er geschlagen worden ist. Weiter vorstoßen können wir, liebste Cousine, nicht, vielmehr müssen wir uns Gottes Willen anvertrauen, er hat uns hergeführt, mag er unsre Sach denn auch lenken.

Aber glaubt Ihr mir, daß ich mich schwer an dieses Land gewöhnen kann? Gut, die Türken mögen uns, es fehlt uns an nichts, keinem von uns ist Schlimmes widerfahren. Aber für jemanden, der einer fremden Nation zugehört, ist es hier schwer, denn er kann keinerlei Bekanntschaft machen oder Freundschaft schließen. Diese Nation verabscheut den

* *Zágon:* Mikes' Geburtsort und Familiensitz in Siebenbürgen, in den südöstlichen Karpaten

Christen nicht, verachtet ihn jedoch. Man braucht nicht zu erwarten, daß einer uns zu sich nach Hause einlädt; freilich verlangt es mich auch nicht allzusehr danach, daß jemand mich zu sich einlädt. Wozu sollte es aber auch gut sein? Er gibt einem da eine Pfeifenfüllung Tabak, ein Schälchen Kaffee, dann kommt nach ein, zwei Worten das lange Schweigen. Und sobald die Rauchpfanne hervorgeholt wird, heißt das bereits, daß man sich außer Hauses trollen soll. So viel freilich könnte man den Hausherrn vielleicht fragen: Wie geht es Euren Kindern? Aber zu fragen, wie es seiner Gemahlin ginge, empfehle ich niemandem, denn er würde mit Stockhieben aus dem Haus geleitet werden. Von der Frau des Hauses braucht es hier gar keine Erwähnung, als gäbe es keine Weiber auf der Welt. Welch einer Liebenswürdigkeit halber sollte einer dann Verlangen nach türkischer Freundschaft haben, es sei denn etwelchen Nutzens halber. Gut, auch die Unkundigkeit in der Sprache mag eine Ursache für die Fremdheit uns gegenüber sein, denn wir können jemandem, mit dem wir nicht reden können, ja nun doch nicht so zugetan sein wie einem, dem wir unsere Gedanken mitteilen können. Bis jetzt kann ich, liebste Cousine, erst sehr, sehr wenig Türkisch. Ich weiß nicht, wie das künftig werden wird, aber mir scheint, ich werde über die zwei oder drei Wörter hinaus, die ich kann, vielleicht auch künftig nicht kundiger werden. Da wir keinerlei Umgang mit den Türken und noch weniger mit den Türkinnen haben, sehe ich keine Wege, in deren Sprache kundiger zu werden, als ich bin. Urteilt nunmehr doch Ihr selbst, ob es, drei Vokabeln zu erlernen und zu behalten, eines Verstandes bedarf. Wir sind hier noch sehr neue Ankömmlinge; wenn ich die Dinge und die Stadt besser kennengelernt haben werde, schreibe ich mehr. Und ersuchen will ich Euch, diesen Neuankömmling zu lieben. Die Trägheit muß fort, Papier muß her, und es darf nicht geschont werden.

5

Adrianopel, 29. novembris 1717

Herzliebste Cousine, welch eine vom Glück begünstigte Frau seid Ihr doch, daß wir nicht nah beieinander weilen, denn ich würde Euch sogleich umarmen, und so schön und so gut ich es vermöchte, dankte ich Euch dafür, daß Ihr meinen Brief lieb empfangen und mit Freuden gelesen habt. Ich schreib Euch so viel und so lange Briefe, daß Ihr noch die Hände falten und mich so anflehen werdet, nicht gar so viel zu schreiben. Denn für mich gibt es nichts Ergötzlicheres, als wenn ich Euch schreibe. Oh weh! Ich hab gelogen, liebste Cousine, denn Eure Briefe zu lesen bereitet mir noch mehr Wonnen. So herrliche Briefe zu schreiben ist anderen gar nicht vergönnt, nur Euch. Es scheint, anderen bleibt es verwehrt. Wir sollten uns nämlich, liebste Cousine, gegenseitig nicht schonen, sondern uns allzeit schreiben; hat uns die Zeit auch schon so weit voneinander verschlagen, wollen wir uns, soweit wir vermögen, an ihr rächen, wenn's anders nicht geht, indem wir uns schreibend unterhalten. Vielleicht wird es ihr schließlich leid, und sie tut uns nebeneinander. Da dies jedoch so bald, als ich es mir wünschte, nicht sein wird, sollten wir so lange doch schreiben und abermals schreiben.

Und es ist wert, Euch geschrieben zu werden, daß der mächtige Großwesir heute aus dem Feldlager hier eingetroffen ist, und er zog mit großem Pomp in die Stadt ein. Der Kaymakam und die hier weilenden hohen Herren begaben sich, jeweils mit dem eigenen Hofstaat, ihm entgegen. Man kann sagen, liebe Cousine, die Wesire sind irdische Götter, denn in anderen Ländern werden nicht einmal die Könige mit so großem Pomp und solcher Zeremonie begrüßt, wie hier der Wesir empfangen wurde. Aber ach, ist denn deren großer Ruhm und Glanz nicht dem der Könige in den Komödien gleich? Zwei bis drei Stunden währt die Komödie, und von viel längerer Dauer ist auch das Königtum nicht. Dieser Wesir hielt ebenfalls mit großem Pomp Einzug, vielleicht wird er morgen schon auf einen Karren gesetzt und, geleitet von sechs Mann, aus der Stadt geschafft. Und so weit kann es mit ihm leicht kommen. Das weiß er möglicherweise auch selbst, ist doch der Kaymakam des Sultans Schwiegersohn, und dessen Gemahlin mag zweifelsohne lieber Frau Wesir als Frau Kaymakam sein. Mir deucht, als hätte ich dies aus ihrem Munde gehört. Und über den Wesir kann ich Euch, eh er jenen Unglückstag erlebt, schreiben, daß er, obschon ich ihn nur von weitem gesehen habe, ein schöner Mensch ist, und daß er viel Muskelkraft hat, daran ist nichts Verwunderliches, wo er doch im Hause seines Vaters mit Ochsen zu ringen hatte, und ein Metzgerssohn muß kräftig sein. Daraus könnt Ihr erkennen, daß es sich um eine Metzgersfamilie handelt, und daß der ihm Nächste, sein Vater, Metzger war; und auch er selbst pflegte eine Zeitlang diese Disziplin. Wie sollten die Dinge dieses Imperiums gut laufen, wo sie einem Metzger in die Hände gelegt wurden? Jedoch deucht mich, es paßt besser zu einem Metzger, ein guter Kriegsmann zu sein, sintemal er ohnehin täglich Blut vergießt, als zu einem Holzhacker, über den ich jedesmal lache, wenn er mir in den Sinn kommt.

Da war am Hofe des Sultans ein Holzhacker, auf türkisch: Baltacı*. Der Sultan fand Gefallen an dem Mann, der

* *Baltacı:* Türk. Holzhacker; Beiname des zweimaligen Großwesirs Baltacı Mehmet Paşa (1704-06, 1710-11); Schlacht am Prut: 1711; Schwedenkönig: Karl XII.

hackte halt gut Holz; er setzte ihn bei Hofe in irgendein Amt ein, dann höher und höher so weit, daß er ihn zum Wesir berief. Aber zu seinem Unglück machte der Sultan ihn zu einem Zeitpunkt zum Wesir, als die Kriegsführung mit dem reußischen Zaren einem Gescheiteren hätte anvertraut werden müssen. Jedenfalls wurde der Baltacı zum Wesir berufen und gegen den reußischen Zaren losgeschickt, der mit seinem Feldlager am Prut bereits solcherart bedrängt war, daß er sich mit Mann und Maus hätte ergeben müssen, wenn der Baltacı klug gewesen wäre. Als der Zar sah, daß er wohl in Gefangenschaft gehen muß, kam seine Gemahlin auf den Gedanken, daß sie den Wesir, wenn sie ihm ein Geschenk zukommen ließen, vielleicht herumkriegen könnten. Tags darauf ließen sie ihm ein Geschenk überbringen und brachten auch den Frieden unter Dach und Fach; so entging der Moskowiter Zar mitsamt seiner Heeresmacht der Gefangenschaft. Unterdessen war der König von Schweden beim Wesir eingetroffen und beteuerte: Hier hast du den Zar in der Hand, du kannst ihn morgen packen, wenn du nur willst. Darauf hat der Wesir geantwortet: Ja, aber wenn ich den Zar gefangennehme, wer kümmert sich dann um sein Land? Urteilt selbst, mit welchem Zorn der schwedische König diese Antwort vernahm. Doch ich frage Euch, war es nicht eine zu einem Holzhacker passende Antwort? Aber ich denke, unser Metzger ist gescheiter als der Baltacı; es wird sich erweisen, wie er unsre Sach* betreibt. Ich aber wünsche, daß die Sach Eurer Gesundheit wohl läuft. Wenn Ihr, liebste Cousine, wüßtet, wie ich Euch liebhab, schriebet Ihr mir längere Briefe.

* *Unsre Sach:* Wiedergewinnung Siebenbürgens durch und für den gewählten Fürsten Ferenc Rákóczi II.

6

Adrianopel, 10. decembris 1717

Herzliebste Cousine, wir sind noch hier, werden es auch sein, aber wir wissen noch nicht, was wir hier denn nun tun werden. Uns selbst über haben wir hier noch nicht, aber recht nahe daran sind wir schon, denn hergekommen sind wir ja nicht, um hier viel Zeit zu verbringen und auf Adrianopels schönem ebnem Gefilde nur der Jagd zu pflegen, sondern unserem Exil ein Ende zu bereiten. Jedoch beginnt die Hoffnung in uns recht entschieden zu vereisen. Wahrhaftig, es herrscht strenge Kälte, und wir wohnen in kalten Häusern, aber die Wärme in uns würde die Hoffnung vor den Frösten schon bewahren, wenn wir es mit einer anderen Nation zu tun hätten. Aber welche Sach kann kälter sein auf Erden als eine mit dem Türken gemeinsame. Es stimmt schon, Worte des Zuspruchs gibt er uns ja, aber wo es ums Zutun geht, ist kein Ende abzusehen; dieses fürchterliche Hinauszögern dabei: morgen, morgen, und das Morgen beläuft sich auf sechs Monde, und derweil lassen sich aus ihm keine sechs Worte herauszerren. So muß man halt mit Hoffnung hecheln. Als Dero Sultan'sche Großherrlichkeit erfuhr, daß unser Herr französische Kleidung trägt, ließ er insgeheim einen Umhang anfertigen und schickte den heute hierher. Der Futterstoff ist mehr wert als das Gewand. Aber da kann man nun sagen, nicht das Geschenk gilt's zu beachten, vielmehr den, der es geschickt hat. Es ist schon so, liebste Cousine, daß es viele gibt, die Geschenke machen, aber wenige, die sich auf die Art des Schenkens verstehen und das Geschenk richtig zu übergeben wissen. Ist es denn etwa ein rechtes Geschenk von einem Wesir, einem Fürsten Blumen, Häflein oder einen Wasserkrug zu schicken? Solche Geschenke sind allgemein üblich in diesem Lande; so ist es hier Brauch, doch ist es ein guter, ein schicklicher? Nunmehr habe es sein Bewenden mit den Geschenken.

Gleichwohl würde ich, liebste Cousine, wenn ich Euch was zu schreiben hätte, meinen Brief noch nicht schließen, denn ich nehme Euer Herzelein als Beweis dafür, daß es zu meinem höchsten Entzücken gereicht, wenn ich mit Euch plaudern darf. Und heut hab ich grad großes Verlangen danach, mit Euch zu plaudern. Also schreib ich lieber Unnützes bloß, als daß ich meinen Brief so rasch beschließe. Wovon indes soll ich schreiben, von Stockhieben? Eine sehr ansehnliche Gabe ist es nicht. Aber welch hohe Ehre doch, wenn ein Sultan jemanden mit dem Stock traktiert; kurzum, der Sultan hat seinen Schwiegersohn geprügelt. Man könnte glauben, der hat um die Gunst seiner Frau nicht gebuhlt. Nichtsdestotrotz kennen wir die Ursache für diese schmerzhafte Ehre nicht, denn solches trägt sich nur im Harem, das heißt im Frauenhaus zu. Und dort hat, wer ein ganzer Mann ist, keinen Zutritt. Daß es Prügel gab, haben wir von einem Landsmann erfahren, dessen Ehefrau bei der Frau des Kaymakams als Wäscherin in Diensten ist. Deren Mann also ist ein Ungar und Sklave des Kaymakams, am Hofe aber nimmt er die Stellung eines Holzhackers ein. Wohlwollen ist ja doch eine Wohltat allerorten. Dieser Wohlwollende besucht uns, von Patriotismus bewegt, häufig und ist uns mit Nachrichten über Vorfälle an solch geheimen Orten gefällig. Ihr werdet, liebste Cousine, sagen, ob ich denn nichts anderes zu tun hätte, als solch unnütz' Zeugs zu schreiben. Es stimmt schon, unser hauptsächlichstes Tun ist das Herumliegen, aber selbst wenn es was zu tun gäb, ließe ich es, nur um Euch zu schreiben, stehn und liegen. Denn, liebste Cousine, wer liebt Euch so wie ich? Und ich würde die schon vorhandene Liebe um zwei Pfund noch vermehren, wenn ich wüßte, daß

Ihr für Eure Gesundheit rechte Sorge tragt. Ob Ihr mich denn liebt?

7

Adrianopel, 17. decembris 1717

Heute, liebste Cousine, ließ der Wesir unserem Herrn ausrichten, daß der ihm, so er sich zu ihm begäbe, herzlich willkommen wäre. Alldieweil wir jedoch allesamt Fußvolk sind und lediglich unser Herr drei Pferde hat, brachte man jedem von uns ein Pferd zum Aufsitzen, und wir begaben uns mit großer türkischer Zeremonie zum Wesir. Aber denkt Euch selbst, wie ich erschrak, denn als wir das Haus des Wesirs betraten, hub die Menschenmenge aus vollem Hals zu schreien an, als wenn gerufen wird: Diebe! Schon hatte ich nur mehr im Auge, welcher von ihnen mich packen würde. Aber der Schreck hielt nicht lange an, denn der Wesir hieß unseren Herrn herzlich willkommen und bot ihm einen Platz neben sich an. Hernach fragte ich, was das Geschrei sollte. Man sagte, es sei üblich, Rufe auszustoßen, wenn der Wesir irgendeinem fremdem Herrn Audienz gewährt: Hochlebe Mohammed! Hochlebe der unbesiegbare Sultan! Hochlebe der mächtige Wesir! Da seht Ihr, liebe Cousine, wie es einem ergeht, wenn man die Bräuche nicht kennt. Ein andermal krieg auch ich keinen Schreck. Gut und schön, unser Herr verbrachte zwei Stunden mit dem Metzger. Man sagt über ihn, er habe mehr Verstand, als ein Metzger gemeiniglich, und er könne nicht nur mit dem Hackbeil umgehen, sondern auch der Sache des Landes gerecht werden. Das können wir wohl glauben, da dies ein Mann von so großem Verstand von ihm sagt, als es unser Herr ist, der dann auf dem Roß des Wesirs zurückritt, das dieser ihm geschenkt hat, wie's halt Brauch ist. Ich weiß, wenn wir zum Sultan gehn, werden wir ebenfalls ein Reitpferd bekommen.

Ich sagte bereits, diese Wesire sind irdische Götter. Für einen König ziemte sich deren großer Pomp, Reichtum und Hofstaat. Da nun aber ein Teil ihres Pomps darin besteht, daß vor ihnen allzeit ein Diener stehe und bei Gesprächen über Reichssachen Diener nicht dabei sein dürften, halten sie sich stumme Bedienstete. Und die verstehen Winke so, als spräche man zu ihnen; die nun halten sich im Hause auf, wenn der Wesir über geheime Dinge spricht. Ist das etwa kein guter Brauch? Vielleicht wäre ein solcher Brauch auch bei uns angebracht, und es gäbe nicht so viel Getratsche im Haus. Was mir da grad einfällt: Wenn bei uns die alten Frauen stumm wären, grämte dies die jungen Frauen mitnichten. Mich indessen grämt, daß unsre Sach so ganz und gar stumm verläuft und ich dabei keinerlei Vorankommen erkennen kann, vielmehr besorgt bin, daß sie nicht noch rückwärts sich bewege und wir uns am End' nicht noch niederlassen hier. Liebe Cousine, der Topf hat sich an des Töpfers Willen zu kehren und kann zum Töpfer nicht sagen: Warum hast du mich nach Adrianopel geschickt? Ich wäre lieber ein Krauttopf geworden in Siebenbürgen denn eine Kaffeetasse beim Sultan.

Heißt es nicht klug beim Türken, Gott habe einen Haufen Brote ausgestreut da und dort für den Menschen, und da muß dann jedweder hin und da bleiben, solange das Brot vorhält. Für uns ist hier ein Haufen Brots ausgestreut, drum sollen wir, solange es vorhält, davon zehren ohne Murren, und wir sollten nicht sagen, es wäre besser, Maisbrei zu essen in Siebenbürgen, als Weizenbrot hier. Möglicherweise befürchte ich, liebste Cousine, nicht ohne Grund, daß ich, wenn der liebe Gott mich in diesem Exulantenleib erhält, vielleicht einen schobergroßen Haufen Brots werde in diesem Lande essen müssen, denn wenn der Türke erst einmal geschlagen worden ist, wird er die Schwiele, soweit es an ihm liegt, mit Friedlichkeit einsalben. Unser Metzger mag ein guter Wesir sein, aber ein guter Kriegsmann ist er nicht. Und selbst wenn er ein guter Kriegsmann wäre, mag ihn der Sultan doch nicht so wie den Kaymakam, der sehr viel Verstand hat, aber das Kriegshandwerk so mag wie ich die Advokatur, und so viel versteht er denn auch davon. Aber auf das Wesirat ist er, wie man weiß, erpicht; und da er des Sultans Schwiegersohn ist, kann er es schaffen, und falls er es schafft, ist es gewiß, daß er den Frieden bewerkstelligt. Und wenn der Frieden geschaffen ist, sollten wir uns getrost bei unserem Haufen Brots niedersetzen, denn weg werden wir von hier nicht kommen, eh wir es aufgegessen haben. Ich aber werde Euch, solange mein Haufen Brots vorhält, von Herzen lieben. Und Ihr mich? Auf die Gesundheit achtet wohl, nichts ist kostbarer als sie.

8

Adrianopel, 4. januarii 1718

Ich wünsche von Gott, daß Ihr dieses neue Jahr glücklich beginnt und beschließt. Mindestens zwei Pfund mehr an Gesundheit wünsche ich Euch, und ich bitt Euch, Eure Liebe zu mir um wenigstens einhundert Dirhem* aufzubessern. Herzliebste Cousine, obschon alle Taschen, Falten und Kästchen meines Herzens erfüllt sind von meiner Liebe zu Euch, bin ich dennoch einem Stück Eise gleich. Deswegen nun sollte ich Euch nicht schreiben? Gewiß verdiene ich es, daß Ihr mir recht schön dafür dankt, daß ich selbst so verfro-

* *Dirhem:* Alte türk. Gewichtseinheit (ca. 2,5 Gramm)

ren freudig schreibe und Euch wissen lasse, daß wir heute an der glanzvollen Pforte des unbesiegbaren Sultans gewesen sind, wohin man unseren Fürst mit großem Pomp geleitet hat. Im Diwansaal empfing der Großwesir den Fürsten. Und als man dann vor den Fürsten einen kleinen runden Tisch und darauf eine große Silberschale gestellt hatte, wurden die Speisen aufgetragen, aber nur alleinig vorgesetzt, weder Messer noch Gabel noch Tisch- noch Mundtuch bereiteten Ungelegenheiten auf dem Tische. Ebenso hatten der Wesir und der Kaymakam je ein Tischlein vor sich, und bei jedem der Tische wurden zugleich die gleichen Speisen serviert. Als das Mittagsmahl zu Ende war, wurde eine Stunde drauf der Fürst zum Sultan gebracht; keiner von uns begleitete ihn, und als er vor dem Sultan stand, wurde ihm ein Kaftan aus Edelmarderfellen umgehängt. Solange der Fürst beim Sultan weilte, wurde auch jedem von uns ein Kaftan um die Schultern gelegt. Als der Fürst vom Sultan herauskam, setzte er sich auf ein Roß seines Gastgebers. Wir allesamt bestiegen ebenfalls Pferde, und wenigstens dreißig Könige geleiteten unseren Herrn in sein Quartier zurück. Lacht nicht, liebe Cousine, hättet Ihr uns in den Kaftanen gesehen, wäre es Euch vorgekommen, als hätten ebensoviele ägyptische Könige den Fürst begleitet, nur daß wir halt nicht so schwarz sind. Liebe Cousine, wundert Euch nicht, wenn den erhabenen Königen sehr kalt war, so wir heute arg strenges Wetter hatten. Erfahren sollt Ihr zudem, daß Dero Majestäten hungrig heimgekehrt sind von der Visite. Das Reitpferd, auf dem der Fürst zurückgekehrt ist, machte ihm der Sultan zum Geschenk, samt Zaumzeug sowie mit einem Streitkolben und einem Säbel am Sattel. Mich liebt Ihr, indem Ihr auf Eure Gesundheit achtet, und ich lieb Euch, wenn Ihr gesund seid.

9

Adrianopel, 15. februarii 1718

Herzliebste Cousine, ich nehme es freundlich entgegen, habe aber auch gelacht über Euer Klagen, Ihr könntet häufiger nicht schreiben, weil es keine Gelegenheit zur Absendung gäbe. Ihr versteht es so gut, Euch zu exkulpieren, und Ihr beklagt Euch so liebreizend, daß dies allein schon zehn Briefe wert ist. Euch ist vielleicht bekannt, daß es von hier keine Post nach Constantinopel gibt. Wißt Ihr aber auch den Grund dafür? Der Grund dafür ist, daß zu früherer Zeit, als der Sultan hier wohnte, die Herren selbst geringster Anlässe wegen die Post nach Constantinopel in Anspruch nahmen. Da war unter anderem der Lieblingspfeifenstiel eines hier eingetroffenen Paschas in Constantinopel vergessen worden, und er verlangte, daß der ihm auf dem Postweg nachgeschickt werde. Als der Sultan davon Kenntnis erhielt, verfügte er, daß es zwischen den beiden Hauptstädten keine Post mehr geben sollte. Da seht Ihr, welchen Schaden mir ein Pfeifenstiel zufügte. Wir hier lassen nichts unversucht, um unsre Sach wohl zu befördern. Der Reis Efendi (Cancellarius)* kommt häufig zu uns, und auch wir gehen des öfteren incognito zum Kaymakam, geb Gott zu einem guten End! Ich fürchte aber, daß es uns ergehen wird wie den Bergen, die sich zusammentun und dann Mäuse gebären. Denn ich hab es schon einmal geschrieben und werde es hundertmal tun: der Schwiegersohn des Sultans, der laut Erzählung seines Holzhackers oftmals geprügelt werden mag, zielt auf das Wesirat ab, taugt fürs Kriegshandwerk jedoch so wie ich fürs Advokatenfach. Vielleicht versteh ich mich darauf sogar noch eher, denn ist es etwa nicht des Amtes eines Advo-

* *Reis Efendi:* Vorsteher der Hofkanzlei, mit Kompetenzen für Auswärtige Angelegenheiten

katen, daß er den eigenen Nutzen zu suchen weiß, von jeder der Parteien Geschenke zu nehmen und keiner zu dienen? Oh, liebe Cousine, wie nah er schon dran ist an der Wesirenwürde! Wenn ich so nah an der Ehe dran wäre, wäre vielleicht schon zum Brauttanz aufgespielt worden. Nichtsdestotrotz spricht man uns gut zu, nur bleibt es dann halt dabei. Wenn der Türke geschlagen wird, heult er bloß und macht Frieden. Überdies begünstigt man in Frankreich – Gott mag wissen, warum – den Deutschen*, und hier wirkt der Franzose darauf hin, daß es mit dem Deutschen zu einem Frieden komme, und wenn das soweit sein wird, sollten wir Siebenbürgen nicht die Flanke, sondern den Rücken zukehren. Neues gibt es nicht zu berichten, denn wir haben so strenge Fröste, daß auch die Neuigkeiten erfroren sind. Mehr kann ich nicht schreiben, es wartet ein alter Çifut** auf meinen Brief, der erfriert meiner Seel. Wüßt ich bloß, aus welchem Geschlecht er ist, dem Bart nach aus dem Geschlecht des Sebulon***. Daß Ihr, liebe Cousine, Euch nur keinen Schnupfen holt. Liebt Ihr mich denn? Ob ich Euch liebe, braucht gar nicht gefragt zu werden.

10

Adrianopel, 15. martii 1718

Herzliebste Cousine, grad heut ist es, wenn ich richtig gezählt habe, einen Monat her, daß ich Euch geschrieben habe. Aber ich gelobe auf meinen Bart (so ich einen haben werde), daß ich, sobald sich das Wetter mildert, öfter schreiben will. Denn selbst wenn Euer Herz ein Marmorstein wäre, würdet Ihr mich bedauern, wenn Ihr sähet, wie es mir ergeht, oder

* *den Deutschen:* Durchweg für »Österreicher« ** *Çifut:* Abschätzig für »Jude« *** *Sebulon:* Einer der 12 Söhne des biblischen Jakob; hier: Küstenbewohner

besser: wie wir untergebracht sind. Meine Wohnung besteht aus vier Steinwänden, darin ist ein Fenster mit Läden aus Holz, durch das der Wind in der Breite und in der Länge hereinkommen kann. Wenn ich es aber mit Papier dicht mache, verzehren dies die Mäuse und die Ratten zum Nachtmahl. Mein Mobiliar besteht aus einem kleinen Holzstuhl, mein Bett ist auf den Erdboden hingebreitet, und gewärmt wird mein Haus von ein wenig Kohle in einer Tonschale. Aber denkt nicht, nach all dem sei ich des Erbarmens Würdigster, denn zehn von uns haben keinen Holzstuhl und kein solches Bett wie ich oder auch nur einen Holzladen am Fenster, der Schnee findet wehend Eingang auf ihre Bettstatt. Doch kann man eine auf den Boden gebreitete Pferdedecke Bettstatt nennen? In Palästen solcher Art wohnen wir nun. Aber da der Mensch Hoffnung sehr nötig hat und sie so vonnöten ist als die Nahrung, hoffen wir in schlechten Häusern wohnend derzeit, einst noch in guten zu wohnen. Ob wir das jemals erleben werden? Erlebt indes haben wir, daß der spanische Gesandte* hier eingetroffen ist, den der König mit recht viel Versprechungen, in allem Beistand zu leisten, zum Fürsten entsandt hat. Heute früh trat er unserem Herrn gegenüber, der ihn im Stehen empfing und mit ihm ein etwa halbstündiges Gespräch hatte. Ihr wißt doch, daß ich Euch liebhab. Ihr wißt auch, daß auf die Gesundheit zu achten ist, und wohl auch, daß man in einem kalten Haus nicht viel schreiben kann.

* *Gesandte:* Abgesandter des spanischen Königs Philipp V., ein gewisser Boissimène, in Wirklichkeit politischer Abenteurer

II

Adrianopel, 22. aprilis 1718

Ich weiß nicht, ob ich diesen Brief aus Noahs Arche oder aus Adrianopel schreibe; hier ist überall eine so große Überschwemmung, daß die ganze Stadt in Wasser steht. Nur gut, daß wir klares Wetter haben, sonst könnte man denken, es gäbe wiederum eine Sintflut. Vermutlich haben die Schneereste in den Bergen die hiesigen Flüsse anschwellen lassen, denn das Gewässer vor unserem Haus führt solches Hochwasser, daß die Gassen mit Booten befahren werden. Aber hier hat sich etwas zugetragen, was nur bei der Sintflut passiert sein könnte: das Essen von der Küche mußte hoch zu Roß hergeschafft werden. Habt Ihr davon gehört, daß man etwa für den römischen Kaiser das Essen mit solchem Pomp hätte von der Küche holen lassen? Nur hätte eben Habakuk trockenen Fußes Essen holen müssen. Dieses pompöse Essenholen mag vielleicht zwei Tage angedauert haben. Glaubt nicht, daß es nicht durchaus auch zu Fuß hätte geholt werden können, denn das Wasser reichte nur bis zur Schenkelmitte, aber die Diener ritten nun mal lieber zur Küche. Gewiß hatten wir nicht den Riesen* nötig, von dem die Juden des Glaubens sind, das Wasser habe ihm, als er zur Zeit der Sintflut auf den höchsten Berg stieg, lediglich bis zum Gürtel gereicht, und er sei allerwärts neben der Arche hergeschritten so wie der Läufer neben der Karosse. Fürderhin wird man hierorts bereits Neuigkeiten schreiben können, denn das Haus ist nun wärmer, und auch die Neuigkeiten sind aufgetaut. Meine Liebe erlischt von der Sintflut nicht. Und Ihr, liebt Ihr mich denn? Gebt Ihr wohl acht auf Eure Gesundheit?

* *den Riesen:* Vgl. biblische Gestalt Og (5. Mose 3 und in der Midrasch-Schrift)

12

Adrianopel, 27. aprilis 1718

Herzliebste Cousine, Ihr kennt mich nicht gut, denn würdet Ihr mich kennen, schriebt Ihr nicht, daß Ihr mir ebenso selten schreiben würdet, als ich es tu. Fürchtet Ihr denn meine furchtbare Vergeltung nicht? Wißt Ihr eigentlich, daß es für mich nichts Wonniglicheres gibt, als Rache zu nehmen an dem, den ich liebe. Auf wen ich böse bin, dem verzeih ich, sofern möglich, aber wen ich liebe, an dem muß ich mich rächen. Das nennt man dann süße Rache. Sich aber an jemandem zu rächen, dem man zürnt, ist eine bittere Rache. Damit halten es viele nicht so, wir beide aber ja, und werden es nicht einmal bereuen. Rächen wir uns also aneinander, und schreiben wir uns häufig. Wollt Ihr Neues wissen? Euren Wunsch zu erfüllen vermag ich nicht. Der französische Gesandte Bonnac* wirkt hier nicht darauf hin, daß das Kriegführen weiter andauere, sondern alsbald beendet werde. Der Deutsche wünscht dies so, und dem Türken ist der Kriegszustand schon leid. Was fangen zwischen den beiden wir nun an? Wir müssen so tanzen, wie aufgespielt wird. Zum Kriegführen sind wir gerufen worden, jedoch zum Friedenhalten angekommen. Kann man sich denn anderes wünschen, außer was Gott gefällig ist? Wir müssen den von ihm bestimmten Weg gehen, und da gilt es nicht zu schlendern, sondern zu rennen. Denn Gott mag, daß wir nach seinem Willen rennen, nicht nur guten Muts, sondern mit Freuden. Grämen wir uns also nicht, wenn die Dinge nicht so laufen, wie sie uns gefällig wären; wer die Zukunft lenkt, weiß auch, wie die Dinge zu laufen haben. Betrübt wäre ich indes, wenn Ihr mich nicht liebtet. Ihr aber freuet Euch, denn

* *Bonnac:* Jean Louis Dusson, Marquis de Bonnac, 1716-1725 französischer Gesandter bei der Hohen Pforte

ich lieb Euch schrecklich. Wie steht's denn mit der Gesundheit? Achtet Ihr auch darauf? Gute Nacht, liebste Cousine!

13

Adrianopel, 9. maji 1718

Manche werden von Gott erhoben und manche erniedrigt, und allesamt haben ihm dankzusagen. Liebste Cousine, heute hat sich solches hier zugetragen, und ich beteuere Euch schon lange, welch großes weltliches Glück es ist, mit der Tochter des Sultans zu schlafen, und welch großer Fall für den Metzger der Sturz aus dem Wesirat ist. Der Kaymakam ist heute in die Wesirenwürde aufgestiegen, und der arme Metzger ist ihr entfallen. Am heutigen Tag sandte der Sultan einen Kapıcı Başı* zum Wesir mit der Aufforderung, er solle das Petschaft zurückgeben und sich aus dem Zelt unter Zurücklassung all seiner Habe entfernen. Der Ärmste mußte sogleich alles steh'n und liegen lassen, er wurde lediglich mit dem Umhang, den er anhatte, aufs Pferd gesetzt und in Begleitung von etlichen Çavuş aus der Stadt geschafft. Es ging einem unweigerlich zu Herzen, als er mit etwa zwölf Begleitern unter unserem Fenster dahinritt. Gewiß, er wird nicht getötet, sondern mit irgendwelchem Paschalik abgefertigt. Aber aus welch großer Höhe ist er doch herabgestürzt! Wenn wir in Betracht ziehen, daß er Metzger gewesen war, kann man sagen, es war kein großer Fall. Doch wir müssen sehen, welchermaßen er von dort aufgestiegen war, in den Stand der Fürsten, und da können wir erkennen, daß er tief gestürzt ist. In solchem Zustand sehen wir, daß der Herr der Könige jemanden aus dem Staub, vom Pflug weg, aus der Metzgerei hoch emporhebt und nach kurzer Zeit

* *Kapıcı Başı:* Höherer innerer Bediensteter am Hofe

wieder in den vorherigen Zustand fallen läßt. Und der Zustand nach dem Fall ist viel ärger als der vor der Emporhebung, denn derjenige hat den Ruhm dieser Welt verkostet. Viel könnte man, liebste Cousine, über solcherlei Wechselfälle sinnieren, aber ich hab zu bedenken, daß ich einen Brief schreibe und kein Buch.

Doch ich komme nunmehr wieder auf den im irdischen Glück weilenden neuen Wesir zurück, der mit all seiner Glückseligkeit letztlich das gleiche, wenn nicht schlimmere Los haben wird als sein Vorgänger. Aber er schwimmt halt im Glück, solang es geht. Sobald der Sultan das Petschaft dem armen Metzger hatte abverlangen lassen und ihn aus all seinem Hab und Gut herausbefördert hatte, überreichte er das Petschaft dem Kaymakam und erhob ihn damit ins Wesirat. Und dieser begab sich, als er vom Sultan gekommen war, mit Pomp ins Zelt des abgesetzten Wesirs, wo er auf dessen sämtliche Güter die Hand legte und für sich in Beschlag nahm. Eine schöne Sache, liebste Cousine, binnen einer halben Stunde Herr einer Habseligkeit im Wert von etlichen hunderttausend Talern zu werden. Dieser glücksbegünstigte Wesir konnte sich dessen beinahe gewiß sein, daß er den Triumph erlangt; einmal, weil seine Frau dem Sultan sehr lieb ist, und zum anderen, weil jener ihn selbst ebenfalls mag. Wie hätte er da nicht aufs Glücksrad klettern sollen?! Dieser ist, das ist schon wahr, kein Metzger gewesen, sondern aus der Schreiberzunft vom Sultan erhoben und so dann immer höher befördert, mit seiner Tochter bedacht und zum Kaymakam gemacht worden. Und nun ist er bereits Wesir und heißt Ibrahim Pascha. Ich würde gern wissen, ob er sich Gedanken macht über die Wandlungen in dieser Welt. Aber tut er's, tut er's nicht, er sitzt bereits im Sessel und wird dort sitzen, solang es geht. Wir sitzen ebenfalls hier, solang es geht, denn es ist so gut wie sicher, daß wir auf Kriegsgeschehen nicht mehr zu warten brauchen, der Wesir plaziert den Frieden gleich neben sich hin. Allein schon die Suche seines eigenen Nutzens bringt das mit sich, ist er doch kein Mann des Krieges; er ist von großem Verstand, aber nicht fürs Kriegsgeschäft.

Es wird uns auch jetzt noch reichlich Zuspruch gewährt, aber das ist alles Schall und Rauch, und die vielen schönen Tröstungen, auf dem Weg in unser Vaterland zu sein, lösen sich auf wie Wolken. Müssen wir also verzweifeln? Beileibe nicht. Vertrauen wir, hoffen wir, liebste Cousine, auf Gott, selbst wenn wir fast mit aller Gewißheit wüßten, daß er, was wir uns wünschen, nicht gewähren wird. Es ist schon wahr, ohne Zágon zu existieren ist schwer; es ist schwer, meine Schultern jedes Jahr mit zwölf Monaten zu beladen und dem Stande der Ehe weit fort oder völlig zu entraten. All das sind schwere und belastende Dinge, nicht wahr, liebste Cousine, aber wir sind Christen, um zu vertrauen. Wieder vergaß ich, daß ich einen Brief schreibe und kein Buch, und daß Ihr keinerlei Bedarf an meinen Predigten habt. Aber unser Herr Prediger folgt demütig dem Weibe, denn heute ist hier ein Tag, an welchem zwei Männern das Maß angelegt wurde; der eine ist auf-, der andere abgestiegen, und wir sind am Boden verblieben. Und über solches sollte unser Herr Prediger etwa nicht nachdenken? Und nur, damit das Weib sein Spiel nicht abbrechen muß und nicht mit einem langen Brief ermüdet werde. Ich sagte ja, ich mag Rache üben, aber nun erbarme ich mich schon Eurer und beschließe den Racheakt. Hei, wenn Ihr wüßtet, wie ich Euch liebe! Und Ihr? Achtet auf Eure Gesundheit! Indes wird meine Kerze gleich entschlafen, auch ich schlafe ein.

14

Adrianopel, 6. junii 1718

Wir sind noch hier, wissen aber nicht, wozu wir bestimmt sind, ob zum Kriegführen oder zum Friedenhalten. Ich denke, man wird uns hier mit letzterem an die Kette legen. Den Reis Efendi (Cancellarius) entsendet die Hohe Pforte des öfteren zu unserem Herrn, dabei hat er alle Taschen, Busen und Çalmas* voll mit Versprechungen, aber nur mit Versprechen, nicht mit Wirklichkeit. Man redet uns viel und gut zu, was den Krieg betrifft, aber je mehr der Türke von Kriegführen redet, umso mehr Gefallen findet er am Frieden. Aber wer wagte schon an Frieden zu denken, wo der Wesir heut hier in Federschmuck und Waffen, einem Herkules gleich, mit den Heerscharen gen Sofia aufbrach. Er weiß freilich, daß die vielen Heere nicht nötig sein werden, wie denn ein so großes Heer ja auch gar nicht mit ihm zog. Kurzum: sowohl der Wesir als auch der Janitscharen-Aga sind mit gar großem Pomp aufgebrochen. Das ist bloß Komödie, sind sie doch schon lange hinter dem Frieden her. Nichts anderes ist denn auch der Grund für den Marsch gen Sofia: näher bei dem Ort zu sein, wo die Abgesandten sich zur Aushandlung des Friedens versammeln. Unter solchen Umständen sollten wir, liebste Cousine, nicht dagegen sprechen, aber Siebenbürgen, dem lieben Feenlande, den Rücken kehren und betend danken für Gottes wunderbare Fügung, nicht nur für die jetzige, sondern die künftige gar.

Denn bedenkt doch einmal: der Sultan entsandte einen Kapıcı Başı mit einem schönen Brief voller großer Versprechen zu unserem Herrn nach Frankreich; mit dem Kapıcı

* *Çalma:* Weißer Turban der Gelehrten

Başı schickte die Hohe Pforte auch den edlen Herrn János Pápai* mit. Gewiß sind wir von der Hoffnung geleitet hierher gekommen, daß wir auf dem Kriegswege unser Vaterland betreten würden. Für uns war jedoch nicht dies bestimmt; es war entschieden, daß wir Frieden zu halten hierher kamen und das Exil in diesem Land zu verbringen haben. Wenn aber Gott unsere vom Krieg genährte Hoffnung verhindert hat, sollten wir ihn andererseits für seine Güte anbeten. Denn bedenkt man, wie groß jetzt das Bündnis des Franzosen mit dem Kaiser ist, steht fest, daß unser Herr in Frankreich keine Bleibe gehabt hätte, und selbst wenn der Ruf hierher nicht ergangen wäre, wäre er doch genötigt gewesen, aus Frankreich auszureisen. Wie denn auch der Herzog von Orléans, Regent von Frankreich**, mit unserem Herrn, sobald der hier angelangt war, keinerlei Korrespondenz unterhielt und aus Rücksicht auf seine Kolligation mit dem Kaiser die Briefe unsres Herrn nicht beantwortet hat. Was hätten wir also gemacht, hätte der Türke, falls Gott unseren Umzug hierher nicht gewollt hätte, nicht mit so großem Respekt nach uns geschickt? Vielleicht hätten wir auch ungeladen hierher kommen müssen, und man hätte uns nicht mit so großer Ehrerbietung empfangen. Und unser Herr steht hier in hohen Ehren. Geld gibt man uns hier ausreichend, so viel, daß in Frankreich uns in sechs Jahren nicht so viel gewährt wurde wie hier in einem Jahr. Seht Ihr, wie gut Gott ist. Wenn er mit der einen Hand Siebenbürgen vor unserem Blick verdeckt, nährt er uns mit der anderen. Sollten wir also, liebste Cousine, verzweifeln? Nein, wohl aber vertrauen; und daß wir das Feenland erblicken werden,

* *János Pápai:* Enger Vertrauter und Sonderbeauftragter des Fürsten ** *Regent von Frankreich:* Philippe duc d'Orléans, 1715-1723 für den minderjährigen Ludwig XV. Regent von Frankreich

so lange hoffen, als wir leben. Mag dann, wenn wir gestorben sein werden, jenes Land erschauen, wem es vergönnt sein wird. Aber mir sei vergönnt, daß Ihr auf Eure Gesundheit achtet; vergönnt sei mir auch, daß Ihr mich liebt, aber nicht zu glauben ist, wie sehr ich Euch liebe.

15

Adrianopel, 12. julii 1718

Welch vielerlei Not einem doch Adams Sündenfall bescheren kann. Im Winter hatte ich, liebste Cousine, zu beklagen, daß es sehr kalt und schwierig sei zu schreiben, und jetzt muß ich klagen, daß es zu warm ist. Denkt nicht, ich täte dies aus Wehleidigkeit, denn so groß die Kälte gewesen ist, ebenso groß ist die Hitze. War mein Haus, besser mein Arresthaus, im Winter eine Eisgrube, ist es jetzt ein Backofen. Arresthaus aber nenne ich es, weil ich zum Fenster nur hinausschauen könnte, wenn ich eine Leiter hinaufstiege, so nah an der Decke sind die Fenster und noch dazu so angebracht, daß sie nicht geöffnet werden können. Ihr freilich wißt den Grund dafür wohl, daß die Fenster so hoch angebracht sind; ich weiß ihn nicht, ich denk's mir nur: damit die Nachbarsfrau nicht gesehen werden kann, denn der Türke will nicht, daß seine Frau auch bloß angesehen werde. Es ist gut gesagt, daß Frankreich ein Paradies für die Frauen und ein Fegefeuer für die Pferde wär, die Türkei hingegen ein Paradies für die Pferde und ein Fegefeuer für die Frauen. Jedenfalls ist es in meinem Haus nicht auszuhalten. Selbst draußen ist die große Hitze kaum zu ertragen; berührt man die Wand oder den Tisch, verspürt man Wärme. Dieser Tage fiel auf freiem Felde ein so warmer Wind über uns her, als wären wir an einem befeuerten Ofen vorbeigekommen, und hätte er lange angehalten, wir hätten nicht anders können und wären vom Pferd gefallen. Sonstiges Neues kann ich jetzt nicht schreiben; dies sind hinlänglich heiße Meldungen. Ich denke jedoch, ich werde in Kürze kalte Berichte schreiben müssen, denn daß der Frieden ausgemacht wird, hält man für nahezu gewiß, und ich fürchte, ich werde Euch dort umarmen, wo ich es mir nicht gewünscht hätte. Aber zu verzweifeln braucht man nicht, Gott weiß wohl, was für uns nützlich ist. Wenn es da bei Euch auch so warm ist, bange ich um Eure Gesundheit. Daß Ihr krank werden könntet, ängstigt mich. Wißt Ihr überhaupt, daß man Euch unmöglich mehr lieben kann, als ich Euch liebhab? Ein andermal mehr.

16

Adrianopel, 15. augusti 1718

Nun, herzliebste Cousine, dies wird mein letzter Brief aus dieser großherrlichen Residenzstadt sein. Hier haben wir den für uns bestimmten Haufen Brots bereits aufgezehrt. Nunmehr ziehen wir weiter, aber nicht vor-, sondern rückwärts, und setzen uns neben dem Haufen Brots nieder, der uns bei Constantinopel erwartet. Was wir befürchteten, darin stecken wir jetzt bis zum Halse. Wer wird uns da herausholen? Gott allein. Vor einigen Tagen wurde uns die Nachricht überbracht, daß der Wesir am 21. Juli mit dem Deutschen für vierundzwanzig Jahre Frieden geschlossen hat. Wenn ich so lange hier hocken muß, dann gute Nacht Brauttanz. Ach weh, liebste Cousine, sollte meine liebwerte Seel in meinem dicken Leib so lange verbleiben, werde ich doch nur türkisches Brot essen müssen von dem Haufen. Da der Frieden vollzogen ist, gibt es für uns hier nichts mehr zu tun. Und da wird unser Herr denn auch morgen Richtung Sultanatshauptstadt in Marsch gesetzt. Wir sind hier bereits kräftig beim Packen. Man hat uns reichlich Fuhrwerke bereitgestellt, mehr noch, als wir brauchen, denn Ihr könnt Euch vorstellen, daß ich meine sämtliche Habe in einem Viertel eines kleinen Karrens untergebracht habe, und meine Habe ist nicht die geringste im Vergleich zu der anderer. Es gibt hier welche, deren zehn kein Wägelchen vollkriegen. Jedoch hat man uns sogar Reitpferde zugewiesen, denn wir mögen zwar an die fünfzig Mann sein, aber mehr als fünf Pferde besitzen wir nicht. Wie schon gesagt, morgen geht's los. Wo unser Wohnsitz sein wird, weiß ich noch nicht. Fest steht, daß man uns von hier irgendwohin schafft. Auch der edle Herr Forgách* wird mit uns kommen. Welch eine Freude wird es sein, Euch zu sehen! Aber daß die Gesundheit ja gut sei, auf daß auch die Freude groß sein könne. Ich würde noch mehr schreiben, aber neben Reisevorbereitungen kann man nicht viel schreiben. Gott mit Euch, liebste Cousine. Da werde ich grad zum Mittagsmahl gerufen.

17

Büyükdere, 25. augusti 1718

Wir sind hier, Gott sei's gedankt, gestern angekommen; aufgebrochen sind wir in Adrianopel am 16. Unterwegs hat sich keinerlei Vorfall zugetragen, über den zu schreiben nottäte. So viel indes schreibe ich, daß ich auf dem Weg hierher über die bei uns weilenden Franzosen reichlich gelacht habe; es gibt nämlich welche unter ihnen, die nie auf einem Pferd gesessen haben. Wie solche dann auf dem Pferd saßen und den Quartiersort zu erreichen sehnlich herbeiwünschten, war all meine Belustigung. Vom Feldzug der Penthesilea habt Ihr wohl gehört; solch Reitervolks hatten wir eine

* *Forgách:* Graf Simon Forgách, einer der Generäle des Fürsten Rákóczi

Heerschar mit uns. Nun gut, als wir gestern hier anlangten, dachten wir, man würde uns in Palais unterbringen. Tatsächlich haben wir in der Stadt kein einziges beziehbares Haus gefunden. Deswegen ist unser Herr gezwungen, auf einem kleinen Feld nah bei der Stadt unter Zelten so lange auszuharren, bis eine andere Verfügung getroffen wird und wir an einen besseren Ort gebracht werden. Ich brauchte Euch nicht zu schreiben, daß ich von Euch lediglich drei Stunden Wegs entfernt bin, denn ich kann mir denken, daß Ihr diesen schönen Kanal* schon entlanggekommen seid. Ebenso könnte ich es lassen, Euch zu schreiben, daß wir uns am Kanalufer befinden, einen Kanonenschuß weit von der Mündung ins Schwarze Meer. Aber all das schreibe ich aus Freude darüber, daß wir einander so nah sind; ich setz mich in ein kleines Dreiruderboot und kann zum Mittagsmahl in jener großen Rezidenzstadt sein. Hier nun werden wir in Zelten bleiben, bis man uns an einen besseren Ort bringt. Wir sind zwar auf einer hübschen kleinen Wiese plaziert, aber neben uns stehen irgendwelche alte heruntergekommene Gebäude, wo es Skorpione so zahlreich gibt wie Flöhe. Einen Besuch solcher Art möcht ich nicht grad im Bett haben. Und sterben würde ich ungern eben jetzt, denn wie sollte ich Euch, liebste Cousine, dann umarmen? Ein Toter aber ist so abgeschmackt und lustlos, daß er nicht einmal seine Gemahlin umarmt. Ich indessen kann es kaum erwarten, Euch zu sehen, doch wird dies binnen drei oder vier Monaten, das heißt drei oder vier Tagen nicht sein können. Ach, welch Kummer wär es für mich, wenn ich Euch nicht bei guter Gesundheit anträfe. Und erwartet mich am Montag ja zum Mittagessen, Kraut darf nicht fehlen.

* *Kanal:* Bosporus

18

Büyükdere, 15. septembris 1718

Herzliebste Cousine, zweimal bereits hatte ich das Glück, Euch sehen zu dürfen, trotzdem kommt es mir so vor, als hätte ich Euch noch nicht gesehen. Ich machte jedoch die Beobachtung, daß der Tag, wo ich bei Euch bin, so geschwind hinhuscht wie eine Schwalbe; und bin ich hier, kriecht er auf dem Rücken einer Schnecke. Ich könnte allerdings verärgert sein, denn seit zwei Tagen hab ich keinen Brief empfangen von Euch. Und doch könnt ich, wenn man sich der Trägheit entledigte, täglich Briefempfänger sein, zweimal sogar. Gut, wenn Ihr erfahrt, daß ich im Lesen Eurer Briefe unersättlich bin. So Ihr wollt, daß ich guter Laune sei, müßt Ihr mir häufiger schreiben. Und les ich erst Eure Briefe, dann brauch ich keinen Fiedler mehr, daß ich tanze. Ich weiß nämlich: es geht auch andern so, daß ein Brief, der Lust und Laune gemäß verfaßt, besser ist als ein Tanz. Wir hier warten nur immerzu, daß Quartiere besorgt werden; bis dahin werden wir unter Zelten hausen wie die Israeliten. Der französische Gesandte Bonnac hat in der Nähe ein Haus und kommt öfters hierher mit seiner Gemahlin. Aber bei uns ist er noch nicht gewesen; er will, daß wir zuerst zu ihm gehen. Daraus wird aber nichts, denn unser Herr weiß, was sich gehört, und was sich für ihn nicht geziemt. Selbst den Titel betreffend gibt es irgendwelches Hindernis, und ein solches Hindernis kann verhindern, daß das Hindernis beiseitegeräumt werde, und so werden sie sich halt nicht sehen. Da es für mich indessen weder die Präzedenz noch den Titel betreffend irgendein Hindernis gibt, geh ich des öfteren zu ihnen. Die Frau ist wie Honigseim; man kann auch sagen, sie ist unter den Frauen einer köstlichen Perle gleich unter anderen Perlen. Weh! Ich vergaß, daß man nie eine Frau vor anderen Frauen preisen soll, weil das denen nicht wohltut. Und mir soll es etwa wohltun, daß ich Krauttopf genannt werde? Aber ich ertrag's halt des Nutzens halber. Welch schöner Zustand, da man seiner Cousine nicht zürnt. Wie steht's um die Gesundheit, wird auf sie achtgegeben? Liebt man mich denn, seit man mich nicht gesehen hat? Ich mag dich nämlich, liebste Cousine, gleichwie das Kraut.

19

Yeniköy, 22. septembris 1718

Nun wißt Ihr schon, woher mein Brief datiert ist. Ihr könnt zudem erfahren, daß die Israeliten auf der Flucht aus den Zelten heraus und in Häusern untergekommen sind. Unser Herr hat ein anständiges und brauchbares Quartier. Ihr sollt auch wissen, daß wir uns an der Küste befinden, und zwar solchermaßen am Meeresufer, daß man auf dem Wasser unter mein Haus gelangen kann. Noch wißt Ihr aber nicht, in wessen Haus wir wohnen. Von weitem könnte einer sagen, es wäre das Haus irgendeines Obergespans, dabei ist unser Wirt beileibe kein Obergespan. Trotzdem könnte er vielleicht Obergespan unter den Füchsen sein, denn er ist Kürschner von Beruf, aber sehr reich. Wie sollte des Wesirs Kürschner aber auch nicht reich sein! Wir haben uns hier heute einquartiert, und was wir an Sachen besitzen, das hatte jeder von uns in einer halben Stunde eingeräumt. In meinem Haus bereitet mir weder ein Stuhl noch ein Tisch Ungelegenheiten. Gewiß, ein Stühlchen, das fast wie ein Stuhl aussieht, hab ich, und will ich mich setzen, laß ich mich darauf nieder, aber auch sonst ist es mir nützlich, etwa wenn ich schreiben will, muß ich's darauf tun. Welch schöner Umstand, da man ohne die mannigfältige Hausgerätschaft auskommen kann. So muß es sein bei solchen Exulanten wie wir – heute hier, morgen dort. Ohnehin werden wir, wenn wir unseren Haufen Brots hier aufgezehrt haben, weiterziehen müssen. Seht nur, unsere Altvorderen sind ausgekommen ohne viel Hausgeräte, warum also sollten wir es nicht auch. Seht die Juden, sie hatten keine Stühle; die Türken benötigen jetzt noch keine. Ich sah einmal den Stuhl eines französischen Königs von einst, jetzt hat selbst der Schultheiß in Zágon einen besseren. Was brauch denn auch ich solche Gerätschaft? Das Schiff, das uns hierher gebracht hat, wartet ohnehin noch im Archipelag, hat unser Herr doch die Absicht, nach Frankreich zurückzukehren (da hab ich freilich so meine Zweifel). Wir erwarten den edlen Herrn Bercsényi mit Frau Gemahlin, daß sie hier eintreffen; sie werden in Eurer Nachbarschaft Quartier nehmen, ich weiß allerdings nicht, wie lange. Kurzum, liebste Cousine, wir haben uns hier bereits bei unserem Haufen Brots niedergelassen. Allein Gott weiß, wie lange es vorhalten wird und wo sonst noch Brot für uns hingestreut ist. Da wird man am End ja doch hinmüssen, mag man sich noch so sehr sträuben, es muß halt aufgelesen werden. Ich wollte, man hätte auch für Euch wenigstens zwei Brote hier abgelegt, denn ich hoffe, Ihr werdet zu uns auf Besuch kommen. Welch eine Lust ist es nämlich für eine Frau, in einem schönen kleinen bemalten Boot zu sitzen, das von drei kräftigen Türken getrieben so hinsaust über die Wogen wie der Pfeil. Härter als Stein wäre das Herz, kämt Ihr hierher nicht. Für ein paar Stunden erwarte ich dich, liebste Cousine, ich werde dich ja auch so lieben als wie das Kraut, wenn du kommst. Aber auf die Gesundheit wollen wir achtgeben.

20

Yeniköy, 22. octobris 1718

Ich kann nun einmal Ruhe nicht finden, eh ich nicht weiß, wie Ihr heimgekommen seid. Sintemal, kaum daß Ihr fort wart, ein großer Wind aufkam und Ihr, denk ich mir, von den Wogen durchgeschüttelt worden seid. Jedenfalls bin ich seitdem sehr beunruhigt. Mir scheint, Ihr hättet mich in der Zwischenzeit mit einem Brief der Unruhe entheben können. Die großen Fische, so sie unter meinem Fenster vorbeischwammen, fragte ich alle, ob sie etwa meine Cousine verschlungen hätten, aber keiner der Vermaledeiten gab eine Antwort. Wohlan, ich halte meinen Sinn, solange ich nichts Sicheres über Euch vernommen habe, unentschieden offen. Ich hoffe, Euch ist es nicht wie Jona ergangen, und ich bin nicht genötigt, diesen meinen Brief in den Bauch irgendwelchen Fisches zu adressieren. So könntet Ihr nämlich nicht erfahren, daß wir gestern vor das Tor von Constantinopel geritten sind, wo unser Herr aus einem Garten neben der Straße insgeheim den Sultan sehen wollte, der von Adrianopel her kommend mit großem Pomp Einzug hielt in die Stadt. Ich weiß nicht, ob ich beschreiben soll, wer alles vor und wer nach ihm dahinschritt; schreib ich's, könntet Ihr sagen, wozu ich Euch mit so viel Geschreibsel belaste; schreib ich's nicht, könnte es heißen, ich sei faul. Um aber faul nicht geheißen zu werden, schreib ich's lieber, Ihr aber seid aufmerksam und hört mir zu. Auf der Straße standen beiderseits Janitscharen Spalier. Zuvörderst kam mit einer großen Schar der Asas Başı*, danach die Çavuş', die Emire, die Ulemas (das heißt die Priester, die Schriftgelehrten), die Kapıcı Başı, der Janitscharen-Aga mit dem Nişancı Başı**,

* *Asas Başı:* Oberhaupt der Polizei in der Stadt Istambul ** *Nişancı Başı:* Siegelbewahrer des Sultans

der Kaymakam mit dem Kapudan Pascha*, sodann der Großwesir mit dem Mufti, der Çavuş Başı**, dann Mohammeds Männer um dessen Fahne, des Sultans Ersatzpferd, sodann bunt herausgeputzt zwei Kamele, die den Koran trugen, danach ein bemaltes und vergoldetes Gefährt, in welchem Mohammeds Umhang und Waffe sich befanden. Und dann kam der Sultan auf einem sehr begehrenswerten Rosse, ihm zur Seite sein Sohn, hinter ihnen die Içoğlanı zu je zweien, jeweils ihrer Zehn mit Umhängen unterschiedlicher Farbe: die ersten Zehn aus gelbem, die zweiten aus rotem, die dritten aus grünem, die vierten aus blauem Taft. Die Içoğlanı dienen als Pagen bei Hofe. Da seht Ihr, was ich Schönes gestern zu sehen bekommen habe. Aber das ist bloß Schall und Rauch; bei all dem großen Pomp ist der Sultan nicht gleichen ruhigen Sinnes als wir; und so gehört es sich auch, daß er es nicht sei und wenigstens in irgendwas unserem niederen Stand ähnele und wisse, daß auch er ein Mensch ist. Neiden wir ihm den Pomp nicht, liebste Cousine, denn er wird noch den Tag erleben, da er in ewigliches Elend stürzt. Was wird der Pomp ihm dann nützen? In unserem niederen Stand indessen haben wir an Hoffnung mehr. Oh, welch schöner Zustand ist doch das Christentum! Je mehr an Pomp ich bei den Türken seh, umso mehr bin ich froh, daß ich im Schoß der gemeiniglichen Kirche aufgehoben bin; deswegen können sie im Besitz der Hoffnung nicht sein, die wir nicht nur haben, sondern haben müssen. Wenn ich nach Pera komme, werde ich mehr predigen, bis dahin möge die Gesundheit gut sein. Liebste Cousine, ich lieb dich ein bißchen mehr noch als wie das Kraut.

* *Kapudan Pascha:* Oberkommandierender der Seestreitkräfte ** *Çavuş Başı:* Oberhaupt der Polizei und Protokollchef beim Wesir

21

Yeniköy, 16. decembris 1718

Was ist mit uns los, herzliebste Cousine, und woher kommt es, daß wir uns seit einem Monat nicht mehr geschrieben haben? Kann es sein, daß wir uns, obschon wir so nah beieinander sind, trotzdem nicht schreiben? Möglicherweise ist das grad der Grund: die Nähe, und daß wir uns häufig sehen. Weh! Wieso sagte ich, häufig? Verzeih, herzliebstes Cousinchen, ist es denn häufig, Euch viermal in einem Monat zu sehen? Selbst wenn ich Euch viermal am Tag sähe, dürften meine Augen dessen nicht überdrüssig werden. Euren Brief, der leicht und kurz und knapp war, hab ich erhalten. Je seltener man schreibt, desto längere Briefe müßten es werden. Ihr handelt gegenteilig. Für mich aber ist's der Tod, wenn Euer Brief kurz ist. Wenn ich weiß, daß es mit der Gesundheit gut steht, dann schone ich Euch nicht und verlange den langen Brief ab gleichwie die Fronarbeit. Nun, ich bin ja nicht mehr böse und habe auch den kurzen Brief herzlich entgegengenommen; ich ersehe daraus, daß der edle Herr Bercsényi* dort mitsamt seinem ganzen Troß gestern angekommen ist. Das freut mich sehr, weil ich weiß, daß Ihr bei der edlen Dame Euren Zeitvertreib haben und in Pera nicht mehr die einzige Edelfrau aus Ungarn sein werdet. Die Leute des Herrn Bercsényi kenne ich alle gut, die Frauen und Mädchen allerdings kenne ich nicht. Aber vieler Zeit bedarf es dazu nicht. Ich weiß, der Herr wird unseren Herrn besuchen, und besuchsweise fahre auch ich in die Stadt; Quartier freilich werde ich stets nur bei Euch nehmen. Ich schäme mich selbst, welch kurzen Brief ich schicke, aber er wird bei

* *Bercsényi:* Graf Miklós Bercsényi (1665-1725), nächster Kampfgefährte des Fürsten Rákóczi, in der Hierarchie auch bei der Hohen Pforte 2. Mann der ungarischen Exulanten

aller Kürze jetzt doch wegmüssen, und für eine Schelte sind meine Schultern breit genug. Liebste Cousine, die Gesundheit! Und wißt Ihr überhaupt, wie lange ich Euch liebhaben werde? Solange ich Tabak rauchen kann.

22

Yeniköy, 28. decembris 1718

Daß Euch die edle Frau Bercsényi gefallen würde, hab ich im voraus durchschaut. Man kann wirklich sagen, sie ist eine wahrhaft hochwohlgeborene Edelfrau. Denn viele lassen sich Edelfrau nennen, aber nicht jede trägt diese Bezeichnung verdientermaßen, und solche sollte man nur Dämchen nennen, oder Weibsmensch. (Nichts gegen die Frauen!) Jedenfalls könnt Ihr mit dieser Edelfrau eher die Zeit vertreiben als mit den griechischen Keratzen*. Sie selbst veranstaltet keine Lustbarkeiten, färbt sich doch, wo es auf den Winter zugeht, auch das Baumlaub mählich gelb, aber über frohe Feste plaudern mag sie sehr, ganz besonders über Dinge aus der Zeit ihres Lenzes. Ihr schreibt, dem Gesicht der Frau ist auch im Alter anzusehen, daß es in der Jugendzeit schön gewesen und jetzt einem schönen Winter vergleichbar ist. Aber wer würde darüber nicht lachen, daß Ihr wissen möchtet, warum die Nase jener Edelfrau schwarz und ihr Gesicht weiß ist? Diese Geschichte werde ich Euch sogleich enträtseln. Das kommt daher, daß sie, obschon verheiratet, die Pocken bekam. Ihr wißt, daß die edlen Frauen anders geheilt werden als die gemeinen. Davon haben sie dann oft auch nicht mehr als das Nachsehen. Gleich, nachdem sie erkrankt war, versammelte man ein Heer von Doktoren; der eine empfahl dies, der andere jenes, damit von den

* *Keratzen:* Seinerzeit griech. Bezeichnung für Frauen mittleren Standes; heute: gezierte, affektierte Frauen

Pocken nichts zu sehen sei und die Schönheit erhalten bleibe. Einer von ihnen schlug vor, ihr Gesicht zu vergolden. Dieser Rat wurde angenommen, man bepflasterte das Gesicht mit Blattgold und machte daraus ein lebendiges Bild. Als dies geschafft war, mußte es eine Zeitlang so bleiben; aber dann mußte das Gold ja doch abgenommen werden, denn mit einem güldenen Gesicht, das werdet Ihr einsehen, konnte man nicht umhergehen, ist doch ein rosiges Gesicht gefälliger als ein goldenes. Aber da bedurfte es eines Kunststücks, es abzubekommen. Die vielerlei Wasser spülten das Gold nicht fort, es mußte mit einer Nadelspitze sachte abgespachtelt werden. Vom Gesicht hat man es dann doch ganz abgekriegt, an der Nase hingegen war es fester angetrocknet, was die Arbeit erschwerte. Am End hatte man es auch von da abgelöst, aber die Stelle ist schwarz geblieben. Aus diesem Grund empfehle ich niemandem, sich das Gesicht vergolden zu lassen. Nun wißt Ihr also, warum die Nase jener edlen Dame schwarz ist, aber nicht wißt Ihr, daß morgen der Wesir den Fürsten treffen will, nur ganz allein.

Dieser Wesir verhielt sich bislang in guter Freundschaft zu uns, und die edlen Herren Exulanten können sich über ihn nicht beklagen. Es wird sich erweisen, wie es ausgeht, sintemal ein Wandel hier leicht passieren kann, und Geschenke veranlassen schon Wesire, jemandem den Rücken zu kehren. Wir nun sind nicht imstande zu geben, vielmehr erwarten wir noch von ihnen etwas. Wer aber mächtiger ist, der ist stärker, und der kann die türkischen Edelleute mit Geld an sich binden. Die nun betrachten uns als solche, die jederzeit bereit sind zu verlangen, aber zu geben *nec nominetur in vobis**. Wir sind hier reichlich Leute, das Tayin** seitens

* *nec nominetur:* Lat., »Keine Rede davon bei euch.« ** *Tayin:* Löhnung, Alimentation

der Hohen Pforte ist ausreichend, wir haben genug zu essen, aber besser kleiden können wir uns davon nicht, weder ich noch andere. Und es ist halt die Natur unseres Herrn, daß er ungebeten nichts gibt. Die ganzen Jahre, die ich ihm diene, hab ich nie um etwas gebeten, liebste Cousine, und nun werde ich auch nicht mehr damit anfangen. Für einen Siebenbürger von Adel ziemt es sich nicht; er ist lieber in Not, als daß er um etwas bittet. Meine Berufung ist es, ihm treu zu dienen und alles übrige Gott anzuvertrauen. Über einen Siebenbürger von Adel läßt sich nichts Schmählicheres sagen, als daß er für Entgelt dient. Wißt Ihr denn, daß jetzt alsbald ein Mädchen zur Frau gemacht werden wird? Ich weiß nicht, wann dieser glückliche Tag sein wird, aber so viel weiß ich, daß ich es gar sehr wollte, daß meine Hochzeit so nah wäre als die des rosigen Mädchens. Ich hab Euch lieb, allerdings nur dann, wenn Ihr auf Eure Gesundheit achtgebt.

23

Yeniköy, 2. januarii 1719

Ich weiß, Ihr zweifelt nicht daran, selbst wenn ich es nicht zu Papier brächte, daß ich Euch viele Neujahrstage wünsche. Die langatmigen und eine Woche lang einstudierten Wünsche wollen wir den Fremden und den Predigern überlassen. Kostbareres und Besseres kann ich nicht wünschen, als daß Gott Euch seine heilige Gnade und gute Gesundheit gewähre. Was nützt das langwierige Glückwünschen, das sich den Christen nicht einmal geziemt. Selbst Jakob erteilte seinen zwölf Söhnen nicht mehr an Segen, als was derzeit einem einzigen Menschen zu spenden üblich ist; würden all die Segenswünsche in Erfüllung gehen, käme man mit dem Bau von Getreidespeichern und Kellern gar nicht nach, und dann noch die Fülle an Vieh ohne Zahl und die vielen fruchtbaren Felder. Und das wird mit Worten geschildert, daß einem deucht, die ganzen Äcker seien mit Speck belegt. Aber dessen nicht genug, dauert doch der Segensspruch für die Kinder eine Stunde, und da gibt es keine einzige Mutter, die laut Glückwunsch die Söhne ihrer Söhne und auch noch deren Söhne nicht erblicken würde, und dabei müßte jedes der Kinder so lange leben wie Methusalem. Das sind, liebste Cousine, alles keine christlichen Wünsche. Im Alten Testament war es so recht, denn für einen Israeliten bestand der Segen in der Fruchtbarkeit seines Bodens, und auch Gott verheißt ihnen nur Segnungen des Bodens. Der christliche Segen demgegenüber besteht durchweg aus seelischen Dingen, und ein Christ hat nicht um fetten Boden zu seufzen, sondern um ein gnadenerfülltes Herz, auf daß nicht sein Akker, sondern sein Herz reiche Früchte trage. Ich weiß wohl, daß ich solchen Brauch zu lassen nicht bewirke; wem es zusagt, was ich meine, der läßt ab davon, wem es nicht zusagt, der folgt dem Brauch, mich kümmert's nicht. Wir aber, liebste Cousine, sollten den Bräuchen solcher Schule nicht folgen, wohl aber dem christlichen, welcher mit dem Brauch bei Hofe übereinstimmt. Und bei Hofe bringt selbst die Gicht Bräuche hervor. Unser Herr war gestern nur zu Pferde unterwegs, dann zu Fuß, heute aber muß er nur sitzen. Es trifft nicht ganz zu, wenn es heißt, die Gicht suche sich reiche Leut', denn wenn es so wär, würdigte sie unsren Herrn keines Blickes. Und wir brauchen sie dann schon gar nicht befürchten, zu fürchten hätten wir nur, daß wir uns jemals nicht liebhaben sollten. Könnte das denn jemals eintreten? Aber, liebste Cousine, selbst wenn ich nicht in jedem meiner Briefe schreibe, daß ich Euch liebhab, solltet Ihr's doch als Wissen festhalten. Im Jahr zwölfmal das gegenseitige Versprechen zu erneuern reicht. In jedem Brief zu schreiben: ich lieb Euch, ich lieb Euch, das wäre zu viel, und wir würden uns schließlich so daran gewöhnen, daß wir gar nicht wüßten, was wir da schreiben. Was seltener ist, das ist uns liebwerter. Aber nicht in allem, denn wenn Ihr öfter schreiben würdet, wär's mir lieber. Ich hoffe, wir werden nicht so träg sein in diesem Jahr, für das ich wünsche, das Ihr es gemeinsam mit mir und auch anderen in Gottes Gnaden verbringt. Wenn es nicht so kalt wär, schriebe ich mehr, aber mein Haus befindet sich überm Meer, und von da kommt nichts an Wärme herauf. Auf die Gesundheit wollen wir achtgeben!

24

Yeniköy, 24. januarii 1719

Herzliebste Cousine, habt Ihr gestern gemerkt, wie die edle Frau Bercsényi sich freute, daß der Fürst sie besucht hat? Sie hätte ihn am liebsten mit allem bewirtet, vor Freude wußte sie nicht, was sie tun sollte, es hätte mich nicht gewundert, wenn sie ihm ein paar Tänze gereicht hätte. Aber lacht nicht darüber, denn was das Alter angeht, würde sie ein Tänzchen noch freudig hinlegen oder tippeln, aber bei den Zeiten und Zuständen, in denen wir uns befinden, kommt einen auch Tanzen sauer an. Gewiß, die beiden anständigen Mannspersonen neben der edlen Frau würden einen Tanz auch für die Frauen vollführen. Wünscht Ihr von mir, daß ich über die in Gesellschaft der Edelfrau befindlichen Frauen und Mädchen ein Urteil spreche? Die Frauen gilt es zu preisen, oder gar nichts zu sagen über sie, umso mehr, als Schlechtes zu sagen edlem Geblüt nicht ziemt. Was also tu ich, um auch Euch zu gehorchen? Ich werde nun, in meinem Richterstuhl sitzend, von da her ein Urteil abgeben, und Ihr hört es Euch aufmerksam an. Bei der Frau Obristin fang ich an. Sie ist eine schöne Frau gewesen, ganz besonders, als ich sie das erstemal sah zu meiner Kinderzeit. Ihr Gemahl ist zu jener Zeit Kommandant gewesen in Görgény*. Die edle Frau Kajdacsi hinwiederum ist nie wegen ihrer Schönheit, sondern ihrer Güte wegen gepriesen worden. Darum auch sag ich zu ihr jedesmal, wie schrecklich schön sie doch sei, sie hingegen klagt immerzu, bald über dies bald über jenes. Der kleinen Zsuzsi ist Schönheit recht knausrig zugeteilt worden, aber sie ist eine ordentliche, anständige Person, und pure Güte. Talabas Braut kann als ein schönes Mädchen gelten.

Nun steig ich aber herab von meinem Richterstuhl, und welch Urteil ich gefällt habe, habt Ihr vor Euch; Urteil zu sprechen über Frauen könnt Ihr allerdings den Männern nicht aus der Hand nehmen, solche Gerichtsbarkeit ist ihnen angeboren, und die Frauen haben auf dem Boden der Entscheidungen zu stehen. Und umgekehrt, wie immer das Urteil der Frauen über Männer ausfällt, einen Einspruch dagegen gibt es nicht, und der Gegenstand kann vor ein anderes Gericht nicht gebracht werden, man muß sich damit kniefällig und gesenkten Hauptes abfinden. Hätten die Gesetzgeber die Frauen mit einbezogen in die Gesetzgebung, hätten die mit ihren wirkungsstärkeren Augen wirkungsvollere Gesetze geschaffen. Bei den Juden gab es eine Frau im Richteramt**, und hatten sie je einen besseren Richter? Wenn nämlich Frauen im Richterstuhl sitzen könnten, brauchte es, scheint mir, nicht so vieler Advokaten, denn man ginge mit größter Lust selber seine Beschwerde vorbringen. Und dort dann aus dem Munde einer schönen und gnädigen Richterin die Gesetzeslage erklärt zu bekommen,

* *Görgény:* Stadt und Festung im nördlichen Siebenbürgen ** *Frau im Richteramt:* Debora (Bibel, Buch der Richter 4,4)

dagegen wäre nichts einzuwenden, selbst wenn man den Prozeß verlöre, wär dies doch leichter zu ertragen. Ich indes ertrage es schwer, daß Ihr selten schreibt, und ich muß dann auch noch über Eure Faulheit urteilen. Ihr habt es freilich mit einem Richter zu tun, der all seinen Unmut mit einem kleinen Brief von Euch verscheuchen läßt. Ich könnte mehr noch schreiben über solch große Reichsaffären, aber ich tu's nicht, um Eure Antwort rascher zu empfangen.

25

Yeniköy, 16. aprilis 1719

Es ist entsetzlich, wie lange wir uns, herzliebste Cousine, nicht geschrieben haben. Und was ist der Grund dafür? Nichts sonst, als daß wir uns fast jeden dritten Tag sehen. Euch sehen und Euch schreiben ist ein großer Unterschied. Wenn ich allzeit so oft zu Euch gehen könnte, wie schon geraume Zeit, wäre ich, das stimmt schon, des Bedauerns nicht wert. Aber es ist nicht alle Tage Sonntag. Eine Woche ist's schon her, daß wir miteinander gelacht haben, und diese Zeitspanne dünkt mich länger als ein Hasenschwanz. Aber helf' er sich (heißt's bei den Schlawaken). Einesteils sei's drum, so bereit ich Euch keine Ungelegenheiten, obgleich ich bei Euch sowohl ein besseres Bett habe als auch mehr esse und zudem mehr lache als hier. Doch bleibe der Gast, damit man seiner nicht überdrüssig wird, nicht so lange an einem Ort. Aber ich nenne einen noch gewichtigeren Grund: das Wetter ist schlecht, und da ist, auf dem Meer unterwegs zu sein, nicht gesund, denn sollte das kleine Schiff plötzlich umschlagen, dann gute Nacht Gesundheit und sonst alles! Ich jedoch bin so mutig auf dem Meere, daß ich, sobald das Schiff sich ein klein wenig zur Seite neigt, schon denke, ich würde bei den Fischen zum Nachtmahl sein. Darauf werdet

Ihr nun entgegnen, ich sei doch reichlich unterwegs gewesen auf dem Meere. Darauf erwidere ich, daß ich mich dessen rühmen kann, stets so ängstlich gewesen zu sein, und daß ich nichts für elendiger halte, als im Lande der stummen Fische zu wohnen. Gestern sind wir auf einem Fest des Sultans gewesen. Ich kann nicht umhin, Euch zu beschreiben, was sich da abgespielt hat. Allerdings haben auch wir selbst uns nur so vergnügt als der Kutscher, der sich nach ganztägigem Trabritt auf dem Sattelpferd am Abend mit der Großartigkeit der Schlittenfahrt brüstet.

Heute entsandte der Wesir zu recht früher Stunde einen Çavuş Başı zu unserem Fürst, den er bitten ließ, dem Fest beizuwohnen, das er dem Sultan zu Ehren geben werde. Nachdem der Fürst sich in den Sattel geschwungen hatte, gebot uns der Çavuş auf einer Anhöhe am Ende einer Wiese bei Constantinopel Halt; von da sollten wir der Lustbarkeit zusehen. Auf der Wiese war eine große Anzahl von Zelten sowohl für den Sultan als auch für die anderen hohen Herren aufgeschlagen. Die Festlichkeit bestand nun darin, daß man ein Pferderennen veranstaltete, Schießwettbewerbe mit Flinten und ganz kleinen Kanönchen austrug und Ringkämpfe stattfanden vor den Augen des Sultans. Trotzdem waren all diese Vorführungen nicht dem Sultan angemessene Vergnügungen, wohl aber war das Ende der Veranstaltung besser als der Beginn; da der Wesir für den Sultan und den ganzen Hof ein Essen gab, mußte sowohl der Sultan als auch sein Hofstaat denn auch beschenkt werden. Was er den anderen gab, weiß ich nicht, aber dem Sultan schenkte er drei in der Blüte befindliche ausgesuchte Mädchen, die schon sehr schön und jeweils reich mit Preziosen geschmückt sein mußten. Hinzukamen Edelsteinschmucksachen, kostbares Zaumzeug und schöne Reitpferde. (Welch ersprießlicher Zustand es doch ist, liebste Cousine, Sultan zu sein!) Und dies muß jedes Jahr am gleichen Tag stattfinden. Wir aber haben das Ende von all dem nicht abgewartet, denn von frühmorgens vielleicht bis zum Abend ohne was im Magen zu Pferde auf der Stelle zu stehen und den anderen bloß von weitem zuzusehen ist kein rechtes Vergnügen. Deswegen sind wir, nachdem der Fürst eine halbe Stunde da war und nichts Vergnügliches gesehen hatte, zum Mittagsmahl heimgeritten. Danach jedoch mußte dem Wesir noch ausgerichtet werden, daß wir uns sehr verlustiert hätten und es ein Fest, des Sultans würdig, gewesen sei. Dabei konnten wir es kaum erwarten, von dort wegzukommen. Wie oft, liebste Cousine, muß man aber auch Dinge sagen, die man selber nicht glaubt. Doch glaubt mir, ich würde Euch für sämtliche Geschenke des Wesirs, die Mädchen eingeschlossen, nicht hergeben, aber mit der Bedingung, daß Ihr mich liebhabt und auf Eure Gesundheit achtgebt.

26

Yeniköy, 26. maji 1719

Ich bin mir dessen gewiß, daß Euer Schreck gestern groß war, aber auch wir haben davon noch etwas abbekommen. Beim Mittagessen begannen die Schüsseln plötzlich alle zu tanzen, und auch wir selbst taumelten, und da merkten wir: die Erde bebte. Die Leute erzählen, ein heftigeres als dieses Beben hätten sie nicht erlebt. Unter mein Haus hat das Meer Zutritt, und da steht das Wasser jederzeit kniehoch; aber als das Erdbeben war, blieb es dort trocken, und erst zum Abend kehrte das Wasser heim. Wer sich auf dem Meer aufhielt, konnte es deutlich spüren. Eine Stunde vorm Beben sahen wir den Wesir zum Zeitvertreib Richtung Schwarzes Meer ziehen, doch sobald er das Beben wahrnahm, machte er eiligst kehrt, um nach dem Sultan zu sehen. In Constantinopel sind viele Kaufgewölbe und Häuser eingestürzt. Über Euch habe ich noch keinerlei Nachricht vernommen, und ich bange immerzu darum, daß ich ja nichts Ungutes höre. Die edle Frau Bercsényi muß, wie Ihr wißt, mit allem Drum und Dran am Arm geleitet werden, wenn sie aus einem Haus ins andere geht. Gestern jedoch wartete sie nicht, daß ihr hochgeholfen werde, sie rannte hinaus in den Garten, und der Schreck war ihr Hofmeister. Gestern nach dem Mittagessen war ich dann bei der Gemahlin des französischen Gesandten, ihr Mann hingegen war in Pera geblieben; sie ängstigte sich sehr, da sie nicht wußte, ob ihrem Mann oder ihren Kindern irgendwelches Ungemach zugestoßen wär. Sie bot deswegen zwei oder drei Dukaten den Schiffersleuten, wenn sie ihren Boten, den sie losschicken wollte, nur hinbrächten zu ihrem Mann, aber die Schiffer fürchteten so sehr hinauszufahren aufs Meer, daß sie nicht einmal für zehn Dukaten dazu bereit gewesen wären. Man fragte sie nach dem Grund dafür; sie gaben zur Antwort, beim Erdbeben könne unterm Wasser der Boden sich senken, und da auch das Wasser absinke, ginge ihr Schiff unter. Könnte denn auch nur einer von den sieben Weisen gescheitere Überlegungen anstellen? Verständige mich, liebste Cousine, so schnell es geht, denn eh' dem ist es nichts mit Lachen.

27

Yeniköy, 18. junii 1719

Neues zu erfahren ist für Euch, herzliebste Cousine, sehr, sehr vonnöten, auf daß Euch die Flöhe der Neugier nicht beißen. Und zwar: es sind zwei georgische Fürsten, von ihren Brüdern außer Landes getrieben, hierher gekommen, um den Sultan um Hilfe zu ersuchen. Nachdem die Hilfe ihnen gewährt wurde, sind Dero fürstlichen Hoheiten allhier eingetroffen, um mit der zugesagten Hilfe von hier dann zu Schiff übers Schwarze Meer heimzukehren. Abgestiegen aber sind Dero Hoheiten in einem elendiglichen Gasthof. Bedienstete haben sie reichlich, aber der Hofstaat ist nicht besser bekleidet als unsere Zigeuner. Denkt nun aber nicht, Dero Hoheiten hätten kein Geld, denn solange die Dienerschaft vorhält, werden sie auch Geld haben; sobald es nämlich alle ist, verkaufen sie zwei oder drei Mann des Gefolges, und so wie das Geld abnimmt, nimmt auch der Hofstaat ab. Heute um zehn Uhr kamen sie unseren Fürst besuchen mitsamt vielen der Hofleute, die jedoch so zerlumpt waren gleichwie die Diener. Ich weiß gar nicht, wieso sie den Namen Fürst tragen, denn fest steht, lieber wäre mir das Schulzenamt in Kronstadt als deren Fürstentum. Gewiß sind die Georgier vordem kriegstüchtig gewesen, aber derzeit sind sie elendig; sie sind griechischen Glaubens, Missionare haben auch wir dort. Die Weibsleut' sind dort gemeiniglich sehr schön.

Ihr schriebt dieser Tage, Ihr könntet schon Französisch. Daran tut Ihr sehr recht, daß Ihr eine Fremdsprache erlernt. Wären doch unsere Landsleute hinterher, daß ihren Kindern Fremdsprachen beigebracht werden. Aber um solcherlei Umständ' kümmern sie sich so wenig, daß sie die Mädchen nicht einmal zum Schreiben und Lesen zwingen würden, es sei denn, die selbst hätten Lust dazu. Diese beiden Dinge zu können ziemt sich jedoch nicht nur, sondern ist vonnöten für Mädchen edlen Geschlechts. Außerdem ist es für den Glauben nötig, gewisse gute Bücher lesen zu können. Wie sollte es eine Frau von Adel nicht nötig haben, ihrem Mann, so er fern weilt, über alles berichten und die Briefe ihres Gemahls lesen zu können. Es kann ihr nicht zu jeder Zeit einer zur Seite stehn, der für sie schreiben würde, aber selbst wenn doch, wünschte der Gemahl seiner Gattin nicht bloß von Zwiebeln und Weinzehent zu schreiben, er würde vielmehr, so seine Gemahlin schreiben und lesen könnte, auch seine Gedanken, die sonstiger Einvernehmlichkeit und Liebe entspringen, niederschreiben. Da sie es aber nicht kann, schreibt er ihr gleichwie einem Fremden. Falls man prüfte, welche Art Brief ein Mann seiner Gemahlin schreibt, die nicht schreiben und lesen kann, und welcherlei Brief an seinen Gutsverwalter, würde man sehen, daß beide über einen Leisten geschlagen sind und sich voneinander kaum unterscheiden. Gar nicht zu reden davon, wieviel äußere Dinge sich zutragen, die einer seiner Gemahlin mit Freuden mitteilen würde, dann aber fortläßt, weil seine Frau nicht lesen kann, und bei denen er nicht will, daß ein anderer sie erfährt. Darauf erwidern manche Mütter mit argem und kurzem Verstand, für ein Mädchen sei es nicht gut, des Schreibens kundig zu sein, damit es seinen Liebhabern nicht schreiben könne. Oh, was sind das doch für kluge Reden! Als wäre das Schreiben die Ursach' fürs Arge und nicht das Arge die Ursach' fürs Schreiben. Das Gebotswidrige passiert nicht dann, wenn sie einander schreiben, sondern wenn sie miteinander sind und des Schreibens nicht bedürfen. Ob nun die Hand schreiben kann, ob nicht, das Herz geht seiner eignen Sach' nach. Mir deucht, ich schreib Euch nicht nur, weil ich schreiben kann, sondern weil die Neigung mich dazu bringt. Gesetzt, ich könnte nicht schreiben, würde ich Euch dies alles bei nächstbester Gelegenheit sagen. Worauf ich mit all dem hinauswill: solche Mütter denken nicht klug; sie erziehen ihre Töchter die Glaubensdinge betreffend in Unwissenheit, und denen sie zur Frau gegeben werden, die kommen nicht drum herum, deren Unwissenheit zu erleiden. Es mag ein Diamant noch so schön sein, ist er unschön geschliffen, wird er nicht geschätzt. Ihr werdet nun, ich weiß, daraufhin sagen, noch nicht verheiratet wolle ich den Frauen Lektionen erteilen. Ich will es nicht, liebste Cousine, ich will es nicht. Ich weiß, dies betreffend seid Ihr mit mir eines Sinnes. Mag jeder für sich sehen und denken, es steht ihm frei, und Gott gebe eine Ehefrau, die lesen und schreiben kann, aber sollte sie es nicht können, wäre ich darauf aus, es ihr beizubringen, und sollte sie auch nicht mehr Verstand haben als eine Katz'. Mögt Ihr mich denn, liebste Cousine, so wie die Katze die Maus? Und seid Ihr denn bei guter Gesundheit? Wann werden wir uns zu sehen bekommen? Heut' vielleicht nicht, denn es ist schon die elfte Stunde, und es heißt schlafen gehen. Aber wenn ich mich hinlege, ist mir, als badete ich, schwappt doch der Meeresgischt mir bis unters Haus; oft denk ich, das Wasser gluckst in meinem Bett.

28

Yeniköy, 16. julii 1719

Es ist recht gesprochen, herzliebste Cousine, daß es keine so gute Gesellschaft gibt, daß sie voneinander nicht schiede. Der edle Herr Bercsényi ist mitsamt Gemahlin und ganzem Anhang hier eingetroffen und wird hier so lange bleiben, bis das in Tarabya in Auftrag gegebene Quartier für sie fertig sein wird. Tarabya aber liegt von uns zu Lande eine halbe und zu Wasser eine viertel Stunde Wegs. Daß es so gekommen ist, tut mir im Hinblick auf Euch sehr leid; ich weiß, Ihr laßt Euch öfters durchschütteln auf dem Meer und prescht heraus zu uns auf den Meeresrössern. Dort war die edle Frau Euch näher, Ihr konntet Euch häufiger verlustieren und die Zeit vertreiben, künftig jedoch werdet Ihr auf dem Meer herkommen müssen, wenn Ihr die Dame besuchen wollt.

Geduld, liebste Cousine, die stärker ist, hat mehr an Macht. Vielleicht wißt Ihr wohl, wessen Gesandter bewirkte, daß Bercsényi aus Pera weggezogen ist; er wollte, seit er dort angekommen ist, mit diesem* nicht in einer Stadt wohnen. Jetzt sind wir bereits alle – bis auf zwei –, die wir Flüchtlinge sind, an einer Stelle zusammengedrängt und harren hier, wohin die Wolke uns führen wird gleichwie die Israeliten in der Wüste. Es wird ein wahres Wunder sein, wenn wir nicht auch noch versprengt werden von hier. Das würde mich nur grade darum grämen, weil ich weiter fort wäre von Euch, aber ansonsten wollten wir noch heute fortgeschafft werden, weil wir hier doch sehr beengt sind, und wenn es einen Brand gäbe, woandershin nicht fliehen könnten, sondern ins Meer springen müßten. Ich hätt' davon ja groß Gewinst, wo ich gar nicht schwimmen kann.

Jedermann hat sich, liebe Cousine, Gottes Fügung zu unterwerfen, besonders gilt dies für Flüchtlinge und ganz besonders für diejenigen, die in der Türkei Zuflucht gefunden haben. Denn nirgendwo vollzieht ein Wandel sich mit solcher Plötzlichkeit wie hier; hier kann Gewißlicheres niemand sich versprechen, als daß sein Zustand ungewiß ist. Der Frieden ist nunmehr bewerkstelligt, was können wir da noch erhoffen. Wir haben es mit einem Hof zu tun, wo die Minister täglich wechseln, und hat man heute eine Sache geschafft, muß sie morgen mit den Neuen erneut angepackt werden; fängt man aber nicht beim Geschenk an, kann es auch kein guter Anfang werden. Der jetzige Wesir zeigt sich den Ungarn gegenüber wohlgesinnt, aber ein Hilfsmittel voranzukommen wird er nie sein; da er das Kriegshandwerk nicht beherrscht, scheut er es und ist bereit, lieber auf alles

* *mit diesem:* Kaiserlicher, d.h. Österreichs Gesandter: General Damian Hugo Graf Virmont

einzugehen, wenn er nur von Kriegführen nicht reden hört. Er selbst hat Grund dazu, denn bei geringstem Mißgeschick in der Kriegsführung werden die Wesire abgesetzt. In friedlichen Zeiten aber versteht dieser wohl die Dinge zu betreiben. Wer jedoch vermag uns zu versprechen, daß sein Wohlwollen uns gegenüber beständig sei? Sollte aber sein Sinn sich wandeln, wessen können wir da seinerseits gewärtig sein? Allein schon jetzt verhält sich zu uns sein spärlich bebarteter Kâhya (Hauptmann bei Hofe) unfreundlicher als vordem. Jederlei Sache gelangt nun aber über ihn vor den Wesir, alles muß an ihn gehen, und erst durch seine Vermittlung ist die Sache mit dem Wesir zu betreiben; und gesetzt, der wird bearbeitet von denen, die mächtiger sind als wir und uns übelwollen, werden wir den Hühnern vorgeworfen. Löblich ist an diesem Wesir, daß er zu Dingen, die fremde Länder betreffen, des öfteren unseren Fürsten, dessen großen Verstand er nämlich erfahren hat, um Rat bittet, diesen auch annimmt und befolgt. Und doch komme ich darauf zurück, daß sich morgen oder übermorgen einer finden kann, der seinen Sinn zu wenden vermag. Ist er ein Mensch? Jawohl, ein Mensch, also kann er sich wandeln, und darin sind die Menschen hierzulande menschlicher als andernorts. Aber was forsche ich da, liebste Cousine, in der Zukunft, überlassen wir das doch dem Herrn dessen, was kommt. Ich hab mich nur darum zu kümmern, wann ich Euch sehen kann, wann ich mit Euch lachen kann, und wann wir Krauts speisen können. Ach, von Kraut wage ich nicht mehr zu sprechen, denn neulich hat man mich Krauttopf geheißen; nun mag ich Euch erst recht gleichwie das Kraut. Und Ihr? Und wird denn über die Gesundheit nichts geschrieben?

29

Yeniköy, 9. augusti 1719

Es geniert mich ja, herzliebste Cousine, daß ich die Dinge, welche in des Sultans Residenzstadt sich zugetragen haben, Euch schreiben muß. Würde man nicht immerzu daheim hocken, wüßte man mehr Neuigkeiten. Es ist zwar eine Seltenheit, aber wenn Ihr Neuigkeiten schreibt, dann ist ihnen zu trauen. Wie kommt's jedoch, daß Ihr an Ort und Stelle seid und trotzdem bei mir Euch danach erkundigt, wann der kaiserliche Gesandte, der unlängst eingetroffen ist, seine Audienz haben wird. Am Ende werdet Ihr noch bei mir nachfragen, ob es dort regnet. Man mag mich auslachen, aber ich gehorche und kann mitteilen, sie hat schon stattgefunden; nun kann es ja sein, Ihr wißt auch nicht, in welcher Form sie vonstatten ging. Auch das schreib ich Euch. So viel wißt Ihr wohl wie's Vaterunser, daß einem Gesandten zu Ehren, wenn der Sultan ihm eine Audienz gewährt, zuerst ein Essen gegeben wird und danach der Wesir ihn zum Sultan bringt. Aber dies konnte jetzt so nicht geschehen, weil die Türken ihren Ramazan haben, das wißt Ihr. Ihr wißt zudem, daß der Ramazan bei ihnen so etwas ist wie bei uns die Fastenzeit und einen Monat dauert. Bekannt ist Euch außerdem, daß sie in der Zeit bis zum Sonnenuntergang weder essen noch auch nur einen Tropfen Wasser trinken und selbst das Tabakrauchen lassen, was sie am schwersten ankommt. Und tagsüber gibt's da noch etwas gewisses Süßes, wovon mitnichten genascht werden darf, sollten einem die Zähne noch so wässerig werden. Denkt Euch doch, was dieses Süße sein mag. In der Nacht aber dann: Freiheit! Da die Türken derzeit also Ramazan haben, wurde der Gesandte, als er um zwei Uhr in der Früh zur Hohen Pforte sich begab, dort beköstigt und um fünf Uhr zur Audienz des Sultans geleitet. Daraus erseht Ihr, daß die Audienz heute stattfand. Das wißt Ihr ja schon, nicht bloß von mir, aber vielleicht von zehn Personen. Ich bin bereits gewärtig, Ihr werdet morgen von mir wissen wollen, ob Ihr lieber essen oder schlafen möchtet. Ich indes weiß, daß ich schlafen möchte, zudem bin ich mißgelaunt. Aber trotzdem lieb ich Euch ein wenig und wünsch Euch auch eine gute Nacht.

30

Beykos, 16. augusti 1719

Ihr seht, ich schreibe Euch aus Asien; wäre ich in Amerika, würde ich Euch selbst noch aus Mississipien schreiben. Uns solltet Ihr bereits als Asienungarn ansehen. So schön, so gut, herzliebste Cousine, wir hausen hier schon seit fünf Tagen unter Zelten. Die Stadt hier in der Nähe hieß früher wie auch heutzutage Beykos und befindet sich in der berühmten Provinz Bythinien. Ihr wißt doch, wie berühmt zu Zeiten der Römer die Könige Bythiniens waren. Aber das schert mich nicht, mich schert, daß ich nicht im Komitat der Drei Stühle* bin. Wäre Gott dort jedoch besser als hier? Nein, seine Güte ist allüberall die gleiche; Gott will, daß du hier seiest, also spaziere gefälligst hier auf dieser schönen Wiese. Gewiß, wir sind, liebste Cousine, an einem schönen Ort, unsere Zelte stehen an der Küste aufgereiht. Wir können diesen wunderschönen Kanal voll einsehen und hören deutlich die Brandung des Schwarzen Meeres. Jene gewaltigen Nachen ziehen an uns vorbei ins Schwarze Meer. Einen solchen Kanal gibt es vielleicht keinen zweiten auf der ganzen Welt; dieser mißt in der Breite einen guten Kanonenschuß, hat eine Länge von fünf Meilen und an jedem der Enden ein

* *Drei Stühle:* Mikes' Heimatkomitat (ungar. Háromszék) in Siebenbürgen

großes Meer. Wo sonst noch wär solch ein Kanal zu finden? Es ist wahr, besäße eine andere Nation dieses Land, würde man aus diesem Kanal ein Wunder schaffen: es würden beiderseits Städte, schöne Kastelle und Häuser errichtet werden. Städte gibt es hier an Europas Rande ja reichlich, doch anderwärts hießen die lediglich Dörfer. Yeniköy etwa, wo wir wohnen, ist eine gar häßliche Stadt, die anderen haben freilich noch weniger zu bieten. Und von Asien her gibt's beinah durchweg nur Einöde. Des Sultans Häuser an der Küste sind alles andere als einem Herrscher gemäße. Wie schade, daß ein so schöner und lieblicher Ort ungenutzt öd bleibt; ich allerdings werde ihn nicht bebauen, sollen sie zusehen. So viel Fische, als es in diesem Kanal gibt, liebste Cousine, bekommt man sonst unmöglich zu sehen; die Fischer ziehen auf einmal etliche tausend an Land. Wieviel Tausend davon finden in der Residenzstadt ihre Käufer, und wieviel Hunderttausende werden allein in Yeniköy getrocknet? Und dann erst die ungeheuer vielen Delphine; ich würde ungern lügen, und es tut ja auch nicht not, aber ich kann sagen, ich habe unter anderen mindestens tausend auf einmal gesehen, als wären ebensoviele Schweine das Wasser hinab getrieben worden. Gewiß, uns geht es gut hier, wir machen unsere Spaziergänge auf schöner Wiese, der Fürst hat seine Pferde mit herübergebracht und wird öfters auf die Jagd gehen. So viel hab ich bereits gemerkt, daß ich Euch hier in Asien ebenso liebhab als in Europa. Aber man wird mir häufiger schreiben müssen und ein bißchen längere Briefe, und auf die Gesundheit gilt's zu achten, insonderheit derzeit, man erzählt nämlich, dort bei Euch gehe die Pest groß um.

31

Beykos, 7. octobris 1719

Hätten wir, herzliebste Cousine, keinen Regenbogen gesehen, wären wir schon auf die Berge geflüchtet von hier, denn uns hat das Wasser, nachdem es gestern heftige Regenschauer gab, beinah völlig überflutet. Wir wußten nicht, daß das Wasser von den Bergen nach großen Regenfällen ausgerechnet dort herabfließt, wo wir unser Lager haben. Aber wir haben es baldigst erfahren, weil das Wasser plötzlich unsre Küche überschwemmte und wir ihm die Küchengerätschaft rennend entreißen mußten. Da ich während des Regens nicht in meinem Zelt war, bin ich danach hin, um nachzusehen, ob der Regen irgendwelchen Schaden angerichtet hatte. Aber wer hätte nicht gelacht angesichts des Baches, der knietief durch mein Zelt hindurch floß. Zum Glück war meine Bettstatt doch höher, und der Bach rann bloß darunter hin. Allerdings hielt die Sintflut nur bis zum Abend an, dem Wasser wurde ein anderer Lauf bereitet. Aber aufhören zu regnen will es nicht, und sollte es noch zwei Tage dauern, werden wir, denke ich, Asien verlassen. Es ist gewiß schon an der Zeit, in einem Quartier unterzukommen, denn das Schwarze Meer entbietet uns recht schwarze Winde.

Liebste Cousine, denkt mal, wie es dieser Tage dem edlen Herrn Forgách erging. Ich weiß nicht, an was für einem Feiertag er von hier der Kommunion halber zum edlen Herrn Bercsényi fahren wollte. Am Morgen, als er sich andächtig auf die Kommunion vorbereitete, schickte er einen seiner Diener einen Kayık holen, der ihn hinüberbringen sollte zu Herrn Bercsényi. Als er da so längere Zeit an der Küste spazierenging, weil sein Diener lange nicht wiederkam, und da ihn auch die vielen guten Gedanken ermüdet hatten, vergaß er, daß er zur Kommunion wollte. Und damit die Zeit schneller verging, zündete er sich eine Tabakspfeife an; als er sie bereits zu Ende geraucht hatte, traf der Kayık ein, und er war grad im Begriff einzusteigen, da merkte er, daß er die Pfeife im Mund hatte. Laut lachend kehrte er ins Zelt zurück, aber auch wir lachten über ihn reichlich den ganzen Tag. Ich weiß, Ihr werdet sein andächtiges Pfeiferauchen gleichfalls belächeln, mit ihm passieren nämlich immerzu derlei Dinge zum Lachen. Neulich kam der Fürst gesprächsweise darauf, mit welch großer Inbrunst die Kommunion empfangen werden müsse, und daß man dann nur daran und an nichts anderes denken dürfe. Forgách brach in Lachen aus und erklärte, er könne nicht umhin, ihm kämen nun einmal irgendwelche lachhafte Dinge in den Sinn. Denn als er unlängst die Altarsakramente empfangen wollte, sei ihm, als der Priester sich ihm näherte, der Gedanke in den Sinn gekommen, wie gut sich doch das Meßgewand als Pferdedecke eignen würde. Lachhafte Gedanken der Art haben auch wir zur Genüge. Schlimm wird solch ein Gedanke, wenn wir ihm stattgeben. Ich hab Euch lieb, das ist ein guter Gedanke. Gebt acht auf die Gesundheit: ein feiner Gedanke auch der.

32

Yeniköy, 10. octobris 1719

Was ist das doch für ein schöner Zustand: gestern aß ich zu Mittag in Asien und zu Abend in Europa. Hergebracht aber hat man mich nicht in den Lüften, sondern zu Wasser. Aus all dem erkennt Ihr, daß wir das Lagerleben beendet haben und hierher zurückgekehrt sind. Fest steht, geflohen sind wir nicht vorm Feind, sondern vorm vielen Regen, der nicht zu vertreiben war, obgleich wir zwei Generäle bei uns haben.

Der tägliche Zeitvertreib wird hier nunmehr daraus bestehen, daß entweder der edle Herr Bercsényi zu uns auf Besuch kommt oder wir zu ihm gehen. Die Jagd wird ebenfalls nicht schwinden, aber was außerdem nicht schwindet, daß welche auf uns Jagd machen bei der Pforte. Alldieweil der Gesandte des Deutschen zumeist darauf sinnt, uns schaden zu können; wir indessen schaden ihm nicht im geringsten, und ich weiß nicht, weshalb er diese armen Flüchtlingsungarn verfolgt, die hier an der Meeresküste bloß Pfeife rauchen unter Seufzern. Ob solche Verfolger ird'scher Art das Evangelium lesen, liebste Cousine? Ob sie bedenken, daß sie für ein paar Jahrhunderte die Augen noch werden schließen müssen. Und dann werden wir allesamt nicht vors Kammergericht zitiert, und es wird die Sentenz über uns auch nicht nach dessen Gesetzen gesprochen werden, sondern jenem gnadenreichen Evangelium gemäß, das selbst den Kaisern gebietet, dem Feind zu vergeben und Böses mit Gutem zu vergelten. Es wird ein Richterstuhl sein, bei dem keine Rechtfertigung und keines Landes Gesetz zugelassen, sondern das Evangelium den Fürsten vorgelegt wird. Dann wird ein Fürst vergebens sich darauf berufen: Meine Minister haben mir empfohlen, die Flüchtlingsungarn selbst im Exil noch zu verfolgen, und die *politica ratio* hat mich veranlaßt, sie in einen Zustand zu versetzen, wo sie auch künftighin nicht schaden können. Auf solche Ausflüchte wird nur entgegnet werden: Du hättest ja nicht darauf aus sein müssen, ihnen das Brot zu nehmen, das ich für sie in fremden Landen verfügt habe, nachdem du ihnen schon ihr Erbe genommen hattest; der *politica ratio* halber hättest du deinen Mitmenschen gegen künftiges ungewisses Übel nicht sicheres Übel bescheren müssen. – Wenn auch andere so dächten, blieben wir in Frieden. Vielleicht kommt ihnen solch' Gedanke, doch geht er durch sie nur hindurch gleichwie die Purgation.

Euch ist womöglich nicht bekannt, daß wir auch jetzt die Absicht hegen, zurückzukehren nach Frankreich, und läg es nur an unserem Willen, ging's heute los. Aber an uns liegt lediglich der Wille, das Vermögen indessen bei andren, da der Fürst diese seine Absicht betreffend etliche Briefe an den französischen Hof geschrieben, darauf jedoch eine direkte Antwort bisher nicht empfangen hat. Dorthin zu gehen wird uns vom Hof weder untersagt noch klar empfohlen, woraus hervorgeht, daß unsre Hinkunft unerwünscht ist. *Inimicus homo hoc fecit**. Dieselbigen, die hier gegen uns sind, haben unsere Reise dorthin verhindert. Der Herzog von Orléans, der, da der König noch nicht soweit ist, Frankreich regiert, hat unserem Herrn allzeit gute Freundschaft erwiesen, und seine Mutter**, die mit der Gemahlin unseres Fürsten aus einem Hause stammt, mochte ihn wie ihren Sohn, bis in den Tod. Nur ist die Verwandtschaft und Freundschaft zwischen Fürsten einem schwanken Rohrhalm gleich: steht's um dich gut, werden Verwandtschaft wie Freundschaft hochgehalten, doch steht es schlecht, und du bist auf sie angewiesen, heißt es bloß: *nescio vos****. Dies hat sich an uns bereits erfüllt, da unser Herr noch nicht einmal einen Brief des Herzogs von Orléans empfangen hat; nach so vielen schönen Versprechen hat er nicht die geringsten Anliegen unseres Herrn in diesem Lande bei der Hohen Pforte befördert. So ist die Freundschaft der Fürsten, so ohne Hoffnung

* *Inimicus:* Lat., »Das hat ein Feind getan.« (Matthäus 13,28); gemeint: der kaiserliche Gesandte Virmont ** *Mutter:* Elisabeth Charlotte von Orléans (Liselotte von der Pfalz), 1652-1722; Fürst Rákóczis Gemahlin: Charlotte Amalie von Hessen-Rheinfels *** *nescio vos:* Lat., »Ich kenne Euch nicht.«

können sich an sie alle die wenden, die von jenen nicht benötigt werden; man geht mit den Menschen um wie mit Zitronen, die, wenn der Saft ausgequetscht ist, weggeworfen werden, oder es wird aus der Quelle weidlich getrunken und ihr dann der Rücken gekehrt. Wir nun werden jetzt nicht benötigt, was war, ist vergessen, und da sie die Macht in der Hand haben, sind sie um die Zukunft nicht bemüht. Ihr pflegt zu sagen, in Glück gebettet zu sein ist ein gedeihlicher Zustand. Fest steht, Betten dieser Art sind kaum von Dauer, aber solange sie da sind, ist es ja doch schön, darinnen zu liegen. Und man soll, liebste Cousine, eine Zusage nicht ändern. Edles Blut hält, was es verspricht; wenn Ihr aus Ungarland wärt, hätt' ich Befürchtungen, aber Ihr seid ja aus Siebenbürgen, und dort ist das Wort einer Frau von Adel von solchem Bestand, als es die Schneeberge bei Kronstadt sind. Haltet also Euer Versprechen und verbringt drei bis vier Monate des Winters hier mit den ungarischen Frauen. Es stimmt zwar, daß Ihr die alleinige Siebenbürgerin sein werdet, aber ist eine Siebenbürgerin etwa nicht so viel wert wie zehn Ungarländerinnen? Die Rose ist mehr wert als der Stengel, die Sonne heller als der Mond. Wenn in Ungarland es an Sonne gebricht, braucht eine Frau nur aus Siebenbürgen geholt zu werden, und deren Schönheit spendet genügend Licht. Dies ist keine Lobpreisung, sondern wahr gesprochen. Daß Gott sie schöner erschaffen hat als andere, wer kann dafür. Wie auch niemand dafür kann, daß ich mich hinlege, es ist die elfte Stunde. Obschon auf Glück ich nicht gebettet bin, wenn ich nur gut schlafe, um so besser ist die Gesundheit. Jetzt halt' ich nur mehr Ausschau, wann Ihr hier ankommt; kommt aber mit Sack und Pack.

33

Yeniköy, 2. martii 1720

Nun denn, herzliebste Cousine, flugs hervorgeholt der Federkiel und frisch gesäubert das schimmlige Tintenfaß, denn jetzt heißt's ans Schreiben gehn, Postsendungen abschicken und die Neuigkeiten aufwecken. Heut' ist's acht Tage her, daß Ihr nach hiesiger Überwinterung uns Knall und Fall habt sitzen- und Euch in Euren Stuhl in der Residenzstadt wieder einsetzen lassen. Dort sollte aber die Trägheit nicht auf dem Ruhekissen liegengelassen, sondern zum Schreiben gestachelt werden. Ich wiederum werde Euch auf des Meeres Gischt Neuigkeiten schicken, von denen Euch beide Ohren klingen werden; nur gut, daß Ihr nicht mehr habt als die zwei. Zuvörderst jedoch werde ich Neues in schönen Farben und mit Wohlgeruch übermitteln, danach erst schreib ich die klingende Neuigkeit.

Gestern hat der Janitscharen-Aga unserem Herrn mit aller Zeremonie ein Geschenk übermittelt; das Präsent bestand aus einer Vielzahl von Blumen und vielerlei Früchten. Ich weiß schon im voraus, was Ihr darauf sagt. Ihr werdet sagen, das sei ja wohl ein ungehöriges Geschenk gewesen. Für eine Frau wäre es schicklich gewesen, Blumen als Präsent zu schicken, und hätte der Janitscharen-Aga dieses Geschenk einer Frau überbringen lassen, lobte ich ihn dafür, aber daß ein General einem Fürsten Blumen schickt, das halt ich niemals für angemessen. Wenn Ihr so redet, sag ich: in einem anderen Land wär es ein lachhaft' Ding. Aber Ihr wißt wohl, daß hier einer Frau kein Geschenk gemacht werden darf, und eine noch schlimmere Todsünde wäre hier, wenn eine Frau einem Mann ein Präsent zukomme ließe, selbst wenn es bloß eine einzige Rose wäre. Es stimmt schon, uns mißfällt solches Schenken, und wir halten es für ein Geschenk passend zu einem Weibe, aber es gilt zu beachten, daß es hier Brauch ist. Und was irgendwo Brauch ist, das ist auch ziemlich im betreffenden Land. In England werden die Frauen, wenn sie in die Schenke gehen, von niemandem verurteilt, weil es so Brauch ist. In entlegenen Teilen Spaniens tragen die Frauen kleine Ferkel im Schoß gleichwie anderweitig Hündchen. In Frankreich oder andernorts sitzt eine Frau von Adel in ihrer Equipage und fährt bis in den Abend dahin, wohin sie mag. Hier jedoch geht die Gattin eines türkischen Edelmanns ein ganzes Jahr lang nicht aus dem Haus. In Polen stellen die Priester den Branntwein in der Sakristei ins Weihwasser, damit er abkühlt, bis die Messe beendet ist. Wäre bei uns dies gestattet? Bei uns würde eine Edelfrau sich schämen, Tabak zu rauchen, hier indes rauchen sie alle. In China wird dasjenige Mädchen zuerst geheiratet, das die längsten Ohren hat, und mögen sie bis zu den Schultern reichen. Bei uns aber würde man davonrennen. Hier ißt man nur mit den Fingern, bei uns aber mit Messer und Gabel. Und ist es denn ein guter Brauch, daß die tatarischen Edelfrauen sich die Nase durchbohren und einen großen Silberreif durchziehen gleichwie Ohrringe bei uns? Wir müssen also das jeweils Landesübliche in Erfahrung bringen, wenn wir darüber ein Urteil abgeben wollen. Möglicherweise kennt Ihr den Brauch noch nicht: wenn ein Türke zwei Donnerstage versäumt, darf seine Ehefrau gegen ihn Beschwerde einlegen beim Richter. Stellen wir also fest: der Janitscharen-Aga konnte Blumen überbringen lassen, weil es hier Brauch ist.

Aber, liebste Cousine, haltet Eure Ohren für eine schlechte Nachricht bereit. Gewiß, es war vorauszusehen, so ganz jedoch hätte man es nicht gedacht. Unsere Wohltäter waren so lange gegen uns am Werk, bis sie in der Streitsache nun die Gewinner sind, und sie wollen uns auch von hier verwiesen wissen, als ob wir ihnen zur Last fielen. Heute in der Früh ließ der Wesir Ferenc Horvát kommen und durch ihn dem Fürst mitteilen, die Hohe Pforte wolle den Ungarn einen besseren und geeigneteren Platz als Yeniköy anweisen. Unser Herr nahm diese Botschaft als wahrhaft christlicher Fürst ruhigen Sinnes entgegen, daran konnte die Veränderung nichts ändern. Er hätte mit David sprechen können: *usque quo exaltabitur inimicus meus super me?** und »sie sollen sich schämen und zuschanden werden, alle, die sich meines Unglücks freuen**«. Aber Christi Lehre folgend flehte er um Segen für seine Verfolger; überhaupt schrieb er diese Veränderung nicht der Hohen Pforte zu, sondern dem Gesandten, der uns zu schaden trachtet. »Ist Gott für uns, wer mag wider uns sein?***« Ich kann noch nicht wissen, an welchen Ort man uns flugs befördern will. Aber so rasch wird der Weggang noch nicht sein, der mich von Herzen betrübt, weil wir voneinander weiter weg sein werden. Über all dies werde ich Euch bei erster Gelegenheit verständigen. Auch wünsch ich gute Gesundheit. Amen.

34

Yenikoy, 25. martii 1720

Heut' früh besichtigte unser Fürst die Säule des Pompeius****, die dort, wo der Kanal ins Schwarze Meer mündet, hoch oben auf einem großen Felsblock steht. Dieser Felsen bildet eine kleine Insel. Als wir aus dem Kayık gestiegen waren, sind wir den Felsen ein Stück hinaufgeklommen,

* *usque ... super me?:* Lat., »Wie lange soll sich mein Feind über mich erheben?« (Psalm 13,3) ** *... freuen:* Psalm 35,26 *** *... wider uns sein:* Brief des Paulus an die Römer 8,31 ****Pompeius:* Pompeius Magnus (106-48 v. Chr.), römischer Staatsmann

aber grad bis zur Säule nicht gelangt, weil es da sehr steil ist und man von einem Fels auf den anderen hätte hüpfen müssen; ein Krauttopf indes hüpft nicht so leicht dahin gleichwie ein Steinbock. Wie hoch die Säule ehedem gewesen ist, konnten wir nicht feststellen, da sie in zwei oder drei Stücke zerbrochen ist. Das noch aufrecht stehende Stück dürfte nicht höher sein als zweieinhalb Ellen; zu betrachten gibt's daran nichts, nur ihres Alters wegen ist sie zu schätzen, so es wahr ist, daß Pompeius sie hat errichten lassen. Dies sagt man nämlich nur, und sie heißt bei jedermann Säule des Pompeius, aber schriftlich ist darüber nichts zu finden. Gewiß ist jener berühmte Römer hierzulande viel unterwegs gewesen, aber ungewiß ist, daß er die Säule dort hat errichten lassen. Möglicherweise ist es das Werk irgendeines griechischen Kaisers, oder sie ist noch vor den Kaisern geschaffen worden. Und sollte es eben Pompeius gewesen sein, was geht's mich an? Ich glaub es lieber, daß er sie hingesetzt hat, als daß ich nachzufragen zu ihm geschickt werde. Eins aber weiß ich: Pompeius wird mir das Schnupftuch nicht bezahlen, das ich dort zwischen den Felsen verloren habe.

Nun weiß ich bereits, wohin wir verschickt werden. Man sagt, die Stadt sei ordentlich und nicht weit von hier, ihr Name lautet Rodosto*, das ist aber auch alles, was ich weiß. Wohl weiß ich indes, daß man diejenigen, die für sämtliche Exilungarn Quartiere beschaffen sollen, bereits dorthin entsandt sind, und daß wir um die Mitte des kommenden Monats von hier verduftet sein werden. Seien wir also darum bemüht, das bißchen Zeit nicht unnütz verstreichen zu lassen, vielmehr uns öfters zu sehen und reichlich zu lachen. Euch braucht nicht bange zu sein, daß ich Euch so-

* *Rodosto:* Bis ins 20. Jh. gebräuchliche Version des griechischen Namens (Rhaidestos) der türk. Stadt Tekirdağ am Marmarameer

lange nicht öfters besuchen würde, und daß ich es der großen Vorbereitung wegen nicht könnte, solltet Ihr auch nicht befürchten, alldieweil ich so viel Sachen habe, daß ich in einer halben Stunde alles verpackt haben kann. Wie ist es doch schön, wenn der gesamte Reichtum von unsereins nicht mehr ist als ein Bett, eine kleine Lade und ein Tisch! Ihr seht, alles dies bereitet einem keine große Sorge. So man aber viel besitzt, ist auch die Sorge größer. Was kann unsereins dafür, daß ich mehr nicht besitze. Es sind deren hier mindestens zehn, die nicht einmal halb so viel Zeit für ihre Umzugsvorbereitungen brauchen. Wie könnten aber auch welche, liebste Cousine, die einem Fürsten im Exil dienen, etwas besitzen. Gewiß, insonderheit wir zwei, drei, die wir allzeit mit ihm bleiben im Exil, könnten mehr besitzen, aber warum es nicht so ist, darüber schweig ich. Siebenbürgisches Geblüt dient nicht eines Lohnes, sondern der Ehre halber, und selbst wenn mit ein klein wenig Undankbarkeit gezahlt wird, schaut er darauf nicht. In Eurem Brief neulich habt Ihr auf solcherlei Dinge bezogen den lateinischen Ausspruch getan: *experto crede Roberto**: wahrlich das kann auch ich schon zu anderen sagen. Doch Schluß mit solchen Gedanken, und freuen wir uns im voraus darauf, daß wir übermorgen gemeinsam zu Mittag und zu Abend essen werden, und überlassen wir die Kümmernis dem, der so was mag – nicht wahr, liebe Cousine? Damit bleib ich Euer alleruntertänigster, nicht ver-, aber stets ergebener Diener.

* *experto:* Lat., Spruchweisheit aus dem Mittelalter, etwa: »Prüfe, eh du glaubst.«

35

Yeniköy, 16. aprilis 1720

Rühret die Trommel, blaset den Marsch, herzliebste Cousine, wir sind nunmehr bereit. Die Galeere, die unseren Herrn an Bord nehmen wird, ist da, und die Schiffe für die Habseligkeiten und die Mannschaft des Fürsten sind ebenfalls beladen. Für den edlen Herrn Bercsényi wurde ein großes Schiff geordert. Die ganze Bagage ist bereits ausgelaufen, nur wir sind noch zurückgeblieben; der edle Herr Forgách wird mit uns kommen, so daß wir, abgesehen von etlicher niederer Dienerschaft, zu dritt oder viert mit dem Fürsten sein werden. Früh sieben Uhr setzen auch wir uns in die große Wasser-Karosse. Gestern aber hatte der Fürst allein eine Begegnung mit dem Wesir; dieser bezeugte dem Fürsten seine große Freundschaft, beschenkte ihn auch mit einer schönen türkischen Flinte, und sie schieden sehr freundschaftlich voneinander. Aber denkt Euch, welche Art Rede ein Türke führt. Der Fürst äußerte im Gespräch mit dem Wesir, Rodosto sei doch vielleicht zu weit, er wäre gern näher bei der Hohen Pforte geblieben. Darauf sagte der Wesir, der Ort mag zwar ein bißchen weit sein, aber geeignet wäre er dennoch, und man solle nicht denken, daß er weit weg sei, denn die Entfernung wäre grad so, daß der Reisbrei, wenn er hier gekocht ist, noch warm dorthin gebracht werden kann. Nun bilde man sich ein Urteil über seinen türkischen Spruch! Sei's, wie es sei, wir fahren gleich los, und ich muß auch noch diesen Brief siegeln. Darum kann ich jetzt mehr nicht schreiben, aber sobald wir an Ort und Stelle angelangt sind, berichte ich über alles, meine liebste Cousine, für die ich von Gott gute Gesundheit erflehe und wünsche, daß wir uns möglichst bald sehen werden. Jedoch hab ich an Euch nur die Bitte, mir so oft als möglich zu schreiben, und ich selbst werde es nicht versäumen. Polla teti*, liebste Cousine, und auf die Gesundheit heißt's gar sehr achtgeben. Wir brechen nunmehr auf, es ist bereits sieben Uhr.

36

Rodosto, 24. aprilis 1720

Selbst wenn ich es nicht sagte, herzliebste Cousine, daß wir hier angekommen sind, würdet Ihr das allein daraus schon erkennen, woher ich den Brief datiert habe. Kurz und gut, Gott hat uns alle glücklich hierher geführt. Und der edle Herr Bercsényi verfertigte, kaum daß er eingetroffen war, aus dem Namen der Stadt ein Anagramm, und was herauskommt, lautet: *ostorod***. Das paßt gar sehr zu Flüchtlingen. Freilich könnte man darüber reichlich sinnieren, aber das heben wir uns für ein andermal auf. Und nun will ich Euch meiner Zusage gemäß alles beschreiben. Zunächst beginne ich damit, daß wir von Yeniköy am 16. abgefahren sind, und zwar auf der für den Fürsten bereitgestellten Galeere, was unserem Herrn zu recht hoher Würdigung gereichte, hatte doch der Sultan selbst für ihn die Galeere entsandt. Und diese war dann auch eine von den größeren, angetrieben von 26 Paar Rudern, je Ruder mit 4 oder 3 Mann besetzt, so daß insgesamt 220 Sklaven die Galeere vorantrieben. Darüber hinaus waren noch 100 bewaffnete Leventi (oder Heiducken) an Bord. Kurzum: wir waren alles in allem 400 Mann auf der Galeere, und der oberste Schiffsoffizier war ein Pascha. Es begleitete uns, dem Fürsten beigeordnet, ein Kapıcı Başı des Sultans und ein Çorbacı***. Als der Fürst um 7 Uhr die Galeere betrat, hat man

* *Polla teti*: Version einer Grußformel im Griechischen (*pollā tā ēti*) ***ostorod:* »deine Peitsche« *** *Çorbacı:* Janitscharenhauptmann

ihm zu Ehren Kanonenschüsse abgefeuert, dann wurden die Anker gelichtet, und die Galeere nahm, von den Rudern getrieben, Fahrt auf. Als wir des Sultans Palast passiert hatten, stießen wir auf Gegenwind und waren gezwungen, Kurs zu nehmen auf die Insel, welche Insula Principium* genannt wird. Der edle Herr Forgách bekam, als er merkte, daß es nicht der Kurs nach Rodosto wär und er den Grund dafür nicht kannte, sogleich einen Schreck und lag dem Fürsten in den Ohren, die Hohe Pforte habe ihn getäuscht und bringe ihn nicht nach Rodosto, sondern nach Nicomedien, wo Thököly** gewesen ist. Der Fürst sprach ihm vergebens Mut zu, indem er sagte, man wolle vielleicht Wind gewinnen, es könne aber auch andere Gründe geben, er befürchte nicht, nach Nicomedien gebracht zu werden, und daß man ihn gegen seinen Willen irgendwohin verbringe, dazu habe er der Pforte keinen Grund geliefert. Es nützte alles nichts, gewißlich hatte sich jener eingeredet, man schaffe uns nach Nicomedien, und bei dieser Befürchtung blieb er, bis wir die Insel erreicht hatten. Dort machten wir um 11 Uhr Station, und nach dem Mittagessen traf auch der edle Herr Bercsényi ein. Anderntags hatten wir immer noch Gegenwind bis zum Abend, um 6 Uhr abends dann legten wir mit gutem Wind ab gen Rodosto. Da der gute Wind die ganze Nacht anhielt, gingen wir unter Segel, und es brauchte nicht gerudert zu werden. Am dritten Tag um 8 Uhr in der Früh liefen wir den Portus Heracleia*** an und gingen vor Anker. Der Kapıcı Başı aber begab sich mit einem Vorkommando nach Rodosto, um die Quartiere betreffend das Nötige zu veranlassen,

* *Insula Principium:* Inselgruppe Kizil Adalar ** *Thököly:* Graf Imre Thököly (1657-1705), Stiefvater des Fürsten Rákóczi, starb nach ebenfalls gescheitertem Befreiungskrieg gegen die Habsburger im türkischen Asyl in Nicomedien, türk. Izmid *** *Heracleia:* Türkische Hafenstadt Ereğli

und so lange mußten wir da verweilen. Als der Kapıcı Başı am 21. den Fürsten wissen ließ, daß die Unterkünfte bereitstünden, fuhren wir morgens um 5 Uhr los und kamen um 11 Uhr vormittags in Rodosto an. Der Fürst ging sogleich von Bord; die Pferde standen bereits am Ufer, und die kommandierenden Offiziere der Stadt geleiteten ihn mit Pomp zu seinem Quartier.

Mit der Galeere zu reisen ist, liebste Cousine, nicht wenig herrschaftlich; die hochgradige Ordnung wirkt auch bei geringsten Dingen in aller Stille. Wenn zweihundert Mann einen Ruck machen, könnt Ihr mir glauben, gibt das schon einen anständigen Ruck. Und der wird gleichzeitig gemacht; zweiundfünfzig Ruderblätter tauchen gleichzeitig ins Wasser. Die Länge eines Ruders beträgt mindestens fünf Klafter. Es ist eine gar schöne Kurzweil, dem zuzusehen. Aber so man bedenkt, daß die armen Sklaven fast durchweg Christenmenschen sind, und daß sie bis an ihr Lebensende da bleiben müssen, tun sie einem tiefsten Herzens leid. Überhaupt ist das Galeerenrudern eine arg schwere Arbeit; wer das nicht gesehen hat, kann es sich nicht vorstellen. Man könnte meinen, es reißt jedem einzelnen die Arme aus, solchermaßen reißt daran das Ruderblatt. Gewiß, zu essen gibt man ihnen, aber gekleidet sind sie nur in Lumpen. Die unseren arbeiteten doch wenigstens im Hemd, weil der Fürst an Bord war, und aus dem selben Grund behandelte man sie nicht schlecht, aber ansonsten arbeiten sie ohne Hemd, und Prügel müssen sie wegen geringster Dinge erleiden, wie die Ärmsten selber erzählten. Die Kommandos erteilt man ihnen nur mit Pfiffen, sie wissen dann schon, was das soll, und sie nehmen alle zugleich die Arbeit auf. Ihr Gestühl ist beiderseits so angeordnet, wie in der Kirche üblich; in der Mitten ist eine Gasse, wo die Offiziere ohne Unterlaß auf und ab gehen und darauf achten, ob einer das Ruder nicht recht zieht, oder ob sie miteinander reden. Jedweder hat an seinem Platz zu bleiben, wo sie angekettet sind, und sobald sie zu rudern aufhören, müssen sie sich niedersetzen, am selbigen Platz müssen sie dann auch schlafen. Sonst dürfen sie überhaupt nicht aufstehen, nur wenn sie die Galeere antreiben, und da vernimmt man dann ein sehr trauriges Geklirre, es ist das Klirren der Ketten. Auf all das möchtet Ihr sagen, es sei demnach nicht anders möglich, als daß die armen Sklaven sehnlich um ihre Freiheit seufzen. Und doch gibt es welche, die sich an dieses elendige Leben gewöhnt haben. Ich sprach nämlich mit zwei ungarischen Sklaven, die seit zwanzig Jahren auf der Galeere sind und fragte sie, ob nicht ein Weg zu finden wäre, daß sie freikämen. Sie antworteten darauf nur: Warum sollten wir nunmehr nach Ungern zurückkehren; Frau und Kind sind vielleicht schon tot, und wovon überhaupt sollten wir dort leben; hier werden wir verköstigt, und an die Drangsal haben wir uns gewöhnt. Diese Antwort hatte ich von ihnen wahrlich nicht erwartet, und ich selbst dächte denn auch anders, wär ich an ihrer Stelle. Auf unserer Galeere gab es aus allerlei Nationen welche: Ungarn, Deutsche, Franzosen, Polen, Russen. In der Arche Noah gab es nicht so viele Nationalitäten, nehm ich einmal die Tiere aus.

Nun gut: es befinden sich sämtliche Ungarn hier; eines jeden Brot ist hier hinterlegt, und solange es vorhält, hat er hier auszuharren; jeder von ihnen hat eine reichlich bemessene und geräumige Unterkunft, ich allein mit einem Diener besitze das ganze Haus eines reichen Armeniers; und jedes Haus hat zudem einen kleinen Garten. Als die Armenier hörten, daß wir mitten unter sie wohnen kämen – wohlweislich leben in dieser Stadt viererlei Nationalitäten: Türken,

Juden, Griechen und Armenier, wir wohnen in Häusern von Armeniern – gingen sie sogleich zum Kadı (oder: zum türkischen Richter) und brachten vor, sie hätten gehört, die Ungarn seien so tückisch, daß sie den Frauen und Mädchen sogar auf der Straße Gewalt antäten. Es traf sich, daß Gáspár Pápai grad beim Kadı war, und er sprach zum Kadı mit aller Prosopopöie*: Kadı, die Armenier sollten um ihre Frauen der Ungarn wegen nicht bangen, denn ihnen wird nichts zuleide geschehen; kommen jedoch ihre Hennen zu unseren Hähnen, dann steh ich für nichts grade. Der Kadı sagte unter großem Gelächter zu Pápai: *aferim magyar, aferim* (sehr gut gesprochen). Wir haben darüber sattsam gelacht, lacht nun denn auch Ihr. Kurzum: wir sind hier an Ort und Stelle. Selbst auf der Flucht noch müssen wir flüchten. Gott vergelt' es dem, der schuld dran ist. Wie es weiter geht mit uns fortan, das sei Gottes Willen anvertraut; er hat uns hierher geführt, er wird auch sorgen für uns. Die uns übelwollten, deren schlimme Absicht hat Gott zu unsrem Wohl gewendet, denn ich kenne vorerst weder die Stadt noch ihre Umgebung, aber so viel kann ich sagen: wir schulden Gott Dank dafür, daß er uns hierher gebracht hat. Wir sind viel geräumiger untergekommen als in jenem elendigen Yeniköy; unsere ganzen Quartiere befinden sich am Stadtrand, ein Schritt und ich bin auf freiem Feld. Aber ich schreib über unseren Wohnort bei nächster Gelegenheit ausführlicher. Mich deucht, daß ich jetzt genug geschrieben habe und es um 11 Uhr Zeit wäre, mich hinzulegen. Denn es ist schon ein wunderlich Ding, daß Männer und Frauen hier ebenso schlafen müssen gleichwie anderswo. Aber eh ich die Feder hinwerf', bitt' ich Euch, daß die Liebe für mich nicht

* *Prosopopöie:* Grch., Personifikation. Hier in falscher Verwendung des Begriffs gemeint: Gespielter Ernst

erfriere und Ihr recht sehr auf Eure Gesundheit achtet. Von hier fahren täglich Schiffe dorthin, und Ihr könnt Euren Brief jedwedem Schiffer mitgeben. Gute Nacht, liebe Cousine.

37

Rodosto, 28. maji 1720

Wir sind hier bereits ordentliche Leut' mit Haus und Herd, und ich lieb Rodosto nunmehr so, daß ich Zágon mitnichten vergessen kann. Aber Spaß beiseite, herzliebste Cousine, wir befinden uns hier an einem sehr schönen lieblichen Ort. Die Stadt ist recht groß und recht hübsch, sie liegt an einem reizvollen und weitläufigen Hang an der Meeresküste. Tatsache ist auch, daß wir uns grad am Rande Europas befinden; zu Pferde schafft man es nach Constantinopel in zwei Tagen mit Leichtigkeit, zur See an einem Tag. Gewiß hätte man dem Fürsten nirgendwo einen besseren Wohnort bieten können. In welcher Richtung immer man geht, überall zeigt sich schönes Gelände, aber nicht kahl, da der Boden überall wohl bewirtschaftet ist. Die Felder bei den Dörfern sind nicht öd, und das Land um die Stadt ist so kultiviert wie ein wohlgepflegter Garten. Besonders derzeit betrachtet man die Äcker und Weingärten und die vielen Gemüsegärten mit Wohlgefallen. Und hier gibt es so viel Weinberge, daß sie anderwärts für ein Komitat reichen würden; sie sind sehr gut gepflegt, und die vielen Obstbäume darinnen muten wie lauter Gärten an. Die Weinstöcke aber werden hier nicht angepfählt wie bei uns, darum neigen sich die Reben alle herab, die Blätter bedecken die Trauben und beschatten zugleich den Boden, und dies ist hier, wo die Erde warm ist und es im Sommer sehr wenig regnet, notwendig. Der Gemüsegärten gibt es viel, sie sind hiesiger Gepflogenheit gemäß gut bebaut, aber denen bei uns nicht vergleichbar. Baumwolle wird nirgends so viel angebaut wie hier, und auch der Handel mit Baumwolle ist hier sehr beträchtlich. Im Komitat Torda* würde sie, denk ich, gedeihen; in unserer buckligen Gegend jedoch gäb es für sie nicht genug Wärme. Hier haben die Frauen das ganze Jahr hindurch nur damit zu tun, die Baumwolle auszusäen, zu pflücken, zu verkaufen oder zu spinnen. Sie wird im Mai gesät und im Oktober geerntet; es gibt viel Gefrett mit der Baumwolle, aber da den Frauen sonst keine Außenarbeit zufällt, haben sie die Zeit dafür.

Über die Stadt kann ich sagen: sie ist in dieser Gegend als schöne Stadt zu bezeichnen, die nicht so breit als vielmehr lang ist, aber die Häuser mögen hier in den Städten noch so hübsch sein, sie können einen als schön nicht anmuten, alldieweil zur Straße hin keine Fenster gelassen werden, namentlich bei den Türken, damit die Ehefrauen nicht hinausschauen können. Was ist der Neid doch für eine feine Sache! Der Marktplatz der Stadt ist recht geräumig, das vielerlei Geflügel, Obst, Gemüse ist hier billig, und eh wir hergekommen sind, war es noch billiger. Aber selbst wenn wir ein wenig Teuerung verursachten, haben wir doch auch Ruhe bewirkt. Die Einwohner selbst sagen, daß in den Straßen, wo wir jetzt eingezogen sind, die Frauen und Mädchen ehedem auch tagsüber nur unter Ängsten unterwegs waren, und gegen Abend hat man sie, so sie draußen angetroffen wurden, verschleppt, und Ihr könnt Euch denken, wie dann freigelassen, selbst Morde sind geschehen. Verübt wurde all dies von Janitscharen, Griechen und Armeniern. Aber jetzt ist nicht das geringste mehr zu hören, abends kann jedermann spazierengehen auf der Straße und braucht nichts zu

* *Torda:* Gebiet im westlichen Siebenbürgen

befürchten. Gewiß, auch wir sind viel an der Zahl, aber sollte es den geringsten Vorfall geben, die an unserem Tor postierten dreißig Janitscharen würden solche, die irgendwelchen Streit vom Zaun brechen wollten, belehren. Einen ruhigeren Ort könnte es gar nicht mehr geben als der, an dem wir wohnen; abends zeigt sich weder ein fremder Janitschare noch ein Grieche, obwohl wir bei schönem Wetter oft bis 11 Uhr draußen sind. Zu welchem Nutzen wir doch der Stadt so rasch schon jetzt, und erst recht künftig, gereichen! Ich bedauere nur, daß der edle Herr Bercsényi weit weg ist von uns; er bedauert es nicht, weil wir ihn seltener besuchen und er umso weniger Kosten hat. Aber was können wir tun, selbst wenn es weit ist, müssen wir dennoch hin, um eben die Zeit zu vertreiben; nicht einmal die Frauen mögen es, aber was können sie mit uns zusammen dafür. Freilich ist es nicht für sie, sondern für uns ungelegener, aber wir müssen nun einmal hin gleichwie zur Fron. Von Stadt und Land hab ich nunmehr genug geredet, jetzt soll vom Brauch bei uns, im Haus des Fürsten, und vom Zeitvertreib die Rede sein. Fest steht, in einem Kloster gibt es keine strengere Zucht und Ordnung als im Haus des Fürsten.

Die Hausordnung ist wie folgt. Früh um fünfeinhalb Uhr wird die Trommel gerührt, dann muß die Dienerschaft aufstehen und zu sechs Uhr bereit sein. Um sechs Uhr ertönt die Trommel abermals, dann kleidet sich der Fürst an, begibt sich in die Kapelle und hört die Messe; nach der Messe geht er ins Speisehaus, dort trinken wir Kaffee und rauchen Tabak. Wenn die Uhr dreiviertel acht anzeigt, wird das erste Mal zur Messe getrommelt, um acht das zweite und kurze Zeit darauf das dritte Mal. Dann geht der Fürst zur Messe, danach aber in sein Haus und jedermann, wohin es ihm gefällt. Um halb zwölf wird zum Mittagsmahl getrommelt, und um zwölf setzen wir uns zu Tisch und halten Gericht über die Hühner. Um halb drei geht der Fürst nur allein in die Kapelle und weilt dort bis um drei Uhr. Wenn die Uhr dreiviertel fünf anzeigt, wird das erste Mal zum Abendgebet getrommelt, um fünf das zweite Mal und kurz darauf das dritte Mal. Dann geht der Fürst in die Kapelle, danach geht jeder seiner Wege. Zum Abendessen wird um halb sieben getrommelt. Sintemal das Abendessen nicht lange dauert, zieht sich der Fürst um acht Uhr aus, geht dann aber meistens noch nicht schlafen, und am Morgen, gleichwohl er sich um sechs Uhr ankleidet, steht er um zwei Uhr nach Mitternacht auf. Denkt nun aber nicht, in all dem könnte es die geringste Änderung geben, selbst wenn der Fürst krank sein sollte, ist der Ablauf stets der gleiche. Um halb sechs aufzustehen ist nichts Geringes, trotzdem versäum ich's mitnichten, um ihm gefällig zu sein, und ich bin, wenn er sich ankleidet, stets präsent. Auch bringt es mein Amt mit sich, daß ich die Dienerschaft beaufsichtige. Das also sind die Abläufe nach der Ordnung in unserem Kloster.

Was aber die Verlustierung und den Zeitvertreib betrifft, da gibt es so mancherlei, und ein jedweder folgt seiner Neigung. Der Fürst schwingt sich allwöchentlich zweimal in den Sattel, und bis zum Abend sind wir dann auf der Jagd, denn hier gibt es sehr viel Rebhühner und Hasen, Rothühner mehr als graue. Und wenn der Fürst nicht zur Jagd ist, verbringt er die Zeit nur mit der vielen Schreiberei. Auch für uns gäb's Besseres, wenn es möglich wär, denn man kann ja nicht immerzu spazierengehen, übers Feld wandern kann man auch nicht immer, und sich unterhalten mit den hiesigen Leuten geht nicht. Ein Fremder kann hier bei niemandem nur so ins Haus eintreten, insonderheit die Armenier ängstigen sich um ihre Gemahlinnen, schlimmer als die Türken. Ich hab meine Nachbarin noch nicht zu sehen bekommen; zehnmal am Tage muß ich an deren Tor vorbei, und wenn sie zufällig grad da ist, rennt sie vor mir gleichwie vorm Teufel davon und schließt das Tor zu. Mich schert's nicht, sind doch die armenischen Frauen so vornehm weiß als die Zigeunerinnen. Daraus könnt Ihr erkennen, daß mit den Einwohnern hier keinerlei Bekanntschaft möglich ist; freilich verlieren wir damit nichts, allesamt sind's Hinz' und Kunz', Menschen höheren Standes gibt es hier keine, zu denen wir gehen könnten. Unter den Türken gibt es zwar edle Herren, aber Türkenbesuchen ist fad: zum einen kann ich nicht Türkisch, zum anderen ist die Sach' die, wenn man einen besucht, heißt's erst: na, setz dich, dann gibt er dir eine Pfeifenfüllung Tabaks, eine Schale Kaffee, richtet an einen sechs oder sieben Worte und würde dann bis an die zehn Stunden dahinschweigen, so man es abwartete. Auf Plaudereien und Artigkeiten verstehen sie sich nicht sonderlich. All unsre Kurzweil besteht also darin, daß wir zum edlen Herrn Bercsényi zum Mittag- oder zum Abendessen fahren, dort lachen wir doch wenigstens mit der kleinen Zsuzsi, denn mit der edlen Frau gilt's Contenance bewahren; sie erzählt nur mehr von früheren Zeiten, welche Lustbarkeiten es gab, als sie noch ein Fräulein war. Ihr wißt ja wohl, daß es mir, bei meiner Natur, nichts ausmacht, ich hör manch einem bis zu drei Stunden zu, ohne mich auch nur zu mucksen, aber danach könnt Ihr mich ja mal fragen, was da erzählt wurde, ich wüßte kein Wort davon zu berichten. So halt ich es mit jener edlen Frau; ich sage zwei Stunden lang keine Silbe, wenn sie lacht, lach ich auch, oft ohne zu wissen, worüber. Sie denkt, ich hör mir das alles mit großer Aufmerksamkeit an; in

Wirklichkeit nämlich ist es so: wenn ich mir die Zeit mit alten Sachen vertreiben will, les ich die Geschichte Alexanders des Großen, die ist ziemlich alt.

Aus all dem könnt Ihr ersehen, in was für einer Stadt man uns angesiedelt hat, welcher Art ihre Bewohner sind, wie die Umgebung ist und welchen Gewohnheiten wir folgen. Aber welcher Gewohnheit ich anhänge, das hab ich Euch noch nicht berichtet: meine Gewohnheit ist die, daß ich mich um zehn Uhr hinlege, die Augen schließe und gewöhnlich nicht mehr aufmache bis anderntags halb sechs Uhr. Diese löbliche Gewohnheit behalte ich sommers wie winters bei. Dieser Brief ist so lang geraten, daß es bereits zehn Uhr ist. Nun wollen wir denn schlafen, liebe Cousine. Aber auf die Gesundheit achtet wohl, wenn Ihr wollt, daß ich öfters schreibe; ein andermal mehr oder weniger. Da hab ich doch mitzuteilen beinah vergessen, daß die heillose Gicht unsren Herrn heimgesucht hat.

38

Rodosto, 23. augusti 1720

Auf daß Euer kleiner Finger heile, habt Ihr's sehr nötig zu erfahren, daß wir vier Tage lang Rodosto verlassen hatten und vier Meilen gereist waren, um Sauerbrunnen zu trinken. Zuvor jedoch muß ich Euch schreiben, weshalb wir Sauerbrunnen tranken. Nicht weit von hier ist eine pfuhlige Stelle, sie mag fünfzehn Klafter messen in der Länge und der Breite. Zu dieser Zeit baden im Schlamm dort Leute, die irgendwelche Gebrechen haben. Sie kommen mit Kind und Kegel aus einem Umkreis von vierzig, fünfzig Meilen herbei; zwanzig oder dreißig Karren kann man sehen um den Pfuhl herum, und darinnen liegen die vielen Frauen, Männer und Kinder hingestreckt nicht anders als wie das Borstenvieh. Kommen die dann aus dem Morast heraus, könnt Ihr Euch denken, wie sie aussehen, denn es ist ja nichts anderes als zäher schwarzer Schlamm, in welchen man mit Kraft sich hineinwälzt. Die Einwohner halten es, ich weiß nicht, woher sie das nehmen, für nützlich. Ich hab allerdings nicht gesehen, daß es irgendwem genützt hätte. Auch ich selbst bin hinein in den abscheulichen Schlamm mit den anderen, nicht der Not wegen, sondern um sagen zu können, daß ich im Pfuhl gelegen bin. Sommers ist der Morast übrigens eine sehr beliebte Vergnügungsstätte der Büffel. Die griechischen Pfaffen allerdings sagen, um ein paar Scherflein daran zu gewinnen, der Schlamm müsse erst geweiht werden, andernfalls nütze er nichts. Aber das ist noch nicht alles, denn ist man erst heraus aus dem abscheulichen Dreck, muß man sich der Tradition und dem hypokratischen Gebot gemäß über den Sauerbrunnen hermachen und davon bis zum dritten Tag so viel als möglich trinken, wenn einer will, daß er so gereinigt dastehe wie Kristall.

Wir begaben uns nun also, den hergebrachten Gepflogenheiten des alteingesessenen Volkes folgend, ebenfalls dahin und fanden dort wenigstens zweihundert Männer, Frauen und Kinder vor. Da jedoch die griechischen Popen keine Gelegenheit, etwelche Scherflein zu gewinnen, versäumen, mußte auch dieses Wasser geweiht werden, weil es ohne dies nichts nützen tät'. Das Wasser fließt aus Felsblöcken, ist aber trotzdem nicht klar, und da die vielen Leute es aufrühren, trinken sie schlammiges Wasser. Dort angekommen, begannen wir tags darauf ebenfalls zu trinken; ein großer Kessel überm Feuer war voll mit Wasser, es muß nämlich warm getrunken werden, und wir waren viele, die davon tranken. Aber welch ein Sauerbrunnen, liebe Cousine, grad passend zum Schlamm, denn ist das eine abscheulich, so ist das andere scheußlich. Zuerst hatten wir gedacht, es wär ein Sauerbrunnen wie bei uns daheim, aber als wir ihn verkosteten, kriegten wir keinen Schluck runter, denn nicht nur, daß es pures Salzwasser war, sondern auch noch übel schmekkend dazu. Nichtsdestotrotz haben wir, im Hinblick aufeinander, bis zum dritten Tag langsam jeder an die zwölf Achtel davon getrunken, mancher mehr, wird doch, wer das meiste trinkt, davon auch am meisten purgiert. Das Wasser soll jeweils bis Mittag getrunken sein, und so lange muß man pausenlos laufen oder rennen, damit es besser wirke. Der edle Herr Forgách hat, da er weder zum einen noch zum anderen imstand war, sein Pferd bestiegen und in Trab gesetzt, und wenn er, auf die Art durchgeschüttelt, verspürte, daß das Wasser wirken wollte, sprang er vom Pferd. Ihr könnt mir glauben, wir haben sattsam gelacht über ihn. Was uns dieser geweihte Sauerbrunnen nützen wird, weiß ich freilich nicht, und nützt er nichts, kümmert's mich nicht, denn ich bin bei guter Gesundheit. So viel weiß ich, daß er zwei Kranken nichts genützt hat, dem einen geht's schlechter, der andere ist sterbenskrank. Gibt's denn überhaupt eine Arznei, die jederlei Krankheit heilt? Aber solche, die schaden, gibt's. Gegen den Tod ist kein Kraut gewachsen. Unser Herr indes verbrachte die Zeit nur mit der Jagd und lachte darüber, daß wir allesamt immerzu geschäftlich außer Haus waren. Indem ich Euch, liebste Cousine, von Gott gute Gesundheit wünsche, verbleib ich Euer geringster Samstagsdiener.

39

Rodosto, 18. novembris 1720

Eure schönen, aber gar kurzen Briefe sind mir, herzliebste Cousine, willkommen gewesen; warum wollt Ihr mich eines Hochgefühls berauben, das Euch nicht einen Heller kostet. In einem warmen Haus ist's keine Kunst zu schreiben, und Eure Briefe zu lesen ist selbst in einem kalten Haus ein Entzücken. Eine kleine Schelte schadet nicht zuweilen, ich hoffe, Ihr werdet Euch bessern ein andermal. Wir leben hier in großer Stille, Gott weiß, wie lange noch, denn wohin und wann wir von hier fortkönnten, ist unerdenklich. Die Hohe Pforte hat mit dem Kaiser vor kurzem einen Frieden für zwanzig oder vierundzwanzig Jahre vereinbart; man hat also unseren Weg nach Siebenbürgen mit vierundzwanzig Steinmauern versperrt, in die Richtung brauchen wir gar nicht mehr zu denken. Es scheint, die Wege sind auch noch in anderen Richtungen zu, und wie die Dinge derzeit in Europa laufen, ist für uns nicht der geringste Lichtstrahl, daß wir freikämen, zu erkennen, und selbst die Hoffnung werden wir in die Lade einschließen müssen.

Wie willst du Flüchtlingen weit're Last ersparen,
wenn durch dich sie nicht mal Hoffnung mehr erfahren.

Aber hiermit, liebste Cousine, werden wir uns ja doch wohl trösten können:

Nichts ist mehr zu fürchten, will die Not nicht weichen,
hoffen kann man, sogar alles zu erreichen.

Wahrlich, auf Gott gilt es zu hoffen, und sei's gegen die Hoffnung, denn er ist's, der die Herzen lenkt. Was in Europa wir sehen an Widrigkeiten gegen unser Freikommen, wird ebenso von ihm gelenkt, und er hat fürsorglich nicht nur unserer, sondern auch anderer zu achten. Wir möchten, daß der Gang der Dinge nur unserem Wunsch gemäß verlaufe und wir die erwähnten Mauern morgen überspringen könnten. Aber weit gefehlt! Denn vertrauen können wir weder auf die Hohe Pforte noch auf die Franzosen; der Deutsche hat sich nach dem Friedensabkommen mit dem Türken über den Spanier hergemacht. Der Herzog von Orléans, Regent von Frankreich, der natürlicherweise zum Spanier hätte halten müssen, da er mit diesem nah verwandt ist, tut das Gegenteil, indem er eine Allianz mit dem Kaiser eingeht und gegen Spanien in den Krieg eintritt. Er läßt zu, daß der Kaiser dem Spanier die beiden Sizilien* abnimmt, und mit diesem Jahr werden dann auch die Kriegshandlungen auslaufen. Für den Frieden hat sich der Herzog von Orléans vorgenommen, daß der König von Spanien eine seiner Töchter mit dem König von Frankreich vermählt, der grade mal sechs oder sieben Jahre alt ist. Sie wird jetzt, man erwartet es stündlich, nach Frankreich geschickt, um dort erzogen zu werden; andererseits sollen der erste und der zweite Sohn des Königs von Spanien jeweils eine der Töchter des Herzogs von Orléans zur Frau nehmen, und diese beiden Mädchen werden dann eben nach Spanien geschickt werden. Der Kaiser, der Franzose, der Spanier und der Engländer haben eine Allianz gebildet, wer wagte es, gegen sie die Hand zu erheben? Und von wem nun könnten die armen Exilungarn irgendwelchen Trost erhoffen? Ich seh keinen anderen als den Franzosen. Ich kann aber auch sagen, dieser geht undankbar um mit unserem Herrn, der selbst jetzt noch darum

* *die beiden Sizilien:* Das Königreich beider Sizilien umfaßt die südliche Hälfte der italien. Halbinsel und die Insel Sizilien

ersucht, ihn nach Frankreich hineinzulassen. Der Herzog von Orléans indes gestattet das nicht etwa oder beantwortet gar dessen Briefe, sondern will nicht einmal, daß in seiner Gegenwart dessen Name falle, und gibt als Grund dafür seine Allianz mit dem Kaiser an. So steht's um die Verwandtschaft und Freundschaft der Fürsten. Jener Herzog bezeugte dem Fürsten, als wir in Frankreich weilten, allzeit seine große Freundschaft; verwandtschaftliche Bande gibt es zwischen ihnen außerdem, da seine Mutter und die Gemahlin unseres Fürsten aus einer Familie kommen*. Aber Fürsten halten dafür: du bist mein Freund und Anverwandter, wenn ich dich brauche, oder wenn du mich nicht brauchst.

Darauf könntet Ihr erwidern: Wo bleibt denn da die Christlichkeit? Ist denn das Evangelium nur fürs gemeine Volk verkündet worden? Es ist schon wahr, befolgt werden müßte es von allen, aber es scheint, Fürsten gereichte es zur Schande, sich danach zu richten. Aus all dem ersehen wir, daß wir nur auf Gott zu vertrauen haben und friedsam duldend es hinnehmen und seine uns betreffenden Fügungen abwarten sollten. Wer die Kälte spendet, gibt auch den Pelz dazu; wer uns hergeführt hat, wird auch sorgen für uns. Vertrauen wir also, und immer wieder: Vertrauen, und wir werden nicht verlassen sein. Unser Fürst, der vertraut bestimmt und geht zweimal die Woche auf die Jagd. Die würden wir, und wenn es Nähnadeln regnete, nie versäumen. Euch zu schreiben, daß im September der junge Herr Bercsényi hier eingetroffen ist, wär zu wenig, denn das wißt Ihr längst schon, wohl aber sollt Ihr wissen, warum er herge-

* *aus einer Familie kommen:* Elisabeth Charlotte Herzogin von Orléans in mütterlicher Linie (Hessen-Kassel) verwandt mit Rákóczis Gemahlin aus dem Hause Hessen-Rheinfels

kommen ist. Nachdem der König von Frankreich erlaubt hat, daß er ein ungarisches Regiment aufstelle, ist er hergekommen, um im Moldauischen und in der Walachei ungarische Soldaten anzuwerben. Auf die Gesundheit zu achten tut not, liebste Cousine, und so werde ich Euer primipiler* (nicht primitiver) Székler sein immerdar.

40

Rodosto, 1. januarii 1721

Polla teti! Siehst du, herzliebste Cousine, nun kann ich auch schon guten Tag sagen auf Griechisch. Aber wißt Ihr eigentlich, was für ein Tag heute ist? Wißt Ihr, daß ich heute einen Glückwunschbrief zu schreiben habe? Und indem ich beide Knie beuge, wünsch ich Euch, liebste Cousine, von Herzen, daß Gott Euch seinen seelischen und leiblichen Segen gewähre, das heißt Euer Herz mit seiner Gnade erfülle und Euch Gesundheit spende. Wir sind ja doch gut, liebste Cousine, wir beglückwünschen einander nur mit zwei Worten, und die zwei Worte sind allzeit begleitet von unseren Herzen. Damit begnügen wir uns, haben keine Wünsche mehr, nicht wie die edle Frau Bercsényi, die es gern hätte, wenn die vielerlei Wünsche zwei Stunden anhielten; sie ist es halt gewöhnt, und es zu lassen werde ich nicht verlangen, obwohl mein eigener heutiger Glückwunsch aus zehn Worten bestand. Und was haben wir doch gelacht über den Glückwunschspruch der edlen Frau Kajdacsi, die den Herrn des Hauses mit tiefen Knicksen grüßend also sprach: Ich wünsche Euer Ehren viele Neujahrstage, und dieses neue Jahr erlaube Gott Euer Ehren nicht, hier zu verbringen, sondern in Eurem Vaterland. Nunmehr kann der edle Herr Bercsényi

* *primipiler:* Bezeichnung für einen an Waffendienst gebundenen spezifischen Adelsstand der Székler-Ungarn im ostsiebenbürgischen Grenzland

dieses Jahr nicht verbringen, es sei denn, er kehrt heim in sein Vaterland. Einen Weg dahin sehe ich allerdings nicht. Ich weiß nicht, ob es bei uns Brauch ist, sich am heutigen Tag zu beschenken, denn in Frankreich ist es sehr üblich; dort wird jedermann – König, Edler, Armer, Frau, Mädchen – beschenkt, und sei es nur eine Stecknadel, wenn einer nichts anderes geben kann. Von Euch aber wünsch ich mir kein anderes Geschenk, als daß Ihr mich in diesem Jahr ebenso liebhabt gleichwie im verflossenen. Wünscht Euch aber von mir nicht, Euch mehr zu lieben, denn brächte die Liebe auch nur ein Lot mehr in die Wagschale, wäre es mehr als verwandtschaftliche Liebe. Da seht Ihr, wie ich Euch liebe. Ich lieb' dich, liebste Cousine, gleichwie das Kraut. Aber in diesem Jahr gilt's sehr, sehr zu achten auf die Gesundheit.

41

Rodosto, 9. septembris 1721

Undankbarkeit ist ja eine feine Sache; schon auf etliche meiner Briefe erhielt ich keine Antwort, trotzdem seid Ihr's, die sich beklagt, das ist ja fein. Eigentlich müßte ich über Euch herziehen und kein gutes Haar an Euch lassen, und trotzdem schreibt Ihr mir einen so zornigen und feurigen Brief, daß es Funken sprühte, als ich ihn las. Fett wünschen die Honigsberger sich die Gans, sonst gibt es Ärger. Lassen wir den Ärger, herzliebste Cousine, vergeßt ihn, ich vergeß ihn auch. Aber nicht das zu schreiben, was ich denke, ist mir nicht möglich, selbst wenn ich jenen süßen Zorn abermals anfachen sollte, denn Euren zornigen Brief zu lesen ist für mich gänzlich eine Wonne. Und Ihr versteht es, Euch in solcher Form zu beschweren und mich zu schelten, daß ich Euch noch lieber haben müßte, so es ginge. Ihr wißt schon längst, liebste Cousine, daß der junge Herr Bercsényi mit dem Schiff entfleucht ist noch im Monat Juli. Er nahm dreihundert Soldaten mit sich, eine Hälfte davon Ungarn, die andere jedoch Gott weiß wievielerlei Nationalitäten; vielleicht wüßten das nicht einmal sie selbst zu sagen. Jedenfalls hat er dort nunmehr ein Regiment, wer aber, noch dazu als einer der Fremden, dort ein Regiment hat, hat die erste Sprosse des Aufstiegs bereits erklommen.

Fort ist auch der kleine Eszterházy, dessen Vater bereits etliche Monate hier weilt; ich sage, mit Gemahlin, andere sagen, nicht mit Gemahlin. Unsere Pfarrer sagen, der edle Herr Eszterházy* habe eine Ehe der Art wie jene Samariterin, zu der Christus sprach, sie solle ihren Mann rufen. Die Frau gestand, keinen Mann zu haben, denn der, mit dem sie dazumal wohnte, sei nicht wirklich ihr Mann. Darum sagen auch die Geistlichen, die Frau, mit welcher der edle Herr Eszterházy wohnt, sei nicht wirklich seine Frau. Mit ein, zwei Worten sag ich Euch, worin die Causa besteht. Als der edle Herr Eszterházy mit den anderen Herren aus Polen hierher kam, hatte seine Gemahlin ein polnisches Mädchen zur Seite, das sie dem Diener eines slowakischen edlen Herrn zur Frau gab. Als die edle Frau Eszterházy gestorben war und er ein gar großes Verlangen nach der Polin hatte, ließ er sie von ihrem Mann – ob mit Gewalt oder frohen Muts, weiß ich nicht – scheiden und nahm sie, getraut von Geistlichen, zur Frau; seitdem leben sie als Eheleute zusammen. Laut unserer Geistlichen ist sowohl die Scheidung als auch die Heirat wider die kirchlichen Gesetze. Dem mögen die Pfarrer nachgehen, davon verstehen sie mehr als ich. Ich prüfe nicht, ob ihre Ehe recht ist oder nicht recht, ich jedenfalls vertreib mir die

* *Eszterházy:* Rákóczis General Graf Antal Eszterházy

Zeit bei ihnen, alles weitere sollen sie selber sehen. Die Frau ist recht hübsch, hat eine sehr schöne Gestalt, ist jung und amüsiert sich gern; so eine brauchen wir im langweiligen Rodosto. Den Polentanz hab ich mit ihr schon einigemal getanzt, ein wenig kann sie auch Ungarisch. Ich kann über sie sagen, sie ist eine Frau von Anstand und Ehre, und bin ich mit ihr zusammen, langweile ich mich nicht.

Wissen sollt Ihr, daß der edle Herr Forgách uns verlassen hat; ich weiß nicht, ob er es leid war, hier zu wohnen, oder ob er mit dem edlen Herrn Bercsényi nicht in einer Stadt wohnen mochte. Möglicherweise war beides die Ursache seines Weggangs. In Polen will er wohnen. Mir deucht, es hätte sich für ihn gehört, mit den anderen hier durchzuhalten, da er keinerlei Nachteil erlitt. Aber es steht ein jeder sich selbst im Licht. Letzten Monat sind wir neuerlich beim Sauerbrunnen gewesen; wie ich sehe, gehen wir dahin allemal zu seiner Zeit, mir soll es recht sein, denn so vergeht doch die Zeit. Des Zeitvertreibs halber ist der Fürst auch bei einem türkischen edlen Herrn gewesen, der den Fürsten gebeten hatte, doch mal zu ihm zu kommen, es gäbe da nämlich gar schöne Jagdgründe, sein Gut liegt fünf Meilen von hier. Aber wir konnten dort nur zwei Tage bleiben, denn selbst derweil konnte man nicht aus dem Zelt heraus wegen des vielen Regens. Ich hab noch nie mit Büffeln fischen gesehen, nur dort. Da befindet sich neben einem Haus ein Teich, in den man an die zwanzig Büffel hineingetrieben hat, die den Teich aufwirbelten, und die Leute holten mit bloßen Händen die vielen Fische aus dem Schlamm, die Ärmsten konnten nämlich in der Dreckbrühe nicht mehr schwimmen – Fischfang auf türkisch. Ich berichte Euch von allem, was hier sich zuträgt, wenn Ihr nur nicht zürnt und auf Eure Gesundheit achtgebt. Ich würde mehr noch schreiben, aber es wird zu Mittag getrommelt, und nach dem Mittagessen segelt der Schiffer los. Darum bin ich und bleib ich Euer liebster und teuerster Anverwandter.

42

Rodosto, 20. novembris 1721

Mir scheint, nachdem wir in dieser Stadt so lange schon wohnen, kann ich Euch ausführlicher über ihre Bewohner und deren Bräuche berichten, sonst gibt es für mich ohnehin nichts zu schreiben. Ich erwähnte bereits einmal, daß die Stadt von viererlei Nationalitäten bewohnt ist: Griechen, Armenier, Türken und Juden, und daß hier groß Handel getrieben wird, sowohl zu Lande als auch auf dem Meere; mitunter kommen dreihundert Wagen herein in die Stadt, und dies sogar recht häufig, besonders im Herbst, dann fast jeden Tag. Was auf den Wagen herbeigeschafft wird, kommt auf die Schiffe und geht nach Constantinopel. Es kommen auch viele Schiffe und bringen alles herbei übers Meer. Über die Einwohner läßt sich sagen, daß es in der Überzahl Türken sind, die ein ruhiges Leben führen, bestens sich nähren und von den Christen gesondert wohnen, denn hier wohnt jede Nationalität in einem jeweils gesonderten Teil der Stadt. Die Stadt ist eins, existiert aber in vier Teilen, die sich nicht vermengen, und wenn die Pest umgeht, ist es selten so, daß sie unter allen vier Nationalitäten umginge; manchmal gibt es sie nur unter den Türken und anderswo nicht, manches Mal nur unter den Juden oder den Griechen, oder aber nur unter den Armeniern.

Alle vier Nationalitäten haben *einen* Richter, der ein Türke ist; der kann nur drei Jahre lang Richter sein, mitunter wird er innerhalb der Zeit schon abgesetzt. Aber jede Nationalität hat noch einen eigenen Schulzen, der die Dinge vor dem Kadı (das heißt dem türkischen Richter) betreibt. Hier bereichert sich der Kadı recht bald, obschon er das Richteramt auch selber für viel Geld erwirbt; wie er urteilt, so hat's zu geschehen, selbst wenn sein Urteil ungerecht ist. Wird beispielshalber ein Dieb in der Stadt erwischt, fällt er ein Urteil, wonach jener, falls der ihm zahlen kann, nicht gehenkt wird, doch kann er's nicht, darf er dessen gewiß sein, daß man ihm den Hals langzieht. Und hier gibt es weder Galgen noch Henker, der Dieb wird am Markt vor einem beliebigen Laden an den Nagel gehängt, und wessen ein Janitschar habhaft wird auf der Gasse, sei es ein Armenier, Jude oder Grieche, der muß halt hängen. An den Kadı muß hier für alles gezahlt werden; will einer bauen, muß er für die Genehmigung zahlen, er muß fürs Begräbnis, für die Trauung allemal zahlen, um die Baumwolle und die Weintrauben zu ernten, heißt's zahlen, will einer seinen eigenen Wein feilbieten, zahlen, will er auch nur ein volles Faß anzapfen, muß er vorher zahlen, Heuriger darf erst ausgeschenkt werden, wenn bezahlt ist. Der Kadı denkt sich eins, läßt zu einer bestimmten Stunde sämtliche Wirtshäuser schließen und erst gegen Zahlung wieder öffnen, kurzum für so gut wie alles gilt's zu zahlen. Ihr könntet sagen, das gehe in die Tausende. Gewiß, es kommt viel zusammen, aber auf so sehr viel läuft's nicht hinaus, denn für ein Begräbnis oder eine Eheschließung gibt der eine fünf Scherflein, der andere zehn, wieder ein anderer einen Taler, wie er sich grad steht, und auch wer um Erlaubnis zur Lese und zum Weinhandel ersucht, zahlt dem angemessen, ob es viel oder wenig sein wird an Trauben oder Wein. Aber daraufhin braucht es nicht zu heißen, der Türke malträtiere die Einwohner, denn wenn einer sein Teil ableistet, gibt er Ruhe, mehr als bei uns. Und wenn man bedenkt, welch hochmütig' Volk das der Griechen ist, könnte unter ihnen, wenn man mit ihnen nicht so umginge, ein Fremder nicht wohnen; wir hätten hier keine Bleibe, fürchteten sie sich nicht vor den Türken. Aber die Prügelstrafe scheuen sie, denn bei geringster Beschwerde verfügt der Kadı einhundert Stockhiebe auf die Fußsohlen, und da mag der Betroffene Tausende besitzen, zahlen muß er obendrein dafür, daß ihm nicht zweihundert übergezogen wurden.

Die Griechen leben viel besser als unsere Armenier, unter denen wir wohnen, aber sie sind auch nicht so arbeitsam noch sind sie so reich wie diese. Kein Wunder, sintemal die Armenier sich mit sehr schlechten Speisen nähren. In diesem Monat bereits schlachten sie Büffel und machen von deren Fleisch Wurst, und allerwärts hört man nur das viele Geklopfe die ganze Nacht, daß man nicht einmal schlafen kann. Die Wurst wird dann getrocknet, und davon leben sie das ganze Jahr hindurch. Die Armenierinnen ziehen, wenn sie in die Stadt gehen, alle schwarze ungefütterte Wämse an, und sie sind sehr arbeitsam. Den Töchtern geben sie mehr als ein Gewand nicht mit, weder Geld noch Sonstiges. Nach seiner Hochzeit ißt ein Armenier eine Woche oder zwei Wochen lang nicht mit seiner Frau; den Grund dafür weiß ich nicht, aber sie schlafen zusammen. Für die Hochzeiten gibt es bei ihnen bereits bestimmte Zeiten, am meisten heiraten sie in diesem Monat, wenn der junge Wein schon ausgegoren und das Wurstmachen beendet ist.

Sowohl über die Stadt als auch über die Hochzeiten habe ich Verse gemacht, ich weiß nicht, ob ich sie abschicken soll, nichtsdestotrotz kann ich sie Euch ja schicken, an Fremde tät ich's nicht, alldieweil sie als schöne Verse nicht zu bezeichnen sind. Hier gibt es sowohl einen griechischen als auch einen armenischen Erzbischof; von den Juden läßt sich sagen, wie es heißt: der Jud ist hier halt ebenso als wie anderswo. Dies nun sind jene schönen Verse, lest sie aufmerksam:

Wohnhaft hier am Seegestade
fristen wir des Lebens Tage.
Schäumt und tost die Brandung, lauschen
wir gar oft dem Meeresrauschen.
Froh im Meer tummeln sich mächtig
große Fische, hüpfen prächtig.
Doch die am Gestade wohnen
haben allen Mut verloren,
sahen einst die Sonne aufgeh'n,
vom Meer nur mehr Seufzer herweh'n.

Die Stadtlage ist recht artig,
es erfreut das Aug' ihr Anblick.
In die Residenzstadt reisen
macht bloß zwanzig und fünf Meilen.
Hübsch am Hügelhang gelegen
und von Weingärten umgeben
ist sie weder zu verachten
noch gleich als schön zu betrachten.
Hierzuland' kannst noch so weit gehn,
wirst doch keine schöne Stadt sehn.
Mittel, dich wohl zu ernähren,
gibt's hier reichlich zu verzehren.
Waren stauen sich in Haufen,
allhier kann man alles kaufen.
Schiffe mit viel Gütern fahren
in die Hauptstadt aus dem Hafen.
Wind wühlt jäh so hoch die Wogen,

als das Volk hier ist verlogen.
Wetterwendisch geht es hier zu:
Heizt erst, reißt das Fenster auf du.
Sommers in der Mittagshitze
schmilzt man, abends fehlt die Mütze.
....
Alles, was nicht wie daheim ist,
scheint dem Flüchtling mager und trist.
Doch sind wir in Gottes Dienste
seiner heil'gen Stadt Gesinde.
Dort kann niemand uns angreifen
noch aus dem Asyl vertreiben.
Bettler haben dort zum Lohne
Königen gleich eine Krone.
Herr, gib, daß in deinem Heime
dies Flüchtlingsvolk sei das deine.
.................*

Die Verse hab ich, liebste Cousine, nur für Euch gemacht, weil ich weiß, daß über sie von Eurem Richterstuhl herab kein Urteil gefällt wird, und sollten sie zu Händen anderer geraten, bekümmert es mich nicht. Sollte wer sie nicht mögen, mag er schön're machen. Mich kümmert nur, daß dieser Brief Euch bei frischer guter Gesundheit antreffe. Liebste Cousine, habt Ihr mich denn noch lieb? Polla teti!

* *(Verse):* Anfang und Schlußteil einer längeren Folge von Versen

43

Rodosto, 16. aprilis 1722

Undankbarkeit und Unlust sind ja feine Sachen, auf etliche meiner Briefe bereits erhielt ich keine Antwort. Was ist die Ursach', seid Ihr krank, seid Ihr verärgert? Wir brauchen nicht so zu tun wie schlechte Eheleute, die sich den Rücken zukehren, wenn sie einander nicht gut sind. Doch sollte mir jetzt, liebste Cousine, nicht gezürnt werden, da wir grad in Bitternis und Flennen versunken sind, und auf solche zürnt man nicht, mit solchen flenne man vielmehr; dies verlang ich von Euch nicht, lieber flenne ich an Eurer Statt. Der Grund aber für unser Traurigsein ist, daß uns gestern die Kunde vom Tod unsrer Fürstin erreicht hat; selbige ist in Paris am 18. Februar dreiundvierzigjährig verstorben. Gewiß, den Fürsten dauert es von Herzen, aber er ist auch erlöst von einem großen Kummer, denn der Zustand Ihrer Hoheit bereitete ihm allzeit Betrübnis. Es ist schon wahr: sie wohnten sehr wenig zusammen, aber die Verpflichtung bestand jederzeit, und der Fürsorge mußte nachgekommen werden, obschon lückenhaft. Ihre Hoheit, die Ärmste, mußte ihr Leben unter viel Not und Elend fristen. Gereicht es einem Armen denn nicht zum Troste, liebste Cousine, wenn er sieht, daß auch Angehörige großer Fürstenhäuser Not leiden, und daß Gott mit denen ebenso umgehen kann als mit ihm, und wenn die dann zu leiden genötigt sind, vermag auch er leichter zu leiden. Ob die Armen, so sie die Fürsten und andere hohe Herren allzeit in Glückseligkeit sähen, von denen nicht denken könnten, Gottes Gebote vermöchten jene nicht zu zwingen und herunter nicht zu setzen?

Solon, einer der sieben Weisen, begab sich einmal an des Krösus' Hof, der ihn mit großen Ehren empfing, ihm seine Schätze zeigte und sprach: Siehst du wohl, welchermaßen reich und glücklich ich bin. Aber da er vom Philosophen keinerlei Lob vernahm, was den König bedrückte, zeigte er jenem, um doch eine Lobpreisung zu erfahren, noch mehr Schätze. Solon jedoch sagte zu alldem: *nemo ante mortem beatus*, oder: niemand ist glückselig vor seinem Tode. Dies mußte der König sich, auch wenn es ihm nicht gefiel, sagen lassen. Es kam denn auch die Zeit, da es ihm wieder einfiel; als sein Schatz und Land zu des Cyrus' Raubgut geworden und er selber in Gefangenschaft geraten zum Tod verurteilt war, da kam ihm Solons Ausspruch in den Sinn. – Wo ich Euch grad aus der Historie erzähle, hol ich diesbezüglich noch zwei Beispiele hervor, damit Ihr seht, daß auch wir das Abc beherrschen. Osiris, Ägyptens berühmtester König, ließ, nachdem er fünf oder sechs Könige besiegt und gefangengenommen hatte, seinen Wagen, wenn er irgendwohin fuhr, von denen ziehn, und ihr Futter bekamen sie unter dem Tisch. Als sie wieder einmal den Wagen zogen, schaute der eine von den sechs unentwegt auf die Räder. Der auf dem Wagen sitzende Osiris merkte das und fragte ihn, weswegen er immerzu auf die Räder schaue. Der gefangene König sprach, er schaue sich an, wie das Radteil, das oben ist, sich nach unten kehrt und das erst unten befindliche aufsteigt. Der ägyptische König sann über diese Antwort nach und ließ dann sogleich die Könige frei und jedweden in Ehren heimkehren in sein Land. Selbst wenn es Euch schon über sein sollte, bringe ich noch ein Beispiel, denn jederzeit hab ich die Lust gar nicht, aus der Historie was zu erzählen. Der König von Samos*, sein Name fällt mir nicht ein, der nicht den geringsten Gram oder irgendein Unglück je erfahren hatte, wollte gelegentlich sich selbst Kummer bereiten, um

* *König von Samos:* Polykrates (546-521 v. Chr.)

über etwas auch mal so traurig sein zu können gleichwie andere. Dieserhalb zog er etliche seiner Lieblingsringe vom Finger und warf sie ins Meer. Nun hatte auch er schon seinen Kummer um die Ringe; anderntags jedoch präsentierte man einen großen Fisch auf seiner Tafel, in dessen Schlund er seine Ringe vorfand. Mit der Zeit allerdings verfiel dieser König in großen Trübsinn und wurde dessen bewußt, daß nach schönem Wetter Regen zu kommen pflegt, und daß wir die Betrübnis, die uns von da droben zugeteilt wird, gut aufnehmen müssen und nicht die, die wir uns selbst bereiten. Mehr erzähle ich, liebste Cousine, aus der Historie nicht, sondern sage nur: nicht verzweifeln! Gott vermag uns zu trösten, alldieweil er die großen Fürsten in Not stürzen kann.

Aber hier gibt es auch noch andere schlimme Nachrichten, denn die Pest beginnt stark umzugehen, es heißt, bei Euch gebe es sie reichlich. Auf die Gesundheit, liebste Cousine, auf die Gesundheit heißt's jetzt sehr achten, nie noch tat es mehr not als jetzt. Ich werde unablässig in Ängsten sein um Euch, denn das ist kein Spaß. Zwei oder drei Bedienstete des edlen Herrn Bercsényi sind bereits gestorben, und auch der Jesuit des Hauses, der seines Amtes würdig war, ist jenen nachgefolgt. Der edle Herr selbst mit Gemahlin kommt ebenfalls zu uns wohnen, als gebe es bei uns bessere Hut, aber mir soll's recht sein, wird doch die kleine Zsuzsi näher sein. Darauf werdet Ihr sagen: ach, wie könnt Ihr in solch pestilenzialischen Zeiten an so etwas denken! Solang wir am Leben sind, liebste Cousine, tragen wir nun einmal die Natur in uns, und unser gutes Rippenstück sollten wir ja doch lieben, ob wir wollen oder nicht. Cousine Ihr, allerliebstes Rippenstück, gebt acht, daß das gute Stück gesund bleibe und in den Kirchhof nicht geschafft werde. Also soll man nicht aus dem Haus, daheim soll man sitzen, und wir wollen hoffen, daß Gott uns erhalten wird. Amen.

44

Bujukálli, 24. junii 1722*

Zu lachen, herzliebste Cousine, haben wir wahrlich nichts. Schaut, woher ich schreibe, daraus erseht Ihr, daß da was dran ist. Daran ist, daß wir die Stadt verlassen und drei Meilen weit hierher kommen mußten wegen der Pest. Es ist bereits zwei Tage her, daß wir uns hier nah bei einem elendigen Dorf unter Zelten aufhalten. Der edle Herr Bercsényi ist mitsamt seinem Anhang im Dorf in einem armseligen Herrenhaus, sprich Meierhof, untergekommen. In der Stadt ist die Pest gänzlich verbreitet; es gibt Tage, wo an die anderthalb hundert Menschen begraben werden. Aus unserer Mitten ist noch niemand begraben worden, obschon von den Dienern zwei von der Pest befallen waren, aber sie sind genesen. Gleichwohl kampieren wir hier, da wir in der Stadt länger nicht bleiben konnten, mitsamt Gesinde bereits seit zwei Tagen. Wir haben uns zwar an einem schönen Ort eingerichtet, aber die gräßliche Seuche hat uns jegliche Lust genommen, und wir lachen bloß albern. Es ist eine abscheuliche Pestilenz: Am Morgen ist man wohlauf, gegen Abend fängt man an zu kränkeln, und drei Tage darauf wird man begraben. Euch betreffend bin ich ebenfalls in großen Ängsten, weil ich weiß, daß die Pest auch bei Euch grassiert. Aber da sind wir halt mittendrin und müssen schwimmen, soweit es geht, und über all dem wollen wir auf den Herrn vertrauen, denn Er verläßt uns nicht. So gilt's den Weg des Kreuzes zu gehen. Die Flüchtlingsungarn müssen auf der

* *Bujukálli:* Als Ortsname bisher nicht identifiziert

Flucht gar flüchten, um in irgendeiner Sach' doch dem verfolgten Sohn Gottes ähnlich zu sein. Wie es uns fortan ergehn wird, weiß Gott. Der edle Herr Eszterházy ist nicht bei uns, er ist mit seiner Gemahlin nah bei Rodosto auf einer Wiese unter's Zeltdach gezogen. Mehr schreiben kann ich nicht, ist doch in einem Zustand, in dem wir uns befinden, auch das Schreiben unerquicklich. Gott erhalte uns, und Ihr sollt achtgeben auf Euer Leben und Eure Gesundheit. Ich kann es nicht lassen, bei solch' unsrer Betrübnis Euch trotzdem zum Lachen zu bringen, sintemal auch wir darob reichlich gelacht haben. Ich berichtete Euch bereits, daß der edle Herr Bercsényi mit Gemahlin vor der Pest zu uns gekommen ist. Als sie schon bei uns wohnten, zeigte sich an der Scham der alten Dame irgendwelche kleine Schwellung, und sie dachte gleich, das könnte die Pest sein. Sie sprach zu niemandem darüber, nicht einmal den Frauen sagte sie etwas davon. Auch irgendeine Arznei traute sie sich nicht zu verlangen, vielmehr bestrich die brave glaubenseifrige Frau die Stelle abends, wenn sie schlafen ging und stets in aller Heimlichkeit, mit dem am Bett stehenden Weihwasser so lange, bis die Schwellung sich verteilt hatte. Dem Herrn Gemahl sagte sie es erst, als die Beule weg war. Sie hat sich eingeredet, es sei die Pest gewesen. Über ihre andächtige Arznei hat der Fürst und haben wir ausgiebig gelacht. Lacht ein klein wenig auch Ihr; Gott befohlen, liebste Cousine.

Beinah hätt' ich vergessen, Euch zu berichten, daß wir Gewänder in einer unserem traurigen Zustand gemäßen Farbe tragen, denn wir allesamt gehen in Schwarz, in Trauer um Ihre Hoheit, die Fürstin. Bedenkt man den Zustand, in dem wir uns befinden, paßt die Trauer zu uns, selbst wenn wir sie nicht jemandes Tods wegen trügen.

45

Bujukálli, 12. augusti 1722

Wundert Euch nicht, daß ich im verflossenen Monat nicht geschrieben habe; wir sind nämlich in einem Zustand, daß ich nicht einmal weiß, ob ich des Schreibens kundig bin. Im vergangenen Monat ist derjenige, welcher das Konfekt zubereitete und für den Fürsten Kaffee zu kochen pflegte, was er auch an dem Morgen getan hatte, nach dem Mittagessen erkrankt und drittags verstorben an der Pest. Seine Unterkunft aber war dreißig Schritt von uns entfernt. Überdies sind ihm zwei Söhne unseres Küchenmeisters alsbald gefolgt. Beurteilt nun aus diesen Umständen, welch traurige Tage wir hier zubringen. Die Furcht ist möglicherweise viel schlimmer noch als das Siechtum selbst, weil man den Augenblick nicht wissen kann, da man ihm verfällt. Am Abend legt man sich gesund hin und findet sich am Morgen krank vor. Meine Gesundheit ist, Gott sei's gedankt, gut, aber da die Rede hier nur von der Pest geht, ist unser Sinn bereits derart aufgewühlt, daß ich mir im stillen immerzu nur einbilde, ich wäre krank. Und da solcherlei Vorstellung Furcht hervorruft in unserem Sinn, befindet man sich in unaufhörlicher Niedergeschlagenheit und innerer Unruhe. Wie oft schon hab ich mich so schlafen gelegt, daß ich dachte, ich würde die Morgenfrühe nicht erleben! Nicht weil ich irgendwelche Veränderung in der Gesundheit gespürt hätte, sondern weil die Sinnesunruhe solche Gedanken in mir wachrief. Glaubt nicht, nur mir ginge es so, denn wir alle sind in solchem Zustand, und da könnt Ihr Euch vorstellen, unter welchem Frohsinn wir die Zeit verbringen. Mehr als eine halbe Stunde vermag ich denn auch nicht zuzubringen in meinem Zelt, vielmehr verbringe ich die Zeit, um mir doch etwelche Kurzweil zu verschaffen, damit, daß ich fortwährend über die Felder umhergehe. Das Lachen aber ist so selten bei uns, daß die Natur es uns, falls es mit uns noch lange so weitergeht, ganz vergessen macht, und wir uns wundern werden, wenn wir andere lachen sehen. Und wie erst, wenn wir in eine Stadt kämen, wo unaufhörlich gelacht wird. So las ich einmal von einer Stadt, deren Einwohner allzeit lachen mußten, einfach nichts sagen konnten, ohne zu lachen. Selbst wenn die Herren im Rat über irgendwelche Reichsangelegenheiten entschieden, gab seine Stimme ein jeglicher unter Gelächter ab. Kurzum, sie konnten nie über Dinge so ernster Natur reden, daß sie es ohne zu lachen vermocht hätten. Den Tod ihres Vaters, ihrer Mutter, ihrer Gemahlin, ihrer Kinder taten sie einander lachend kund. Fest steht, ich möchte in einer solchen Stadt nicht wohnen, aber von hier zumindest müßten wir uns in eine solche Stadt, wenn auch nur für einen Monat, begeben. Ich denk allerdings, selbst dort könnte man uns nicht zum Lachen bringen, denn allein schon zu lächeln fällt uns schwer.

Und welch' Prozession wir dieser Tage gesehen haben, war, ohne Tränen zu vergießen, nicht anzuschauen. Die Ursache dafür aber war ein trauriger Todesfall. Der edle Herr Eszterházy, der zur Messe an allen Festtagen hierher kam, setzte sich, nachdem er zuletzt zu Christi Verklärung hier die Messe gehört und zu Mittag gegessen hatte, gegen Abend aufs Pferd und kehrte dorthin zurück, wo er mit seiner Gemahlin auf einer Wiese Unterkunft hatte. Nach dem Mittagessen verspürte er hier arge Kopfschmerzen, aber wir dachten überhaupt nicht, daß dies noch gefährlich werden könnte; und doch kündigte sich damit schon die Pest an, und drei Tage darauf hörten wir denn auch, daß er gestorben war. Die Nachricht überbrachte uns seine Gemahlin, die nämlich, sobald sie sah, daß ihr Mann tot war und nicht wußte, was sie anfangen sollte, in ihrer Benommenheit den Körper ihres Mannes und alles stehn und liegen ließ und nur mit einem Diener und einem kleinen Mädchen loszog und zu Fuß zwei Meilen hierher kam. Als wir die jammervolle Prozession sahen, konnte man ob des traurigen Zustands der armen Frau die Tränen nicht zurückhalten. Der Fürst schickte die Frau zurück und traf Anordnungen über die Beisetzung des edlen Herrn. Wie sollten wir nach all dem auch nur im geringsten frohen Muts sein, im Gegenteil, bis zu unserem Tod haben wir dieser unsrer leidvollen Lage zu gedenken, wie ich selbst sie denn auch nimmer vergessen werde; mir wird es alle Zeit ins Gedächtnis kommen, was für Tage wir hier verbracht haben.

Doch eh ich meinen Brief schließe, kann ich nicht umhin, Euch von dem Brand zu berichten, der uns erschreckt hat; wenngleich wir in Zelten wohnen, haben doch welche von der Dienerschaft ein solches Linnen-Palais hier in Brand gesteckt. Ich weiß nicht, auf welche Art, aber sie sind mit einer Kerze darangekommen, und augenblicklich stand das ganze in Flammen. Sibrik wohnte darinnen, er schaffte es knapp hinauszuflüchten, auch seine Sachen konnten herausgerafft werden, aber ein schöneres Feuer hat man noch kaum zu sehen bekommen, alldieweil das Zelt mit Stoffen von vielerlei Farben verziert war, wiesen die Flammen all ebensoviele Farben auf. Der Brand dauerte nicht die Halfte einer Viertelstunde, aber in der kurzen Zeitspanne ist ein recht teures Palais abgebrannt, denn ein solches Zelt kostet mindestens zweitausend Taler. Wir sollten, liebste Cousine, unser Geld in einem Haus von Stein anlegen und nicht in einem Linnen-Palais. Mein Wunsch ist, daß Gott Euch erhalte.

Rodosto, 11. octobris 1722

Nachdem die Pest in der Stadt gottlob gänzlich vorbei ist, haben gestern in der Früh auch wir das Feldlager verlassen und sind hierher zurückgekehrt. Wir können dem Herrn denn auch gar nicht genug danken dafür, daß er uns erhalten hat in solch schlimmer Pest, zumal inmitten so vieler Diener, wie hier sind, die sich nicht so zu schützen wissen als wie die Gescheiteren. Ihr dürft getrost glauben, daß wir mit Freuden zurückgekommen sind, mit einer Freude der Art, wie man sie, einer Gefahr entronnen, empfindet. Nur wir selber können wissen, welch öde Tage wir dorten zugebracht haben, denn beschreiben kann man das nicht, und von je schlimmerem Leiden unser Geist befallen war, umso mehr Dank zu sagen schulden wir dem Herrn, der sich so fürsorglich um uns gekümmert und uns von der Geistesnot befreit hat, die weder leichter noch geringer ist als die sonstige. Aber es läßt sich vielleicht sagen, sie ist schlimmer als leibliche Not, denn der Körper mag in beliebiger Fülle und gutem Zustand sein, doch ist der Geist nicht froh und ruhig, paßt sich dem auch der Körper an. Daher kommt es, daß man viele solcher sieht, deren Zustand äußerlich ausnehmend gut ist und die trotzdem unfroh sind, weil ihr Geist irgendwelch' Gebrechen hat. Demgegenüber sieht man welche, die, selbst wenn sie entbehren und ihre Dinge nicht in rechter Ordnung sind, aber ihren Geist am rechten Fleck haben, allzeit froh und guten Muts sind. So ist denn die Ruhlosigkeit des Geistes viel schlimmer als körperliche Ermüdung und eine Stunde Grams und Kümmernisses viel schwerer als ein Tag Hacken auf dem Felde. Beschließen will ich all dies damit: nur Gottes Hilfe gilt es zu erflehen jederzeit, ob unser Geist nun an Ruhlosigkeit oder unser Leib an Mangel leidet, an ihn wollen wir uns wenden, er allein vermag Erleichterung zu schaffen und uns Ruh' zu spenden.

Hier hat die Pest die Stadtbewohner gar sehr dezimiert; man erinnert sich nicht einmal, daß in dieser Stadt je eine so arge Pest gewesen wär als heuer. Aber sie ist gottlob vorbei, und wir sind da. Könnt ich doch von Euch öfter einen Brief empfangen. Gott erhalt' Euch, liebe Cousine, wir haben noch nichts zu lachen.

47

Rodosto, 15. aprilis 1723

Herzliebste Cousine, an welchem Gebrechen der Vergeßlichkeit litt ich denn bisher, daß ich vergessen hab, Euch den Tod des Ferenc Horvát zu vermelden. Es ist bereits zwei Monate her, daß er uns für immer verlassen hat. Ihr wißt das schon längst, und Ihr wißt auch, daß wir einen herzensguten Menschen verloren haben, der mit seinen neunundsechzig Jahren noch recht frisch und munter war; einen Fröhlicheren gab's denn auch nicht unter uns. Wie schön, von guter Natur zu sein! Sollte er sein Vaterland vergessen gehabt haben, braucht es nicht zu wundern; wer dreiundvierzig Jahre in fremden Landen lebt, vergißt gar, woher er ist. – Aber ich fürchte, hier wird es wiederum ein Begräbnis geben; eine Edelfrau wird wohl die Augen schließen, die jung hätte gelten können zu Abrahams Zeiten, doch derzeit geben neunundsechzig Jahre nichts an Zierat mehr her, und eine Frau in solchem Alter braucht das Gesicht nicht zu bedecken, nur um nicht irgendwelche Gedanken zu wecken. Aus all dem erkennt Ihr, mein Schreiben handelt von der edlen Frau Bercsényi, die zusehends abmagert, gleichsam dahinschmilzt. Ihr wißt wohl, daß sie selbst im hohen Alter stets ein rosiges Gesicht hatte, aber neuerdings ist sie gänzlich erbleicht, und sie spürt selbst, daß die Sense geschärft wird zur Heumahd. Bislang war ihr liebster Gesprächsstoff die Rückkehr, aber nun erkennt sie bereits, daß sie das Himmelreich eher erblicken wird denn Ungarland. Das erste ist wahrlich besser als das andere, aber was könnte es schon schaden, von Ungarland aus einzukehren ins Himmelreich. Kurz: dem Zustand nach, in dem die Edelfrau sich befindet, ist ihre Heimkehr in die Ewigkeit, denk ich, zu jeder Stunde zu erwarten. Wen sollen wir dann dem edlen Herrn Bercsényi beigeben? Macht Euch darüber derweil Eure Gedanken, und schreibt etwelche Neuigkeiten, denn hierselbst ist nichts zu vernehmen.

48

Rodosto, 26. aprilis 1723

Herzliebste Cousine, wie lange der Mensch auch lebe, und mit welcher Lust auch immer er seine Tage verbringe, an aller Ende steht dennoch der Tod. Also beschloß ihr Leben auch die edle Frau Bercsényi, die Ärmste, die schon etliche Tage kränkelte und nicht so sehr an Schmerzen litt als vielmehr am Verfall der Natur selbst, so daß sie wie eine Kerze erlosch. Gestern gegen halb drei merkten wir bereits, daß sie alsbald entschlafen würde, und man richtete an sie mancherlei Fragen wegen ihres letzten Willens. Unser Herr stand an ihrem Bett, und sie gab auf alles eine Antwort, und sie wollte dem Fürst noch etwas sagen, und sie hat auch schon angesetzt dazu, aber nach ein, zwei Worten schied sie still aus dieser Welt, kaum daß wir ihren Tod wahrnahmen. Die Ärmste hatte sich viel nach ihrer vergänglichen Heimat gesehnt, aber Gott holte sie heim in die ewige. Mich dünkt, liebe Cousine, nach neunundsechzig Jahren dürfte sie sich schon ihre Gedanken gemacht haben über jenes heilige

Reich. So kann man von dieser Edelfrau sagen, daß sie allzeit eine sehr wohlgesittete fromme Frau gewesen ist; man kann zudem sagen, daß sie zeitlebens hoch in Würden gelebt und Not nur vom Hörensagen gekannt hat. Anders konnte es gar nicht sein, insonderheit da sie eine edle Frau Draskovics und dann Erdődi gewesen ist, und auch mit ihrem dritten Mann lebte sie jederzeit in Fülle, selbst allhier im Exil. Heute haben wir die Ärmste eingesargt, und ich denke, man wird sie von hier nach Constantinopel zu den Jesuiten überführen; ich weiß, Ihr werdet zu Ihrer Beisetzung da sein, und ich weiß, Ihr wartet bereits darauf, daß ich berichte, in welchem Zustand der Herr in solch traurigen Stunden gewesen. Solange seine Gemahlin darniederlag, wußte er überaus, ihr zu Gefallen zu handeln, und als sie im Sterben lag, traf es sich, daß er schlief. Man wollte ihn nicht wecken, damit er nicht zugegen sei. Als er aufwachte und erfuhr, daß seine Gemahlin, die Ärmste, nicht mehr lebend auf der Welt war, kamen ihm, das ist schon wahr, ein wenig die Tränen. Wir hatten geglaubt, er würde in groß' Schluchzen ausbrechen, aber er war viel gefaßter, als wir gedacht hatten, und er machte sich, bei aller Bitternis, Gedanken über die Truhen. So ist die Welt. Ob er wohl noch einmal heiraten wird? Hier gibt es keine andere Maid außer Zsuzsi und zwei Witfrauen. Mit Zsuzsi indes würde auch noch ein anderer etwas gemein haben wollen, aber wer reicher ist, der ist der Stärkere. Das reicht jetzt, über traurige Dinge bedarf es keiner langen Briefe.

49

Rodosto, 22. augusti 1723

Meine Schuld, meine Schuld, meine allergrößte Schuld ist es, daß ich bereits etliche Eurer Briefe nicht beantwortet habe. Aus Euren letzten Briefen ist zu ersehen, daß Ihr eine gute Prophetin seid. Doch mich dünkt, über jemanden, der Bitternis erfährt, sollte nicht noch gespottet werden, indem man sagt, das Vögelein sei halt einem andern zugeflogen. Hätte auch ich so viel in der Truhe als andere, wär auch das Vögelein vielleicht gar nicht entfleucht. Aber gewöhnlich fängt den Vogel der Arme, und der Reiche ißt ihn auf. Jedenfalls wird Eure Prophezeiung in Erfüllung gehen, und da mag einer zwar auf die sechzig zugehen, Lammfleisch mag man dennoch gern. Für andere ist es beinah sicher, ich weiß es, weil ich das Geheimnis zu erfahren nicht umhin konnte, daß Zsuzsi nun jede Stunde Frau Bercsényi werden kann. Einesteils gönn ich es ihr gewißlich, denn ihrer Wohlgesittetheit wegen verdient sie es, und es hätte in diesem Lande keine bessere Wahl getroffen werden können. Aber urteilt doch selbst, wie die Mädchen so sind! Eins weiß ich: das Herz wird an dieser Ehe mitnichten teilhaben, und auch der Körper nicht, das wißt Ihr wohl. Aber damit der Titel einer Frau Gräfin einem in den Ohren erklinge, kann man's kaum erwarten, jenes »So wahr mir Gott helfe« auszusprechen. Die Sentenz darüber, ob die Mädchen allesamt so sind, überlaß ich Euch. Jedenfalls belästigt die Gicht den zukünftigen Bräutigam, oder vielleicht mehr schon Brautsmann, jetzt nicht, und Zsuzsi zuliebe wäscht er sich häufiger, denn Ihr müßt wissen, zu Lebzeiten der armen Gemahlin wusch man sich in einem ganzen Monat nicht einmal, aber nun hält man halt ein bißchen mehr auf sein Äußeres. Wie ist die Liebe doch was Schönes, und wie verjüngt sie einen doch! Und wenn man da auch noch an die zwanzig Jahre abschütteln könnte!

Habt Ihr den Kalender für alte Männer, die junge Ehefrauen haben, gesehen, wo drinsteht, wie sie ihre Gesundheit bewahren können sowie zu welchen Zeiten und an welchen Tagen sie mit ihrem Eheweib und wann sie gesondert schlafen müssen? Wir haben reichlich gelacht mit Zsuzsi, ich hab für sie nämlich einen Kalender gemacht; sie sagt, sie mag solcherlei Kalender nicht. Ich kann es nicht lassen, Euch den Kalender für alte Männer zu beschreiben. Darin ist nichts weiter angezeigt, er enthält lediglich Anleitungen, wie sie auf ihr Leben und ihre Gesundheit zu achten hätten, und wie in anderen Kalendern die glücklichen und die unglücklichen Tage verzeichnet sind, sind hier diejenigen angegeben, an welchen sie mit ihren Ehefrauen schlafen können und an welchen sie es gesondert tun sollen. Also etwa zur hohen Fastenzeit und an den Fastentagen vor den Festen gesondert, freitags und samstags gesondert; an den vier Fronfastentagen gesondert; die drei hohen Festtage sind achttägig zu begehen, also gesondert; an den Aposteltagen gesondert; an den Tagen der Evangelisten gesondert; zum Tag des eigenen Schutzheiligen bis zum achten Tage gesondert; außerdem winters, wenn es schneit, gesondert; ist das Wetter hingegen klar, dann geht's, also zusammen; geht's aufs Frühjahr zu, bei Schnupfen und Husten, dann bis Ende Mai gesondert; sommers verlieren sie allein schon mit Schwitzen der Säfte genug, also gesondert; zur Herbstzeit geht's, also zusammen, solange kein Nebelwetter ist, alldieweil bei Nebel gesondert; bei Regenwetter gesondert; wenn es viel donnert, gesondert; hat der Magen irgendwas nicht recht verdaut, dann acht Tage gesondert; desweiteren bei Sonnenfinsternis acht Tage gesondert; verfinstert der Mond sich, dann zwölf Tage gesondert. – Dies also wär, liebste Cousine, der Kalender für alte Männer. Ich weiß ja nicht, wie Ihr ihn findet, aber Zsuzsi sagt, der gehöre verbrannt, denn es komme darin »gesondert« zu oft vor. Ich indes, der ich Euch bei Nebel- und Regenwetter gleicherweise liebhab, verbleib Euer Knechtlein. Achtet man denn auf die Gesundheit?

50

Rodosto, 15. octobris 1723

Wo sind die Musikanten, auf daß sie anstimmen das Suppenfleisch-Lied und aufspielen zum Brauttanz. Daraus erkennt Ihr: heut wird hier eine Trauung stattfinden, aber wissen sollt Ihr auch, daß es ein Hochzeitsfest mitnichten und zum Schlucken nur Trockenes geben wird. Möglicherweise wird es der Braut nicht besser ergehen. Genug an dem: heut hat sich der edle Herr Bercsényi vor zwei oder drei Trauzeugen, aber sonst in aller Heimlichkeit, mit Zsuzsi vermählt. Ihr könnt Euch denken, wie groß Zsuzsis Freude ist, dieselbst den Gräfinnentitel wahrlich verdient, und man mag Gottes glückliche Fügung an ihr bewundern, auf welchen Wegen er sich doch der Waisen annimmt in der Fremde. Ich füg dem, liebste Cousine, noch hinzu: Wie gut haben es solche, deren Truhen reichlich gefüllt sind. Denn der edle Herr Bercsényi hat nicht etwa geheiratet, weil er es nötig hat, sondern vielmehr weil es in seinem Vermögen steht. Ich kenn' nämlich einen, Ihr kennt ihn auch, der die Heirat nötiger hätte als der edle Herr Bercsényi, jedoch *non habet pecuniam**, Geld aber braucht man nicht bloß zur Wallfahrt, sondern auch zum Brauttanz.

War es denn kein gutes Gesetz, das von Lykurg in Lazedä-

* … *pecuniam:* Lat., »kein Geld hat«

mon, wonach mit der Jungfer ein Probejahr verbracht werden konnte; man lebte mit ihr ein Jahr oder zwei, und kam man miteinander nicht aus, kam es auch zur Ehe nicht, und jedweder suchte sich wieder einen anderen Gefährten. Aber wozu diesen Brauch bei den Alten suchen? Hierselbst finden wir doch das gleiche; es tritt der Mann mit einer Frau oder Maid vor den türkischen Richter hin und spricht dort zum Richter: Ich nehme diese Person für ein Jahr oder zwei zur Frau, wenn die Zeit um ist, hab' ich ihr soundsoviel an Geld zu entrichten. Der Richter händigt ihnen einen Zettel aus, und danach können sie frei miteinander wohnen. Freilich muß der Richter beschenkt werden, ohne dies geht die Sache nämlich nicht vonstatten. Ich möchte wissen, was unsre siebenbürgischen Frauen dazu sagen würden. Ich wette, viele gäben dazu ihr *placet*, aber vielleicht würden damit, gäb es solch ein Gesetz, auch die Männer nicht schlecht fahren. Ich weiß, die heut' zur edlen Frau Bercsényi geworden, wird Euch schreiben und auch Heimlicheres mitteilen können als ich. Ich aber frage Euch, welchen Unterschied gibt es zwischen dem Sakrament der Buße und demjenigen der Ehe? Darauf erwarte ich von Euch eine Antwort, und indem ich Euch frische gute Gesundheit wünsche, verbleib ich …

51

Rodosto, 19. decembris 1723

Eine Antwort von Euch, herzliebste Cousine, hab ich bereits auf etliche meiner Briefe nicht erhalten. Ihr mögt Euch ähnlicherweise beschweren über mich, aber als Grund meinerseits gebe ich an, daß es unserem Herrn seit einem Monat die ganze Zeit schlecht ging und er wegen der Gicht nicht auf die Beine gekommen ist. Darauf könntet Ihr erwidern, meine Finger seien ja nun nicht gichtig gewesen, also hätte ich schreiben können. Und ich würde darauf antworten: Mein Herz wie mein Geist waren von der Gicht befallen. Selbst die Jungvermählte sah ich, seit sie verheiratet ist, erstmals heute, und dies auch nur, weil ich als Begleiter des Fürsten dazu gezwungen war. Freilich muß ich gestehen, dem gichtischen Herzen war der Zwang willkommen, und als ich da war, bekam mir eine kleine Rüge, daß ich, nach ihr zu sehen so lange nicht da gewesen sei, wie eine Arznei. Aber, liebe Cousine, solcherlei Arznei verschlimmert den Schmerz noch. Welcherlei Arznei ist nun die bessere? Die bessere wäre vielleicht, die Arznei selbst zu meiden, aber dazu bedürfte es der Meisterschaft. Nichtsdestotrotz müßte ich, so ich brav bin, sagen, daß ich zu allem imstand bin in Jenem, der dazu die Kraft mir zu geben vermag.

Uns geht es hier schon so, als hätten wir von jeher hier gewohnt und müßten allzeit hier bleiben. Mich wundert's nicht mehr, wenn ich von anderen höre, man könne sein Vaterland vergessen, weil ich es womöglich auch selbst vergäße, hätte ich dieser Tage nicht einen Brief meiner Mutter erhalten, die da schreibt, sie könne mir, so ich zurückkehren wollte, Gnade erwirken, und wie es mir, da mein Herr sterblich sei, nach dessen Tod ergehen könnte in fremden Landen. All das kann sich bewahrheiten, und ich sehe in jeder Hinsicht die Unsicherheit meiner Existenz. Aber ob hier, ob woanders – wir werden uns Gottes Willen fügen müssen. Und wir sollten nicht so denken wie die Gottlosen, die dafür halten, Gott habe es, nachdem er die Welt erschaffen hatte, ihr selbst überlassen zu gehen, wie sie wolle, ohne daß er auf Geringfügigkeiten weiter achtete. Vergleichbar einem Uhrmacher, der die Uhr, nachdem er sie gefertigt und aufgezogen hat, gehen läßt, wie es ihr beliebt. Das sollte ein Christ so nicht glauben, lehrt ihn doch das Evangelium, daß Gott sich eines Armen ebenso annimmt gleichwie eines Königs, und daß all unsre Dinge seinem Willen gemäß verlaufen müssen. Glaubten wir's anders, müßten wir auch meinen, es gäbe keine andere Welt, und die diesseitige wär nur für die hohen Herren und für die Reichen erschaffen, und daß die Menschen niederen Standes und die Armen nur jener halber auf dieser Welt seien gleichwie im Wasser die kleinen Fische für die großen und das liebe Vieh, um Lasten zu schleppen. Gott verhüte, daß wir solchen Glaubens seien und darin den nur ihrem Namen nach Christen folgen. Ich glaube nämlich, daß Gott sich meiner gleichwie eines Königs annimmt, und daß er auf mein Leben und mein Schicksal so achtet als wie auf das des Allerreichsten. Gewiß, in weltlicher Hinsicht sind jene besser gestellt, aber sintemal wir Christen sind, bleibt uns nur zu sagen, es erfülle sich Gottes Wille an uns.

Ich hab' gar nicht gemerkt, daß ich meinen Brief mit einer Jungvermählten begann und mit einer Predigt endige. Doch es schadet, liebste Cousine, ein Gran gut' Sinnen mitnichten, und Ihr seht, ich überlasse es Gottes Willen, daß ich dessen noch nicht teilhaftig wurde, was dem edlen Herrn Bercsényi dreimal vergönnt war. Meine Rede ist da bloß wie die des Fuchses bei Äsop, der an die Trauben nicht heranreichte und sprach, sie wären noch zu sauer: die Zeit ist noch nicht reif. Doch ist sie reif, daß Ihr mir schreibt und auf Eure Gesundheit achtgebt. Fast hätte ich vergessen, Euch nach einem Rätsel zu fragen. Sagt doch, welches ist der Unterschied zwischen dem Sakrament der Buße und dem der Ehe. Möglich, daß ich Euch von diesem Rätsel schon ein ander mal geschrieben hab, ich erinnere mich jetzt nicht. Aber da ich meinen Brief mit Jungvermählten begann, schreib ich davon halt noch einmal. Sogar ein paar Verse sind mir eingefallen, gleichfalls von Jungvermählten, aber auf Zsuzsi gewiß nicht zugeschnitten. Dennoch schreib ich sie nieder, wo ich ja sonst nichts zu schreiben hab.

Eins steht fest, brav' Kätchen, hättest du als Mädchen
deiner Bravheit mich schon teilhaft' werden lassen,
wär ich deiner Freundschaft wahrscheinlich verfallen,
doch jetzt wär dafür ich nicht in deiner Knechtschaft. –
Oh, herzliebster Gatte, das wußte ich längst schon,
drum hab ich den heißen Brei mundwarm gepustet,
schwer enttäuscht hat nämlich mich einmal ein andrer,
mit dir sollt' es mir nicht wieder so ergehen.

Gute Nacht, liebste Cousine, mehr schreib ich nicht, möglicherweise werdet Ihr in diesem Jahr keine Briefe mehr von mir empfangen.

52

Rodosto, 18. februarii 1724

Schon auf etliche meiner Briefe erhielt ich von Euch, herzliebste Cousine, keine Antwort. Ich weiß, Briefe von mir könnt Ihr ebenfalls selten und spät empfangen, weil die Schiffe der ungünstigen Winde wegen jetzt in großen Abständen fahren. Den letzten Brief schriebt Ihr vor zwanzig Jahren; aber ich will nicht schwindeln, zwanzig Tage ist es her. Ich weiß nicht, wo er so lange herumspaziert ist auf dem Meer. Trotzdem schreibt Ihr, es wäre an der Zeit, mich bei Euch sehen zu lassen. Das wünschte ich mir auch sehr, doch sollte ich ebenfalls zwanzig Tage auf dem Meere weilen, brächte man mich womöglich tot zu Euch, und Ihr ließet Kraut zubereiten mit mir. Ich hab ja nun schon mehr Tage auf See verbracht, aber auf guten Schiffen, auf den hiesigen ist es ein Elend gradezu. Darum hebt Euren Wunsch ein

Weilchen auf und habt mich lieb, auch wenn Ihr mich nicht seht und gebt Euch zufrieden mit meinen Briefen. Ihr schreibt, Ihr erinnert Euch nicht, daß ich Euch das Rätsel schon ein andermal geschrieben hätte, und daß ich Euch seine Deutung schreiben solle. Über Eure Deutung hab ich viel gelacht, denn Ihr haltet ja nun dafür, die Ehe sei besser als die Buße. Gut, jetzt ist sie lustvoller, aber nicht ein jeder Mann und eine jede Frau würden das so sagen. Aber eh' ein anderer es besser deutet, finde ich zwischen dem Sakrament der Buße und dem der Ehe diesen Unterschied: das erste der beiden Sakramente gilt es mit Reue und Zerknirschung zu beginnen, doch endet es in Freuden; das zweite indessen beginnt mit Freuden, endet jedoch mit Reue und Zerknirschung. Wem's so nicht paßt, der deute es anders.

Liebste Cousine, gekannt hab ich es nicht, aber liebgewonnen hab ich das Mädchen, von dem Ihr schreibt, welch großer Gefahr sie ihr Leben für ihre Mutter ausgesetzt hat, weil ein gutes Herz geliebt zu werden verdient. Solch gutherzige Mädchen gibt es allerdings unter den Heiden auch. Da wurde unter andrem eine Frau zu Zeiten der alten Römer vom Senat zum Tode verurteilt, doch wollte man sie anders nicht töten, als daß sie Hungers sterbe. Also wurde sie in den Kerker geworfen, und man gab ihr keinerlei Speise und Trank, und es durfte niemand reden mit ihr, allein ihre Tochter ließ man zu ihr, aber auch sie wurde jedesmal untersucht, ob sie etwa zu essen brächte ihrer Mutter. Als der Kerkermeister sah, daß die Frau auch nach vierzehn Tagen bei guter Gesundheit wäre im Kerker, trat er vor den Senat hin und meldete, daß die Frau auch ohne Speisen so lange bei guter Gesundheit am Leben sei. Der Senat beriet darüber und gebot dem Kerkermeister, noch besser achtzugeben und auch die Tochter der Frau strenger zu untersuchen. Der Kerkermeister tat, wie ihm geheißen, aber die Frau wollte selbst nach fünfzig Tagen nicht Hungers sterben. Er war darob verwundert und dachte nach, wie dies möglich wär. Er nahm sich vor, der Tochter der Frau einmal aufzulauern und zu erspähen, was sie tat, wenn sie bei ihrer Mutter weilte. Also suchte er sich eine Stelle, von wo er alles, was im Kerker sich tat, sehen konnte. Tags darauf kam die Tochter der Gefangenen zu der üblichen Zeit zu ihrer Mutter, und der Kerkermeister begab sich in sein Versteck; da sah er, wovon die Gefangene so lange am Leben geblieben war: von der täglichen Milch ihrer Tochter. Der Kerkermeister berichtete im Senat, wie die Frau die Brust ihrer Tochter nahm und diese täglich ihre Mutter säugte. Im Senat war man verwundert und sprach dem Mädchen ein Lob aus; die Mutter wurde entlassen und das Mädchen erhielt eine Schenkung von den Gütern der Stadt. Das gutherzige Weib verdient auch nach zweitausend Jahren noch geliebt zu werden. Aber Beispiele dafür sind unter Männern mehr zu finden. Verzeiht mir, daß dies mir herausrutschte. Drum schreib ich jetzt auch nicht noch mehr, sondern verbleib, indem ich Euch gute Gesundheit wünsche, Euer Diener.

53

Rodosto, 28. junii 1724

Daß Ihr nach so langwieriger Krankheit allmählich das Bett verlaßt und die Gesundheit sich mit Euch aussöhnen will, freut mich sehr. Ihr solltet letztere, herzliebste Cousine, so sie sich mit Euch aussöhnt, nicht neuerlich erzürnen, sondern ihr zu Gefallen sein und sie öfter mal umarmen, damit sie mindestens noch an die dreißig Jahre in Euren Diensten verbleibe. Um Verzeihung zu bitten, daß Ihr so lange Zeit nicht schreiben konntet, war ja nun nicht nötig. Wenn etwas nicht am Wollen liegt, sondern an irgendwelchem anderen ungelegenen Hindernis, dann ist es leicht und gehört es sich auch zu verzeihen. Vielleicht brauchte ich es gar nicht zu schreiben, mit welchen Freuden ich Euren lange erwarteten Brief gelesen habe. Dies eine Mal danke ich Euch sogar, daß Ihr zwei oder drei meiner Briefe nicht beantwortet habt, denn es wäre für Euch unzuträglich gewesen. Recht gefreut hat es mich, daß Ihr so sehr Partei ergreift für die Frauen, weil ich daraus ersehe, daß man bereits mehr bei Kräften ist. Ich sag ja nicht, es gebe keine gutherzigen Frauen, nur daß sie rar und unter den Männern gutherzige häufiger zu finden sind. Als ein neapolitanischer König sich ins Königinnenhaus begab, fertigte die Königin grade Schnüre. Der König fragte, wozu sie es täte. Ich fertige die Schnur, um dich zu erwürgen, antwortete die Königin. Der König hielt dies für einen Scherz, aber tags darauf wandelte sich der Scherz zur Wirklichkeit, der König wurde in der Tat erdrosselt. So eine sollte man, liebste Cousine, nicht unter die gutherzigen Frauen einreihen, vielmehr etwa in die Gesellschaft von Bestien.

Nicht nur unter Menschen gemeinen Standes finden sich gutherzige, sondern selbst unter den Fürsten, was eine Seltenheit ist. Don Antonio, ein portugiesischer König, entschloß sich, nachdem er sah, daß sein langanhaltender Krieg mit Ferdinand und Isabella glücklos war, zudem seine Schätze und sein Heer zu schwinden drohten, nach Frankreich zu gehen, um von dem König dort Hilfe zu erlangen. Am Hofe des Königs Ludwig XI. angekommen, wurde er königlich empfangen; Ludwig sprach ihm mit schönen Versprechungen Mut und auch Hilfe zu. Aber da er nach angemessener Frist merkte, daß man ihn nur hinhielt, begann er sein Ersuchen aufs neue zu betreiben. Ludwig wollte ihn weder enttäuschen noch mit der Wirklichkeit trösten, also gab er zur Antwort, seine Fehde mit dem Herzog von Burgund sei der Grund dafür, daß die Hilfeleistung sich verzögerte. Don Antonio begann, nachdem es beim bloßen Versprechen geblieben war, abermals zu drängeln. Da gab Ludwig dann eine klare Antwort und gestand, daß von ihm nichts zu erwarten wär, die zugesagte Hilfe könne er nicht leisten. Dieser betrübliche Bescheid stürzte den portugiesischen König in Verzweiflung, und da er es für eine große Schande hielt, mit solcher Antwort in sein Land zurückzukehren, wäre er eher schon bereit gewesen, sich in jegliche Gefahr zu begeben. Doch bevor er Frankreich verließ, schrieb er zwei Briefe; einen an seinen Sohn, der sich derweil um das Land gekümmert hatte, und einen zweiten an den französischen König. Diesen Brief gab er einem edlen Herrn mit der Weisung in die Hand, ihn dem König erst auszuhändigen, wenn er, der Portugiese, vom Hof bereits fern und heimlich auf dem Weg nach Rom sein werde. Als der Sohn des portugiesischen Königs den Brief seines Vaters erhalten hatte, versammelte er die hohen Herren und ließ ihnen den Brief vorlesen, in welchem Don Antonio den argen Verlauf seiner Dinge beklagte und bekannte, daß er den Verlust aller Hilfe nichts anderem zuschreibe als den eigenen Sünden, deretwegen Gottes Zorn über ihn gekommen sei, und wenn er heimkehrte, würde Gottes Strafe sich auf sein Volk erstrekken. Damit es aber keine Ursach' gebe für solche Not, verlasse er sein Land, gehe er nach Rom und von dort nach Jerusalem, wo er sein Leben in einem Kloster fristen und Gottes Erbarmen für sein Volk erflehen wolle. Das ganze Land aber verpflichte er, seinen Sohn als ihren König anzuerkennen und ihm den Schwur zu leisten.

Dieser Brief traf den jungen Fürsten und den ganzen Rat

bitter, aber da sie dem König gehorsam sein wollten, krönten sie den jungen Fürsten sogleich zu ihrem König. Mittlerweile hatte auch König Ludwig den an ihn gerichteten Brief gelesen, dieser rührte sein Herz, und er sandte ungesäumt seine Leute dem Reisenden nach, damit diese ihn zur Umkehr bewegten, und er befahl ihnen, Don Antonio zur Rückkehr in sein Land und in seinen Königsstuhl zu verhelfen. Don Antonio nahm diese Botschaft traurig entgegen, da er fürchtete, das königliche Zepter hinzulegen war zwar leicht, jedoch es wieder aufzuheben würde weit schwieriger sein. Nichtsdestotrotz schlug er auf Ludwigs Bitten den Weg nach Portugal ein, freilich schweren Herzens, da er im voraus erkannte, daß er womöglich gegen den eigenen Sohn würde kämpfen müssen, dem er seine Krone überlassen hatte und der ihn, wer weiß, so leicht nicht würde zurückkehren lassen. Solche Gedanken beschäftigten ihn unterwegs, umso größer war sein Staunen, als er in die erste portugiesische Stadt einzog und sah, daß der neue König ihn dort mit seinem ganzen Hofstaat erwartete, sogleich sich ihm zu Füßen warf und ihm die Krone darbot mit der einzigen Bitte, ihn der väterlichen Liebe nicht zu berauben. Der junge König war vierzehn Tage zuvor gekrönt worden, aber sobald er von der Rückkehr seines Vaters Kunde erhalten hatte, zog er ihm gleich entgegen. Don Antonio war erstaunt, wie sein Sohn handelte, daß nämlich ein so junger Fürst so leicht die Krone aus der Hand gab, einfach aus Liebe zu ihm, und da dachte er, er könne seine Dankbarkeit dem Sohn gegenüber nicht besser erweisen, als daß er ihm den Königsthron, um den jener sich so verdient gemacht hatte, ganz überließe. Zwischen Vater und Sohn erhob sich auf der Stelle ein großmütiger Wettstreit, bei dem den Anwesenden die Tränen kamen: der Sohn bedrängte den Vater, seinen Platz auf dem

Thron einzunehmen, der Vater wiederum bat seinen Sohn, ebenden nicht zu verlassen, und ein jeder suchte mit rechten und weisen Begründungen den anderen zu überzeugen, und dabei gereichte der Wetteifer sowohl dem Überzeugenden als auch dem Überzeugten gleichermaßen zum Ruhme. Schließlich gab sich der Vater nach vielen Bitten und Tränen des Sohnes überzeugt, setzte sich wieder auf den Königsthron und zog mit großem Pomp in Lissabon ein, währenddem das Volk Vater und Sohn mit viel Freuden segnete.

Sollte Euch, liebe Cousine, diese Geschichte nicht gefallen, so schreibt eine schönere; mir gefällt sie, darum hab ich sie Euch geschrieben. Gefallen tut mir auch, daß ich nicht im Zelt hause, unser Herr nämlich wohnt schon seit zwei Tagen im Zelt, mich ließ man hier, das Haus zu hüten. Darauf habt Ihr, ich weiß, die Sentenz bereit: der Gevatter bleibt daheim, er ist kein Hofmann. Sei's drum, ich verbring die Zeit hier besser, und noch besser verbrächte ich sie, wenn Ihr mir längere Briefe schriebt, sind sie doch kürzer als ein Hasenschwänzchen. Habt Ihr mich denn lieb, und kümmert Ihr Euch um die Gesundheit? Mehr zu schreiben bin ich außerstande, so sehr schläfert es mich.

54

Rodosto, 19. julii 1724

Selbst wenn ich auf den Mund gefallen wäre, herzliebste Cousine, müßte ich doch lachen über Euren Brief, wo es da heißt, so Ihr die Gemahlin des Sohnes des portugiesischen Königs gewesen wäret, hättet Ihr nicht zugelassen, daß er die Krone ablege. Mit Ihro Königin Verlaub: einfältig sollte man's nicht nennen, vielmehr wohl hochmoralisch. Je seltener das Beispiel ist, ist's umso löblicher. Setzte etwa der jetzige spanische König die Krone nicht seinem Sohn aufs

Haupt und verzichtete damit aufs Königtum? Dafür loben ihn manche, andere nicht, aber wenige loben ihn dafür, daß er, nachdem sein Sohn alsbald gestorben war, das Königtum wieder an sich nahm. Über einen römischen Kaiser lesen wir, daß er das Kaisertum, da er selbst abgesondert leben wollte, seinem Sohn überließ. Nun konnte er aber dort in Ruhe nicht bleiben, also ging er zu seinem Sohn, um ihm das Kaisertum zu nehmen. Dieserhalb versammelte er die hohen Herren und die Streitmacht, begab sich vor deren Angesicht zum Thron hin neben seinen Sohn in dem Glauben, es würde jedermann froh sein darob, und er legte dort in einer langen Ansprache seine Absicht dar und daß sein Sohn unwürdig sei des Kaisertums. Als er mit seiner Rede geendigt, stieß er seinen Sohn vom Thron, den nun aber jedermann gemocht hat und für den sie allesamt sich erhoben, insonderheit die Heerscharen, solchermaßen, daß sie dem alten Kaiser die Tötung androhten. Als dieser sah, daß die Sache nicht so lief, wie er es sich gedacht hatte und sein Leben gar in Gefahr war, bog er die Sache ganz gescheit in einen Scherz um, indem er vor aller Ohren rief: Ich wollte ja nur sehen, ob ihr meinen Sohn auch mögt, und da ihr ihn mögt, laß ich ihn euch. In großen Schanden stieg er vom Thron und kehrte zurück in seine Grotte. Der portugiesische König hat bei weitem löblicher gehandelt als dieser Kaiser. Gewiß, ein christlicher König hat von höherer Sittlichkeit zu sein als ein heidnischer Kaiser.

Ihr habt ja so recht: nichts darf überstürzt werden, wenn einer etwas Neues beginnt, und wie es ausgeht, gilt's zu beachten. Ach, herzliebste Cousine, wenn wir dies befolgt hätten, wären wir jetzt keine Flüchtlinge. Doch gibt es Dinge, deren Ausgang unseren Sinnen besser dünkt als ihr Anfang. Die Klugheit freilich ist dazu da, jegliches allzeit klug anzufangen und den Ausgang dem Herrn der Weisheit zu überlassen. Nun sind wir aber ein so elendes Gewürm, daß wir nichts wohl verrichten können, so wir Hilfe vom Himmel nicht empfangen, und was dort verfügt ist über uns, dem gemäß, das steht fest, müssen wir uns sputen, und die Verfügung gilt allzeit dem Ruhme des Herrn und wird uns zum Nutzen, wenn wir davon in rechter Weise Gebrauch machen. Doch der Hilfe bedarf es auch dazu. Dies hat uns Adams Apfel beschert; da willfuhr einer doch zu leicht seiner Gemahlin. Aber ach, wer wohl hätte ein so schönes Rippenstück nicht lieb! Ihr wißt, liebe Cousine, daß unser Herr eine Zeitlang unterm Zeltdach gewohnt hat, wo es hinsichtlich der Gesundheit doch besser ist als in der Stadt, wiewohl es den Zeitvertreib betreffend alleseins ist. Daß er gestern nun wieder umgezogen ist in die Stadt, habt Ihr, wetten wir, nicht gewußt. Aber auswendig wißt Ihr, daß ich Euch liebhab, so man auf die Gesundheit achtgibt.

55

Rodosto, 18. augusti 1724

Wenn Ihr wüßtet, herzallerliebste Cousine, welch großer Kummer mich bedrückt, würde ich Euer Herz rühren, und es schmölze dahin gleichwie Butter am Feuer, und es könnte Rührei bereitet werden damit. Stell dir vor, liebe Cousine, zwei Tage bereits ist unser Herr nicht hier, sondern neun Meilen fort zur Jagd, und er wird fort bleiben an die zwei Wochen; mich aber ließ er hier zur Aufsicht übers Haus und die Dienerschaft: Bleibt Ihr, Gevatter, nur daheim, Ihr seid kein Hofmann. Mitleid, liebe Cousine, Mitleid heisch ich, konnt' ich zur Jagd doch nicht gehen und muß tagtäglich zu Zsuzsi gehen, Rebhühner kann ich nicht schießen, kann nur mit Zsuzsi plaudern. Welch große Straf' ist dies für mich!

Hielte sie doch einen Monat lang an! Wie lang immer sie dauere, ich werde die ganze Zeit mich so grämen, daß ich fast sterbe vor Freude. Dieser Tage kamen wir mit Zsuzsi darauf zu sprechen, wie es zu ihrer Ehe gekommen ist, und daß sie vor anderthalb Jahren nicht gedacht hätte, daß aus ihr eine Gräfin würde (obschon sie es verdient hat für ihre gute Sittlichkeit). Jedenfalls erzählte ich ihr gesprächsweise, welch schmähliche und glücksfällige Verehelichung einem Weib zuteil geworden ist; ich erzähl sie auch Euch, damit die Zeit vergeht.

Der Schreiber des reichen Schultheißen einer Stadt in Frankreich verliebte sich in ein Mädchen, bat um ihre Hand, und es wurde der Tag für die Hochzeit festgelegt. Dortzulande ist es gewöhnlich Brauch, daß am Hochzeitstag das Mittagsmahl und der Tanz bis zum Abend dauern, daß man am Abend zur Trauung in die Kirche geht und von dort ins Bett. Jedenfalls war der Schreiber das Mittagsmahl über wohlgemut, und nach dem Essen dann unternahm er ein Tänzchen mit seiner Braut, der beim Tanz, ob aus Freuden oder sonstwie, ein kleiner Wind entwischte. Dies hörte der Schreiber, Scham überkam ihn, und jener kleine Wind kühlte die Liebe in ihm dermaßen ab, daß er den Tanz abbrach und seiner Braut ausrichten ließ, er widerrufe die Eheschließung mit ihr, sie könne sich verehelichen, mit wem es ihr gefiele. Ihr könnt Euch denken, wie bekümmert die Maid solche Botschaft entgegennahm; andere wiederum lachten über die Einfältigkeit des Schreibers. Na jedenfalls, als der Schultheiß anderntags erfuhr, woran die Heirat gescheitert war, ließ er seinen Schreiber kommen und legte dem in jeder Weise dar, wie töricht er gehandelt hat, da er seine Heirat wegen einer Geringfügigkeit, über die nur gelacht hätte werden sollen, mittendrin abbrach. Der Schultheiß sah, daß der Schreiber nicht in sich gehen und die Maid partout nicht heiraten wollte, also sprach er, da jener bei seinem Widerruf bleibe, werde er sich der Maid annehmen, jener aber verlasse das Haus. Sodann sprach der Schultheiß zu der Maid, er würde sie, falls sie bereit wär, heiraten. Die Maid willigte umso lieber, als sie das für einen großen Glücksfall hielt, ein. Der Schultheiß richtete alsbald die Hochzeit aus, aber da er bejahrt war, konnte er mit seiner Gemahlin nicht lange zusammen leben, und so hinterließ er das viele Geld und Gut seiner Ehefrau. Diese übersiedelte dann nach Paris und begann dort ein herrschaftliches Leben zu führen. Und da sie schön war, verliebte sich in sie ein alter reicher General und heiratete sie. Der wurde alsbald ebenfalls abberufen aus dieser Welt, und auch er hinterließ alles seiner Frau. Nun wurde aus ihr recht bald eine hochherrschaftliche und reiche Dame. Aber das Glück trug sie noch weiter hinan, alldieweil König Kasimir auf seinen polnischen Thron verzichtete, nach Paris ging, dort unsere glücksbegünstigte Dame erblickte, sich in sie verliebte und sie heiratete, allerdings so, daß sie ihm bloß heimlich angetraut war. Die Dame kümmerte es nicht, daß sie nicht Königin geheißen wurde, denn in Wirklichkeit war sie es, obschon insgeheim.

Aus all dem ist ersichtlich, liebste Cousine, auf welch verwunderlichen Wegen wir geleitet werden, und sei es, daß wir den Weg gar nicht kennen, und wie aus Mißgeschick häufig ein Glücksfall wird, man denke nur an unsere heimliche Königin. Denn wer hätte zunächst nicht gemeint, jener kleine Wind würde ihr zum Schaden bis in den Tod werden. Aber nicht Schaden, sondern Glück bescherte der ihr; ohne ihn wäre sie niederen Standes verblieben, jener kleine Wind trieb sie ans Ufer des Glücks. Nichtsdestotrotz empfehle ich den Mädchen nicht, ihr Glück von derlei Winden zu erwarten, denn möglicherweise hat sich solch ein Beispiel niemals zugetragen. Was nun sollen wir über den Schreiber sagen? Ich sage: einen anderen Wind war der gar nicht wert. Mich deucht, der Kerl hat die Hochzeit nur in den Wind gemacht, und darin ist er dann auch steckengeblieben. Ein Schreiber, aus dem ein solcher Wind die Liebe hinauspustet, verdient, daß die Mädchen viel Bohnen und Radieschen essen und ihn so räuchern gleichwie eine Speckseite. Ich weiß, Euer Urteil fällt nicht anders aus. Liebste Cousine, hier bin ich jetzt der Herr im Haus und verbringe die Zeit, wie's grad geht, mal gut und mal schlecht, mal im Guten und mal im Schlimmen, sie vergeht halt, und ich zuckele mit ihr. Freilich müßte ich beklagen, daß ich sie nicht so verbringe, wie es sein müßte und erst dann gut sein will, wenn ich geheiratet haben werde; dies nun ist ungewiß, also müßte ich jetzt gut sein, um dann besser sein zu können. Mir bleibt nur zu bekennen, liebste Cousine, daß ich als Euer schlimmer Diener verbleibe.

56

Rodosto, 15. septembris 1724

Selbst wenn Ihr, herzliebste Cousine, in Eurem letzten Brief gar nichts geschrieben hättet von Gesundheit, konnte ich doch durchschauen, daß in den Adern das Blut gut in Fluß ist, denn ich hab über Euren Brief reichlich gelacht. Wer würde Eure gescheiten und herzlichen Briefe nicht wohligen Herzens lesen, vorzüglich wenn wir gut gelaunt sind. Ärgerlich ist nur, daß sie mitunter zu kurz sind, obzwar zu lange Ihr gar nicht schreiben könntet; ich lese sie mit solcher Freude, daß ich selber kurze Briefe nur darum schreibe, damit ich eine Antwort von Euch baldiger empfangen kann.

Beinah jeder Mensch schreibt Briefe, aber nicht jeder kann es so, daß sie gefallen. Es gibt welche, die niederschreiben, was sie sagen wollen, doch bleibt das dann fade, ohne Würze und Arom; manche hingegen verstehen es, geringste Dinge so auszuschmücken und so zu würzen, daß es gefällt. Eure roten Wangen mögen mir vergeben, daß ich sie erröten mache, aber wenig Frauen und Männer können so schöne Briefe schreiben als Ihr, welche dem Geist so gefallen, als schöne und wohlschmeckende Speisen dem Munde behagen. Kraut hatte ich sagen wollen, aber ich wagte es nicht, damit Ihr nicht sagt, ich vergliche Eure Briefe mit Kraut (aber nicht böse sein!). Und täte ich es, was wäre daran denn so schlimm. Also tu ich's jetzt grade und sage: ein schön geschriebener Brief bekommt dem Geist so, wie dem Auge Kraut mit Dill zubereitet und mit Rahm übergossen gefällt, das von fern so anmutet wie ein kleiner Berg von Silber, und nimmt man jene mollige Haube ab, ist darunter die Ansammlung kostbaren Krauts vorzufinden.

Darauf wird, ich weiß, gesagt werden: für den gibt's nur das Kraut. Das sollte Euch nicht wundern, denn ich will über das Kraut ein großes Buch schreiben. Zuvörderst setze ich, daß jene berühmten Römer die Doktoren der Medizin – aus welchen Gründen, weiß ich nicht – aus der Stadt gewiesen und zweihundert Jahre lang allerlei Kranke lediglich mit Kraut geheilt haben. Doch selbst wenn ich mehr an Lob darüber nicht zu sagen wüßte, genügte es denn nicht zu sagen, daß es ein Siebenbürger Wappen ist? Und wenn dann mein Buch fertig sein wird, will ich zu den anderen berühmten Auctoren gezählt werden, wenn nämlich über Gold, Silber und sonstige Metalle sowie Würzkräuter Bücher verfaßt werden, warum sollt' ich nicht eins übers Kraut schreiben können, sintemal für einen leeren Magen ein Eßnapf voll

Krauts besser ist als hundert Pfund Kupfer. Wo ich mich nun schon eingemengt habe in die magenkundliche Materie, will ich mich ein Weilchen darin noch bewegen. Man kann nicht allweil von großen Dingen reden, mitunter geht es auch in Kanzellariaten um nicht nötigere Dinge als in der Küche, drum bleib ich halt heut, ich merk's schon, in der Küche und schreib von dort. Und da ist mir denn auch eingefallen, daß es in alten Zeiten in Sizilien eine griechische Stadt namens Sybaris gab. Die Einwohner dort sind solchermaßen naschhaft gewesen, daß sie Köche, die sich immer wieder neue Speisen ausdenken konnten, mit großen Geschenken bedachten, und sie waren dermaßen überempfindlich, daß sie Handwerksleute, deren Betätigung notwendigerweise mit Krach einherging, in der Stadt nicht duldeten, ja nicht einmal Hähne hielten sie, um von denen nicht geweckt zu werden aus ihren Träumen. Kann es denn, liebste Cousine, ein noch zimperlicheres Leben geben? Wären diese Einwohner bei unseren Fratres zum Mittagsmahl gewesen, wie hätten sie da gespeiset; gewiß, es gibt auch Fratres, bei denen sie wohl geschmauset hätten, doch gibt es auch welche, bei denen ihnen die Zähne nicht getropft hätten von Schmalz. Die berühmte Cleopatra wetteiferte einmal mit Antonius darum, wer das teurere Mahl zu geben in der Lage war. Antonius sagte, er könne ein Essen geben im Wert von drei- bis vierhunderttausend Gulden. Darauf erwiderte Cleopatra, das sei alles gar nichts, sie würde tags darauf vor seinen Augen zu einem Wert von einer Million speisen. Antonius hielt dies nicht für möglich, also lud sie ihn für den nächsten Tag zum Mittagsmahl ein. Da nahm sie dann eines Ihrer Ohrgehänge ab, tat es in Essig, dort schmolzen die Perlen rasch, die Lösung goß sie in ihre Speise, und als sie diese gegessen hatte, sprach sie zu Antonius: Siehst du, ich hab zu einem

Wert von einer Million gespeist. Sollen wir, liebste Cousine, deswegen nun die edle Dame Cleopatra preisen? Bewundern tu ich sie, aber nicht preisen; freilich, hätte sie so nicht gehandelt, hätte ich nichts Euch zu schreiben gehabt. Liebste Cousine, eßt bloß Eure Perlen so nicht auf, wir sind schließlich Flüchtlinge. Wenn jene Königin so auf der Flucht gewesen wäre, als Ihr es seid, hätte vielleicht auch sie keine so kostspielige Narretei begangen.

Fast alles auf der Welt ist Narretei, warum also wäre diese vergleichsweise minderwertig? Alexander der Große hat eine größere Narretei begangen, da er die Welt besitzen wollte; er verlor etliche Millionen Menschen, und nicht lange danach starb halt auch er gleichwie ein Bettler. Vor dem Tod ist ein jeder gleich gewesen. Ist es denn keine Narretei gewesen von jenem römischen Bürgermeister*, der außerhalb der Stadt etliche Herrenhäuser besaß, jedes auf eigene besondere Weise auszuschmücken, in jedem besondere Dienerschaft zu halten und in jedem täglich ein reiches Mittag- und Abendmahl bereiten zu lassen, damit er, in welches er immer ginge, stets Hof und Küche vorfände. Und was haltet Ihr von dem römischen Kaiser Vitellius, der sich zu Mittag eine Pastete hat zubereiten lassen, die ausschließlich aus Fasanenzungen gemacht war und fünfzig- bis sechzigtausend Taler kostete. War dies etwa keine Narretei? Und Kaiser Caius**, der den Stall seines Pferdes so herausgeputzt hat gleichwie das eigne Haus, und der dem Pferd einen eigenen Hof aus Offizieren einrichtete und in Goldschüsseln Goldgerste zu fressen gab und mitunter zum Mittagessen einlud, als hätte er einen König eingeladen. Ist solches keine Narretei? Keine Angst, ich schreib nicht mehr Narreteien,

* *Bürgermeister:* Gemeint ist wahrscheinlich der römische Consul Lucullus
** *Caius:* Caius Caesar Caligula, römischer Kaiser von 37-41 n. Chr.

sondern Wahrhaftiges: daß ich Euch von Herzen liebhab und so verbleib.

57

Rodosto, 19. novembris 1724

Immer wieder rügt Ihr mich in Euren Briefen, daß ich Euch nicht berichte, wie wir hier die Zeit verbringen. In unsrem Frohsinn seufzen wir bloß immerzu; wir sind so guter Stimmung, daß wir fast umkommen vor Gram. Was sonst wünscht Ihr? Wär ich gut, könnt' ich die Zeit besser verbringen, denn dafür gibt unser Herr ein hinreichend gutes Beispiel, aber ich bin nun einmal schlecht, und ich fürchte, ich werde es auch bleiben. Jedoch, vielleicht macht die Zeit mich klüger, ob ich will oder nicht. Dabei ist die unwillkürliche Klugheit keineswegs ein Verdienst; ein klein wenig Verdienst hätten wir daran, wenn wir von einer verbotenen Frucht gern essen möchten, es aber nicht tun, und nicht dann, wenn wir darauf nicht sonderlich erpicht sind. Gleichwohl werde ich jetzt, wenn auch nur für ein paar Tage, klüger werden, gestern ist nämlich Euer hauptstädtischer Erzbischof hier eingetroffen, er wird einige Tage hier weilen, und da werden wir uns eben zusammenreißen. Wieso mußte nach ihm, liebste Cousine, eine Karosse ausgesandt werden? Für die Bischöfe alter Zeiten wäre es eine Kränkung gewesen, denn früher sind die Bischöfe, vornehmlich in den orientalischen Ländern, zu Fuß unterwegs gewesen, ausgenommen die Bejahrten, sie setzten sich auf Esel oder auf Maultiere. In der griechischen Mutter Kirche ist das allzeit so üblich gewesen, denn die Bischöfe waren ihrer Herkunft nach von gemeinem Stande, und sie verlangte es nicht nach derlei Behelf.

In Constantinopel hat es unter den vielen reichen Patriarchen vielleicht nur einen* gegeben, von dem es heißt, er habe siebenhundert Pferde gehalten. Zu verwundern ist es nicht, denn als Bruder des Kaisers hatte er doch mehr übrig für die Bräuche der Herren als die der Bischöfe. Dies zeigt sich auch darin, daß er, als er von seinem Stallmeister mitten in der Messe, die er mit seinen Klerikern las, erfuhr, seine Lieblingsstute habe abgefohlt, das Gewand auf der Stelle ablegte, die Messe verließ und in den Stall eilte. Man weiß, Kaiser Konstantin** gebot seinen Statthaltern, für die Bischöfe, die teils von weit her zum Konzil nach Nicaea kommen mußten, oder, weil zu alt, nicht hätten hinkommen können, Wagen oder sonstige Verkehrsmittel bereitzustellen. Doch ersehen wir daraus, daß die Bischöfe selbst gewöhnlich keinerlei Reisegerätschaft besaßen. Ein Patriarch von Alexandria – die dortigen sind reich gewesen – hatte so viel, daß es für eine Kutsche und ein Pferd sicherlich gereicht hätte, und trotzdem sehen wir, daß der berühmte Heilige Athanasius die thebanische Einöde zu Fuß durchwanderte. Die Bischöfe im Okzident waren eher schon auf Transportmittel aus; sie hielten Pferde und überließen das Reisen auf Eseln Christo und den Aposteln. Gewiß, der Heilige Martin setzte sich auf einen Esel und umwanderte so seine Diözese; allerdings war das noch sehr in den Anfängen, damals rissen sich die Familien höheren Standes noch nicht um die Episkopate. Aber sobald die Kinder hoher Herren anfingen sich Bischofsmützen aufs Haupt zu setzen, hätten sie es für eine Schande gehalten, auf einem Esel oder Maultier zu reisen, wohl aber zu Pferde und begleitet von großen Heerscharen, wenn sie ihre Besuche in den Diözesen abstatteten; das nahm solche

* *vielleicht nur einen:* Theophylactus in der 2. Hälfte d. 11. Jh. ** *Konstantin:* Flavus Valerius Constantinus (306-337 n. Chr.); Konzil in Nicaea 325

Ausmaße an, daß die armen Pfarrer sich genötigt sahen, Beschwerde darüber zu führen, daß die Bischöfe mit ihren vielen Begleitern bei ihnen einfallen und sie bis zum letzten leer essen. Über die Beschwerde des Heiligen Gregor* allerdings muß ich jedesmal, wenn sie mir einfällt, lachen; der Diakon, der die Güter auf Sizilien verwaltete, ließ diesem Papst schöne Maultiere und Esel überbringen. Der Papst schrieb an ihn daraufhin: du hast mir schöne Esel geschickt, aber obschon sie schön sind, sind es doch bloß Esel, schick du mir Pferde, auf denen ich reisen kann. Tatsächlich achtete dieser heilige Papst auf den schönen Psalmengesang eher als auf schöne Pferde. Über einen anderen heiligen Papst, sein Name fällt mir nicht ein, heißt es: Er verließ auf der Reise nach Constantinopel bei Thessaloniki das Schiff, und dort suchte man nach einem Transportmittel für die Beendigung der Reise. Dortselbst besaß die Gemahlin eines edlen Herrn ein ihr liebes Pferd, auf dem ausschließlich die Frau ritt. Sie gab dem Papst ihr Pferd, der Papst ritt darauf nach Constantinopel und schickte es zurück. Aber das Pferd hat seine Herrin fortan nie mehr geduldet auf seinem Rücken; sie sah, daß sie nicht aufsitzen konnte, also schickte sie das Pferd dem Papst zum Geschenk nach Rom.

Wahrhaftig, liebste Cousine, wir halten es auch heutzutage noch für eine sehr schöne Sache, daß die Bischöfe von dereinst in solch willentlicher Armut lebten, wie es dem apostolischen Leben mehr glich. Wir sollten auch nicht denken, daß sie arm gewesen sind, denn so wie heutzutage gab es auch seinerzeit genügend reiche und arme Bischöfe; der Unterschied ist, in alter Zeit haben sich die reichen Bischöfe so verhalten als die armen, derzeit jedoch unterscheidet sich ein

* *Gregor:* Papst Gregor der Große (540-604), Förderer des Kirchengesangs

armer von einem reichen doch sehr. Darauf sagen wir, früher mußte es so sein, weil es so üblich war, neuerdings indessen, da der Brauch ein anderer ist, würde ein reicher Bischof seine Bischofswürde verletzen, wenn er sich nicht auch im Äußeren ehren ließe und nur in zerlumptem Gewand umherginge. Was würde man heute in Spanien von einem toledinischen Erzbischof sagen, welcher ein Einkommen von dreißig- bis vierzigtausend Dukaten im Jahr hat, wenn er sich lediglich einen Diener hielte, der ihm Bohnen kochte zu Mittag, und wenn er auf Esels Rücken seine Diözese umritte. Das mag früher so gewesen sein, aber wenn heutzutage einer so handelte, würde man ihn bewundern, ihm jedoch nicht folgen und nicht gar sehr ehren, ja für einen Geizhals halten. Wozu sind die reichen Bistümer in Ungern bestimmt gewesen? Sie waren in früherer Zeit verpflichtet, gegen den Türken aufzusitzen und einen der Söhne des Königs zu alimentieren. Was würde man sagen, wenn unser Siebenbürger Bischof, lediglich von einem Diakon begleitet, auf eines Esels Rücken zu einer Versammlung ginge; schämen würden wir uns. Nur den festen Brauch gilt es zu befolgen. Wer nicht in guter Absicht einen Brauch einführt, der bezahlt die Zeche; befolgt einer jedoch diesen Brauch gleichsam gezwungenermaßen und in guter Absicht, ist dagegen nichts einzuwenden. So viel weiß ich: die guten Bischöfe halten nicht des Herrentums halber Hof, sondern weil es Brauch ist und damit die Bischofswürde mehr respektiert werde. Liebste Cousine, jetzt werde ich gewahr, daß ich einen Brief schreibe und nicht beauftragt worden bin, über die Bräuche der kirchlichen Stände zu schreiben. Ich schreib Euch das nur, um die Zeit zu vertreiben, und da es nichts Neues zu berichten gibt, schreib ich, was mir einfällt. Denn wenn ich dabei bin, Euch zu schreiben, ist mir, als hätt' ich Euch vor mir und plauderte mit Euch. Wie auch immer, unser Erzbischof verdient, ob in einer Kutsche oder zu Fuß, Respekt; er wird denn auch einige Tage hier bleiben. Ich aber beschließe meinen Brief, eh er noch länger gerät, und Ihr ihn nicht einmal zur Hälfte lest. Ich bitt' Euch, mich mit einem längeren Brief zu bestrafen; und auf die Gesundheit sollten wir sehr achten.

58

Rodosto, 13. decembris 1724

Ihr schreibt, herzliebste Cousine, wenn ich öfter schriebe, erhieltet Ihr öfter einen Brief von mir. Das stimmt und ist wahr, aber was soll ich schreiben? Sollte ich schreiben, ich sei verärgert? Aber wer wäre es nicht, wenn Ihr schreibt, Ihr hättet aus meinen Briefen die kirchlichen Bräuche in solchem Grad erlernt, daß aus Euch bereits ein Priester werden könnte. Es kommt noch die Zeit, da ich mich dafür rächen werde. Was wären das für schöne Zeiten, wenn die Frauen ins Priestertum erhoben würden; das wären ja die rechten Zeiten, da hätten wir bald neue Zucht und Ordnung. Oh, ich freue mich jetzt schon auf jene Zeit, als lebte ich schon darin. Ich seh im voraus: aus den großen Fasten würden recht kleine werden, oder sie würden womöglich gestrichen aus dem Kalender, und dafür würde Fasching um die gleiche Zeitspanne verlängert, das heißt statt der jetzigen sechs Wochen dreizehn Wochen währen, oh selige Zeiten! Das siebente Sakrament käme an die erste Stelle, oh glückhafte Zeiten. Geschieden wäre man dann leicht, und es würde nur mehr auf eins geachtet werden, oh liebreiche Zeiten! Was soll ich bloß von der Beichte sagen, ich vermag es nicht zu beurteilen, wird sie gestrichen, oder bleibt sie? Gleichwohl, bedenk ich recht, daß die Frauen gern alles erfahren, dann kann ich zu dem Urteil kommen, daß man sie vielleicht doch beließe, und kürzer wär die Buße, aber ach wie langanhaltend die Beichte. Ich könnte ja einer Priesterin in die Hände geraten, die, weil sie alles erfahren wollte, tausend Fragen stellte und selbst die Gedanken zu erkunden suchte und im Gegenzug eine leichte Buße mir auferlegte. Oh, herzallerliebste Cousine, wie fiebre ich den Zeiten entgegen! Aber wer weiß, wie lange noch zu warten wär', und vielleicht bin ich dann schon begraben, und danach schert's mich nicht, auch wenn Ihr, edle Damen, nie Priester werden solltet.

Ob man es bei uns daheim glauben würde, was für warme Tage wir jetzt hier haben, vor allem aber warmen Regen und viel Donnergrollen? Glaubt Ihr's doch wenigstens, ich lüge nicht; selbst sommers donnert es nicht mehr, noch stärker als jetzt. Gut ist es bei alldem, daß Blitzeinschläge hier sehr, sehr rar sind. Ich weiß, Ihr habt Vielerlei und Wundersames über die Kraft des Blitzschlags gehört, aber vielleicht doch nichts Wundersameres, als was ich gelesen hab und über das ich jedesmal, so es mir einfällt, lachen muß, lacht denn auch Ihr. In Rom saß ein französischer Gesandter mit seiner Gemahlin gerade bei Tisch, als ein schlimmes Gewitter aufzog und ein Blitz, da die Fenster offen waren, durchs Haus fuhr; jedermann erschrak, aber niemand kam zu Schaden. Während er aber durchs Haus fuhr, verspürte die Frau des Gesandten Wärme, ratet mal, wo. Und sintemal sie bei Tische saß, konnte sie mit der Hand nicht unter den Rock fahren. Nach Tische jedoch mußte sie selber lachen, als sie merkte, daß der Blitz sie angesengt hatte. Denkt Euch, liebe Cousine, wo sie es herausgefunden hat; wer nun würde darüber nicht lachen?

Da fällt mir ein, ich muß auf eine Frage von Euch Antwort geben: einen anderen Grund dafür, daß wir an einem Freitag Fleisch essen, wenn auf den Tag Weihnachten fällt, wüßte ich nicht, als daß die Engländer damit anfingen, weil im Evangelium geschrieben steht, das Wort sei zum Leib geworden, und dieser Brauch wurde dann anderswo übernommen. Die Franzosen zum Beispiel essen vielerorts von Weihnachten bis Mariä Lichtmeß samstags Fleisch, weil die Heilige Jungfrau zu der Zeit im Wochenbett liege. Es ist nun schon lange Zeit, liebe Cousine, daß auch wir drin liegen – im Exil. Dieses Jahr haben wir, so viel wissen wir, beinah bis zu Ende hier zugebracht; was wir nicht wissen, ob wir nicht auch das kommende hier zubringen werden. Wie schön, daß man die Zukunft nicht kennt, denn wüßte man, was kommt, würde man im voraus verzweifeln, und man könnte nicht darauf vertrauen und hoffen, daß sein Los sich so wenden würde, wie man es sich wünscht. Es gibt auf dieser Welt keinen längeren Tanz als den mönchischen, und den werden wir tanzen müssen, solange aufgespielt wird. Gott gebe nur Gesundheit, und es sei so, wie's ihm gefällt, denn Gesundheit ist schon eine schöne Sache. Darum gebt darauf acht, und sehen wir zu, daß wir öfter einander schreiben.

59

Rodosto, 16. januarii 1725

Seien wir frohgemut im neuen Jahr, und laßt uns, sofern möglich unsrerseits, heiraten. Dieses »möglich« indes hat man uns genommen und lediglich die Freiheit, über den Gedanken zu bestimmen, gelassen. Aber auch das wird einem allmählich über, denn was nützt es schon, hier darüber zu sinnieren; die Flüchtlingsehe ist eine sehr traurige Ehe. Aber mit wem auch wäre sie zu schließen, mit Euren Griechinnen etwa? Das sei ferne von mir. Die Bezeichnung Ehefrau verdienen die wahrhaftig nicht; die sind nur dazu gut, von morgens bis abends auf der Ottomane zu sitzen, sich ums Haus am allerwenigsten zu kümmern, umso mehr um die Gewänder, solchermaßen, daß zu jedem hohen Fest ein neues Gewand her muß, und würde dies auch nur einmal versäumt, bekäm der Gatte ins Gesicht gesagt, wenn er keins machen lassen wolle, fände sie schon einen, der ihr eins machen ließe. Ein Ehemann mag seiner Gemahlin ein mit Steinen besetztes Juwel zum Preis von fünfzigtausend Talern schenken, davon würde aber die Dame ihrem Mann, wenn ihn Armut heimsuchte, nicht einmal mit einem Heller beispringen; eher wäre sie bereit, trocknes Brot zu essen, als ihren perlenbesetzten Halsschmuck zu veräußern. Kann sie sich täglich nicht zwei- oder dreimal umziehen, weiß sie mit sich nichts anzufangen. Den Seidenstoffen und Perlen nach, die zur Schau getragen werden, könnte man denken, jede von ihnen sei eine Gräfin, und dem Gewande ähnlich ist auch ihr Tisch, obschon ihr Mittag- und ihr Abendessen lediglich aus ein bißchen Trockenfisch oder ein wenig Reisbrei besteht. Eine Französin zur Frau will ich ebenfalls nicht, weil die nur Karten und Gesang im Sinn hat. Die Spanierinnen treiben es mit den Gewändern gleichwie die Griechinnen, außerdem sind sie darauf aus, kleine Füße zu haben; so wären sie denn auch bereit, alles, was sie haben, zu zeigen, bloß ihre Füße nicht. Na, und wenn sie erst so kleine Füße hätten als die Chinesinnen; wenn bei denen ein Mädchen jemandem für die Ehe empfohlen wird, wird zuallererst gefragt, ob sie große Ohren hätte, man hält nämlich die größten für die schönsten, und dann, ob sie große Füße hätte, denn sollten sie größer sein als mein kleiner Finger, würde keiner sie nehmen. Darüber werdet Ihr nicht mehr erstaunt sein, sobald Ihr erfahrt, daß dortzulande kleinen Mädchen, wenn sie anderthalb Jahre alt sind, beide Füße ausgerenkt werden: die bleiben so, und da werden dann keine großen Sprünge mehr gemacht. Kleine Füße wird das Mädchen dann wahrhaftig haben, aber es wird ein Krüppel bleiben bis an sein Lebensende und nicht einmal das Haus verlassen können. Man hält dorten dafür, daß eine lahmende Frau eine gefällige Art sich zu bewegen habe. Wie sehr mag ich das – anderen gönnen. Mir hingegen gebt, liebste Cousine, eine Siebenbürgerin zur Frau, denn ich kenne kein Land, wo die Frauen es so verdienten, Gattin genannt zu werden, als in unserem Feenland.

In Anbetracht unserer Lage allerdings gibt es für unsereinen nicht einmal mehr die Hoffnung darauf; allerorten tiefer Friede und Ruhe, wir indessen müßten im Trüben fischen. Wir wissen sonst von keinem Krieg außer dem des Türken mit dem Perser, und der dauert auch schon etliche Jahre; unser Wunsch muß es sein, daß der Türke siege, alldieweil wir sein Brot essen. Flüchtlingen leistet man denn auch nirgendwo so viel Beistand als in diesem Lande. Diese Nation ist gar nicht so gräßlich als ihr Ruf; ich kenne keine Nation, die in solcher Ruhe lebte wie diese, und wir könnten nirgendwo eine so friedsame Bleibe finden als hier. Es hat sich unter uns noch nicht das geringste Ungemach zugetragen; wo immer wir Türken begegnen, sind wir herzlich gern gesehen, denn am ehesten mag der Türke die Ungarn. Wir können ihnen Besseres nicht wünschen, als daß sie noch irgendwann einmal Christen werden. Amen. Hätten wir es jedoch mit diesen hochmütigen Griechen zu tun, gäb' es für uns hier keine Wohnmöglichkeit. Diese sind zwar Christen, aber uns hassen sie. Dabei gereichen wir ihnen gewiß nicht im mindesten zum Schaden; sie würden uns schaden, wenn es ginge, aber sie trauen sich nicht, denn für das geringste Vergehen bekämen sie die hundert Stockhiebe abgezählt, und so gebietet der Stock Ehre und Respekt für uns. Hier schaut man nicht darauf, welchen Standes einer ist, ob reich oder aus einer alten Familie; all dies bewahrt sie nicht davor, daß sie unter die Fuchtel kommen und hundert Hiebe ihnen zwiefach verabreicht werden. Wer könnte aber auch zusammenleben mit solch hochmütigem Volke, wenn es nicht gedemütigt werden würde bis in den Staub.

Am meisten gräm ich mich hier darum, daß ich nicht weiß, wo ich Eure Briefe drucken lassen könnte. Wenn es so leicht ginge, als sie es verdienten, brauchte ich mich nicht zu bekümmern, denn ich weiß, auch andere würden sie mit Wohlgefallen lesen. Man sollte niemanden auf den Kopf zu loben, aber aus einem Abstand von fünfundzwanzig Meilen geht das schon mal, und falls Ihr mich dafür scheltet, ich hör es ja nicht, wohl aber wünsch ich zu hören, daß Ihr gesund seid; einem Gesunden bekommen Speis und Trank und sonstiges außerhalb des Betts nicht minder. Gott geb' Euch eine gute Nacht, recht liebreizende Träume und froh' Erwachen morgen.

60

Rodosto, 22. aprilis 1725

Wo ist er denn, wo ist er denn – jener Flintenmann, der den Wolf da erlegte, welcher die Geiß fraß, die auf dem Markt mein Vater gekauft hat? Wo ist denn der Mensch, der den Brief gefunden, den ich Euch schrieb von hier? Was kann ich dafür, herzliebste Cousine, daß Ihr schon lange keinen Brief erhieltet von mir? Wenn ich keinen geschrieben hab, braucht Ihr Euch nicht zu wundern, daß Ihr keinen bekommen habt. Doch falls ich welche schrieb, wie sollten sie abhanden gekommen sein? Aber was kümmert's uns, unsere Briefe kann man getrost auch in Wien lesen, und sollten sie im Meer verschwunden sein, werden sie, das steht fest, den Fischen die Zähne nicht fetten. Liebste Cousine, schreiben wir doch, wenn ein oder zwei Briefe verlorengehen, dafür gleich zwölf neue, das kostet nicht viel Mühe und beeinträchtigt die Faulenzerei mitnichten. Aber was soll ich schreiben, wo es hier überhaupt nichts Neues gibt. Dann schreib ich halt, daß die Armenierinnen derzeit in großer Arbeit stecken, sie säen nämlich jetzt die Baumwolle aus. Schreiben wir also von der Baumwolle, denn die ist keine Narretei, vielmehr ein großer Nutzen; nirgendwo wächst so viel davon als hier, und es wird damit hier ein großer Handel getrieben. In unserem Boden daheim in Siebenbürgen würde sie, denk ich, kaum gedeihen, sie mag warme Böden. Aber daß man es in Ungarland nicht versucht, wundert mich, denn da gibt es Gegenden, wo sie angebaut werden könnte und dem Land großen Nutzen brächte. Wenigstens würde das für die Baumwolle gezahlte Geld im Lande verbleiben.

Das Baumwollsaatkorn ist so groß wie eine Erbse, nur schwarz und wird um diese Zeit ausgesät. Sie wächst nicht höher als anderthalb Spann, aber aus einem Halm zweigen drei oder gar vier Triebe ab, und am Ende eines jeden hängt jeweils eine runde Frucht gleichwie eine kleine grüne Nuß. Die Blüte davon ist bis zur Reifezeit gelb, und öffnet man das Bällchen, findet sich darin eine leimartige Materie, aus der dann, wenn die Frucht in der Wärme der besseren Reife halber von selbst aufgegangen ist, die Baumwolle wird. Bis September hat sich die Frucht gänzlich geöffnet, ist weiß geworden und die Schale getrocknet, und dann wird die Baumwolle samt Kern aus der Schale gepflückt. Aber da es viele Kerne sind und die Baumwolle fadenweise so aus den Kernen kommt, daß es mit den Fingern schwierig wäre, die

Wolle vom Kern zu lösen, benutzen die Frauen Rädchen mit zwei Achsen, das eine aus Eisen, das andere aus Holz, und diese drehen sich in einander entgegengesetzter Richtung; die Baumwolle wird nun samt Kern dazwischengeklemmt, durchgelassen wird nur die dabei vom Kern gelöste Wolle, leicht und säuberlich getrennt vom Kern. Ohne solche Rädel schaffte man an einem Tag nicht einmal eine Handvoll Baumwolle zu ernten, wohingegen mit Rad ein Sackvoll zu wenig wäre. Und damit, ich bitt' schön, wäre die Baumwolle fertig, Ihr könnt drauflosspinnen.

Alldieweil, liebste Cousine, Baumwolle bei uns daheim nicht gediehe, könntet Ihr unserem Land einen anderen Gewinn bescheren, für den Ihr verdientet, daß Euer Name mit Gold verzeichnet werde in Siebenbürgens Historie. Warum solltet Ihr, wenn Gott Euch zurück ins Heimatland führt, nicht so viel Seide haben, daß Ihr für Euren Bedarf kein Geld ausgeben müßtet. Andere edle Frauen würden es bei Euch sehen und nachmachen, und um den Nutzen würden es allmählich auch die Leute gemeinen Standes aufgreifen. Mit der Zeit fände es Verbreitung bei uns als wie in anderen Ländern, wo es auch nur langsam in Gang kam. In diesem Lande beschenkte ein griechischer Kaiser zwei Missionare reichlich dafür, daß sie aus einem fernen Land als erste Eier von Seidenspinnkäfern mitgebracht hatten. Die wurden hier bebrütet, die Brut wurde aufgezogen und vermehrt, und die beiden Priester führten vor, wie mit den Raupen und der Seide zu verfahren ist. Gescheite Menschen, die sie waren, hatten sie das alles gelernt. Nachdem das sich hier verbreitet hatte, schnappten es auch die Italiener auf. Von den Griechen und den Italienern übernahmen es mit der Zeit die Spanier und die Franzosen, so griff es um sich, und über den Handel kam so der Nutzen ins Land. Ich würde ja lachen, wenn Ihr die erste Fundatorin der Seidenraupenzucht in Siebenbürgen wärt. Es brauchte eine solche Sache nur von jemandem in Angriff genommen werden, die anderen würden folgen. Und es müßte einer anfangen, der davon etwas versteht, denn schwierig deucht es eben, weil man damit nicht umzugehen weiß. Wie könnte es für eine edle Dame eine annehmlichere und nützlichere Kurzweil geben als zu sehen, mit welchem Eifer etliche tausend Raupen für sie arbeiten. Aber alldieweil diese Tiere große Esser sind, beginnen sie, sobald sie da sind, sofort zu fressen. Ihre Lieblingsspeise ist das grüne Laub von Maulbeerbäumen, und bei uns daheim würden die weißen wie die roten Maulbeerbäume fast überall ohne große Mühe gedeihen. Mir deucht, man sollte Arbeitern, die für ein bißchen Baumlaub mit Seide zahlen, die Mühe nicht mißgönnen. Ich sage voraus und bezweifle nicht, daß Ihr mit jenen Seidenmachern nicht umzugehen wüßtet, aber da ich sonst nichts zu tun habe, schreib ich für Euch nieder, was ich diesbezüglich gelesen habe, arbeiten lassen mögt Ihr sie dann so, wie es Euch gefällt.

Zuallererst ist für sie eine saubere Behausung herzurichten, und zwar mit guten Fenstern, wo der helle Sonnenschein Eingang findet, wohin jedoch Mäuse und sonstiges Kleingetier keinen Zugang haben, wie auch der Wind nicht. In der Mitte dieser Behausung ist auf vier Pflöcken eine Bastmatte bettartig auszubreiten; so man keinen Bast hat, muß aus Gerten etwas geflochten werden, ähnlich dem, was in den Zwetschgendarren verwendet wird. Der Bau wäre fertig, also bringen wir endlich die Arbeiter zur Welt. Die Eier der Seidenraupe sind sehr, sehr klein, man sieht sie kaum, und wenn sie gelegt sind, kommen sie auf ein Papier, wo etliche Hundert verbleiben, antrocknen und bis zum Frühjahr wohl aufbewahrt werden. Dann aber holt man das Papier hervor und gibt es irgendeinem dicken Mädchen, das es an seinem Busen plaziert, wo von der Wärme alsbald Leben in die Sache kommt. Sobald man merkt, daß sich da was rührt, streut man aufs Papier zarte Blättchen, ich sagte bereits, von welchen Bäumen. Sobald die Brut ein bißchen größer ist, verlegt man sie aufs oben erwähnte Bett und deckt sie leicht mit Blättern des Baums zu, aus dessen Laub auch das Unterbett ist. Zuvörderst jedoch gilt es der Brut eine Amme beizugeben, die arbeitsam ist und Verstand hat, und die ihre Kleinen mag, täglich zu einer bestimmten Stunde frische Blätter verabreicht und vor allem das Bett tagtäglich von jeglicher Verunreinigung und altem Laub säubert. Erst wenn das geschehen ist, werden sie hübsch sacht mit neuen Blättern bestreut, weil diesen Tieren nichts so sehr schadet als Unsauberkeit und Feuchte. Die Amme muß darauf achten, daß ins Futter keine nassen Blätter geraten. Bei Regenwetter müssen die Blätter getrocknet werden, noch besser werden Blätter, wenn Regen sich ankündigt, im voraus gerupft. Fasten sollte unterlassen werden, wo ja die Tierchen so wenig Zeit zu leben haben, wollen sie keine Zeit verlieren und fressen ohne Unterlaß. Falls Notzeiten eintreten und kein Baumlaub da ist, kann man sie auch mit Salat- und Krautblättern füttern. Sie fressen auch die, notgedrungen, aber von solcher Speisung wird ihre Seide nicht so gut.

Die Amme, welche ihre Kleinen sauberhält und wohl ernährt, sollte bei schönem Wetter die Fenster bis zum Abend offenlassen und das ganze Haus sauberhalten, weil Reinlichkeit und gute Luft für diese Tiere sehr gesund sind. Doch schauen wir einmal aus der Nähe, welche Wandlungen sie durchmachen.

Dieses Gewürm ist, wenn es aus den Eiern geschlüpft ist, sehr, sehr klein und schwarz. Nach ein paar Tagen beginnt es weiß zu werden, aber es wirft dieses Gewand ab, und da es dicker wird, nimmt es ein weißeres und grünliches Äußere an. Wenige Tage darauf stellt es das Fressen völlig ein und fällt für etwa zwei Tage in den Schlaf. Danach beginnt es unruhig zu werden und sich zu rekeln, so sehr, daß es vor Anstrengung rot anläuft, die Haut wirft Falten und fällt ab, und dann ist bereits das dritte Gewand da. Reicht es denn nicht, innerhalb eines Monats dreimal das Gewand zu wechseln? Sodann beginnt es zu fressen und nimmt eine gänzlich andere Form an als vordem. Nach ein paar Tagen guten Speisens fällt es wieder in tiefen Schlaf und streift sich nach neuerlichem Erwachen ein neues Hemd, will sagen: Haut über. Es folgt abermals eine kurze Spanne der Sättigung, am End' aber sind ihm Fressen und Leben und Gesellschaft über, und es beginnt ein Eremitenhäuschen aus Seide zu spinnen, das man gar nicht genug bewundern kann noch den Schöpfer genug anbeten dafür. – Liebste Cousine, auch mir ist des Schreibens nunmehr genug, also brech ich die Arbeit unseres Eremiten ab und beschreib es ein andermal. Bitten möcht ich Euch indes, auf die Gesundheit zu achten, denn ich bin, der ich war und werde sein, der ich bin.

61

Rodosto, 23. maji 1725

Vergebt mir, herzliebste Cousine, daß ich gelogen habe, besser: meine Feder gelogen hat, alldieweil ich aus Rodosto datierte, wo ich doch gar nicht in der Stadt, sondern daneben weile, seit gestern nämlich wohnen wir in Zelten. Hätte man mich um Rat gefragt, wäre das Campieren auf ein andermal verschoben worden, denn die linnene Behausung ist nur dann gut, wenn es anders nicht geht. Aber den Trab gibt der Wille des Herrn vor. Jedenfalls bin ich, meiner sonstigen vielen nichtigen Obliegenheiten hier ledig, so frei, Euch zu einem Besuch bei unserem Eremiten zu begleiten. Begeben wir uns denn nun zu ihm, schauen wir uns an, welcherlei Grotte er sich baut, denn seit meinem letzten Brief hatte er reichlich Zeit dazu, und wenn er sich erst einmal eingeschlossen hat, redet er mit uns nicht mehr.

Mich deucht, in meinem letzten Brief brachen wir an der Stelle ab, wo sich das Tierchen endlich ein kleines Haus von Seide zu bauen beginnt. Wenn es mit dem Bauen losgehen soll, hört es auf zu fressen und sucht allerorts nach einem dafür geeigneten Platz. Zu dem Zweck streut man den Kleinen Besenbinderreisig hin und hängt solches auch an die Wände. Sobald sie die Zweige hochgekrochen sind, fangen sie auch schon an Seide zu spinnen und windeln sich rundum darein. Die erste Seide ist nicht so gut wie die danach folgende. Sobald sie sich gänzlich und wohl umwickelt haben, füttern sie das Häuschen innen mit einer dünnen und festen Haut, die für Luft undurchlässig ist. Nach getaner Arbeit schlafen sie ein und bereiten ihre Umwandlung vor, und wir sehen dann, daß aus den Raupen Schmetterlinge geworden sind. Zu dieser Wandlung bedarf es eines Zeitraums von zwei bis drei Wochen. Zeit genug herauszufinden, daß jenes Häuschen der Form und Größe nach einem Taubenei gleicht. Die später nutzbare Seide muß man sich so denken, als wäre das Ei in Seide gehüllt und die Haut, von welcher ich oben sprach, die Eierschale. Sind die drei Wochen um, aufersteht das Tier von den Toten, allerdings in anderer Gestalt, denn nachdem es in den Bau ein kleines Fenster gebohrt hat, entschwebt es schönen weißen Gesichts und mit ebensolchen Schwingen. Das im Haus zurückgelassene vorherige Gewand vermacht es samt Haus seiner Amme für deren Mühen. Da jedoch die Seide beim Durchbohren der Hausmauer völlig verdorben wird, beläßt man nur einige für die Zucht, während die anderen im Freien der Wärme ausgesetzt werden, damit die Tierchen darin absterben, eh sie auferstehen könnten, und der Seidenfaden ja ganz bleibe. Sintemal das Tier seine Arbeit niemals unterbricht, ist sein Haus aus einem einzigen Seidenfaden gefertigt, dessen Länge neunhundert Fuß und mitunter mehr beträgt. Zudem ist der Faden ein doppelter, zusammengeleimt aus zweien; denkt Euch nur, wie dünn die sein müssen. Ich kehr nun zurück zu denen, die für die Zucht erhalten bleiben. Haben sie sich erst einmal herausgebohrt, entfernen sie sich nicht von der Stelle. Die Weibchen sind viel größer als ihre Gatten. Nach ein paar Tagen freien Umgangs miteinander wird das Weibchen auf einem Papier gleichwie im Kindbett plaziert, und es legt dann dort wenigstens fünfhundert Eier. Daraus erkennt Ihr, daß für die Zucht nicht viele belassen werden müssen; vier oder fünf Pärchen hinterlassen genügend Nachkommenschaft. Die Seide hätten wir nunmehr, allerdings ist sie fest zu einer Behausung gewickelt und geleimt. Sie abzukriegen verlangt andere handwerkliche Fertigkeiten, doch auch die übermittle ich Euch, Hauptsache, ich kann Euch gefällig sein.

Zuallererst werden die kleinen Eiergestalten in weiches warmes Wasser getan, damit der Leim zergehe. Dann nimmt man ein wenig Besenkraut zum Umrühren, wobei die Seidenfäden sich draufwickeln, allerdings immer bloß sechs auf einmal, und solange abgewickelt wird, bleiben die kleinen Häuslein im warmen Wasser. Ihr wißt, daß die Seide von Natur gelblich ist und erst beim Waschen schön weiß wird. Nunmehr mögt Ihr getrost lachen, da ich Euch etwas beibringen will, was Ihr wohl wißt. Aber es war ja Euer Wunsch, also muß ich gehorchen. Vielleicht wißt Ihr aber nicht, daß es welche gegeben hat, die Spinnweben zu verstärken versuchten und so zu vermehren wie die Seide. Man ließ freilich ab davon, wegen der Mehrkosten, man hätte etliche Tausend Spinnen mit Fleisch versorgen müssen. Ob ich Euch bereits geschrieben habe, daß in Ägypten etliche Tausend Eier in den angewärmten Backofen getan werden und zwanzig Tage darauf ebensoviel Tausend Küken daraus hervorkommen. Das Hühnerfleisch sei dorten, heißt es, allerdings nicht so gut. Ich sehe, heute habe ich Euch nur von Hauswirtschaftsdingen zu schreiben, aber ich höre auf damit, denn ich vergaß, daß ich mich im Feldlager befinde, obschon das unsrige dem der Israeliten gleicht; es ist kein einziger Flintenschuß zu hören. Ich wünsch Euch denn auch eine gute Nacht, zu fürchten braucht man hier keinen Feind, es sei denn Ohrenkriecher.

PS: Nach welcher Ordnung wir uns in der Stadt richten, wißt Ihr, ähnlich sind Ordnung und Brauch auch hier. Es gibt ja nichts Schöneres als einen wohlgeordneten Tagesablauf, der auch vom gemeinen Mann machbar ist in seinem Hause. In unseren Landen neigt man dazu nicht gar sehr, nicht einmal die Herren. Ob sie allerdings gut daran tun?

62

Rodosto, 11. junii 1725

Über Eure höfliche Danksagung, herzliebste Cousine, hab ich ausgiebig gelacht. Als wenn ich Dank verdient hätte, und als hätte ich Euch etwas Neues beigebracht. Aber ich muß ihn hin- und zur Kenntnis nehmen: Euer Dank hat allein den Zweck, mich zur weiteren Öffnung meines Wissenserkers zu ermutigen. Es ist gut, daß einem mitunter Mut zugesprochen wird, denn es gibt viele, die ihre Gedanken ins Licht zu setzen scheuen, obschon sie häufig besser denken als diejenigen, welche, was sie denken, hemmungslos ausspucken. Es ist von Euch sehr klug gedacht, daß Ihr Euren Sohn und Eure Tochter so erziehen lassen möchtet, als die Franzosen sie dort in Pera* erziehen. Dabei seht Ihr dort, liebe Cousine, lediglich Kaufleute, aber in den Ländern müßte darauf gesehen werden, welche Erziehung man den Kindern der Edelleute angedeihen läßt. Gut, sie haben jeweils ihre eigenen Könige, wo da allerlei Wissenschaft und Handwerk blühen. Richtig ist zudem, daß eines Landes Glückszustand in der trefflichen Erziehung der Jünglinge besteht; da beginnen sie das Kriegsgeschäft, die Wissenschaften und die Handwerke zu erlernen. In unserem unglückseligen Lande hat ein Jüngling für all dies keinerlei Gelegenheit, obgleich er dafür so geeignet wäre als jedwede Nation. Trotzdem deucht mir, die jungen Menschen könnten dennoch besser erzogen werden, wenn die Väter darüber besser dächten. Nun aber sind viele von ihnen selbst unwissend, und für einen Blinden ist es schwer, Nichtsehende zu führen. Hätten sie selber mehr übriggehabt fürs Lernen, könnten sie ihren Söhnen mehr beibringen, denn wer als junger Mensch wohl erzogen und

* *Pera:* In alter Zeit von ausländischen Diplomaten und Kaufleuten bewohnter Stadtteil in Konstantinopel, heute: Istanbul

unterrichtet wurde, erzieht sein Kind dementsprechend. Schauen wir uns doch einmal an, wie die jungen Leute bei uns daheim erzogen werden. Der Junge kommt bis zu einem Alter von mindestens zehn bis elf Jahren aus dem Dorf gewöhnlich gar nicht raus, sondern besucht die Dorfschule. In der Zeit lernt er lesen, aber mit dem Lesen nimmt er zugleich nur bäuerliche Sitten an. Wenn er nicht in der Schule ist, sieht er nichts anderes als seinen Vater an sieben Tagen der Woche siebenmal betrunken, und der bemüht sich nicht, seinem Sohn irgendwelche adligen oder christlichen guten Sitten einzuimpfen, sondern beläßt ihn in Gesellschaft mit dem Gesinde, und was er allerlei üble Bräuche und schlechte Sitten dort zu sehen bekommt und sich aneignet, verbleiben in ihm gleichsam bis zum Tod. Und weil er in all dem Bauerntum aufwächst, weiß er nicht einmal, ob er eines Edelmannes Kind ist. Vielleicht würde er es sonst auch nicht erfahren, würden ihn die Leibeigenen nicht als ihren jungen Herrn anreden. Im Alter von zwölf oder dreizehn Jahren wird der Knabe in irgendein Collège verpflanzt, von wo er vier- oder fünfundzwanzigjährig freikommt, in einem Alter, wo so ein junger Mann anderweitig bereits ein guter Lateiner, guter Historiker oder guter Militär ist, Geometrie und Geographie in nötigem Maße beherrscht, und ihm nicht nur Kriegsdinge, sondern auch Staatsangelegenheiten anvertraut werden können.

Doch holen wir unseren fünfundzwanzigjährigen Lateiner erst einmal mit Pomp heim von der höheren Lehranstalt und schauen uns an, was er nach so viel Lernen weiß und kann, und ob er mit seinem Wissen dem Lande oder sich selbst nützlich zu sein vermag. Zuallererst eifert unser Studierter darauf hin, sich ein schmuckes Gewand und ein ebensolches Pferd zuzulegen. Dann vergräbt er die paar Bücher und Philosophien in irgendeiner Kommode und begibt sich auf die Tour von Dorf zu Dorf, um der lieben Verwandtschaft einen Besuch abzustatten. Dort schmeißt er mit etwelchen Vokabeln von Aristoteles um sich, aber lateinisch zu sprechen würde er sich schon schämen, weil er von den Frauen als lernender Studiosus angesehen werden könnte. Was tut er also bei den lieben Verwandten? Seine nützlichsten Gespräche drehen sich um die Jagd und um die Pferde. Ist er bei Tische, wär es für ihn eine große Schande, nicht ordentlich zu trinken, denn falls er abwehrte, hielte man ihn noch für einen Studiosus. Nach dem Mahle präsentiert er im Frauen- oder im Mädchenhaus, was er bei Vergil oder Ovid gelesen. Aber um allein auch nur die Erinnerung an die Schule völlig zu vergessen denkt er, sei es angebracht, sich zwei oder drei von den Mägden als Geliebte zuzulegen. Nachdem er so die liebe Verwandtschaft abgeklappert und in deren Kreise seine Kehle mit etlichen Räuschen freigespült hat vom Latein und vom Schulstaub, trabt er wieder nach Hause mit dem, was er von seinen Gevattern gelernt hat. Aber was hat er gelernt? Den Wissenszuwachs holt er hervor, sobald Besuch sich einfindet bei seinem Vater; sein Hauptanliegen wird dann nämlich sein, die Gäste seines Vaters betrunken zu machen und tags darauf vom Vater dafür gelobt zu werden. Solcherart verbringt er zwei oder drei Jahre mal bei der Jagd, mal beim Trunk oder am Hofe der Venus, und was er im Laufe einiger Jahre gelernt, vergißt er in kurzer Zeit fast zur Gänze. Was hatte er denn so viele Jahre lang gelernt? Lediglich Latein, von welchem er im und ums Haus viel Nutzens nicht hat, folglich ist er, sintemal nichts hinzukam, in Wirtschaftsdingen so unwissend als andere. Und aus dem Physikunterricht ist so viel Wissen nicht übriggeblieben, als was sein Müller oder sein Schmied wissen, da er nicht einmal den Grund dafür angeben kann, warum der seine brennende Kohle so oft mit Wasser beträufelt. Nach so vielem Studieren muß er seinen Verwalter fragen, ob sein Weinberg südlich oder nördlich gelegen wär. Stellen wir endlich die Frage, wann eigentlich wird er einen Nutzen haben von seinen Logikstudien, wenn er nach seiner Verheiratung als Wirtschafter nichts davon hat. Zieht er in den Landtag ein, weiß er nichts von den Dingen des Landes und muß sich die Entscheidungen ganz still anhören; würde man dort so disputieren wie in der Schule, spränge auch er sofort auf und riefe: *nego majorem!** Aber da er von den Dingen nichts versteht, reicht es seinerseits nur für den Rat: Weg mit den Köpfen. Nicht allein, daß er den Nutzen fürs Land nicht einzuschätzen weiß, aber er weiß nicht einmal, welches die Nachbarländer Siebenbürgens sind, oder ob die Mieresch erst in die Theiß fließt oder in die Donau. Und wo? Das wäre wiederum eine andere Frage.

Aus all dem wird ersichtlich, daß aus dem acht- bis neunjährigen Studieren weder der Betreffende selbst noch das Land einen Nutzen zieht. Denn vom Latein hätten die jungen Leute einen Nutzen, wenn sie Bücher über Kriegsführung, über die Verwaltung des Landes und über andere Wissenschaften zu lesen sich bequemten. So aber wird unser Philosoph in ein, zwei Jahren ebenso unwissend, als es sein alter Herr ist, und wäre er nicht gezwungen, an seinen Gutsverwalter zu schreiben, vergäße er vielleicht sogar Lesen und Schreiben. Damit möcht' ich nicht etwa darauf hinaus, daß Latein unnütz wär'; ich sage nur, für einen Edelmann ist es verlorene Zeit, so viele Jahre lediglich die eine Sprache zu lernen, denn er könnte ja daneben auch sonstiges nützliches

* *nego majorem:* Lat., etwa: »Ich verneine die Ausgangs- od. Hauptthese« (einer Disputation)

Wissen erwerben. Für das Kind eines Bauersmanns ist es noch weniger nütze, und es würde besser, sobald es lesen und schreiben gelernt hat, irgendein Handwerk erlernen, da Handwerk und Handel Nutzen abwerfen für ein Land. Ich weiß, in unserem Land hat ein junger Mann keine Möglichkeit, anderes Wissen zu erwerben, da es dafür keine Lehranstalten wie in anderen Ländern gibt, wo ein Fünfundzwanzigjähriger in vier- oder fünferlei Wissenszweigen und ein gemeiner junger Mann in zwei oder drei Handwerken sich auskennt. Freilich soll man den armen Siebenbürgern nichts Unmögliches abverlangen, und das tu ich auch nicht. Aber die Väter tragen eine große Verantwortung dafür, daß sie ihre Söhne nicht mit mehr Sorgfalt erziehen und sie zu den adeligen guten Sitten nicht anhalten noch in den Anfängen, sondern gar Beispiele abgeben für Suff, Lotterleben und Faulheit. Wenn sie ihre Söhne allein dazu brächten, Bücher aus dem Lateinischen ins Ungarische zu übersetzen, würden sie das Erlernte auf das gemeine Wohl verwenden, denn es gäbe viele, die dafür taugten. Es bräuchte einer nur ein einziges Buch zu übersetzen in seinem Leben; damit nützte er sich und auch anderen und sähe etwelchen Ertrag seiner Studien über so viele Jahre. Aber das viele Juchheirassa, die Meute, die Sauferei bis in die Früh geben für all das keine Zeit her und lassen nicht zu, daß der Geist mit irgendwelcher nützlicher Sache sich befasse; und ist so einer dann alt, ist er einen guten Rat zu geben nicht imstande, weil er seine Jugendzeit unnütz verbracht hat. Und ein unwissender Ratsherr in einem Lande ist gleichwie ein leeres Faß im Keller. – Halt ein, liebste Cousine, jetzt merk ich erst, woran ich mir den Kopf einrenne. Gleichwohl wollte ich als des Vaterlands ergebner Sohn, daß Wissen bei uns so gemeiniglich wär, als Unwissen es ist. Aber ich mag Euch über diesen Gegenstand einen noch so langen Brief schreiben, davon werden unsere jungen Leute ihre Gewohnheiten nicht ändern, noch ihre Väter die althergebrachte Ordnung bei Tische lassen. Euch empfehle ich, Eurem Sohn Wissensstoffe vermitteln zu lassen, mit denen er seinem Lande nützen kann.

Genug des Predigens meinerseits über die Söhne, also steig ich herab aus dem Predigtstuhl, begebt auch Ihr Euch dahinauf zu predigen über die Töchter, das kommt Euch zu. Denn auf die Erziehung der Töchter ist so zu achten gleichwie auf die der Männer. Aber ich geh darüber noch hinaus und sage, die Mädchen gut zu unterrichten ist ebenso notwendig als die Männer, und die einen sind dem Land so nützlich als die anderen. Wie kann das sein? Ist es denn nicht so, liebste Cousine, daß ein wohlerzogenes und wohlunterrichtetes gescheites Mädchen, zur Frau geworden, die Söhne gut zu erziehen, zu unterrichten und zu lehren und dadurch zum Dienst am Lande zu befähigen vermag? Ergo gereicht es zum Nutzen des Landes, wenn die Töchter gut erzogen und unterrichtet werden. Die alten Römer beschenkten Mütter, die ihre Söhne zum Dienst am Vaterland gut erzogen hatten. Mehr schreib ich darüber nicht und hätte auch nicht schreiben können, selbst wenn ich einen Sohn hätte, aber ich hab keinen, und das grämt mich. Mich grämt zudem, daß wir erneut in Zelten hausen, dieser Tage waren wir nämlich zurückgekehrt in die Stadt. Hier müssen wir wieder schmoren unterm Zeltdach, denn die Sonne heizt uns ein wie dem Fladen überm Feuer. Geben wir acht auf die Gesundheit, liebste Cousine, und betet für mich einen Rosenkranz, denn mein Zelt ist voll der vielen Ohrenkneifer.

63

Rodosto, 7. septembris 1725

Ihr mögt Euch wundern, herzliebste Cousine, wie so eine Sülze zu schreiben vermag, wir sind nämlich fast völlig zerschmolzen unter den Zeltdächern; erst seit gestern rappele ich mich allmählich zusammen, da wir zurückgekehrt sind in unsere leidige liebe Stadt und schon allhier die Zeit verbringen, so wie es armen Flüchtlingen vergönnt ist: bald traurig, bald lustlos. Aber unsrer nimmt derselbe Gott sich an, der die im Vaterland Verbliebenen am Leben hält; die dort beließ er, uns bracht' er hierher: alles das Werk ein und derselben Hand. Ein Philosoph in alter Zeit fragte einmal den anderen, was Gott im Himmel tue. Jener antwortete, den einen erhöhe, den anderen erniedrige er. Klug war auch, wie Solon zu dem König Krösus sprach: *Nemo ante mortem beatus*, wahrlich: es kann niemand sich glücklich nennen vor seinem Tod. Wenn schon die nicht glücklich sind, die in ihrem Vaterlande weilen, wie sollten wir es sein, die wir die Lüfte hier mit unsren Seufzern mehren.

Daß Ihr nun die Geschichte der Einnahme von Constantinopel lest, ist ein sehr schöner und nützlicher Zeitvertreib. Sultan Mohammed II.*, der die Stadt in der Mitte des fünfzehnten Jahrhunderts einnahm, war ein überaus großer Kriegsherr. Auch ist über ihn zu lesen, er habe etliche Sprachen gekonnt, was recht selten ist unter den türkischen Sultanen. Ich habe ebenfalls gelesen, daß er seine Galeeren und großen Boote über den Berg von Pera befördern ließ, was derzeit völlig unmöglich wäre und auch damals eine ungeheuere Arbeit gewesen sein muß. Solch ein Unternehmen paßte zu den alten Römern, die nahezu unglaubliche Lei-

* *Mohammed II.*: Richtig: Mehmet II., mit dem Beinamen »Eroberer« (1451-1481); Einnahme Konstantinopels: 1453

stungen vollbrachten, die wir auch heutzutage noch bestaunen. Die jetzigen Türken würden so große Arbeiten nicht nur nicht vollbringen, solche würden ihnen gar nicht in den Sinn kommen. Jener hingegen war genötigt, solch große Arbeit zu unternehmen, weil er es mit einem griechischen Kaiser zu tun hatte, der seine Stadt hart verteidigte und sie auch beschützt hätte, wenn er nach der tagtäglichen Hochnot immer wieder eine neue Streitmacht hätte haben können. Aber sein Volk nahm bei der vielen Belagerung täglich ab, und am End' mußte in den Straßen gefochten werden mit den Türken, die denn auch ihn selbst dort töteten. Der Sultan aber schonte sein Volk nicht; wer bei den Belagerungen auch nur einmal umkehrte, den tötete er selbst. Da er aber sah, daß seinem ganzen Volk flau wär ums Herz und es nicht freudig zur Belagerung schritte, verkündete er im gesamten Lager, daß er die Stadt freigebe zur Plünderung. Da brauste die ganze Heerschar auf und stürmte, ohne einen Befehl abzuwarten, zur Belagerung. Die in der Stadt hielten sich, um ihre Frauen und Kinder zu schützen, ebenfalls hart, und so kam es zu dem großen Blutvergießen bei der Einnahme der Stadt, die dann gänzlich verwüstet, ausgeraubt und geplündert wurde, und die Türken taten entsetzliche Dinge. Die Stadt war von Constantinus erbaut worden, und ein griechischer Kaiser namens Konstantin verlor sie zusammen mit seinem Leben. Ihr lest ja nun selbst die Geschichte der Einnahme der Stadt, trotzdem kann ich nicht umhin, Euch eine grausame Tat jenes Sultans zu beschreiben. Vielleicht bringt sie nicht jeder Historiker.

Nach der Einnahme der Stadt brachte man einem der Paschas ein sehr schönes griechisches Mädchen, und der überließ sie wegen ihrer Schönheit dem Sultan. Der Sultan gewann sie lieb und verbrachte die Zeit drei Tage lang nur mit ihr; weder durfte sich jemand ihm nähern noch gab er Befehle. Der Wesir und die übrigen Paschas waren darüber ungehalten und baten den Wesir, zu dem Sultan zu gehen und dem zu melden, das gesamte Heer wüßte nicht, was es von solcher Handlungsweise halten sollte. Der Wesir richtete es dem Sultan aus, der daraufhin die Paschas zu sich befahl. Diese versammelten sich bei ihm; der Sultan aber ließ das Mädchen, das den Namen Erini trug, mit aller Zierde einkleiden, und als die Paschas die Schönheit des Mädchens zu bewundern anhoben, fragte sie der Sultan, ob es denn nicht angemessen gewesen sei, mit einem solchen schönen Mädchen drei Tage zu verbringen. Allesamt riefen sie: ja doch. Warum sie sich dann aufgeregt und gedacht hätten, fuhr der Sultan fort, er habe seines Amtes vergessen. Aber ich werde euch gleich zeigen, so sprach er, daß ich zwar meine Lust erfüllen mag, sie jedoch auch lassen kann und euch zu befehlen würdig bin. Daraufhin schritt er auf die Paschas zu, zückte den Säbel und hieb dem armen unschuldigen Mädchen den Kopf ab. Und den Paschas zugewandt sprach er: Wer das verschuldet hat, wird es mir bezahlen. Und es wurde gezahlt, denn alsbald ließ er die Köpfe der Ratgeber rollen. Auch wenn er um das arme Mädchen solch' Rache übte, hätte er doch nicht eigenhändig dessen Henker sein sollen. Als hätt' ich sie gekannt, liebste Cousine, so ging mir der Tod des Mädchens zu Herzen. Und der Sultan hat damit alle seine großen Taten beschmutzt, denn eine unschuldige Person, die er einige Stunden zuvor noch liebte und der er die Blüte nahm, umzubringen, das heißt zugleich deren Henker zu sein ist eine entsetzliche Grausamkeit. Vor solcher Tat schreckt die Natur entsetzt zurück, sehen wir doch selbst bei den unvernünftigen Tieren Dankbarkeit. Hätte er Constantinopel nicht eingenommen, wäre es für ihn keine so große Schmach gewesen als diese Tat. Aber reden wir nicht mehr von jenem Mädchenhenker und beweinen wir nicht länger jenes arme Mädchen, achtet Ihr vielmehr auf Eure Gesundheit, und mich gilt es sehr, sehr liebzuhaben, weil ich es verdiene. Nicht wahr, liebste Cousine?

Um aber meinen Brief dort zu beschließen, wo ich ihn angefangen hab: Wir wollen unser Exildasein Gott anempfehlen, und selbst wenn wir seufzen, sollten wir es nicht bekümmert tun, denn es gibt sehr viele, denen es schlechter geht als uns. Darauf erwidert Ihr, das sei kein großer Trost, und was es dem Verhungernden denn nütze, daß gutes Brot gebacken wird in Klausenburg. Das ist wahr, aber wahr ist auch: umtriebiges Sehnen kränkt Gott. Seufzen mildert die Traurigkeit, denn

Seufzen schafft Linderung für die Beladenen,
sie finden Frieden so in ihrem Traurigsein,
dafür gäb's kein Verbot, lautet der Heiden Spruch,
der Sklaven Klagelied macht ihnen gar nichts aus.

Aber sowohl leichter als auch nützlicher wird das Seufzen sein, wenn wir es Gott empfehlen und um seine Hilfe seufzen. Nichts ist leichter, als guten Rat zu geben. Ich bin wie jener Priester, der seine Gemeinde allerwegen mahnte und allzeit gute Ratschläge gab, und dem dann einmal vorgehalten wurde, er habe für andre jederzeit einen guten Rat bereit, aber selber befolge er ihn nicht. Jener antwortete: Ich predige nur euch, nicht mir. Vielleicht darf auch ich das Euch sagen, mitsamt meinem Wunsch einer glücklichen Nacht für Euch.

64

Rodosto, 23. septembris 1725

Mit unserem Herrn sind wir beim edlen Herrn Bercsényi auf Besuch gewesen, dem es sehr schlecht geht, und selbst wenn er seine Krankheit ein Stück hinschleppen sollte, so weit schleppt er sie nicht, daß er davon genesen würde. Aus seinen Beinen fließt sehr viel Wasser ab, was die Feldscher übel deuten; sie befürchten, daß es jene schlimme Gangräne werden könnte, die von dort, wenn sie nach der Schwemme erst einmal Quartier bezogen hat, selbst eine Kompanie von Feldschern nicht mehr vertreiben kann. Gott bewahre uns davor, doch läßt er sie über uns kommen, werden wir Hiob folgen müssen. Wieviel Leiden und Krankheiten hat Gott über die Heiligen gebracht, die ihn liebten und ihm dienten, damit so ein Schlimmer wie ich sehe: Wenn solche Heiligen schon gelitten haben, welche Leiden verdiene dann ich? Sie haben gelitten, um Beispiele zu geben und noch tiefer gereinigt zu werden als Gold im Feuer. Und ich muß leiden, damit ich selbst gegen meinen Willen ein Ende bereiten kann meiner Schlechtigkeit.

Welch ein Gut, liebste Cousine, ist doch die Gesundheit! Und meistens sind wir selbst deren Verderber. Denn wieso sieht man unter den Ordens- und den Arbeitsleuten so viele gesunde Alte? Der Grund dafür ist leicht zu finden: der Sinn weder der Mönche noch der Arbeiter erleidet allzuviele Wandlungen, nicht peinigen sie Ehrsucht, Geiz und Neid. Doch nichts verkürzt das Leben mehr als diese; Ruhlosigkeit, Selbstquälerei verderben den Sinn, und der Sinn die Gesundheit. Doch reden wir nicht vom Sinn, schauen wir, welch maßvolles Leben die Mönche und die Arbeiter leben. Und da gibt's nichts zu staunen über ihr langes Leben, Speis und Trank sind bei ihnen gewöhnlich und maßvoll. Von

Speis und Trank machen sie fast immer gleichen Maßes Gebrauch, belasten ihren Magen nicht mit den vielerlei Speisen, und falls ein Arbeitsmann an einem Sonntag oder sonstigen Feiertag mal mehr ißt oder trinkt, wird dem anderntags durch Arbeit und Schwitzen abgeholfen. Wohl aber ist's erstaunlich, daß man unter den Herren Alte sieht, und nicht wundern sollte man sich über Kränkelnde. Denn was kann ein größerer Feind der Gesundheit sein als Vernaschtheit, Unmäßigkeit und faules Leben, und was kann das Leben so verkürzen als die Trunksucht? Das vielerlei Saure und Süße, das vielerlei Kühlende und Wärmende – welch ein Tohuwabohu veranstalten die in den Mägen. Und mit all dem füllen sie sich gehäuft, wonach sie nicht etwa mit mancherlei Bewegung die Verdauung fördern, sondern gar hemmen mit zweistündigem Mittagsschlaf. Ja und was der viele Trunk anrichtet, wo nicht Wasser, aber Wein den armen Magen überschwemmt, der außerstande ist, alles zu verdauen, was in ihn reingefüllt und reingestopft wird. Das verursacht dann die vielen schlimmen Humores oder Körpersäfte und das dicke Blut, und davon wiederum kommen all die Krankheiten. Darum heißt's in einem Sprichwort: Der Mensch gräbt sich die Grube mit den Zähnen.

Jedenfalls denk ich, der arme Herr wird wohl nicht mehr genesen. Zsuzsi, die Ärmste, ist deswegen recht traurig; ich würde sie ja trösten wollen, aber sie lacht nur übers halbe Gesicht. Anders kann es auch gar nicht sein bei der vielen Unruhe, die sie erleiden muß, denn eine gute Ehefrau erweist als solche sich, wenn ihr Mann krank ist. Achtet auf die Gesundheit, liebste Cousine, es ist ein trefflicher Zustand. Ich bleibe Euer Diener, amen.

65

Rodosto, 4. octobris 1725

Heute schreib ich Euch nur, weil es eine gewisse Gelegenheitspost gibt, und wenn ich die versäumte, gäbe es, ich weiß, eine Rüge für mich, und es würde Rache geübt, denn die Weiber sind rachsüchtig, die eine in dem, die andre in anderem. Um nun aber Eurem erschröcklichen Zorn zu entgehen, schreib ich lieber. Aber was? Ich weiß, bei meinem Bart, nicht, was ich schreiben soll, denn wir leben hier in solcher Ruhe (den edlen Herrn Bercsényi ausgenommen) wie die Seelen in den elysischen Gefilden, wo die Seligen selbst nach Mohammeds Lehre in großer Lieblichkeit und in Wonnen mit unaussprechlich schönen Mädchen leben, welchselbige so süß sind, daß das Meer, falls gelegentlich eines von ihnen reinspuckte, sofort süß werden und seine Salzigkeit verlieren würde. Die Türken meinen nämlich, es werde dort anderlei Frauen geben und nicht die, welche hier auf Erden leben. Worüber also soll ich schreiben, liebste Cousine? Ich kann Euch schreiben, daß bei uns heute groß' Feiern ist, weil unser Herr in der Taufe den Namen Ferenc erhielt. Wär ich also ein Priester, gehörte es sich, daß ich das Leben des Heiligen Franziskus beschreibe. Aber ich will es nicht jenem Pfarrer gleichtun, der alle seine Predigten nur vom Beichten hielt, mehr zu lernen hatte er nicht geschafft, folglich sagte er an jedem Festtag das gleiche. Einmal ersuchte man ihn, an einem Josephstag zu predigen; da begann er seine Predigt so: Heut, meine Lieben, ist der Tag des Heiligen Joseph, Joseph aber war ein Zimmermann und als solcher fertigte er Beichtstühle, also sprechen wir vom Beichten. So ist es unnötig, daß ich das Leben des Heiligen Franziskus beschreibe; jeder Franziskaner-Frater kann Euch darüber unterrichten. So viel wissen wir, daß er ein engelhaftes Leben führte. Wir wissen aber auch, daß er zornig gewesen wäre auf jenen einfältigen Frater, der ihn lange nach seinem Tod mit Christus gleichsetzte, indem er sagte, jener sei in seiner Geburt, in seinem Leben, Leiden und Tode dem Erlöser ähnlich gewesen, und wer in der Franziskanerkutte stürbe, könne der Verdammnis nicht anheimfallen, und der Heilige Franziskus begebe sich einmal im Jahr hinab ins Fegefeuer und befreie die Franziskaner, die dann dort zufällig weilen. Eine solche Schrift finden auch wir nicht gut, geschweige ein so demütiger Heiliger.

Hier wird jetzt gekeltert, also reden wir von der Weinlese, und sagt mir doch den Grund dafür und woher es kommt, daß die Lese beinah überall um die gleiche Zeit stattfindet. In der Getreideernte gibt es große Unterschiede; da wird früher, dort später geerntet. Ich bin in einer Provinz gewesen, wo der Weizen im Mai geerntet, die Lese jedoch eben zu der Zeit ist als bei uns. Darauf antworten etliche, die alten römischen Kaiser hätten angeordnet, daß die Weinlese im ganzen Reich zur selben Zeit vonstatten gehe. Ich will zugestehen, daß es die Anordnung gegeben hat, aber daß die Sonne sich an die Anordnung gehalten hätte, glaub ich nicht. In diesem Lande sind, das ist gewiß, der warmen Zeiten mehr als in Siebenbürgen, trotzdem beginnt die Lese hier fast am gleichen Tage wie dorten. Kann man denn sagen, der Sonne sei befohlen worden, die Trauben überall zur selben Zeit reifen zu lassen? Mitnichten kann man's, wohl aber kann man sagen, die Lese würde auf Anordnung der Natur fast überall zur gleichen Zeit stattfinden. Dennoch scheint mir, es müßte in solchen warmen Provinzen, wo es einen Winter eigentlich nicht gibt, die Weinlese wenigstens einen Monat zeitiger erfolgen als bei uns daheim. Aber es geschieht halt nicht zeitiger, und die Weinlesezeit ist in Europa beinahe überall die gleiche. In Ungern wird an den Hängen bei Tokaj bekanntlich im November gekeltert, doch selbst im selbigen Bergland gilt das nicht allgemein, noch weniger in den übrigen Provinzen. Solang Ihr auf diese meine Frage eine Antwort sucht, geb ich Euch zur Kenntnis, daß der edle Herr Bercsényi gar sehr sich bereit macht fürs Jenseits. Nichtsdestotrotz vermag Gott, so er einen von tödlicher Krankheit heilen will, denjenigen auch bloß mit einer trockenen Feige zu heilen. So reicht's jetzt, ein andermal mehr. Hauptsache, auf die Gesundheit wird geachtet, liebste Cousine; wie lange schon hab ich Euch nicht gefragt, ob Ihr mich liebhabt, denn das soll nicht vergessen werden.

66

Rodosto, 29. octobris 1725

Wir sind heute bei dem edlen Herrn Bercsényi, dem Ärmsten, zur Visite gewesen; er befindet sich in einem Zustand gleichwie Hiob seinerzeit, nur mit dem Unterschied, daß er im Bett liegt und nicht auf dem Dunghaufen. Es gibt in seinem Körper kein Teil mehr, wo das Geringste noch heil wär, denn nachdem aus den Beinen das Wasser raus ist, hat sich die Fäule eingenistet. Es geht einem zu Herzen, wenn man sieht, wie ihm das faule Fleisch vom Schienbein geschnetzelt wird, und wenn man ihn vor großen Schmerzen jammern und brüllen hört. Mich dünkt, als sähe ich die Märtyrer alter Zeiten in ihrer Pein. Ich bin wahrlich außerstande, in Worte zu fassen, wie entsetzlich es anzuschauen ist; welch eine Marter erst für den, der sie zu erleiden hat. Doch es heilt mit den Schmerzen des Leibes die Seele. Und der barmherzige Gott hat das Fegefeuer, damit er vor dem im Jenseits bewahrt werde, in seine Beine verlegt. Darum gibt es nicht die geringste Hoffnung mehr für sein Leben; wie könnte aber auch, wo er doch innen und außen zu faulen beginnt. Sein Testament hat er bereits gemacht. Ihr könnt Euch denken, welch Leid Zsuzsi zu tragen hat, aber man kann davon ausgehen, daß sie nicht in Elend hinterlassen werden wird. Da dies ein trauriger Brief ist, schreib ich jetzt auch nicht mehr, denn ein trauriger Brief soll recht kurz sein.

Um mein Schreiben nicht ganz und gar in Trauer zu beschließen, bericht ich von einer kleinen Geschichte, die sich wirklich zugetragen hat. Ein edler Herr hegte seine Gemahlin betreffend, da sie jung und schön war, einen Verdacht, obschon er nichts Bestimmtes wissen konnte. Um aber zu rechtem Wissen zu kommen, brachte er seiner Frau ein Glas Wasser und sprach zu ihr, das müsse sie austrinken. Die arme Frau begann zitternd zu trinken, doch als sie es halb geleert hatte, nahm der Gemahl es ihr vom Mund und trank den Rest aus mit den Worten: Ich muß dir nachfolgen. Als die Frau dies hörte, erschrak sie in dem Glauben, Vergiftetes getrunken zu haben, und der Schreck war so groß, daß sie sogleich erkrankte und sich erbrach. Sie ließ den Priester kommen und ihre Verwandtschaft sich versammeln. Als alle um ihr Bett standen, beichtete sie dem Priester vor aller Ohren, und als dies getan war, erklärte sie, sie habe diese Beichte abgelegt, damit ihr Gemahl sie auch nach dem Tode nicht verdächtige und ihre Unschuld erfahre. Der Gatte trat ans Bett und umarmte seine Gemahlin und sprach zu ihr vernehmlich, sie solle sich nicht fürchten, im Wasser sei keinerlei Gift gewesen, er habe nur wissen wollen, ob der Verdacht zutreffe oder nicht. Die da im Hause waren und über den Tod der Kranken geweint hatten, wischten sich daraufhin die Augen trocken und huben an sich zu freuen. Die arme Frau, die in sich keinerlei wirkliche Krankheit spürte und sich selbst glauben zu machen begann, daß sie nicht vergiftet ward und aus deren Sinn die Furcht allmählich wich, erhob sich aus dem Bett und fühlte sich wohl. Das sahen die anderen, ihre Trauer kehrte sich in Frohsinn, sie setzten sich zum Abendmahl nieder und tranken bis in die Früh'. Was sagt Ihr dazu? Argwohn ist wahrhaftig eine schlimme Krankheit, aber sie mit solch einer Prüfung zu heilen empfehle ich nicht jedem, denn wer weiß, ob die Frau sich dafür bei nächstbester Gelegenheit nicht rächt. Ich überlaß es Eurem Urteil, ob der Mann recht gehandelt oder nicht. Ich freilich wünsch Euch eine gute Nacht.

67

Rodosto, 6. novembris 1725

Hier gibt's jetzt, herzliebste Cousine, reichlich Wehklagen, Weinen und Schluchzen. Die arme Zsuzsi ist als Witfrau hinterblieben, und der edlen Frau Kajdacsi ist alle Art Nässe zu den Augen herausgeronnen, so viel hat sie geweint. Mit Recht, denn der edle Herr Bercsényi, der Ärmste, hat sein Flüchtlingsdasein beendet und ist heute früh um zwei Uhr von uns gegangen. Er war bis zu seinem Tode bei klarem Verstand und schied aus dieser Welt so, wie es sich ziemt für einen Christenmenschen. Er hat den Lohn für seine vielen Leiden bereits erhalten, ihn zu bejammern ist nicht nötig, zu bemitleiden sind eher die, welche er verwaist hinterlassen hat in fremdem Lande. Doch auch für sie wird Sorge tragen der Herr mit dem vielen Gesinde, der niemals stirbt. Unser Herr, der Fürst, ist allzeit zu ihm gestanden und hat ihm seine Freundschaft bis in den Tod erwiesen. Was ist das für eine Welt, und wieso sind wir doch so sehr versessen auf sie. Im Leben auf dieser Welt ist der Anfang Elend, die Mitte Ruhlosigkeit und Schmerz und Trauer das Ende. Dieser Edelmann hat in seinem Leben, das ist wahr, gelitten, aber er wurde teilhaftig auch vielen weltlichen Wohls. Gewiß, gestorben ist er im Exil, aber in Not mitnichten. So werden wir allmählich weniger und weniger, denn wir haben nun schon allerhand arme Flüchtlinge begraben. Wie es künftighin noch werden wird, wollen wir unserem gütigen Vater überlassen und sagen, diese Welt verdient es nicht, daß wir uns an sie klammern, denn wir können in noch so großen Wonnen schwimmen, wir müssen aus ihnen heraus und werden sie zu verlassen genötigt.

Wonnen, die gewesen, wecken nur mehr Seufzer,
solche, die noch da sind, gleichen flücht'gen Schatten,
und haschst du nach künft'gen, greifst ins Ungewisse,
ach, wieso glaubst du, du könnt'st dich glücklich schätzen.

Einmal sagte ich bereits, ein trauriger Brief brauche nicht lang sein. Dieser ist ein recht trauriger, mußte er doch vom Tod handeln, also beschließ ich ihn. Ihr wißt, welch großer Raucher der Ärmste gewesen, er rauchte wahrhaftig bis in den Tod, denn eine Stunde davor rauchte er noch eine Pfeife Tabaks, doch schied er dann hin. Euch aber geb' Gott ein langes Leben. Amen.

68

Rodosto, 12. novembris 1725

Wir brauchen uns nicht zu wundern, herzliebste Cousine, daß der edle Herr Bercsényi, der Ärmste, gestorben ist. Wahrlich, jedermann muß sterben, er jedoch mußte mehr noch als andere; sein Körper wurde nach dem Tod geöffnet, und es fand sich darin nicht das Geringste noch heil, die inneren Teile waren verfault. Ich weiß eigentlich gar nicht, ob sein Leichnam nicht nach Constantinopel überführt wurde, weil die Unkosten zu hoch gewesen wären, oder weil es dafür keine Erlaubnis gab. Wohl aber weiß ich, daß er in einer kleinen griechischen Kapelle beigesetzt wurde. Sein Testament wurde eröffnet: für Zsuzsi hat er tausend Gulden hinterlassen und etliches an Sachwerten; auch seinen Bediensteten und sogar uns hat er Sachen vermacht, mir den Rohrstock seiner verstorbenen Gemahlin. Man soll nicht auf das Geschenk sehen, vielmehr wer es und wie er es einem gibt. Seine Habe an Gewändern sowie Silber- und Goldware in mehreren Truhen, die einer Frau wohl gefallen könnten, sind seinem Sohn zugefallen. Jeder von uns hatte gedacht, er hätte Bargeld die Fülle, aber nach seinem Tode sahen wir uns getäuscht. Nichtsdestotrotz besaß dieser General mehr als die Generäle im alten Rom.

Es zog zum Beispiel ein Oberbürgermeister namens Regulus* mit einhundertvierzigtausend Mann nach Afrika gegen die Karthager. Während er da in seinen Kämpfen focht, schrieb seine Frau ihm einen Brief und teilte ihm mit, wie es um seine Güter stehe. Regulus schrieb daraufhin einen Brief an den Römischen Rat, den er ersuchte, ihn abzulösen und einen anderen Bürgermeister zur Fortsetzung des Krieges zu entsenden, er nämlich müsse zurückkehren, um seine Güter betreffend einiges zu regeln, denn die Leute, die sonst seine Äcker bearbeiteten, hätten, da sein Verwalter gestorben ist, die Pflüge und sonstige Gerätschaft für Feldarbeiten mitgenommen, und wenn sein Land nicht bewirtschaftet würde, könne er Frau und Kinder nicht mehr ernähren. Doch wir wollen mal sehen um welche großen Güter es sich da handelte: um einen Gutshof und sieben Äcker. Wie würden wir, liebste Cousine, heute einen General verlachen, der, wäh-

* *Regulus:* M. Atilius Regulus (3. Jh. v. Chr.), römischer Consul

rend er einhundertvierzigtausend Mann kommandiert, darüber klagte, daß ihm ein paar Pflüge gestohlen wurden und ihm die Familie, wenn er sieben Stück Ackerland nicht umpflügen läßt, Hungers stirbt. Wir sollten die glücklichen Zeiten vielmehr bewundern, da ein großer Heerführer bei eigener Armut nach Reichtum nur für sein Vaterland strebte, und da Menschen, vor denen Könige das Knie beugten, nur von der Feldarbeit in niederem Stande lebten. Es gibt noch einen anderen Oberbürgermeister*, dem vom Pflug weg einhunderttausend Mann überantwortet worden waren und den Könige hofierten, der jedoch nach Kriegsschluß wieder ans Pflügen ging. Die alten Römer hatten nämlich keine sonstigen Einkünfte außer vom Ackerbau. Wer zum Oberbürgermeister gewählt wurde, ließ die Landwirtschaft liegen, zog in den Krieg, und die Könige und Fürsten standen mit großem Respekt vor ihnen. Wenn dann nach einem Jahr die Amtszeit herum war, mußte er nach Rom zurückkehren, sein Amt niederlegen und den reichen Schatz, den er im Krieg gewonnen hatte, bis zum letzten Heller bei der Schatzkammer der Stadt abliefern. Und der große General, vor dem einige Monate zuvor die Länder zitterten und die großen Städte, an den sie etliche hundert Goldkronen geschickt hatten, und der mit großem Pomp in die Stadt Rom Einzug hielt, wobei ihm des öfteren besiegte Könige in Ketten vorangingen – ebenderselbe General zog ein gewöhnliches Gewand an, kehrte auf seinen Hof zurück, nährte sich von Erbsen und Linsen und pflügte oder ließ pflügen das Wenige, was er an Äckern besaß. Und solche Männer unterwarfen mit der Zeit nahezu die ganze Welt dem Römischen Reiche. Heißen wir denn nun solche Zeiten

* *Oberbürgermeister:* Consul L. Quinctius Cincinnatus (3. Jh. v. Chr.)

glücklich? Ich halte dafür: Glücklich zu schätzen ist die Zeit, da die hohen Herren nur den Nutzen des Vaterlands suchten und wo die Menschen so einfach lebten, denn glücklich zu nennen seelisch wie körperlich ist, wer Weniges begehrt und mit Wenigem sich begnügt.

Aber jetzt erst werde ich dessen inne, daß ich zu meinem Brief bei Rodosto ansetzte und dann zu den alten Römern flog. Doch es muß zurückgeflogen werden, denn jenen alten Brauch werde ich nicht wieder herbeiholen und die jetzigen Generäle an den Pflug nicht bringen können. Also kehre ich zu Zsuzsi zurück und sage Euch, ich kenne einen, der würde Zsuzsi bereits jetzt dazu bewegen, die Trauer abzulegen, aber sie will nicht. Den Grund dafür kann ich nicht wissen, obschon ich weiß, daß sie sich, noch als sie Mädchen war, liebten. Ob es daher kommt, daß sie den Gräfinnentitel nicht ablegen will, oder daher, daß in der Truhe des Kerls Gold kaum blinkt. Wie auch immer, sie hat keine Lust dazu, wiewohl die Lieb' da wär. Da wir Christenmenschen sind, wollen wir sagen, wen Gott jemandem nicht zugedacht hat, den wird derjenige auch nicht besitzen. Was gibt es Neues bei Euch, denn von hier schreib ich allzeit traurige Nachrichten. Steht's denn gut mit der Gesundheit?

69

Rodosto, 7. decembris 1725

Ich beginne diesen Brief zu schreiben, aber – auf meinen Bart – ich weiß nicht, was ich zu schreiben habe, und wenn ich's doch tue, dann nur, um von Euch eine Antwort zu erhalten. Soll ich etwa schreiben, die Quellen und Fluten meiner Tränen mögen in Gang kommen, und daß Heulen und Schluchzen unter den Witfrauen hier noch nicht endeten. Doch mit der Zeit wird auch das aufhören, denn alles macht zunichte und tilgt die erbarmungslose Zeit. Euch darüber zu schreiben ist nicht trostreich, aber irgendwas gilt es ja doch zu schreiben. Ich schreib also, daß hier jetzo gepflügt und gesäet wird, was längst verrichtet ist bei uns daheim, es sei denn, einer wollte Schnee pflügen. Dieser Tage las ich, wie man Weizen vermehrt. Wenn Ihr zum Wirtschaften zurückkehrt in die Heimat, müßt Ihr's mal ausprobieren. Laßt zum Beispiel einen Korb Weizen tüchtig kochen, es muß allerdings recht viel Wasser drauf. Laßt, solang das kocht, vier Korb Weizen in einen Bottich schütten, und wenn der Weizen im Kessel richtig gar ist, das Wasser durch ein Sieb abgießen, das Korn warm auf den Weizen im Bottich kippen und das ganze gut zudecken. Einen oder zwei Tage darauf, wenn Ihr seht, daß die Weizenkörner zu quellen anfangen und das Wasser wohl in sich aufgenommen haben, dann laßt es aufs Feld bringen und dort in eine gute Ackerkrume aussäen, allerdings möglichst schütter, denn an einem Weizenhalm wachsen drei bis vier Zweige und daran je eine Ähre, und so gedeiht Euch viermal so viel Weizen als gewöhnlich. Das hab ich gelesen, ob es stimmt oder nicht, weiß ich nicht, doch wer's nicht glaubt, probiere es aus, es ist nicht schwer, und wenn's stimmt, wird einen die Mühe nicht reuen.

Aber was ich an Neuigkeit grad in diesem Augenblick vernommen hab, würde man nicht glauben, wüßte man's nicht mit Gewißheit. Ihr könnt es dort unter den Franzosen früher gehört haben, dennoch, ob Ihr's wißt oder nicht, ich schreib es Euch, daß nämlich der König von Frankreich am 5. September geheiratet und sich mit der Tochter des Königs Stanislaus hingelegt hat*. Wer hätte geglaubt, daß ein so großmächtiger König die Tochter eines Flüchtlings und bloß

* *hingelegt hat:* Ludwig XV. ehelichte am 5. 9. 1725 die Tochter Maria des entthronten polnischen Königs Stanisław Leszczyński

dem Namen nach Königs heiraten und eines so großen wie des spanischen Königs Tochter, die er erst ehelichen wollte, zurückschicken würde. Das sind halt so die Dinge, wo sich Gottes wunderbares Wirken und seine Macht erweisen, da ihm die Herzen der Könige sich so fügen wie Wachs in unseren Händen. Der Heiligen Jungfrau folgend wird die Königin von Frankreich getrost sagen können: Gott sah auf die Demut seiner Magd, und daß er die Niedrigen erhoben und die Oberen herabgestoßen hat, denn sie wird sich vordem unmöglich damit geschmeichelt haben, noch Königin von Frankreich werden zu können. Wäre ihr Vater mitten drin in Polen gewesen, hätte man es ja noch sagen können, aber so, da er im Exil war und von allen verlassen nicht einmal hoffen durfte, sich auf Augusts* Thron zu setzen, ist eine solche Fügung Gottes zu bewundern und anzubeten, denn solches Wirken übersteigt den menschlichen Geist: *ludit in humanis***, sind doch Könige und Fürsten vor Gott nicht anders als Kinder und ihre Macht und Größe nur Kinderspiel. Wir wollen, liebste Cousine, jegliche Fügung Gottes ins Gebet fassen und hoffen, daß seiner Fürsorge auch wir teilhaftig werden, denn er ist barmherzig, und daß er uns helfen kann, denn er ist mächtig.

Da die griechischen Bischofe und Geistlichen gegen den papistischen Erzbischof von Sofia bei der Hohen Pforte viele falsche Anschuldigungen vorbrachten, erließ der Wesir den Befehl, sowohl den Erzbischof als auch seine Pfarrer festzunehmen und als Gefangene nach Constantinopel zu bringen. Der Erzbischof erhielt Kunde davon und floh, aber drei oder vier seiner Geistlichen wurden in Ketten nach Constan-

* *Augusts:* Als August II. König von Polen; als Friedrich August I. Kurfürst von Sachsen, genannt »der Starke« ** *ludit in humanis:* Lat., »Er spielt mit den Menschen.«

tinopel geschafft. Der Erzbischof ist hierher geflohen und weilt insgeheim unter uns. Ich weiß, unser Herr wird sich um die Befreiung der armen Priester bemühen, die sogar vom Auspeitschen eine Kostprobe bekamen. So leiden unsere armen Priester für den Glauben, aber nicht bloß hier, sondern auf der ganzen Welt und bei den grausamsten Nationen. Wer wüßte schon zu sagen, wieviel Jesuiten und Mönche jene Wilden in Afrika und in Amerika aufgegessen haben, die Menschenfleisch gar sehr mögen. Nach Mönchen allerdings gieren sie nicht, denn sie wollten einmal von einem Kapuziner, als sie ihn getötet hatten, ein gutes Mittagsmahl zubereiten, doch nachdem sie ihn gebraten hatten, fanden sie sein Fleisch sowohl spärlich als auch recht zäh. Seitdem sind sie hinter Mönchsfleisch nicht her. Also da traf einmal ein armer Jesuit, der seiner Gewohnheit gemäß von Dorf zu Dorf zog, um zu sehen, ob er nicht jemanden bekehren könnte, aus einem großen Wald heraus bei einem Dorf ein. Die Wilden erblickten einen hochgewachsenen Mann in Schwarz mit einem großem Hut auf dem Kopf, der auf vier Beinen daherkam, und sie rannten alle fort, denn sie dachten, da sie noch nie ein Pferd gesehen hatten, Pferd und Mensch wären eins. Dies sah der Jesuit, also stieg er vom Pferd, und allmählich kehrten auch die Wilden zurück zu ihm. Man kann sagen, nur unsere Geistlichen eifern wirklich den Aposteln nach. Könnte doch auch ich ihnen folgen in allem, ich tu es aber lediglich insofern, als daß, da sie schliefen, auch ich schlafe, darum gute Nacht, liebste Cousine.

70

Rodosto, 16. januarii 1726

Euer Brief, süßer als Honig, sei mir herzlich willkommen. Sollte irgendein Fremder Euren Brief lesen, könnte er nicht glauben wollen, daß wir verwandt sind, und denken, es wäre mehr zwischen uns, sind doch Briefe von Verwandten gewöhnlich mit kälterer Tinte geschrieben. Daß wir uns nun aber liebhaben, dazu verpflichten uns Verwandtschaft und Neigung gleichermaßen, ja mehr noch:

falls ich Euch auch nur ein bißchen mehr liebhätte,
könnt's sein, daß die Sippschaft ich am End' vergäße.

Doch wir wollen gestehen, liebste Cousine, daß wir bei aller Liebe doch brav sind. Um so mehr, als die Liebe uns keinerlei Ungelegenheiten beschert, wir können trotzdem gut schlafen, gut essen, und unsere Herzen bereiten uns keinerlei Unruh; das eines jeden von uns arbeitet frisch und getreu und labbert nicht gleichwie Geräuchertes am Spieß. Und seien wir nicht so wie welche, deren Herzen an Flammen oder auf dem Rost geröstet werden und die längst zu Asche geworden sein müßten, wenn wahr wäre, was sie sagen. – Kann man denn von mir etwas erwarten, was Ihr dort vor Ort besser erfahren könnt? Über die armenische Hochzeit schrieb ich Euch bereits, da kenn ich mich aus, denn wir leben unter ihnen; aber mich zu fragen, mit welcher Zeremonie der türkische Sultan seine Tochter verheiratet, ist zum Lachen. Trotzdem beschreib ich sie Euch, nicht um sie Euch beizubringen, sondern um zu zeigen, wie ich Euch gehorchen kann.

Will der Sultan seine Tochter oder eine Verwandte an einen Wesir oder einen Pascha verheiraten, ist kein Priester zur Trauung noch ein sonstiger Amtsträger zum Kontraktabschluß nötig, denn dazu bedarf es lediglich des Willens des Sultans. Wenn er seine Tochter einem hohen Wesir oder einem anderen hohen Beamten zur Frau geben will, teilt er dies dem Betreffenden mit, und der muß dann (falls er verheiratet ist) alle seine Gemahlinnen entlassen und für die Tochter des Sultans viele Geschenke und viele junge Sklavinnen kaufen. Ist es dann so weit, daß dem Sultan die Hochzeit abzuhalten gefällt, läßt er den Bräutigam zu sich kommen und gibt ihm einen Streitkolben in die Rechte und einen Brief, den dieser an der Brust verwahrt, während er geradenwegs zu des Sultans Tochter geht, die er vordem nie gesehen hat. Die Jungfrau ist allein auf der Ottomane, wenn der Bräutigam beim Eintreten dreimal das Knie vor ihr beugt und seine große Liebe sowie seine große Freude über die vom Sultan erwiesene Gnade vermeldet. Die Jungfrau wartet das Ende der Ansprache nicht ab, sondern erhebt sich, als sei sie sehr erbost, von der Ottomane und ergreift einen Handschar, um ihn zu durchbohren. Einen Handschar, also ein Langmesser, dürfen keine anderen Frauen außer aus großherrlichem Geschlechte bei sich haben. Der Bräutigam aber holt in großer Eile den Brief des Sultans aus der Brusttasche und reicht ihn der Jungfrau hin, deren freudvoller Zorn sofort weicht und die den Brief entgegennimmt, küßt und darin liest, welches des Sultans Wille sei und dem Bräutigam antwortet, daß des Sultans Wille geschehe. Daraufhin küßt jener ihr Gewand und entfernt sich. Tags darauf hat er viel an Geschenken der Jungfrau zu schicken, die mit großem Pomp in das Haus ihres Gatten gebracht wird. Es passiert des öfteren, daß sie keinen Monat lang mit ihm lebt, sondern einem anderen Pascha gereicht wird, insonderheit, wenn die Dame etwas einzuwenden hat und nicht so um ihre Gunst gebuhlt wird, wie sie es wünschte.

Denn es will die Blume wohl gegossen werden,
sonst müßt' in der Hitze sie alsbald verwelken.

Liebste Cousine, ich halte die türkische Ehe für eine mißliche; die Beteiligten sehen sich zuvor nicht, sondern grad erst, wo nichts mehr zu ändern ist. Oft denkt der Bräutigam, er lege sich neben irgendeiner schönen Person nieder, und sieht er sie anderntags – also der reinste Schrecken. Aber das türkische Gesetz ist insofern günstig für die Männer, als es ihnen, wenn sie sich so getäuscht haben in der Frau, einen neuen Anfang erlaubt; sie können sich, so sie es wollen und vermögen, etliche Ehefrauen halten, aber auch noch Sklavinnen darüber hinaus so viele, als ihnen beliebt. Und die wirklichen Gemahlinnen können dagegen gar nichts sagen, Hauptsache, auch sie bekommen ihren Tribut ab, denn falls der Herr des Hauses dies bei der Frau des Hauses an drei Freitagen verabsäumt, kann sie ihn beim Richter verklagen. Und sollte die Entrichtung des Tributs weiter hinausgeschoben werden, kann die Frau sich scheiden lassen. Beispiele dafür sind selten, aber vom Gesetz her ist es zulässig. Doch trennt sich der Mann von seiner Frau, und will er sie dann wieder zu sich nehmen, geht das zwar, das Gesetz läßt es zu, allerdings in der Form, daß die Frau, wenn sie will, eh sie zurückgeht, mit Wissen ihres Ehemanns eine Nacht mit einem Mann ihrer Wahl verbringe. Ein schandbares Gesetz, und ich seh nicht, zu welchem Behufe der Gesetzgeber es geschaffen hat; mag er halt sehen, ich mach mir darum keinen Kopf, sondern nur darum, daß Ihr wohlauf seid. Doch da kommt mir grad ein guter Gedanke in den Sinn betreffs der Frage, warum die Frauen hier sich dermaßen verhüllen. Möglicherweise, um eher begehrt zu werden, denn

je strenger uns irgend etwas wird verboten
und vielleicht dazu noch uns völlig entzogen,
wohl aber erlangbar, wenngleich mit viel Mühen,
wird man's zu besitzen umso mehr ersehnen.

Ich bitt' Euch, liebste Cousine, erlaubt, daß ich mehr nicht schreibe, denn im Winter kann man keine langen Briefe schreiben, alldieweil es kalt ist, im Sommer hingegen zu warm. Hier aber ist's die elfte Stunde, selbst meine Feder schläfert's schon.

71

Rodosto, 13. martii 1726

Euren mit Rohrzuckertinte geschriebenen Brief habe ich gestern erhalten. Unlängst bekam ich zwei zugleich, mir deucht, so ich es nicht träumte, daß ich sie auch beantwortet habe. Aber dessen ganz sicher bin ich nicht. Ihr freilich könnt, falls ich nicht geschrieben habe, dessen gewiß sein, keinen erhalten zu haben. Aber ach, wie leicht verzeihen wir uns unsere Makel. Trotzdem solltet Ihr Euch nicht in Selbstsicherheit wiegen. Einem schlechten Beispiel sollte man nicht nacheifern noch sollte man Vergeltung üben. Ihr verlangt von mir vielleicht zur Strafe etwas, was mir in zwanzig Jahren kein einziges Mal in den Sinn gekommen ist. Wie sonst könnte Euch eingefallen sein, mich danach zu fragen, wer die Templer gewesen, und warum sie verschwunden sind. Lieber lache ich eine halbe Stunde mit Zsuzsi, als daß ich darüber zehn Stunden schreibe. Und dennoch: wer würde Euch nicht gehorchen, selbst wenn des Schreibens ich unkundig wär, tät ich es. Ich schreibe, liebste Cousine, darüber nur, was ich gehört und gelesen habe. Nicht wahr, mehr wünscht Ihr doch nicht?

Die Orden der Malteserritter und der Templer haben ihren Ursprung in Jerusalem. Die Malteserritter sind die älteren. Ein Franzose mit Namen Gerardus ließ im Jahre 1112 in Jerusalem für die Zuläufer und Wallfahrer ein großes Hospital errichten, das er nach Johannes dem Täufer benannte und wo er jeden aufnahm, der aus Wohlwollen sich für die Betreuung der Kranken und Pilger entschieden hatte. Weil es nun aber alle Krieger waren, verfügte Gerardus, daß ein Teil von ihnen im Hospital verbleibe und der andere gegen die Sarazenen kämpfe; es wurden Regeln geschaffen, wonach sie sich zu Gehorsam und zu einem Leben außerhalb der Ehe verpflichteten, und daß sie bis zu ihrem Tode gegen die Ungläubigen kämpften. Dieser Orden oder Bruderschaft nahm zahlenmäßig alsbald zu, und sie nannten sich Ritter vom Hospital des Heiligen Johannes zu Jerusalem. Sie mußten schwarze Umhänge, mit einem achteckigen weißen Kreuz darauf, tragen. Als die Sarazenen das Heilige Land den Christen abnahmen, mußten diese das Land verlassen, und sie ließen sich auf der Insel Rhodos nieder. Aber auf Dauer konnte ein mächtiger türkischer Sultan so kriegstüchtige Nachbarn nicht dulden, darum landete er dort und eroberte die Insel unter großen Mühen. Den Rittern aber, die am Leben geblieben waren, gestattete er, die Insel zu verlassen; und als so geschehen, ließen die sich auf der Insel Malta nieder und hießen fortan Malteser.

Der Templerorden nahm seinen Anfang 1118 in Jerusalem. Acht oder neun Edelleute aus Frankreich hatten sich zusammengefunden und gelobten vor dem Patriarchen von Jerusalem Gehorsam, ein Leben ohne Ehe, sowie all ihre Güter und ihr Leben dem Schutz und dem Dienst für die Pilger ins Heilige Land zu widmen. Es war also zugleich ein Kriegsorden, der dann Zulauf hatte, woraufhin Baudouin, König von Jerusalem, ihnen eine Wohnstatt neben dem Tempel zuwies und sie deswegen Templer genannt wurden. Papst Honor II. ließ durch St. Bernard ein Regelwerk für sie verfassen, wonach sie weiße Umhänge zu tragen hatten; Papst Eugen III. verfügte 1149 das Tragen eines Kreuzes in Rot. Sie mußten täglich die Messe hören, durften nur dreimal die Woche Fleisch essen und nicht mehr als jeweils drei Pferde halten. Die Jagd, selbst die auf Vögel, war ihnen untersagt. Ihr Umhang unterschied sich von den weltlichen lediglich in der Farbe. Die Tempelherren haben viele schöne und namhafte Kriegstaten vollbracht. Unter den Königen von Jerusalem haben sie große Berühmtheit und damit gar viel an Gütern und Schätzen in allen Teilen Europas erlangt. Nach dem Verlust des Heiligen Landes jedoch haben Nichtstun und die vielen Güter sie verdorben, und sie versanken in allerlei Unmäßigkeiten, insonderheit im Suff. Darum auch heißt es bei den Franzosen sprichwörtlich: er säuft wie ein Tempelherr.

Das Unheil über den ganzen Orden aber brachten zwei Templer, die den Orden nach ihrer Vertreibung daraus bei dem französischen König fälschlicher- oder berechtigterweise (genau wissen kann man's nämlich immer noch nicht) anzeigten. Die Anschuldigung lautete, jeder Ritter, der in den Orden aufgenommen wird, müsse Christus verleugnen und das Kreuz bespucken, und wenngleich sie der Weiber sich enthielten, gäbe es zwischen ihnen anderen abscheulichen Verkehr. Da der König dem Orden auch sonst zürnte, brachte er diese Dinge dem Papst zur Kenntnis; nachdem er jedoch sah, daß der Papst die Sache auf die lange Bank schob, ordnete er insgeheim an, die im Lande befindlichen Templer an einem bestimmten Tag gefangenzunehmen. Der Papst war deswegen dem König recht gram, dennoch ließ er an die siebzig Templer zu sich kommen und vernahm mit Staunen, wessen die sich bezichtigten. Er wies sogleich die Bischöfe in allen Ländern an, den Dingen gründlich nachzugehen, die dies denn auch taten und die Betreffenden überall gleichermaßen für schuldig befanden. Der Papst hielt zu der Zeit gerade ein Konzil ab zu Vienne in Frankreich, und sämtliche Teilnehmer stimmten für die Auflösung des Ordens und den Einzug ihrer Güter. Danach richteten sich allenthalben die Könige, nahmen dem Orden überall fast am selben Tag die Güter ab und ließen dessen Angehörige nahezu alle töten. Und so wurde jener reiche und aus hohen Ständen bestehende Orden fast an einem Tag völlig ausgelöscht. Darüber hab ich etliche Bücher gelesen. Manche meinen, man sei mit ihnen gerecht umgegangen, andere hinwiederum äußern, man hätte gegen sie nicht so gnadenlos vorgehen brauchen und die vielen Unschuldigen nicht mit den Schuldigen vermengen sollen, zudem hätten sie derart viel Feinde wegen der vielen Güter gehabt. Wie auch immer, Kunde – ob gute, ob schlimme – über sie ist nur in den Büchern erhalten geblieben. In Ungern kann man noch Ruinen von Kirchen sehen, die einst ihnen gehörten. Nicht weiß ich indes, warum die Ungarn sie Rote Brüder heißen, denn weder trugen sie solche Umhänge noch sind sie Fratres gewesen, vielmehr ein Kriegsorden. Doch ist's deren Sache, wie man sie heißt, mich kümmert's nicht. Jedenfalls hab ich Euch gehorcht und die Ordensgeschichten gebotsgemäß kurz niedergeschrieben, mehr solltet Ihr von mir nicht verlangen. Was ich jedoch wissen möchte: Hatten die Templer Niederlassungen in Siebenbürgen? Ich denke, nein. Mehr nun schreib ich nicht, weil es mir über ist. So viel aber doch noch, daß es heute hier gelegentlich Erdbeben gab; wenn ich Schlawacke wär, möcht ich so sagen: die Erde sich hat durchgeschüttelt. Gute Nacht, liebste Cousine, und wie es im Lied heißt: wenn du mich liebst, lieb ich auch dich.

72

Rodosto, 12. aprilis 1726

Herzliebste Cousine, zu schreiben hab ich nichts, und tu ich's doch, dann nur, um Euch zu zeigen, daß ich, wenn es was zu schreiben gäb', es niederschriebe, und damit Ihr die Bezeichnung Faulpelz von mir nehmt. Gestern empfing ich Euren Brief, der voll war des Danks und Lobes; nur gut, daß Ihr mich nicht auf das Gesicht zu lobt, ich fiele ja in Ohnmacht vor Scham. Ich hätte nicht gedacht, daß ich für die Roten Brüder solchen Dank ernten würde, aber schaden tut's nicht, denn ein anderes Mal schreib ich mutiger, schärft doch ein bißchen Mut auch den Verstand.

Bei den alten Römern hat man einen General, der eine Schlacht verloren hatte, nicht nur nicht geschmäht, sondern mit Lob noch getröstet und ihm Gelegenheit gegeben, sich an dem Feind zu rächen. Denn allzeit zu siegen und jederzeit gescheit zu reden ist nicht möglich; irgendwelche Mängel muß jeder Mensch an sich haben. Welch große Mängel sieht man nicht alle bei den größten Kaisern! Kaiser Theodosius der Große ließ einer geringen Sache wegen zwei- bis dreitausend Menschen umbringen in Thessaloniki. Gut, er hat es danach bereut, aber die Menschen sind davon nicht auferstanden; und es ist wahr: die Selbsterniedrigung jenes großen Kaisers wegen dieser Tat zu sehen ist ein Hochgefühl. Denn als er zum Gottesdienst in die Kirche hineinwollte, verwehrte ihm der Heilige Ambrosius, Erzbischof zu Mailand, mit den Worten den Zutritt: Noch klebt an deinen Händen unschuldiges Blut, trotzdem willst du die Sakramente empfangen; bist du König David gefolgt im Sündigen, folg ihm auch in der Buße. Der Kaiser ging in sich, sank auf die Kirchentreppe nieder und bat den Erzbischof um Auferlegung einer Buße, und dieser verbot ihm das Betreten der Kirche für die Dauer von sechs Monaten. Dies ist ein schönes Beispiel sowohl für einen Bischof als auch für einen Kaiser.

Hat denn Kaiser Konstantin der Große nicht seinen Sohn töten lassen, weil dieser unschuldigerweise beschuldigt wurde, seine Stiefmutter zu lieben, und von dessen Unschuld erst erfahren, als er seine Tat nicht mehr gutmachen konnte? Und darin wollte ihm König Seleukos nicht folgen und vielleicht auch andere Väter nicht. Dieser alte König hatte nämlich eine gar schöne Gemahlin, die er sehr liebte, und von seiner vorherigen Frau hatte er einen Sohn, der ihm unsterblich lieb war. Sein Sohn verliebte sich in die Stiefmutter, und da er die Ungehörigkeit und die großen Hindernisse seiner Liebe selber erkannt hatte, begrub er sie geraume Zeit gleichsam in sich. Mit der Zeit jedoch obsiegte die Liebe, und er verfiel in eine schwere Krankheit. Die Doktoren waren außerstande, die Ursache seiner Krankheit zu erkunden, doch einer von ihnen merkte nach vielerlei Untersuchungen, daß die Krankheit von der Liebe verursacht worden sei. Freilich konnte er nicht wissen, wen der Jüngling wohl liebte, obgleich er angestrengt danach forschte und den jungen Fürsten befragte; dieser jedoch hütete sein Geheimnis, und die Krankheit verschlimmerte sich. Der Doktor begann nun den Jüngling zu beobachten, wenn etwelche Frauen und Mädchen ihn besuchen kamen, aber er vermochte nichts zu entdecken. Es blieb schließlich nichts weiter als der Verdacht auf die Königin übrig, an die er beileibe nicht gedacht hatte. Wie üblich stattete der König seinem Sohn gemeinsam mit der Königin einen Besuch ab, bei dem auch der Doktor zugegen war und seine ganze Kunst darauf verwandte, irgend etwas herauszufinden. Und so war es denn auch: Sobald die Königin das Haus betrat, wurde dem Kranken bald heiß bald kalt, färbte er sich bald gelb bald weiß. Dies sah der Doktor, und es überzeugte ihn, daß der Jüngling die Königin liebte. Aber um die Sache noch besser zu erforschen und ihrer sicherer zu sein, wartete er ab, bis die Königin drei oder vier Mal zu Besuch gewesen war, und da er an dem Jüngling jedesmal die gleichen Veränderungen konstatierte, eröffnete er ihm, daß er die Ursache der Krankheit kenne und jener seine Liebe zur Königin nicht länger zu verheimlichen brauche. Der Jüngling vernahm es, und der Doktor versicherte ihn seiner guten Dienste, soweit es ihm möglich wär. Ohne viel Hoffnung willigte jener ein. Der Doktor ging zum König und sprach zu ihm: er möge getrost Abschied nehmen für immer von seinem Sohn, diesen würde nämlich alsbald die Liebe umbringen, denn diese Liebe gelte so jemandem, daß selbst der König keine Abhilfe schaffen könne. Der war nun bekümmert darüber und sprach zu dem Arzt: Geh und sag meinem Sohn, wen immer er liebe, ich geb sie ihm, wenn er nur am Leben bleibt. Darauf erwiderte der Doktor: Und wenn er die Königin liebte? Da der König seinen Sohn gar sehr liebte, antwortete er, selbst wenn jener die Königin liebte, gäbe er sie ihm, nur leben solle er. Der Doktor eilte flugs zu dem Jüngling und überbrachte die Nachricht, worauf dieser vor Freude vom Krankenbett aufstand und sich seinem Vater zu Füßen warf. Die Königin wurde herbeigeholt, und der König teilte ihr mit, warum sein Sohn krank sei, und daß er selbst sie bitte, ihrem Stiefsohn das Leben zu retten, er jedenfalls erlaube ihr, jenen zu ehelichen. Die Königin spreizte sich nicht lange; anderntags überließ der König seinem Sohn sowohl seine Gemahlin als auch sein

Land. Das ist ein sehr seltenes Beispiel. Gewiß, die Christen könnten ihm heutzutage nicht folgen, doch selbst wenn es ginge, fänden sich dazu wenig Väter bereit. Dafür nun ist der spanische König Philipp II. ein Beispiel, der um eine Braut für seinen Sohn werben ließ, und als sie herbeigeholt war, nahm er sie selber zur Frau. – Ich wünsch Euch, liebste Cousine, gute Gesundheit; ich selber bin, der ich war und werde sein, der ich bin.

73

Rodosto, 24. maji 1726

Seit gestern haben wir an gewohnter Stelle am Rande der Stadt ein Lager bezogen und leben in Zelten. Feinde brauchen wir, denk ich, nicht sonderlich zu fürchten, denn zwischen ihnen und uns liegen an die dreihundert Meilen, also können wir ruhig schlafen und ohne Scheu, außer vor Ohrenkriechern und Mücken. Herzliebste Cousine, wissen möcht' ich schon, wie es um Eure Gesundheit steht, um Eure Arme und Finger, denn innerhalb eines Monats einen Brief zu schreiben bereitet doch viel Mühe, und es tut mir sehr leid, daß Ihr Euch meinetwegen dermaßen plagt und anstrengt. Trotzdem solltet Ihr jener edlen Dame nicht nacheifern, die nie ein Buch las, weil es, wenn man umblättert, Wind macht, und die davon bloß keinen Schnupfen kriegen wollte. Das kann man als Überempfindlichkeit hinnehmen, aber Eure verehrte Empfindlichkeit möge, mit Verlaub, nicht immerfort anhalten, denn ich könnte glatt absehen von der Verwandtschaft und mich auf Rache verlegen, was jedem von uns beiden Seufzer bereitete. Wir armes Flüchtlingsvolk hier, liebste Cousine, leben und lungern halt, wie's grad geht, in den Tag hinein. Für unseren Herrn ist, immerhin auf freiem Feld zu wohnen, doch eine Kurzweil, denn der Langeweile gibt's hier reichlich, und der Ärmste hat hier nur uns wenige Leute bei sich. Zu der verwitweten Zsuzsi geh ich öfters. Sie trifft Anstalten für die Übersiedlung nach Polen; wenn sie nicht hier bleibt, wird es nicht an mir gelegen haben. Ich kannte einen Herrn, der ein ältliches Mädchen heiratete und zu sagen pflegte, mit einem alten Mädchen zu schlafen ist eine so gute Tat als Wohltätigkeit für die Armen. Doch selbst wenn Zsuzsi nicht hier bleibt, geht die Freundschaft nicht auseinander, und die Treue dauert, wo möglich. Ich sage, wo möglich, denn es erlischt selbst noch so großes Feuer, wenn es keine Nahrung erhält. Der Ansicht von Forgách, Treue gezieme sich nur für einen Hund, bin ich allerdings nicht. Es ist nichts Neues, wenn ich sage, die Ehe steht und fällt mit Gott; überläßt er sie uns, geht das nicht gut. Der Grund für schlechte Ehen ist, daß Er bei der Hochzeit nicht gegenwärtig war. Ich drohe Zsuzsi, indem ich sage, wenn sie fortgehe, werde aus der Taufe nichts gehoben werden.

Da fällt mir ein, Cousine, von welch schändlicher Ehe ich dieser Tage las; ich schreib sie Euch, selbst falls Ihr sie schon kennt, denn sonst habe ich nichts zu tun. Die Geschichte ist wahr, sie hat sich in Italien zugetragen. Eine Edelfrau hatte einen Sohn, den sie sehr liebte. Die Frau hatte eine Magd, der jener zugetan war und die er länger schon nötigte, ihm zu Gefallen zu sein. Schließlich meldete die Magd es ihrer Herrin, die sie für ihre Gesittetheit lobte und zu der sie sagte: Geh, sag meinem Sohn, du würdest ihn erhören, doch er solle in der Nacht zu dir kommen. Die Maid sagte es dem jungen Mann, der sehr erfreut war. Nach dem Abendessen sprach die Frau zu der Magd: Leg du dich in mein Bett, und ich lege mich an deinen Platz; mein Sohn wird kommen und denken, du wärst es, und dann werde ich ihn ordentlich verprügeln. Nachdem das so geregelt war, legte die Frau sich ins

Bett der Magd und wartete so lange auf ihren Sohn, daß sie unversehens einschlief. Der Jüngling kam, sah nicht darauf, ob jemand und wer da lag und schlief, nützte vielmehr die Gelegenheit. Die Frau wachte dann freilich auf, hielt jedoch, um keinen Krach zu schlagen und ihren Sohn nicht in Verzweiflung zu stürzen, an sich und wartete in friedlicher Duldsamkeit, bis die Sache vorbei war. Als so geschehen, ging der Jüngling hinaus, und auch die Frau begab sich bekümmert in ihr eigenes Bett, ohne der Magd etwas zu sagen. Anderntags war die Frau mit all ihrem Geschick darauf bedacht, daß ihr Sohn mit der Magd kein Wort wechsle und begann sogleich ihren Sohn darauf vorzubereiten, daß er ins Ausland gehe. Dies war alsbald geschehen, und sie schickte ihn los, tief bekümmert um ihn, aber weit mehr noch bekümmert, als sie merkte, daß sie schwanger war. Allerdings konnte sie es so anstellen, daß keiner es wahrnahm, und als die Zeit der Niederkunft da war, vertraute sie das kleine Mädchen einem Bauersmann an, daß er es aufzöge. Die Mutter hatte das Mädchen dann, nachdem es über dreizehn Jahre alt geworden war, so gut wie vergessen. Der Jüngling nun nahm, auf dem Weg zurück vom Ausland, in dem Dorf Quartier, wo das Mädchen aufgezogen wurde. Gleich auf den ersten Blick verliebte er sich in sie unsterblich und trug ihr auf der Stelle die Heirat an. Der Bauersmann sah, daß es ein edler Herr wär, also gab er sie ihm, um so mehr, als das Mädchen lange schon ihm allein hinterlassen war. Der junge Mann brachte seine Gemahlin heim, wo die Mutter zornig wurde, daß er, ohne sie zu verständigen, eine Gemeine zur Frau genommen hatte. Doch nach einigen Tagen kehrte Friede ein; die Frau sah, daß ihr Sohn nunmehr verheiratet war, also wollte sie ihre Tochter als Magd getarnt heimholen. Wie groß aber war ihr Staunen, als sie erfuhr, daß der

Sohn ihre Tochter geheiratet hatte. Die Frau teilte die Sache auch anderen mit, ein jeglicher fand sie beispiellos, und die Ehe wurde belassen. Jener Jüngling hatte in einer Person drei geheiratet: Tochter, Schwester und Gattin. Dies hat sich wirklich zugetragen, doch selbst wenn es so war, wieso war's nötig, es niederzuschreiben? Irgendwie muß man die Zeit ja totschlagen, ich mit Schreiben, Ihr mit Lesen, denn gar nichts zu tun zu haben ist schon ein schweres Los.

Der Sofioter Erzbischof, der vor etlichen Tagen bereits zu uns geflüchtet war, ging ein paar Tage später fort von hier nach Ragusa, wiewohl man sich sehr um die Rückkehr in sein Amt bemüht hatte, ohne jedoch etwas zu erreichen; so mußten denn diese Arbeiter im Weinberg zurück in das Land ihrer Herkunft und den Weinberg des Herrn verlassen. Auch ich beschließe meinen Brief, doch erst möchte ich wissen, ob Ihr gesund seid, ob man mich liebhat, ob man mir schreibt.

74

Rodosto, 16. junii 1726

Leide mit mir, herzliebste Cousine, leide, denn ich will schreiben und weiß nicht was. Aber was könnt' ich schon Neues hier unterm Zeltdach schreiben? Nie sehen wir hier einen Fremden, nichts an Neuigkeiten bekommen wir zu hören, ein Tag ist wie der andere. Freilich ist der eine auch mal wärmer oder windiger als der andere, aber Regen braucht man hier sommers kaum zu befürchten. Kurz und gut, am End' verzichten wir auf feste Häuser ganz und leben nur noch im Zelt. Am Rande Persiens gibt es eine Nation, welche im Ödland unter Zelten haust gleichwie bei uns die Zigeuner. Es sind allesamt Diebe, und geheißen werden sie Kurden. Auch die Mohren an Ägyptens Grenze leben alle mitsamt ihrer Sippschaft in Zelten. Zumal all ihr Reichtum nur aus schönen Pferden besteht, entnehmen sie das Geld den Beuteln anderer, und sie selbst wie auch ihre Frauen und Kinder gingen nackig, würden sie sich nicht mit Gewändern anderer kleiden. Folglich ersuchen sie Reisende, deren Gewand sie gut finden, artig darum, indem sie sagen: Gib mir das Wams, dein Vater benötigt es, wobei sie unter Vater sich selbst verstehen. Oder wenn sie bei anderen Reisenden schönes Geschmeide finden, heißt es ebenfalls: Deine Mutter benötigt es, also gib's her, wobei die Mutter ihre Gattin ist. Und solcherart ist der arme Reisende genötigt, seinen unbekannten Vater und seine unliebsame Mutter auszustatten. Wir jedoch, liebste Cousine, machen es, selbst wenn wir in Zelten wohnen, nicht diesen nach, vielmehr jenen Patriarchen, die mit ihren Linnenpalais darauf hinwiesen, daß der Mensch auf dieser Welt nur Pilger ist, ein Fremder und auf der Durchreise. Jedenfalls sind die Pilger dazumal reich unterwegs gewesen, wir hingegen bleiben arm auf der Stelle. Und insofern geht es mir gut, als ich nachts nicht aufstehen muß, um das Vieh zu versorgen.

Liebste Cousine, so ich eine Hirtenfrau hätte, deucht mich, wollte ich solch' Hirtenleben mögen. Jene heiligen Hirten haben nämlich ein ruhig' Leben geführt. Ihnen gehörte das ungeheuer weite Öd- und Weideland, sie schlugen ihre Zelte auf, wo es ihnen grade gefiel und blieben dort, solange ihr Vieh Nahrung fand. Gewiß, Trinkbares betreffend wurden sie nicht verwöhnt, denn in jenen Landen, wo es Regen selten gab, war selbst Wasser knapp; darum gedenkt die Schrift auch so oft der Brunnen. Der Bau von Palästen und deren reiche Verzierung scherte sie nicht. Langwierigen Prozessierens waren sie ledig, und eine Vielzahl von Hausvögten, Rentmeistern und Beschließern bereitete ihnen keine Ungelegenheiten. Sie überlegten nicht groß, ob sie den Winter auf dem einen ihrer Güter, den Sommer oder Herbst auf einem anderen zubringen sollten, auch bedurfte es der vielen Kaleschen und Troßwagen nicht. Sie hatten freie Wahl unter den vielen reizvollen Landschaften und konnten ihre linnenen Städte jeden Tag an immer neuem Ort errichten. Sie waren so ortsgebunden nicht als wir heut' und von klein auf gewöhnliche Speisen gewohnt wie auch gewöhnlich gekleidet, vornehmlich die Männer, denn die Frauen sind halt auch dazumal Frauen und empfänglich gewesen für Zierat; so schickte man ihnen zur Brautwerbung goldene Armreife und Ohrringe. Jetzt würde man lachen über Hirtenfrauen, die goldene Ohrringe trügen, wie ich sie heutzutage nicht empfehlen möchte. Kurzum, was es doch alles an Übeln, die unter uns als solche gar nicht mehr wahrgenommen werden, weil sie gewöhnlich sind, in ihrem Leben noch gab! Gewiß, das Leben dieser Hirten war heilig und unschuldig, und Gott wollte nicht, daß sie in Städten wohnten und mit anderen Nationen sich vermischten. Doch scheint mir, solch ein Leben ist recht unstet und müßig gewesen. Beispiele sind dafür jene, die auch derzeit in Zelten leben, vom Brot anderer essen und sich mit Gewändern anderer kleiden. Von welchem Nutzen sind denn solche Nationen für die übrige Menschenheit; solch' Leben ist nur Nichtstun und Unwissenheit, ein Leben ohne Sorgen zwar, aber leer, und die Wohnstatt kahl. Wie ergötzlich hingegen ist es für einen Landwirt, die selbstgepflanzten Obstbäume und Weinstöcke voller Früchte zu sehen und seine Mühen von der Natur belohnt zu bekommen.

Aus all dem könnt Ihr ersehen, daß ich aufs Leben im Zelt nicht erpicht bin. Trotzdem kann man's, wie wir jetzt leben, aushalten, denn von der Stadt her ist der Hähne Kräh'n zu hören. Doch wird auch dies langweilig, wenn es lange dauert, denn ohne Not sich der prallen Sonne auszusetzen kann ich als wohlgefällig nicht empfinden. Ganz Europa lebt jetzt in Frieden und wohnt in festen Häusern, nur wir hausen in Zelten. Was wär, wenn irgendein Land unserem Beispiel folgen wollte? Urteilt selbst, wie wir verflucht würden von Maurern und Zimmerleuten. Zu befürchten ist es freilich nicht, denn schwerlich würde sich wer auch immer von seinem Weinberg trennen. Gewiß, Brot könnte man gleich gutes essen als in der Stadt, daran mangelte es nicht. Wißt Ihr, wie es die Mohrenfrauen machen? Dort kann man Backöfen in den Erdboden nicht bauen, weil es lauter Sand ist, noch mürbe Dauerbrötchen backen, denn Holz gibt's ebenfalls keins. Also benutzt man große Töpfe, in welchen aus Strünken Feuer gemacht wird, und die man dünn mit Teig überdeckt, so bäckt man dort Fladen. Könnte man das Gebäck, das bei uns Bettlerfuß heißt, nicht ebenso backen? Doch seht mir nach, daß ich jetzt mehr nicht schreibe, es scheint die Sonne gar warm. Darum beendige ich meinen Brief untertänigst und verbleib, der ich gestern gewesen.

75

Rodosto, 28. julii 1726

Ich darf nicht im geringsten klagen, Eure Briefe kommen und gehen mir zu Händen, doch es sind manche so knapp, kaum hab ich einen zu lesen begonnen, schon bin ich am Ende. Ich erhalte Briefe, bei denen ich wollte, sie bestünden aus zwei Worten, so langweilig sind sie. Eure Briefe hingegen sind so köstlich, daß ich nachgerade das Papier aufessen möchte. Wißt Ihr, woher das kommt? Daher, daß wir uns liebhaben, und von einem lieben Menschen ist einem auch ein Brief lieb. Es kommt allerdings auch davon, daß Ihr Eure

Gedanken trefflich zu fassen und selbst Geringes so einzukleiden versteht, daß es groß und gefällig erscheint. Bei anderen hingegen werden große und nützliche Dinge fad und unerquicklich zu lesen. Ich gesteh, liebe Cousine, wäret Ihr von der Art, wie es viele gibt, würde ich zum Briefeschreiben nicht viel Papier aufwenden. Ich mag es nämlich nicht leiden, wenn ich manche Frau ihrem Ehegatten oder Vetter so schreiben sehe, als schriebe sie an irgendwelchen Protonotar oder an einen Bischof. Mögen sie ansonsten liebreizend sein, aber im Brief wollen die Frauen sich so geben, als wäre für einen reizenden und neckischen Brief Geist nicht erwünscht. Solchen würde ich Eure Briefe gern zeigen, weil sie daraus lernen könnten, was einen Brief voller Liebreiz und Geist ausmacht. Von meinen Briefen will ich gar nicht reden, Ihr habt Euch an sie bereits gewöhnt, also findet Ihr sie wohl gut. Anderes wünsch ich mir nicht.

Seit meinem letzten Brief waren wir in die Stadt zurückgekehrt, die schlimmen Wetter hatten uns hineingetrieben, als schon unsre Linnendächer durchlöchert waren. Doch heute trieb uns ein andrer Feind, vor dem selbst die Heeresmacht des Darius geflüchtet wäre, abermals hierher. Weh! liebe Cousine, welch scheußliches Übel ist doch die Pest! Heute sich wohlzufühlen, morgen zu sterben ist kein Zustand zum Frohlocken. Ich weiß nicht, wer die Seuche eingeschleppt hat, aber wäre er bloß geblieben, wo er gewesen. Es gibt ja viele andere Seuchen, die auf andere Länder mit der Zeit übergreifen. Man meint zum Beispiel, die Sarazenen hätten die Blattern nach Europa gebracht. Diese Seuche kennen die Wilden in Amerika erst, seit die Europäer dort aus und ein gehen, und das ist nicht lange her. Na und, liebste Cousine, jene abgeschmackte Seuche, die bei uns französische Krankheit genannt wird und die wir, dank unserer gesunden

Siebenbürger, nicht kennen, ist sonstwo in der Welt, in weit abgelegenen Provinzen, unbekannt. In Spanien hingegen ist sie so gewöhnlich, daß eine Edelfrau sich ebenso wenig daraus macht, allen und jedem zu erzählen, daß sie von dem Übel befallen ist, als sagte bei uns jemand, er habe Kopfweh.

Aber warum über Krankheiten sich auslassen, reden wir von etwas anderem. Was ich allerdings sagen wollte: Erfreulich ist für mich auch anderes nicht, denn die kleine verwitwete Zsuzsi trifft halt ihre Vorbereitungen, und wenn ich sehe, wie sie all ihre Sachen in die Truhe packt, ist es, als stäche sie mir ebenso viele Messer ins Herz. Ich weiß, Euch kümmert's nicht, wie es schon Eure grausame Art ist, aber bedauert mich wenigstens ein wenig, wenn es Euch schon nicht anficht. Ich bin gar sehr darauf aus, sie zum Bleiben zu bewegen, und ich denke, dies rät ihr vielleicht auch ihr Herz, aber ihre Vernunft vermag ich nicht zu gewinnen. Sind doch ihre Augen den Anblick voller Truhen gewohnt, und der Beutel ihres Gemahls war viel fülliger, als der meine es ist. Mag ihr Blick auch mich streicheln, gerichtet ist er in die Zukunft. Wenn sie wegen der eintausend Gulden, die ihr hinterlassen wurden, darum bangt, daß sie vorzeitig ausgehen könnten, weiß sie, daß ich nichts hinzutun kann. Sie sieht, daß all meine Fortüne und mein Gut auf Sand und Eis gebaut ist, deswegen hört sie nicht auf ihres Herzens, sondern des Verstandes Rat. Was kann ich dagegen sagen? Zumal fest steht, daß Klugheit uns einen besseren Rat gibt als das Herz, seufzt doch dieses bloß über das Gegenwärtige, die Klugheit indes sorgt auch für die Zukunft vor. In unserem jetzigen Zustand haben wir über das, was kommt, gehörig nachzudenken, und grad wir Flüchtlinge mehr noch als andre, die in ihren Gütern hocken, welche erst der Tod ihnen nimmt. Und so kann ich gegen Zsuzsis Absicht nichts vorbringen, denn wie es im französischen Sprichwort heißt: jedweder muß selbst wissen, was in seinem Topf kocht. In meinem Topf jedenfalls kocht keinerlei Hoffnung auf Heimkehr, wie sollte ich wünschen, daß jemand außer seinem eigenen Mißgeschick auch noch meines trage. Noch hab ich bislang die Spruchweisheit selbst nicht verkostet: Heirate mich, du Arme, dann sind wir arm zu zwein. Wem solches zusagt, handle danach, mir sei's recht, doch sei es den anderen ebenso recht, wenn ich es nicht befolge. – Erlaube mir, liebste Cousine, diesen Brief zu beschließen; es ist dermaßen warm, daß ich befürchte, die Sonne setzt mein Zelt in Brand. Im Haus jedoch, wo es kühler ist, kann man mir ja eine längere Antwort schreiben. Achtet nur, liebste Cousine, auf die so kostbare Gesundheit.

76

Rodosto, 17. septembris 1726

Verzeih mir, herzliebste Cousine, daß ich bereits seit zehn Jahren nicht geschrieben habe, oder nicht schreiben konnte, das heißt: nicht geschrieben habe, denn gekonnt hätte ich ja. Sag du mir, liebste Cousine, weswegen ich nicht geschrieben habe, ich weiß es nämlich nicht. Gelegenheiten gab es reichlich, die Arbeit hat mich daran nicht gehindert, wohl aber das viele Nichtstun und Pfeiferauchen. Um es nun richtig zu beichten und zu gestehen: Nicht irgendein anderer verursachte meine Säumigkeit, sondern das Hinauszögern. Dies aber kommt von der Trägheit. Etwas auch nur auf morgen zu verschieben ist schon nicht gut. Das Morgen kommt nämlich, damit jedoch nicht der Vollzug. Wieviel Schaden erleidet man doch durch Zögerlichkeit, und wieviel Rückstand in der Arbeit. So hab ich mir auch nur gesagt: morgen schreib ich, morgen schreib ich, doch nichts geschah, und die Zeit, die verrinnt. Was hab ich davon? Ich hab davon, daß ich zum Lohn für meine Faulheit einen Brief mit fürchterlicher Schelte entgegennehmen mußte. Aber da ich sie verdient hatte, quittierte ich sie schweigend, denn sobald man seine Schuld erkannt hat, erträgt man die Strafe leichter. Wahr ist, in jeglicher Faser und Falte des vergangenen Monats ließ es die Faulheit nicht zu, daß ich schreibe. Doch wenn es für mich vor Eurem Richterstuhl eine Möglichkeit der Rechtfertigung gäbe, brächte ich vor, daß es sehr warm gewesen ist. Reicht dies etwa nicht zur Rechtfertigung? So bat einmal ein recht dicker Pfarrer seinen König, ihn sommers die Messe nicht lesen zu heißen, weil er dann viel schwitze und die Meßgewänder ruiniere.

Aber, herzliebste harte Richterin, für den jetzigen Monat habe ich einen besseren oder besser: kälteren Entschuldigungsgrund, denn anfangs und zu Beginn des Monats glaubte ich zu Speiseeis zu werden, doch es überkam mich nur drei- oder viermal, und auch das nur alle drei Tage einmal. Hier zittert bei solch großer Wärme jedermann vor Kälte, es hat ein jeder Schüttelfrost. Am meisten dauert uns unser Herr, den grad das Drittagsfieber gepackt hat; von mir nahm es heute Abschied. Aus eben diesen Gründen mußten wir gestern die Linnenhäuser verlassen und in die Stadt umziehen. Unter den vielen Bediensteten findet sich oft kaum einer, der den Fürst bedienen kann. Bei schönstem Feuer kochen die Köche zähneklappernd. Doch sind die Schüttelfrostanfälle, Gott sei's gedankt, nicht langanhaltend und ungefährlich. Unser Herr, der Ärmste, ist nicht mehr so sehr vom Frost, vielmehr vor allgemeiner Entkräftung krank; wir hoffen, Gott läßt ihn genesen. Bei all dem ist seine Denkungsart christlicher als die unsere; ersieht man doch seinen

Vorbereitungen, daß er freudig ginge, wenn Gott ihn zu sich befähle aus dieser Welt. Im Hinblick darauf hat er denn auch sein Testament gemacht, doch Gott lasse ihn leben. Weißt du, Cousinelein, womit ich mich geheilt hab? Alle lachten darüber, vornehmlich der Fürst, als ich es sagte. Krautbrühe ist die teure Medizin; wenn die fruchtet, was braucht man dann nach teuren indischen Arzneien rennen?

Aber schon jetzt fürchte ich schlimmeren Schüttelfrost als es der erste gewesen und der unheilbar ist selbst mit einem Faß voll Krautsaft, denn in drei oder vier Tagen bricht Zsuzsi auf gen Polen. Ob ich sie je noch sehen werde, weiß Gott allein. Ein schöner Zustand: nicht zu sterben vor Gram, sonst müßte ich in vier Tagen begraben werden. Das dürfte auch Zsuzsi nicht wollen. Wer etwa würde ihr dann schreiben? Und an wen schriebe dann sie?

Solch eine Frage erinnert mich an den Wesir, der, als er 1711 den reußischen Zaren am Prut so in die Enge trieb, daß der samt Heerlager völlig hingewesen wäre, und der schwedische König, dies hörend, zu ihm ging und sagte: da hast du den Zaren samt Gemahlin und Heerlager in der Hand, kannst sie niederhauen oder als Gefangene nach Constantinopel bringen – der also darauf zur Antwort gab: Nehm ich den Zar nun gefangen, wer kümmert sich dann um sein Land? Der schwedische König beschimpfte ihn daraufhin mächtig und verließ das Zelt. Wie auch immer, liebstes Cousinelein, die Trennung von ihr tut mir im Herzen weh. Wenn sie wollte, könnte sie hier bleiben, das heißt vielmehr Gott will nicht, daß sie es wolle. Alles hat der Vorsehung gemäß zu geschehen, und danach müssen wir uns richten.

Du fragst, liebstes Cousinele, was für ein Mensch jener Franzose sei, der unlängst zu uns stieß, denn er wär sehr verlogen. Der Colonel ist beim reußischen Zaren gewesen, dort gab man ihm jedoch den Laufpaß, weil er sich mit niemandem vertragen konnte. Er will jedermann glauben machen, er wüßte alles und habe alles gesehen. Von zwanzig Worten, die er sagt, sind neunzehn gelogen. Hier hat er schon manchen glauben gemacht, er könne Gold machen. Ich denke, er bleibt, wie ich sehe, möglicherweise hängen bei uns, denn solche geschwätzige glattzüngige Hergelaufene sind allhier sehr gefragt. Sein Name ist Vigouroux*. Liebste Cousine, gute Nacht! Bona sera!

77

Rodosto, 4. decembris 1726

Polla teti! Cousinelein, zwei Jahre, das heißt zwei Monate ist's her, daß ich von hier verschwand. Man kann ja nicht immerzu auf der Stelle hocken, Bewegung ist der Gesundheit förderlich, und der Trägheit muß man gelegentlich entwischen. Du täuschst dich, wenn du glaubst, es wäre auf dem Dorf, wo ich zur Weinlese war, sehr vergnüglich gewesen. Am meisten entzückt war ich davon, daß ich so lange nicht hier war und dort zwei Monate ohne irgendein Ungemach zugebracht habe. Einen Monat lang sah ich mir das Keltern an, und einen Monat war ich reichlich zu Fuß unterwegs, denn hier ist der Herbst die schönste Jahreszeit, und die Weinlese der traurigste Teil des Zeitvertreibs. Nicht so wie bei uns, wo einem sich der Anblick der vielen Erntearbeiter und Helferinnen darbietet, die Edelfrauen und Mädchen hinausgehen, dort das Mittagsmahl einnehmen und sich vergnügen. Sie sind es, die mit ihrer Anwesenheit und ihrem Mittun den Wein versüßen. Hier dagegen dingt der Weinbauer zwei oder drei Mann, welche die Trauben lesen

* *Vigouroux:* Abenteurer aus Lüttich, politischer Agent, in Rákóczis »Diensten« ab 1726

und in Bütten ins Haus tragen, wo jeder für sich in aller Stille keltert. Da grad von Weintrauben die Rede ist: Ihr habt wohl in der Gegend um Constantinopel Weinstöcke sehen können, die wie Zwetschgenbäume aussehen und an denen auch die Beeren selbst tatsächlich so groß sind wie Zwetschgen. Doch wunderte mich nicht so sehr deren Größe, vielmehr der Umstand, daß an manchen Zweigen die Trauben reif, an anderen Reben aber die Beeren nicht größer als Stachelbeeren waren, und an wieder anderen sich erst die Blüten zeigten. Das ist schon etwas Schönes, daß an einem Weinbaum dreierlei Entwicklungen zu sehen sind; und das geht so vom Frühjahr bis zum Winter. Möglich, daß ich Euch davon bereits berichtet habe, aber ob ja, erinnere ich nicht. Aber nicht geschrieben hab' ich davon, daß ich am Sitz eines griechischen Bischofs einen so großen Rosmarinbaum gesehen habe wie eine gewöhnliche Weide. All solches ist in Zágon nicht zu finden, aber wir können auch ohne es existieren. Hier gibt es ja auch keine Zwetschgenbäume noch Tannen und Fichten. – Ich hab hier, liebe Cousine, etliche Briefe von dir vorgefunden, die ein paar kleine gnadenlose Sticheleien enthalten; es hat leicht spötteln, wessen Herz an seinem Platz angelangt ist.

Nichts ist grausamer als Auseinandergehen,
von heimlichen Freunden sich fortzubegeben,
doch der Zeiten Lauf gilt es sich anzupassen
und die Seufzer tief im Herzen zu belassen.

Für Unheilbares gibt's, so heißt es, keine bessere Arznei als das Vergessen. Es ist schwer, aber etwelche geringe Hilfe gibt dazu die Zeit, und dann gibt auch die Klugheit Kraft zum Dulden. Ausprobiert hab ich's nicht, aber glaubt Ihr denn, daß vom Fernsein Liebe ranzig wird wie Speck? Und doch gibt es nichts Schöneres als Beständigkeit in der Freundschaft.

Ein junger Edelmann in Frankreich, der mit einem Edelfräulein verlobt war, wurde von Seeräubern, ich weiß nicht wie, gefangengenommen und nach Afrika verkauft. Etliche Jahre lang war nichts von ihm zu hören. Währenddem hielten viele um die Hand der Maid an; sie jedoch wollte ihrem Verlobten, da sie ihn liebte, die Treue bewahren. Nach langer Zeit brachten aus jenen Landen Freigekommene Nachricht von dem jungen Mann: er sei an dem und dem Ort Sklave bei einem türkischen Edelmann namens so und so. Dieses vernahm das Fräulein und verabredete mit einer Freundin, Männerkleidung anzuziehen und so viel Geld mit sich zu nehmen, wie zum Freikauf vermutlich nötig sein würde. Sie begab sich auf See, kam in Afrika an und suchte ihren Verlobten auf, der über die Sache gar verwundert war. Dann sprachen sie mit dem Türken über das Lösegeld; was das Mädchen mitgenommen hatte, reichte nicht, also hielten sie zu dritt Rat, was zu tun sei. Entweder das Mädchen oder der Jüngling mußten heimkehren, um mehr Geld zu holen. Der junge Mann meinte, es wäre eben nichts zu machen, das Mädchen solle heimkehren mit dem Geld, vielleicht daß ihn irgendwelche Verwandte befreien würden. Das Mädchen willigte nicht ein, sie hielt dagegen: wenn sie zurückginge, könne sie für ihn nie mehr etwas tun, denn ihre Eltern würden künftig sehr auf sie aufpassen, und sie könne dann nie wieder herkommen; folglich bleibe jetzt sie mit ihrer Gefährtin an seiner Statt in der Knechtschaft, er aber solle heimfahren und so viel Geld beschaffen, als noch benötigt wird. Dazu aber wollte der junge Mann sich ganz und gar nicht bereitfinden, sie da zu lassen sei er außerstande, erklärte er. Der Hauptgrund dafür sei: falls der Türke errät, daß sie keine Männer sind, würden sie für sechsmal so viel Geld nicht freikommen und in der Knechtschaft verbleiben. Das Mädchen sagte daraufhin bloß: Geh nur und tu so, wie wir beschlossen, denn selbst wenn es so käme, wie du sagst, daß dein Herr uns entdeckte, hätte mein Vater so viel, daß er uns freikaufen könnte. Der Jüngling besprach alles mit seinem Herrn der Absprache gemäß und ließ die beiden Mädchen an dem Ort zurück. In Frankreich angekommen, hatte er das Geld alsbald beisammen, und so begab er sich wieder zu seinem Herrn, der freilich, so lange der Jüngling fern gewesen, herausbekommen hatte, daß nicht Männer, sondern Mädchen als Sklaven dagelassen worden waren, das Mädchen konnte nämlich nicht anders, als dem Türken alles zu gestehen. Dieser aber fand ihre Treue zu dem Verlobten schön, deswegen entließ er sie und sie kehrten alle drei glücklich zurück in ihr Heimatland und nach Hause, und alsbald fand auch die Hochzeit statt. Möglicherweise hochzeiteten und tanzten selbst die Unterirdischen, denn vorgestern spürten wir unter uns viel Wallung in der Erde und dachten schon, man hätte die ganze Stadt auf Karren verladen und brächte uns so irgendwohin. Bei all den Erdbeben unvermindert Euer Diener, herzliebste Cousine.

78

Rodosto, 8. januarii 1727

Es wurmt mich sehr, herzliebste Cousine, daß Ihr mir mit Eurem geschwisterlichen und herzlichen Neujahrsgruß und Glückwunsch zuvorgekommen seid, wo doch ich den Gruß zuerst hätte entbieten müssen. Und rühmt Euch nur nicht, das Zuvorkommen wär ein gewisses Zeichen für häufigeres Denken an mich und schwache Liebe meinerseits, denn das werde ich Euch nie und nimmer gestatten. Und würde Liebe gewogen werden, käme das Gewicht auf meiner Seite über die hundert Pfund. Nichtsdestotrotz: Ihr seid gut, ich bin gut. Ich hab die Seefische als Zeugen dafür, daß ich früher nicht schreiben konnte, weil auf See so heftige Winde wehten, daß nur sie das Meer befahren konnten, nicht aber der Mensch. Ich hätte ihnen meinen Brief denn auch überantwortet, aber Ihr wohnt ja auf einem hohen Berg, und Berge besteigen mögen sie nicht. Und was Eure Glückwünsche angeht: ich erwidere sie verdoppelt und wünsch dazu noch neue Kraft zum vielen Briefeschreiben. Grad gestern ordnete ich, wie üblich, Eure Briefe, die ich stets von Jahresbeginn an empfange. Die meinigen jedoch solltet Ihr, wenn Ihr meinen Rat befolgt, verbrennen, oder je nach Bedürfnis beliebig verwenden, mich schert's nicht.

Hast du denn, liebste Cousine, viel Geschenke gekauft zum Neujahrstag? Ich weiß nicht, woher die Franzosen den Brauch haben, ich denke von den alten Römern, denn diese pflegten sich zu beschenken am Beginn eines neuen Jahres, und das ist der erste Tag des März gewesen. Als heidnischer Brauch ist es ein recht guter, vornehmlich für die Empfänger. Die Christen haben viele heidnische Bräuche beibehalten, ja selbst in der Mutter Kirche wurden welche belassen von den Päpsten und Bischöfen alter Zeiten. Ein solcher Brauch, Lämpchen und Kerzen anzuzünden in den Kirchen; gewiß geschah dies anfangs aus Notwendigkeit, mußten doch die alten Christen die Kommunion in Kellern und Verstecken begehen. Danach wurde es zeremonial beibehalten, zumal vor Königen in alter Zeit Kerzen entzündet wurden, und begab der Bürgermeister im einstigen Rom sich irgendwohin, trug man ihm brennende Fackeln und Feuer voran; den Leichnamen von Königen und Reichen zur Seite aber brannten Kandelaber. Selbst jetzt noch werden alte Gewölbe vorgefunden, wo neben dem Sarg ein Kandelaber brennt; den Grund dafür, daß eine Lampe so viel hundert Jahre vorhalten konnte, kennt man heute nicht mehr, wohl aber weiß jedermann, daß man solche brennenden Lampen gefunden hat, die beim ersten Lufthauch freilich erlöschen. Fasching, den wir mit so großer Andacht begehen, haben wir von den Heiden übernommen. Und woher haben wir denn unseren ostermontäglichen Brauch des Hineinwerfens ins Wasser? Und was für ein Brauch war das in gewissen Gegenden Frankreichs: wenn ein Edelmann, genannt Vasall, der das Land eines edlen Herrn bewirtschaftete, geheiratet hat, legte sich zur Braut zuerst der Gutsherr, allerdings mit Mantel und Stiefeln bekleidet, wobei er lediglich ein Bein aufs Bett legen durfte, und auch das nur für kurze Zeit. Diesen Brauch übt man heute nicht mehr aus, vielmehr überbringt man dem Gutsherrn einen Schinken. Und wie seltsam ist doch der ebendortige Brauch in dem Fall, wenn ein Edelmann auf Ländereien eines anderen zur Jagd geht! Was er an Rebhühnern oder Hasen erlegt, muß er zu dem Hause des Gutsherrn schaffen und dort so präsentieren, wie es im Vertrag steht, selbst wenn der Hausherr nicht zu Hause ist, sonst verlöre er Hab und Gut. Ich kannte einen Mann, der hatte solcher Dinge wegen jahrelang prozessieren müssen. Oh weh, liebste Cousine, möglich, daß ich über solches schon einmal geschrieben habe, aber es fällt mir nicht ein. Wohl weiß ich jedoch, Euch noch nicht geschrieben zu haben, daß unser Herr gestern etwas Schüttelfrost hatte. Über die vielen Bräuche zu schreiben hab ich nun über. Bei mir indessen ist Brauch, mich um zehn Uhr schlafenzulegen und die Augen nicht aufzumachen, eh es anderntags halb sechs ist. Nun ist's um zehn, weil ich spät zu schreiben begonnen habe, und von guten Bräuchen soll man nicht lassen. Darum bleib ich der edlen Frau verpflichteter untertäniger Diener. Der erste Brief im neuen Jahr gehört mit Pomp beschlossen.

79

Rodosto, 15. martii 1727

Deine Briefe, Cousinelein, hab' ich liebevoll und in ihrer Süße empfangen; mit Rohrzuckertinte seid allein Ihr und sonst niemand imstande zu schreiben. Euch nachzueifern würde sich auch nicht für jedermann geziemen, haben wir beide doch in unserem kleinen Finger mehr Verstand als andere im gesamten Gebein. Wir hier leben nur so in aller Stille, verbringen und ziehen hin und zerren fort die Zeit, jegliche Kurzweil läuft vor uns davon. Wieso auch sollte die Kurzweil hinter Flüchtlingen her sein, wo sie doch auch andere findet. Uns bleibt nur das Seufzen. Ich hab denn auch bereits so viel geseufzt, daß ich, so deucht mich, keine andere Luft mehr aufnehme als immer nur meine eigenen Seufzer. Gott gefällt es so, also sei es. Du schreibst, Cousine, ich solle dir etwelche Fragen beantworten, und für meinen Zeitvertreib würdest du auch mehr noch tun. Welch ein Plagegeist bist du doch für mich! Wäre Constantinopel eine Einöde, gut, würd' ich nichts sagen, aber Ihr seid täglich umgeben von gescheiten, vernünftigen Menschen, und dennoch werden mir solche Fragen gestellt. Sollte solches mich nicht erzürnen? Ich trau mich nicht zu zürnen, lieber gehorche ich und löse, wenngleich schlecht, die Aufgaben. Die tiefschürfenden Fragen aber sind, so ich sie erinnere: Rangierte der römische Papst immer schon vor dem Patriarchen von Constantinopel; seit wann gibt es die Fastenzeit; wann begann man drei Metten zu lesen in der Christnacht, und seit wann ist in Kirchen Orgelmusik zu hören? So sehr staune ich gar nicht, daß du die Fragen an mich richtest; es geht nur darum, mich zu ärgern. Freilich wundert es mich schon, daß du auf diese Fragen gekommen bist?

Auf die erste Frage jedenfalls lautet meine Antwort in aller Kürze: Meines Erachtens ist der Patriarch von Alexandria älteren Ursprungs als der Patriarch von Constantinopel; er hatte den anderen Patriarchen anzuzeigen, wann die Fastenzeit beginne und wann Ostern zu begehen sei. Dies mußte ihnen nach Epiphanias geschrieben werden, damit die Bischöfe in den orientalischen Provinzen zur gleichen Zeit die Fasten einleiteten und dann Ostern feierten. Damals gab es so viel Kalender nicht als jetzt. Mit der Zeit freilich erhoben die Kaiser, die griechischen zumal, da sie in Constantinopel lebten, ihre Patriarchen zu immer höheren Würden, bis es soweit war, daß als Patriarch von Alexandria derjenige eingesetzt wurde, den der Patriarch von Constantinopel wollte. Aber trotz all dieser Aufwertungen ist es dem Patriarchen von Constantinopel lange Zeit nicht einmal in den Sinn gekommen, sich für gleich zu halten mit dem Bischof von Rom, wie zu sehen auf etlichen Konzilen, daß nämlich die Abgesandten des Papstes allzeit an erster Stelle saßen. Mit der Zeit indes bliesen sich die Patriarchen von Constantinopel vermöge ihres großen Reichtums dermaßen auf und gewannen so an Macht, daß sie sich mählich nicht mehr als den Päpsten nach-, sondern denen gleichgestellt ansahen, und schließlich hoben Schätze und Macht sie so in die Höhe, daß einer von ihnen Pantoffeln von gleicher Farbe zu tragen begann, wie nur Kaiser sie tragen durften. Der Kaiser wagte dagegen keinen Einspruch, denn hätte er etwas gesagt, wäre er anderntags aus seinem Sessel gehüpft, allein der römische Papst wagte ihn dafür zu ermahnen. Der hochmütige Patriarch jedoch ging auf die Ermahnung nicht ein, sondern verzankte sich eher mit dem Papst und spaltete sich ab von der westlichen Mutter Kirche, als daß er die kaiserlichen Pantoffeln ablegte. Ebendieser Cerularius* leitete die Abspaltung ein, und seine Nachfolger fuhren darin fort. Einige Male wollten sie zurückkehren zur Union, vollzogen sie aber nicht, sie haben sie nicht wirklich gewollt. Als die griechischen Kaiser den Papst benötigten, gelobten sie allerlei, besonders als die Türken sich Constantinopel näherten. Da begab sich der Kaiser selbst sogar mit seinem Patriarchen zum Papst und versprach dort alles mögliche, aber als er nach seiner Rückkehr sah, daß er vom Papst so viel Hilfe, als er gedacht hatte, nicht erhalten konnte, hielt er mit seinem Patriarchen seine Versprechen auch nicht. Fest steht, liebe Cousine, der Bischof von Rom ist allzeit Erster gewesen sowohl in der Ost- als auch in der Westkirche. Dies wurde besonders auf den Konzilen deutlich, wo die Patriarchen mit drei- bis vierhundert Bischöfen zusammensaßen.

Deine zweite Frage war, seit wann es die Fastenzeit gibt. Gewöhnlich sind wir der Auffassung, daß die Fastenzeit auf die Apostel zurückgeht. Doch selbst wenn sie im Jahr einhundertdreißig angeordnet worden sein sollte, wie viele meinen, ging sie von Jüngern der Apostel aus, welche diese gekannt haben konnten. Die dritte Frage: Wann es üblich geworden ist, drei Metten zu lesen in der Christnacht. Gewiß ist, daß die Zahl der Messelesungen anfänglich nicht festgelegt war auf eine wie heutzutage. Man liest über heilige Päpste und Bischöfe, daß sie von den vielen Messen oft so erschöpft waren, daß andere zu Hilfe kommen mußten. Bei den Griechen wird an einem Tag gewöhnlich nur eine Messe gehalten, und auch die an Festtagen, und selbst wenn zehn

* *Cerularius:* Jahr der Kirchenspaltung: 1054

Bischöfe beisammen wären, würden sie alle zehn zugleich die Messe lesen, wobei einer sie zelebriert und die anderen alle sie ihm nachsprechen. Manche, die nicht erst in Büchern nach Gründen dafür forschen, warum drei Metten gelesen werden in jener Nacht, halten mit viel Andacht dafür, daß die Priester im Laufe eines Jahres 365 Messen lesen müßten. Da Karfreitag und Karsamstag nicht jeder dazu komme, entfielen zwei, die in der Christnacht nachgeholt würden. Ob dies ein guter Grund ist oder nicht, hab nicht ich zu entscheiden, sondern antworte auf Eure Frage bloß noch, daß dieser Brauch, wie es heißt, im Jahre einhundertvierzig eingeführt wurde; es ist also ein recht alter Brauch. Die vierte Frage: Seit wann hört man Orgelmusik in der Kirche? Die Antwort darauf: Ein griechischer Kaiser ließ einem französischen König eine Orgel als Geschenk überbringen, und diese war die erste in Europa. In welcher Gegend es geschah, erinnere ich nicht, aber geschrieben steht, daß Orgelmusik in Kirchen beginnend mit dem Jahr sechshundertachtundfünfzig zu hören war. Wie der griechische Kaiser dazu kam, eine Orgel zu schicken, weiß ich nicht, gibt es doch in deren Kirchen keinerlei Musik. Nun, liebste Cousine, habt Ihr denn noch Fragen? Wo ich grad auf den Geschmack gekommen bin, könnte ich an die zwei Pfund davon gebrauchen. Trotzdem wollen wir die Fragen jetzt abschließen und nicht von vorn anfangen, wohl aber auf die Gesundheit achten, denn die vielen Fragen könnten schädlich sein; vielmehr solltest du darauf aus sein, liebstes Cousinelein, daß der Kelemen – gelle? – Männe genug sei und sich artig – gelle? – benehme. Gott behüt dich dein Leben lang.

80

Rodosto, 7. maji 1727

Deine Briefe, Cousinelein, süßer als Honigplätzchen, empfing ich schluchzend aus Herzens Tiefe. Für meine Antworten auf die Fragen Dank zu sagen war ja gar nicht nötig; daß Euch etwas willkommen ist von mir, kommt bei mir einer Danksagung gleich. Doch ist der Dank, wie ich sehe, nur dazu gut, erneut Fragen von dir zu beantworten, was ich guten und ganzen Herzens tun werde, so freilich, wie mein lumpiger Verstand es zuläßt. Was kann nicht alles, und grad so manch eines Verstand, lumpig sein; lumpen jedenfalls laß ich mich nicht. Ihr verbringt diesen Monat, ich weiß, liebste Cousine, gewohnheitsgemäß an der Kanalküste. Könnte doch auch ich dort sein, denn einen schöneren Wohnort kann es nicht geben, und es gibt auch nicht seinesgleichen in Europa. Wer das nicht gesehen hat, stelle sich einen breiten und langen See vor, fünf Meilen dürfte er lang sein, der an einem Ende ins Schwarze und am anderen ins Weiße Meer reicht. Doch welch schöne Städte könnten an beiden Ufern errichtet werden. Es gibt auch jetzt welche, aber wenn da eine andere Nation lebte, wären sie alle anders gestaltet. Wie gern sah ich die großen kolossalen Schiffe an meinem Fenster vorüberziehen, ebenso die vielen kleinen Boote. Hier indessen seh ich bloß die schwarzen schauerlichen armenischen Frauen. Uns aber ist es, was die Kurzweil anbelangt, gleich, ob es nun Mai ist, ob Dezember; wir sitzen immer nur daheim und halten uns winters wie sommers an dieselbe Ordnung. Ich kenne kein Kloster, wo die Ordnung so eingehalten würde als bei uns. Sollte einer von uns Mönch werden, brauchte er bestimmt kein ganzes Jahr im Noviziat zu verbringen, denn hier ist jegliches Tun auf die Stunde und die Minute bemessen. Ich hab ein Hündchen, das kennt die

Ordnung bereits so als ich. Ertönt die Trommel, und ich geh zur Messe, wendet er mir nicht einmal den Blick zu, doch sobald zum Mittagsmahl getrommelt wird, springt er sofort auf und kommt zu mir. Gewiß hab ich darauf geachtet, daß der Hund die Ordnung kenne. Er paßt, wenn ich aus dem Haus geh, nur auf, wohin ich geh; geh ich zum Fürst oder zur Kirche, rührt er sich nicht einmal, selbst falls ich ihn riefe, weil er weiß, daß er zu den beiden Orten keinen Zutritt hat. Es gibt unter den Tieren ohne Verstand kein klügeres als den Hund; ebendies behauptet man vom Elefanten, doch Dero Gnaden sah ich nicht, wohl aber sah ich einen Hund, der die Spielkarten kannte und das Abc so beherrschte als ein kleiner Studiosus.

Weh, liebste Cousine! Ich vergaß, daß ich noch Fronarbeit zu leisten habe und Eure Fragen, wiewohl lumpig, zu beantworten. Ihr fragt, liebe Cousine, wer die Kreuzfahrer waren? Als zweites, ob das Läuten in den Kirchen ein alter Brauch sei, denn dort bei Euch seien keine Glocken zu hören und Türken in Karossen nicht zu sehen, und warum bei uns im Unterschied zu Frankreich kein gesegnetes Brot in der Kirche gegessen wird, und ob dies ein alter Brauch wäre. Auf die erste Frage geb ich die Antwort nach dem, was ich gelesen habe. Das Heilige Land war weit vor dem zehnten Jahrhundert im Besitz der Sarazenen oder zeitweilig der Mamertusen*, die alle der Religion des Mohammed anhingen. Das Oberhaupt der Sarazenen hatte seinen Sitz in der Stadt Damaskus und hieß Kalif. Die Mamertusen besaßen Ägypten, doch wer immer Besitzer des Heiligen Landes war, die Christen suchten es alljährlich, wiewohl unter großen Ängsten, auf. Im elften Jahrhundert wurden zum Schutze Jerusa-

* *Mamertusen:* Vermutlich: Kontamination des Heiligennamens Mamertus mit dem Namen des ägyptischen Herrschergeschlechts der Mameluken

lems und der Pilger die Orden der Malteser und der Templer gegründet. Diese beiden Orden wären den obengenannten beiden Feinden allerdings auch nur für ein Mittagessen zu wenig gewesen, hätten sie nicht mitunter etwelche Verstärkung erhalten, die jedoch recht gering war und nicht lange anhielt. Um die Zeit fand sich in Frankreich ein Mönch, der mit Erlaubnis des Papstes den Aufbruch ins Heilige Land in Städten und Dörfern zu predigen begann. Von dort ging er nach Deutschland, und seine Predigten waren von solcher Wirkung, daß man schon dachte, diese Länder würden allein den Frauen überlassen und die Männer allesamt fortziehen; selbst unter den Fürsten und im Hochadel legten gar viele sich das Kreuz zu, die nämlich mitwollten, mußten sich, ich weiß nicht, auf welche Schulter, ein Kreuz aus Tuch nähen lassen. Aus dem gemeinen Volk aber zeichneten sich unzählige mit dem Kreuz. Das ist nicht verwunderlich, denn es war etwas Neues, und auf Neues ist der Mensch allzeit erpicht; außerdem waren sie von den vielen seelischen Verheißungen sehr aufgewühlt, und selbst der leibliche Nutzen mochte sie zur Kreuzesnahme veranlassen. Ein Kreuzfahrer hatte nämlich große Privilegien. Sobald er sich das Kreuz angeheftet hatte, konnte er nicht vors Gericht zitiert werden, eh er zurückgekehrt war und das Kreuz abgelegt hatte. Ebenso lange und eine gewisse Zeit noch danach bezahlte er keine Schulden. Seine Frau und sein Gesinde wagte, so lange er fern war, niemand und aus keinerlei Gründen zu behelligen. Man braucht sich also nicht zu wundern, daß das Kreuzfahrerheer stets überzählig war. Solche waren es meist, die Kreuzfahrer genannt wurden. Welcher König oder Fürst nun deren Oberhaupt war, erinnere ich nicht.

Bis das viele Volk bei großer Not und Gefahr übers Meer im Heiligen Land ankam, brauchte es jedenfalls viel Zeit, noch eh es sich schlagen konnte mit dem Feind. Die Not an Eßbarem stellte sich aber alsbald ein. Krankheiten mähten dann allerdings die Hälfte des Heeres und damit auch des Hungers hin, und da man sich dort nicht lange Zeit aufhalten konnte, mußte man ohne jeglichen Nutzen zurückkehren. Solche Heeressammlungen von Kreuzfahrern und Züge ins Heilige Land gab es einige Male und jedesmal glücklos. Und zuletzt bekreuzten sich gar Frauen, die einen in guter Absicht, andere wollten mit ihren Lieben teilhaben am seelischen und leiblichen Wohl, so daß es zahllose Frauen gab in den Lagern der Kreuzfahrer. Und die darüber schreiben, legen offen dar, daß es kein schlimmer entartetes Heer geben konnte in allem, und daß es nicht zu verwundern sei, daß Gott das Kreuzfahrerheer kein einziges Mal mit einem Erfolg segnete; und wieviel hunderttausend Menschen starben im Heiligen Land in den anderthalb oder zwei Jahrhunderten, ohne den geringsten Nutzen gestiftet zu haben. Das überzähligste Kreuzfahrerheer zog mit König Andreas* ins Heilige Land, er war nämlich das Oberhaupt auch der französischen und der deutschen Streitkräfte. Sie alle mußten durch das Griechenreich hindurch, die griechischen Kaiser mochten aber so viel Besuch nicht, also wirkten sie darauf hin, daß nicht einmal die Hälfte Jerusalem erblicke, was dann meist auch so eintrat. Da ins Heerlager viel Mehl geliefert werden mußte, vermischten sie, griechisch listig, das Mehl mit ungelöschtem Kalk, und bis man das im Lager merkte, waren viele Tausend tot. Es kam nur die Hälfte des aufgebrochenen Heeres im Heiligen Land an, und die Hälfte davon wiederum wurde vom Siechtum und vom Feinde aufgezehrt. Der geringe Teil, der übrigblieb, mußte umkehren;

* *König Andreas:* Andreas II. (1205-1235), König von Ungarn

wenige von ihnen erblickten ihr Vaterland und noch weniger Haus und Hof. Aber nach all diesen Verhängnissen und Nöten war das Mißgeschick der Väter bei den Söhnen, sobald zur Sammlung aufgerufen wurde, wieder vergessen, und es fanden sich genug, die loszogen. Mich deucht, zuallerletzt gab es mit Ludwig dem Heiligen*, König von Frankreich, einen vielzähligen Kreuzzug, denn danach kühlte der Pilgereifer bei allen allmählich ab. Auch dieser brave König wurde geschlagen und er selbst gefangengenommen bei Alexandria; zwei seiner Brüder waren gefallen, aber sich selbst wie auch seine Mitgefangenen kaufte er alsbald frei. Als die Päpste und die Könige schließlich sahen, daß die Kreuzzüge wenig nützten, ließen sie von den Heereswerbungen ab, und die Züge waren vergessen in ganz Europa. – Wiewohl ich mich kurz gefaßt habe, dünkt mich, liebste Cousine, Ihr könnt ersehen, wann die Kreuzzüge stattfanden, und wer die Kreuzfahrer waren. Es wäre auch noch kürzer gegangen, dann hätt' ich bloß geschrieben: es gab sie und gibt sie nicht mehr, aber das wäre dann doch zu kurz gewesen. Länger ging's auch nicht, wo ich ja doch einen Brief schreibe und keine Historie.

Ich beantworte auf die Schnelle auch noch deine übrigen Fragen, man trommelt nämlich zu Mittag, und nach dem Mittagsmahl fährt das Schiff ab mit dem Brief. Daß in den Kirchen Glockengeläut zu hören ist, geht recht weit zurück, die Anfänge liegen noch im fünften Jahrhundert. Karossen sind freilich sehr rar in Eurer Stadt, denn ein Türke in einer Karosse ist schon ein seltener Vogel; er mag so was nicht, er will ein Pferd haben. Wagen jedoch von der Art eines Käfigs, worinnen Frauen sitzen, seht Ihr zur Genüge. Sogar bei an-

* *mit Ludwig dem Heiligen:* Ludwig IX., im Jahre 1270

deren Nationen hat die Karosse vor nicht langer Zeit Verbreitung gefunden. Ein französischer König, Chlodvig mit Namen, ließ seine Gemahlin, die Heilige Bathilde, nach der Trauung auf einem vierspännigen Ochsenkarren heimbringen; ihre Mitgift betrug nur zwanzigtausend Florentiner Gulden. Ein anderer französischer König, Heinrich IV., es ist also nicht lange her, gab als Entschuldigungsgrund bei einem Herrn, daß er ihn nicht aufsuchen könne, an, seine Gemahlin sei mit der Karosse ausgefahren. Warum man bei uns, liebe Cousine, kein gesegnetes Brot ißt wie in Frankreich? Weil es bei uns nicht üblich ist. Die Franzosen lachen ja ebenfalls darüber, daß bei uns Lämmer gesegnet werden in der Kirche. Die Brotsegnung ist alt, die Anfänge liegen im vierten Jahrhundert. Ich aber, der ich diesen Brief im achtzehnten beschlossen habe vorm Mittagessen, werde gleich auf dein Wohl trinken, auf das du achten sollst, liebste Cousine, und iß nicht so viel Kirschen. Polla teti!

81

Rodosto, 14. junii 1727

Cousinelein, wir haben hier gestern einen *asinus**-Juden getauft. Es ist schon drei Tage her, da kam gar heimlich ein Jude zu uns und ließ den Fürst bitten, ihn taufen zu lassen, weil er Christ werden wolle. An die zwei Tage lang sind die Geistlichen fast immerzu mit ihm zusammen gewesen und bereiteten ihn auf die Bekehrung vor. Gestern wurde er getauft; der Fürst ist sein Taufpate gewesen und vergoß Tränen der Freude. Der Jude wußte sich wohl zu benehmen, und die Taufe vollzog sich mit der kompletten Zeremonie. Gestern ließ er den Fürst wissen, er könne, Christ geworden, mitten

* *asinus:* Lat., Esel

unter seinen Anverwandten nicht mehr wohnen noch Handel treiben, also ließe er den Fürst bitten, ihm mit etlichen Geldern zu helfen. Der Fürst schickte ihm guten Herzens einhundert Taler. Heut in der Früh sucht man den Juden, vergeblich; man erkundigt sich überall nach ihm, und da wird gesagt, er habe mit anderen Juden ein Schiff bestiegen und sei nach Constantinopel abgereist. So betrog uns, oder eigentlich sich selbst, dieser *asinus*-Jude. Hier gibt es welche, die von der Sache erfuhren und sagten, jener habe Ähnliches in Smyrna und anderswo begangen und sich bereits etliche Male taufen lassen. Er wußte sich aber auch so gut zu verhalten, man brauchte ihm nicht zu erklären, was er tun sollte, und wir staunten. So ein *asinus*, der hatte das also schon öfters ausprobiert. Ich wollte Euch lediglich mitteilen, daß dem Juden nicht geglaubt werden darf. Mir indes kannst du getrost glauben, liebe Cousine, daß ich dich liebhab. Amen.

82

Rodosto, 17. junii 1727

Weiter aufschieben darf ich es nicht mehr, denn es verdrösse mich, wenn ein anderer dir berichtete, herzliebste Cousine, daß der zweite Sohn des Fürsten, aus Wien entwichen, erst nach Frankreich gegangen und vorgestern hier eingetroffen ist. Man kann sich vorstellen, mit welcher Freude ein Vater wie unser Herr seinen sechsundzwanzig Jahre alten Sohn, den er nie zuvor sah, empfangen hat. Ein anderer macht sich keinen Begriff davon, welch eine Liebe Väter für ihre Söhne empfinden, dazu muß man Vater sein. Ich nahm aber wahr, daß der Sohn seinen Vater nicht mit der gleichen von Herzen kommenden Freude begrüßt hat als der Vater den Sohn. Vielleicht empfinden Söhne natürlicherweise nicht die große

Liebe als die Väter, oder bei manchen der Söhne ist die Liebe reichlicher als bei anderen. Ein schönes Beispiel gibt des Krösus Sohn, der, stumm von Geburt, sah, daß der Feind seinen Vater von hinten hinstrecken wollte; da strengte er sich so an, daß er Worte herausbrachte und dem König zurufen konnte, daß er achtgebe. Von unserem Prinzen läßt sich sagen, er ist ein schöner Jüngling, klug und verständig, allerdings wie von der Natur geschaffen, alldieweil von Gelehrsamkeit nicht geschmückt und ohne die Zier der Wohlerzogenheit. Gleichwie ein schönes Mädchen, das, bäurisch erzogen, weder in den Worten noch im Benehmen Anmut vorweisen kann, und dann wird auch die Schönheit nicht so kostbar sein. Auch Gold wird durch schöne Feinarbeit kostbarer. Wie schön auch der Verstand sein mag, ist er doch auszuschmücken mit guter Erziehung und Lernen. Ein ungeschliffener Diamant ist auch bloß so ein Stein, der bei uns daheim Froschsalz heißt und ein Kieselstein ist. Unser Prinz hat keinerlei Erziehung genossen, man war sogar darauf aus, daß er nichts lerne, und das hat man denn auch geschafft, mich wundert's, daß er schreiben kann, wiewohl schlecht. Seinen Vater, der alles sofort durchschaut, kommt das bitter an, aber was kann er tun, wo das Schilfrohr sich bereits verdickt und schwerlich biegen läßt. Sein Bruder, der ältere Prinz, spaziert noch in Wien herum; es wird recht viel Gutes über ihn berichtet, man wird sehen, genug erzählt wurde auch über diesen. Wie ich seiner Natur anmerkte, ist er still und nicht zornig, doch ist ein Sohn nicht zu erkennen, solange er unter den Fittichen seines Vaters, sondern erst wenn er ausgeflogen ist. Ich weiß ja nicht, wie er sich an unser mönchisches Leben gewöhnen wird, aber was die ihm gelegenen Verlustierungen betrifft, wird er wohl leer ausgehen. So viel weiß ich: sein Vater sucht ihm zu Gefallen zu sein, schickt ihn auf die Jagd, geht auch selbst mit ihm, obgleich er solches schon seit einem Jahr selten tut, früher dagegen zweimal die Woche. Zur Jagd gehen kann er hier, so viel er mag, doch Sonstiges vergesse er. Ich denke indes, grad das Sonstige wäre ihm lieber als die Jagd; hier aber heißt es immer nur: Mönchstanz, zu etwas anderem wird nicht aufgespielt. Diesen Tanz aber beherrsch ich schon so, daß ich getrost Tanzmeister sein könnte. Wohlsein, liebe Cousine! Der Besuch ist noch zu neu, um mehr zu schreiben über ihn.

83

Rodosto, 19. julii 1727

Cousinelein, dem Simeon aus dem Evangelium gewährte der Fürst heute eine Audienz, aber wenn es selbiger nun auch nicht gewesen ist, so doch dessen jüngerer Bruder. Es war heute nämlich ein würdiger armenischer Patriarch beim Fürsten; als das Gespräch beendet war und der Fürst sah, daß jener das volle Menschenalter erreicht haben dürfte, fragte er ihn, wie alt er sei. Der Patriarch antwortete, er sei nur einhundertsieben Jahre alt, aber noch kräftig und bei guter Gesundheit. Was ist es doch für eine schöne Sache, lange zu leben, liebste Cousine, vorzüglich gesund, denn hinsiechend ist es nicht wünschenswert. Wenn die Menschen gewöhnlicherweise mit ihrem Urgroßvater leben könnten, wie schön das wäre. Bei der Urgroßmutter ist es ja häufiger so, da sie zeitiger heiraten können. Wenn ein Mädchen dreizehnjährig heiratet, was nicht selten ist, kann es vierzehnjährig eine Tochter haben; diese wird dreizehn Jahre darauf verheiratet und hat mit Vierzehn eine Tochter. Rechnet man so weiter, könnte eine Frau im Alter von zweiundvierzig Jahren Urgroßmutter genannt werden. Ich glaub nicht, daß Ihr dies so stehen laßt, aber ich kann nichts dafür. Du wirst doch auch selbst zugeben, daß der Mensch zu wenig lebt. Es gibt Tiere, die länger leben, wie da sind der Adler, der Rabe, der Hirsch und mehrere andere Tiere, obschon wir es nicht wissen. Dieser Tage las ich, der Burgunderkönig Rudolf habe des öfteren sein hundertjähriges Pferd bestiegen. Doch ein Wunder ist's, daß vor allem Arbeitsleute so lange leben, denn fest steht, am meisten unter den Tieren leidet und arbeitet der Mensch. Und wieviel alte Arbeitsleute sieht man trotzdem.

Ihr laßt, ich weiß, mir nichts durchgehen, wenn ich etwas schreib, denn Ihr meint, der Prinz sei gar nicht so wie… und jenes Sonstige möge Euer Herr Cousin wohl mehr als die Jagd. Meine Antwort darauf: Den Herrn Cousin kennen wir ja nun beide, deswegen redet Ihr so über ihn; doch würdet Ihr den Prinzen kennen, wäre Eure Rede eine andere. Aber Ihr, liebste Cousine, könnt es Euch doch auch denken: Man hat das Leben hier satt, man ist es nicht gewohnt, tagtäglich zur Messe zu gehen, an Fastentagen kein Fleisch zu essen und von früh bis abends nur Bücher streicheln. Man geht zwar zur Jagd, allerdings nur um nicht zu Haus zu sein; eine halbe Stunde Pirsch, ansonsten Langeweile. Gäb' es hier Rebhühner mit Häubchen oder Häschen mit Dessous, oh! da wär einer ein tüchtiger Weidmann, selbst zum Essen käm' man erst abends heim. Hier ist es verboten, Frauen anzusehen; sie sind Früchte bei uns, die nie auf den Tisch kommen. Am End' wird es hier noch Brauch werden, was bei den griechischen Mönchen auf dem Berge Athos gilt, den nicht bloß Frauen nicht betreten dürfen, sondern wo keinerlei weibliche Tiere, nicht einmal Hühner, gehalten werden dürfen. Dort gäb es selbst für unsere Urmutter Eva keinen Zutritt.

So eng hält man die Ordnung hier noch nicht, aber viel fehlt nicht. Fest steht jedoch, dem Origenes* wird von uns niemand folgen; wer Origenes war, das fragt einen anderen, ich sag es nicht. Du tadelst mich auch so schon grad genug, meine Gute, doch ich bin es bereits so gewohnt als Russenfrauen die Prügel, die, wenn sie eine Zeitlang unverwalkt bleiben, darüber klagen, daß ihr Mann sie nicht mehr liebe. Anderes Land, andere Sitten. Unsre Székler-Frauen würden das nicht hinnehmen, sondern andere Zeichen der Liebe sich wünschen. Ich aber wünsche im besonderen: achte auf die Gesundheit und schreib Neuigkeiten. So verbleib ich bis in den Tod und nicht weiter meiner liebsten Cousine Diener.

84

Rodosto, 20. augusti 1727

Heut sind wir, Euer Liebden, heimgekehrt von der großen Wasserbesuchsreise; wohlgemerkt, fünf Meilen von hier gibt es eine Heilquelle, und da unser Prinz alleweile kränkelt aus Langerweile, eine andere Krankheit kann ich an ihm nicht erkennen, brachte ihn sein Vater dorthin, damit er von der Quelle trinke und genese. Gleichwie der lechzende Hirsch am frischen Wasser labe er sich, doch ihn dürstet, nach meiner Wahrnehmung, mehr nach einem warmen Born, aber mit seines Vaters Wissen wird er an solche Arznei nicht gelangen. Jedenfalls muß man, eh man von dem Wasser trinkt, erst im Schlamm baden. Wär's möglich, daß ich Euch schon einmal davon geschrieben habe, ob's nützt? Fest steht, die Natur hat damit eine sehr gewöhnliche Medizin dargeboten; ich denke, der Teich** zu Jerusalem dürfte

* *Origenes:* Lebte von 185 bis 253/4, Verfasser von Kirchenschriften über Enthaltsamkeit ** *Teich:* Bethesda (Johannes 5,2)

selbst dann, als der Engel ihn bewegt hatte, sauberer gewesen sein, denn dieser hier ist nichts anderes als wahrhaftiger Schlamm. Mit dem Prinzen mußte auch ich hinein; was innerlich vorging, weiß ich nicht, aber herausgekommen sind wir wie jene Tiere, die Eicheln fressen. Irgendwelchen Nutzen muß es bewirken, denn das Landvolk kommt aus einem Umkreis von drei bis vier Tagereisen herbei. Da sind dann die vielen Frauen und Mädchen, die sich mit Schlamm verschleiern und die so ausschauen wie Schlammschreckgespenster und nicht anders. Jedenfalls kann man dort zwanzig Herren *de genere* Schlick & Schlamm und ebenso viele Frauen *de genere* Detto sehen auf einmal. Aus jener Schwarzen Apotheke geht es dann zur Quelle; wir sind da gewesen und haben unserem Prinzen ordentlich zu trinken gegeben. Da wird aber nicht glas-, sondern pokalweise getrunken, so daß, wer bis zum dritten Tag an die vierzig Ächtel Wasser in seinen Bauch gefüllt hat, keine Arznei des Hippokrates mehr benötigt. Gewiß, unser Prinz hat so viel nicht getrunken, solche Medizin hat er auch gar nicht nötig, und seine Krankheit wird er wohl mit dem Mönchstanz kurieren müssen. Es gibt ja auch keine bessere Arznei, nützt der Tanz doch dem Leib wie der Seele; übrigens gibt es auch keine schönere. Manche Historiker meinen zwar, der Brauttanz sei fröhlicher, doch das wißt Ihr besser als ich.

Du schreibst mir als Neuigkeit, meine Liebe, die Königin von Frankreich, bisher kinderlos, habe nun zwei Töchter auf einmal bekommen. Für den Anfang ist das recht reichlich, aber lieber hätte man gehabt, sie hätte den Anfang mit einem Sohn gemacht. Doch wird diese gute fromme Königin auch die Erlaubnis für einen Sohn erwirken. Ohnehin gibt es nichts Unglückseligeres als Königstöchter; von sechs wird, wenn's hochkommt, eine verheiratet, die anderen müssen in irgendeinem Kloster alt werden. Merkwürdig ist allerdings, daß es nah bei dem Kloster, in welchem die Königstöchter untergebracht werden, zwei große Klöster für Mönche gibt; und das Sagen in allen diesen Klöstern hat die Fürstin, sie ist es, die für sie sorgt und von der sie gänzlich abhängen. Wer diese Klöster gegründet hat, meinte es gut mit den Frauen. Aber was soll ich sagen, es heißt ja, wenn eine Frau herrsche in irgendeinem Lande, sei das Land in der Zeit allemal glücklich. Was wird als Grund dafür angegeben? Der Grund sei, heißt es, daß die Frauen gewöhnlich dem Rat von Männern folgen, Könige und Fürsten hingegen dem von Frauen. Offensichtlich hat Gott zugelassen, daß eine Frau ihr Volk regiere; sie befahl die Kriegführung, sie sprach Recht unterm Volk. Dies sind die beiden obersten Ämter eines Fürsten. Schauen wir doch nach England, dort haben die Königinnen allzeit gut regiert. Königin Elisabeth ist eine sehr große Königin der Engländer gewesen; sie hätte an Größe noch gewonnen, wäre ihre Herrschaft nicht von zwei Dingen überschattet gewesen. Hätte sie zum einen ihre Cousine oder Base, deren größtes Vergehen ihre Schönheit war, wofür die Königin sie haßte, nicht so unschuldig töten lassen. Diese Elisabeth gab vielleicht zehn Fürsten ihr Jawort, hat aber nie einen von ihnen geheiratet und starb als alte Jungfer. Doch zum Lachen ist: Sie ließ sogar dem Papst ausrichten, daß sie ihn, falls er sie haben wollte, heiraten würde. Und zum anderen, sie hat sich in Religionsdinge allzu sehr eingemischt und zum Oberhaupt gemacht; und sintemal sie Pomp und Zeremonien gar sehr mochte, behielt sie die Priestergewänder bei. Deswegen auch pflegte sie zu sagen, die kalvinistische Religion sei eine sehr nackige. An Beispielen aus allen Zeiten zeigt sich, daß die Frauen zum Regieren eines Landes taugen, aber das Räucherfaß eben nicht in ihre Hände gehört.

Ihr richtet an mich die Frage, wo man mit dem Striegeln der Pferde angefangen habe. In Rom, liebste Cousine, in Rom. Ich frag' nun, wann wurde in Paris die erste Frau aufgehängt? Aber damit mein Brief nicht mit Henkerswerk endet, schreib ich Euch die Neuigkeit, daß wir in ein paar Tagen abermals die Zelte abbrechen und drei Meilen von hier ein Feldlager beziehen werden. Und es geschieht zu keinem anderen Zweck, als der Kurzweil unseres Prinzen zu dienen, wiewohl ihm nach anderer Lustbarkeit wäre. Wahrlich auch mir. Gute Gesundheit, liebste Cousine. Ich weiß nicht, wann ich Euch schreiben kann, wie ich auch nicht weiß, wann mich von Euch ein Brief erreichen wird. Bei all dem vielen Nichtwissen weiß ich doch, daß niemand Euch so liebhat als *ego*.

85

Rodosto, 8. novembris 1727

Polla teti! herzliebste Cousine. Es ist sehr nötig, daß Ihr es wißt: Euren lieben Brief hab ich sehr lieb empfangen. Ein ganz klein wenig zu kurz war der Brief schon, aber was kann man tun. Daran mich gewöhnen kann ich jedenfalls nicht; daß man aber solches nicht kann, muß mitunter unmerklich bleiben, die Schuld zudem vergeben werden, hoffend, daß es nicht zur Gewohnheit wird. Wir sind vor etlichen Tagen zurückgekehrt aus dem Lager, woselbst rote Rebhühner zahllos zur Strecke kamen und die auf Streifzug befindlichen Hasen sämtlich gefangen genommen wurden. Doch sintemal solch Feind allmählich Winterquartiere bezog, kehrten auch wir in die unseren ein. Um die Wahrheit zu sagen: Die Ursache war keine andere, als daß der Regen uns heimtrieb, und ihm hab ich für sein Wohlwollen bereits einige Mal gedankt, denn ohne seine Wasser-Kraft hätten wir womöglich den ganzen Winter in Zelten zugebracht.

Man muß schon gestehen, liebe Cousine, wenngleich unter Seufzern, daß unser Leben, und so das Leben aller Christenmenschen, nur eine Pilgerschaft ist, unseres indes doppelt. Denn: wenn einer, der in seinem Hab und Gut lebt, sich als Pilger und außerhalb seiner ewigen Heimat sehen muß hier auf Erden, wie sehr dann wir, die wir kein Fußbreit Land zu eigen haben noch eine Bleibe und nur mit dem vielen Umherwandern unsre kostbare Zeit verbringen, die wir jetzt unnütz verschwenden. Und doch kehrt die verflossene Zeit niemals zurück; sie hinterläßt nur nutzlose und unerquickliche Seufzer, die wir tagtäglich verkosten und vollführen, trauriger Beispiele halber. Dennoch könnten wir uns glücklich schätzen, wenn wir anderen ein Beispiel sein könnten, aber wir werden es nicht sein. Denn wie viele Tausend Menschen sind umgekommen und kommen um täglich auf dem Meer, trotzdem fahren derer noch genügend hinaus aufs Meer. Hatten wir etwa keine Beispiele vor Augen? Doch, hatten wir, aber haben wir denn daraus gelernt? Nicht anders handeln auch andre: Sie nehmen es zur Kenntnis, vermeiden es aber mitnichten. Was jedoch mag der Grund dafür sein? Nichts sonst als Ruhelosigkeit und Geltungsdrang. Nicht die Hälfte von ihnen hat das Wohl des Landes im Sinn, aber jeder ruft aus vollem Halse nach Freiheit. Denn der größere Teil rennt nur dem Neuen und der Veränderung nach, er bedenkt die Zukunft nicht und kann das gegenwärtige Wohl weder nutzen noch schätzen, seufzt vielmehr nach künftigem ungewissem Wohle, das zu erlangen entweder unmöglich ist oder das als Wohl nur dünkt, weil es nicht in unserer Macht steht und bloß unsren ruhlosen Sinnen entspringt. Daher kommt es, daß der Mensch nie glücklich werden kann, weil er nämlich seinen Zustand und das, was er hat, nie zu schätzen weiß, sondern das will, was er nicht haben kann; des Ungewissens halber mißachtet er das Gewisse, und der ruhlose und geltungsbedürftige Geist stachelt ihn immerfort damit, daß ihm wohler wäre dort, wo er nicht ist. Und so wird er mit seinem gegenwärtigen gewissen Los, in welches Gott ihn gestellt hat, nicht zufrieden sein und vom Gegenwärtigen keinen Gebrauch zu machen wissen, sondern Mißbrauch treiben damit. Es brauchte ein guter Patriot nie und unter keinen Umständen Wirren zu stiften noch zu wünschen. Die Fürsten sind von Gott, aus seinen Händen müssen die guten wie die schlechten gleicherweise entgegengenommen werden. Der gute ist ein Segen, der schlechte eine Strafe. Gott allein weiß, wie lange die Not anhalten und wann ihr ein Ende bereitet werden muß, wie lange schlechtes Wetter dauern, und wann schönes Wetter werden soll. Ein Ackerbauer gelobte einst den Göttern, sie reicher zu beschenken, nur sollten auch sie seine Bitte erhören und dann Regen oder klares Wetter bescheren, wenn er es wünsche und demgemäß über seine Äcker hinziehen. Die Götter gewährten ihm die Bitte, und wenn er Regen verlangte auf seinen Weizen, gab's Regen, und wenn schönes Wetter, gab's schönes. Doch es traf sich, daß er zur Ernte weit weniger Getreide hatte als andere. Darum fing er an, sich zu beschweren, die Götter aber antworteten, er selbst sei schuld daran, weil er seine Sach' nicht der Natur überlassen hätte gleichwie die anderen, und warum er weiser hatte sein wollen als die Götter, die nämlich wüßten, wann es Zeit sei für Regen und wann für schönes Wetter. Die Religion lehrt uns, daß Gott die Länder lenkt, daß er das eine erhebt und das andere in die Knechtschaft stößt, daß er sowohl die guten als auch die schlechten Fürsten salbt; solcher Beispiele voll ist die Heilige Schrift. Daran darf füglich und kann auch kein einzelner Mensch etwas ändern.

Liebe Cousine, ich schreib des öfteren Predigten, sonst hab ich nun mal nichts zu tun, also muß ich schon meine unnützen Gedanken niederschreiben, ergeht es uns doch so gleichwie dem Mann, der ins Wasser gefallen ist und der so lange strampeln muß und sich an jeden Ast klammern, bis er heraus, oder aber umgekommen ist, denn darüber nachzusinnen, wie er hineinfiel, wäre Narrheit. Fürwahr, bis jetzt sind alle Äste zerbrochen in unseren Händen, weil wir nicht nach Gottes Hilfe haschten. Doch kann vielleicht auch gesagt werden: ein paar Leuten zuliebe wird Gott seine Fügung nicht ändern, also schwimmen wir nur zu, liebste Cousine, solange es geht. Nur dauert's mich halt, daß aus der Blume jetzt jede Stunde ein Strunk werden kann, und einen Strunk steckt man sich nicht an das Mieder. Allerdings hatte ich, der ich mein Lebtag ein Dasein auf der Flucht führte und ja nun mit sechzehn Jahren mein Haus verließ, damals gewißlich nicht die Freiheitssuche im Sinn, und wenn mein Flüchtlingsdaseins bis jetzt anhält, ist der Grund dafür, das ist schon wahr, die blinde Liebe zu meinem Herrn. So kann man natürlicher-, aber christlicherweise sagen: es ist Gottes Fügung, und geküßt gehört die Rute, mit der er einen peitscht.

Mehr zu schreiben weiß ich nicht, an Neuem gibt es hier gar nichts, immer nur das große Einerlei des Alten, zumal im Winter. Jedenfalls bitt' ich Euch, achtet auf Eure Gesundheit, ich indessen verbleib, der ich gewesen heut' in der Früh.

P. S. In Frankreich wurde eine Frau zuallererst im Jahre 1449 gehenkt; aber wenn ich nun schon meinen Brief mit Henkerei beschließen muß, erzähl ich eine kleine Geschichte. Ein Mann in Paris wurde zum Henken geschafft. Als man grad drauf und dran war, ihn aufzuhängen, traf es sich, daß, auf dem Wege zum König, ein Herzog vorbeikam, der allemal zu einem Scherz aufgelegt war. Der für den Galgen vorgesehene Mann fragte, was für ein Herr da entlangginge. Es wurde ihm der Name genannt. Darauf sagte der Mann, man möge jenen herrufen, denn er habe ihm etwas Großes mitzuteilen. Der Herzog wurde hingerufen, und der Mann sprach hochheimlich zu dem Herrn: Siehst du die alle, welche hier stehen? Die haben mir einen solchen Schreck eingejagt, daß ich vor Angst in die Hosen gemacht hab. Der Herzog hätte am liebsten gelacht, unterdrückte es aber und sprach zu den Offizieren: Dieser Mann hat mir ein großes Geheimnis anvertraut, ich werde es sogleich dem König vermelden, übet Euch so lange in Warten. Der König wußte bereits, daß der Herzog stets eine Geschichte zum Lachen parat hatte, also fragte er ihn, sobald er ihn erblickte: Na, was hast du Neues zu berichten? Der Herzog erzählte dem König die Sache ungeschmälert. Der König lachte darüber sehr, gewährte dem Manne Gnade, und das ließ der Herzog die Offiziere wissen.

86

Rodosto, 12. januarii 1728

Ich wünsch Euch, Cousine, meine liebe, von Herzen ein liebliches und gefälliges neues Jahr und dazu eine Gesundheit von männlicher Standhaftigkeit, treu und beständig. Unter uns reicht das an Wünschen; Litaneien, sowohl unnütz als auch über die Maßen, wollen wir anderen überlassen. Nicht der längste Glückwunsch nützt am meisten, sondern der knapp ist und von Herzen kommt. Nicht böse soll ich also sein, meine Liebe? Tagtäglich seid Ihr mit Geistlichen und Freunden zusammen, die Antworten auf Eure Fragen hätten, aber nein, mich zu fragen ist doch besser. So begeb ich mich denn in meinen Richterstuhl und erteil Euch von dort meine Auskunft.

Ihr fragt, liebe Cousine, warum die Engländer sich hinknien, wenn sie das heilige Abendmahl empfangen. Darauf antworte ich: Sie haben diesen Brauch von ihren Vätern übernommen, dieselbst Papisten gewesen sind, da bei ihnen die Papistenreligion tausend Jahre in Blüten gedauert hat. Und Heinrich VIII., der in seinem Zorn später die kalvinistische Religion ins Land holte, schrieb erst reichlich gegen sie an, aber der Zorn und die Liebe trieben ihn schließlich dazu, den Mantel zu drehen. 1552 wies er die Pfarrer und Bischöfe außer Landes, die Mönche zerstreute er, die Klöster ließ er öffnen und leer stehen, die Nonnen, die der Jungfräulichkeit überdrüssig waren, ließ er heiraten, die kirchlichen Güter teilte er unter den Edelleuten auf, die Episkopate behielt er bei und setzte kalvinistische Bischöfe ein. Damit aber das gemeine Volk sich nicht erhebe und den völligen Wandel seiner Religion nicht wahrnehme, beließ er die priesterlichen Bräuche in der Kirche, so auch die äußerlichen Zeremonien, die Bilder und Sonstiges, als da sind die Altäre und die Kommunion mit den gleichen Gebeten und Zeremonien, als sie in der Mutter Kirche üblich und allzeit zelebriert worden sind von den vielen heiligen Bischöfen dortselbst. Und zu all dem hatte die blinde Liebe den König gebracht, der in Anna Boleyn, die Tochter eines Edelmanns, verliebt, von der Königin sich gern getrennt hätte, was aber so leicht nicht ging, weil er zu der Zeit noch zur Mutter Kirche hielt. Die Erlaubnis dazu aber hätte er vom Papst erwirken müssen, der dazu keinen triftigen Grund sah und die Scheidung hinauszögerte. Zu eben der Scheidung jedoch drängten den König die Liebe und Anna gar sehr. Nun hatte der Vater der Jungfer insgeheim die Religion bereits gewechselt, und ebenso die Jungfer selbst. Unter diesen Umständen begannen Vater und Tochter dem König eindringlich zu predigen und nahezulegen, daß er sich an dem Papst, der die Zustimmung verweigerte, räche, dazu die Religion wechsele, die kalvinistische Religion einführe und sich zum Oberhaupt der installierten Kirche mache. Den so häufigen Predigten der Prediger-Jungfer gab der König nach, heiratete sie, schickte die Königin fort von sich und führte die kalvinistische Religion ein. Als der Papst diese Veränderungen vernahm, hätte er, um das größere Übel zu vermeiden, die Erlaubnis erteilt, aber es war schon zu spät, denn nach der Vertreibung der alten herrschte die neue Religion bereits in dem Lande. So vollzog sich, liebe Cousine, nur kurz erzählt, der Wandel der Religion in England, und so behielt man etwelches bei von den alten Bräuchen. Doch ließ die göttliche Fügung den nicht unbestraft, der schuld war an solcher Wandlung, denn einige Zeit danach ließ der König wegen gewisser Umstände Anna töten, und da er eines Weibes halber die Loslösung betrieben hatte, wurde ihm durch Weiber auch die Strafe zuteil. Sintemal er nach Anna noch zwei oder drei Frauen heiratete und der Reihe nach jede umbringen ließ.

Anhand eines so großen Exempels könnte man nun, meine Liebe, über die Liebe zu den Frauen schreiben, welch große Gefahren sie heraufbeschört. Aber es nützt ja nichts, wenige beherzigen den Rat eines Autors – welcher da auch noch schreibt, Frauen dürften nur im Glück geliebt werden –

denn jene schönen Rippenstücke hat man zu allen Zeiten geliebt, lieben wir und wird man lieben. Und da richten Exempel sehr wenig aus. Viele schreiben, der allererste Brudermord wäre um ein Weib verübt worden. Was hat es nicht alles an Kriegen gegeben, welche Reiche wurden da nicht um und um gekehrt wegen einer Frau? Dem Beispiel eines französischen Königs zu folgen wäre freilich unangemessen. Er freite die Tochter eines dänischen Königs; als er eintraf, verliebte er sich in die Auserwählte dermaßen, daß er nicht einmal etwas essen mochte, eh sie ihm angetraut war. Doch kaum war die Trauung vollzogen, verabscheute er sie in selbiger Stunde derart, daß er nie mit ihr leben konnte. Vermutlich werden dem Beispiel eines anderen Königs ebenso wenige folgen, der die Frauen mochte, zugleich aber auch um die Einhaltung der zehn Gebote bemüht war. Er liebte also wieder einmal eine Frau, und um sich nun sowohl an die Gebote zu halten als auch der Liebe zu frönen, ließ er, wenn er sich mit der Frau hinlegen wollte, auch deren Mann in dem Bett schlafen. Das ist ein Exempel zum Lachen, obschon man meint, in der Liebe sei ein Dritter allemal fehl am Platze. Da siehst du, meine Liebe, wäre der Hirte nicht da gewesen, hätte der Wolf das Lamm gefressen. Man kann sagen, die Liebe ist nichts Schlechtes, nur strebe sie halt zu dem Ende, wo Gott sie hin bestimmt hat. Weil die Trunkenbolde nicht ins Himmelreich kommen, braucht man die Rebstöcke nicht zu roden. Alles ist gut, Herzliebste, das Weib und der Mann, der Wein und Silber und Gold, nur gebrauche man sie dem Zweck dienlich, wozu sie geschaffen sind. Gott hat nichts Schlechtes erschaffen, aber wir mißbrauchen seine Schöpfung, verwenden sie für üble Zwecke, und so wird sie uns zum Übel, Kranken etwa der Wein; gilt die Schuld nun dem Wein oder dem Weinbauer? Weder –

noch, sondern allein ihnen selbst. Damit, liebe Cousine, ist die Predigt zu Ende, gehen wir schlafen; ich wünsche eine gute Nacht und dazu wenig Flöhe, liebreizende Träume und Erwachen am morgigen Tag. Amen.

87

Rodosto, 19. februarii 1728

Ein wenig, herzliebste Cousine, haben wir schon gelacht über Euren Brief voller Klagen, sind von Euch uns doch selbst Klagen lieb. Du schreibst, meine Liebe, vom Winde zu Constantinopel ergraue das Haar rascher als von dem in Siebenbürgen. So viel ist schon wahr: Dort ergraut es der Natur gemäß nur von der Zeit, hier jedoch sowohl von der Zeit als auch vom Winde vielen Seufzens. Ein großer König pflegte zu sagen, sein Bart sei vom Winde der Nöte weiß. Gewiß ergraut das Haar in fünf oder sechs Jahren nicht in dem Maß als von einem Monat des Kummers oder der Sorge. Dies widerfuhr einem Jüngling, nachdem er zu Tode verurteilt worden war; der Schrecken und die Furcht vorm Tode hatten an ihm innerhalb einer Nacht solchen Wandel vollzogen, daß anderntags, als man ihn zur Hinrichtung schaffen wollte, jedermann staunte, daß er ein alter Mann geworden, so weiß war all sein Haar. Aus ebendem Grund wurde an ihm denn auch Gnade geübt. Über des Exils lange Dauer sich zu beklagen ist unnütz und tut nicht gut, denn verkürzt wird es dadurch nicht, vielmehr noch erschwert und verlängert. Ruhloses Leiden ist weitaus beschwerlicher, und Leiden unter ständigem Klagen verlängert Gott, weil wir dann gleichsam anstrampeln gegen seinen Willen. Würden wir uns glauben machen, daß Gott das Exil uns zu Nutz und Frommen auferlegt hat, litten wir es leicht, und es ist anders nicht, denn Gott schaut in allem nur auf unser Wohl. Doch sieht sein weises Urteil unser Wohl und Wehe anders als wir selbst, weil wir für Wohl nur halten, womit wir unsere Wünsche erfüllen können. Unserer Religion nach müssen wir dafür halten, daß unser Exil sowohl nützlich als auch notwendig ist. Und außerdem: würde Gott einen von uns nach Hause führen, würde der sein Vaterland und sein Erbe besser zu schätzen wissen. Dem verlorenen Sohn etwa kam, solange der Tisch vollgepackt war mit Striezel und Strudel, Schwarzbrot nicht einmal in den Sinn, aber als er auf Eicheln im Walde angewiesen war, waren ihm die Striezel entfallen, und er seufzte nur nach Schwarzbrot. Beklagen wir uns also nicht über das Exil, nehmen wir alles guten Herzens von Gottes Händen entgegen, und unser Exil wird recht leichter werden. Ich bin und werde sein, was ich war.

88

Rodosto, 24. martii 1728

Gestern hat man hier bei uns, herzliebste Cousine, ein wenig geweint, es quollen Tränen. Und zutrug es sich, weil Prinz György gestern auf einem französischen Schiff abreiste von hier in Richtung Frankreich. Als größten Mangel finde ich an ihm, daß er kein Ungarisch kann. Aber das ist nicht seine Schuld; Deutsche erzogen ihn, die ihm nicht einmal das Vaterunser auf ungarisch zu lernen erlaubt hätten. Ein bißchen was von der Natur seiner Mutter steckt zwar in ihm, doch verliert es sich vielleicht mit der Zeit. Aber ansonsten ist er gutherzig, und das Land, wohin er geht, kann ihm noch zu großem Nutzen sein, weil es eine gute Schule ist. Unsrem Herrn, dem Ärmsten, der seine Kinder gar sehr liebt, fiel es schwer, ihn ziehen zu lassen, aber was man in diesem Land hier lernen kann, das wissen wir ja nun. Nirgendwo ödet einen das Einerlei so an als hier, weil man keinerlei Bekanntschaft schließen und zu niemandem gehen kann, und wenn einer nichts hat, womit er sich gern beschäftigt, kreist er allzeit bloß in der großen Langeweile. Daß aber einer die Zeit so verbringe wie unser Herr, dazu bedarf es eines Geschenks von Gott. Bis Mittag nämlich verbringt er die Zeit mit Lesen und Schreiben, und nach dem Mittagsmahl, wer ihn da sähe, möchte sagen, er wäre irgendein Handwerker, denn entweder bohrt er, oder schnitzt, oder arbeitet an der Drechselbank, und sein prächtiger Bart ist oft so voller Späne, daß er über sich selbst lacht, und er kommt so ins Schwitzen, als müßte er sein Brot nach der eigenen Hände Arbeit essen. Jedermann bewundert ihn, er wiederum lacht den aus, der darüber klagt, daß er sich langweile. Es ist schon selten, liebste Cousine, daß einer sich der Zeit und, ich will mal sagen, die Zeit sich so anpassen kann. Da sein Sohn das so nicht vermochte, tat er gut daran fortzugehen. Wir wollen ihm eine glückliche Reise wünschen, und daß er sein Vaterland noch erblicken möge. Und wir? Wir auch. Deshalb wollen wir in Gesundheit leben, solange es Gott gefällt.

89

Rodosto, 3. octobris 1728

Herzliebste Cousine, um unser Pilgerdasein hier auf Erden nicht zu vergessen, waren wir am 9. des vergangenen Monats ins Lager gezogen, lediglich drei Meilen von hier neben ein kleines türkisches Dorf. Es gibt nichts Trostloseres auf der Welt als eine Stadt oder ein Dorf, nur von Türken bewohnt, denn an solchem Ort gibt es keinen Mann, keine Frau, ja nicht einmal Kinder zu sehen auf der Straße. Man könnte meinen, das Dorf sei in der Tat ausgestorben, jedweder hockt hier nämlich in seiner Behausung, insonderheit die Frauen, nicht so wie bei uns daheim. Nun gut, wir verbrachten die Zeit dort, so gut es ging, aber die Beine unseres Herrn begannen derart zu schwellen, daß wir gestern zurückkehrten an den Wohnort unsres bittersüßen Lebens. So viel weiß ich, über einen zu langen Brief werdet Ihr Euch diesmal nicht beschweren. Auf deine Gesundheit, liebe Cousine, gib acht.

90

Rodosto, 18. aprilis 1729

Kein Grund zum Staunen, wenn ich sage, Euer Brief sei mir willkommen gewesen, ein Grund zum Staunen wär's vielmehr, wenn er es nicht gewesen wäre. Aber wie kommt es, daß wir uns noch kein einziges Mal böse gewesen sind? Heißt es doch, ein kleiner Zank sei in der Freundschaft so gleichwie der Pfeffer in der Speise. Nichtsdestotrotz, herzliebste Cousine, verzichten wir lieber auf solches Pfeffern und leben wir in Eintracht, denn ich mag Freundschaften still und ruhig, Freundschaft mit Gemurre paßt mehr zu Katzen. Aus Himmelszeichen wahrsagen – ob Ihr's wohl könntet? Am siebten Tag des Monats nämlich sahen wir hier nachmittags um eins einen Stern, bis drei Uhr hat man ihn gut gesehen. Daß jetzt einmal unser Stern aufgegangen sei, können wir nicht behaupten, denn uns haben selbst die Sterne schon vergesssen. Damit Euch der kleine Finger nicht weh tue, müßt Ihr unbedingt erfahren, daß der hiesige griechische Erzbischof mit großem Pomp, begleitet von vier ihm untergebenen Bischöfen, unserem Herrn einen Besuch abgestattet hat. Denkt, auch wenn sie zu Fuß gehen, nicht etwa, es läge an ihrer Armut, denn unser Erzbischof könnte gar zwei Karossen sich leisten, und die Bischöfe desgleichen, aber im Reich der Osmanen dürfen sie mittels Karossen nicht verkehren. Ja sogar verhalten müssen sie sich so, als wären sie arm, denn sie werden ohnehin häufig abgeschöpft sowohl von dem türkischen als auch vom griechischen Patriarchen. Dieser macht den nämlich zum Erzbischof, der das meiste zahlt, und die Erzbischöfe suchen sich Bischöfe aus, die das meiste geben. Und die Bischöfe setzen, um an die Erzbischöfe zahlen zu können, in die Dörfer Pfarrer ein, die das meiste versprechen. Urteilt nun selbst, liebe Cousine, auf wievielerlei Arten und Weisen die Bischöfe und Pfarrer dem armen Mann das Geld aus dem Säckel ziehen. Da sind die vielen Fest- und Fastentage – alle nützlich für den Pfarrer, und hinzukommen dann noch die vielen hergebrachten Bräuche das Jahr hindurch. Sonntags liest er so, wie es halt geht, in irgendwelchen zerlumpten Sachen die Messe, aber daß er auch predige, kann man von Dero Unwissenheit nicht verlangen. Woher aber auch und wann sollte er eine kleine Predigt vorzubereiten lernen? Ich bin in einigen Pfarrhäusern gewesen, nicht ein Buch sah ich dort, bis auf ein zerfleddertes Meßbuch, das ist alles, was sie an Büchern im Hause haben. Wann sollte er aber auch etwas lernen können, wo er die ganze Woche über Feldarbeit verrichten muß, um seine Pfarrersfrau und etliche Kinder ernähren und schmuck ausstaffieren zu können. Kurzum: die Hirten hüten hier die Schafe nicht bloß, sondern besteuern sie auch, und ziehen ihnen zwar das Fell nicht ab, doch scheren tun sie's ihnen kräftig. Darüber las ich grad eine treffliche Geschichte, belacht sie ebenfalls.

Die Rabbiner geben für Korahs Aufruhr wider Aaron solch lachhaften Grund an in ihren Schriften: Einer armen Witfrau, die nur ein Schaf besaß und dieses grad geschoren hatte, nahm Aaron die Wolle weg und sprach, sie stehe ihm zu nach dem Gesetz, *dabunt sacerdoti lanarum partem, ex* *ovium tonsione, Deut. 18,4.** Das Weib wandte sich an Korah mit der Bitte, Aaron Bescheid zu sagen, daß der ihr die Wolle zurückgebe. Aber sie hat nichts erreicht. Korah gab ihr, um sie zu trösten, vier Silberlinge, damit sie Wolle dafür kaufe so viel, wie sie vom Schaf geschoren hatte. Als nach einiger Zeit das Schaf dann ein Lamm warf, nahm Aaron ihr auch dieses und sprach, das Gesetz gebiete, daß jegliche Erstgeburt dem Herrn zu heiligen sei, denn »so sollst du aussondern alles, was die Gebärmutter auftut und alle Erstgeburt unter dem Vieh,« Exod. 13, 2 und 12**. Die arme Witfrau sah, daß sie von ihrem einzigen Schäfchen keinerlei Nutzen haben kann und es nur für die Pfaffen nährt, also beschloß sie im stillen, ihr Schaf schlachten zu lassen. Aber Aaron erhielt davon Kunde, ging hin zu ihr und begann ihr den Teil des Schafs abzuverlangen, den man ihm, wie es heißt, schuldet nach dem Gesetz, welches festlegt, es solle »das Recht der Priester sein an dem Volk, was es auch schlachte, ob Ochse oder Schaf, daß man dem Priester gebe das Schulterblatt... und den Wanst,« Deut. 18,3.*** Die arme Frau war darüber sehr verbittert und sprach in ihrem Zorn: Meines Schafes Fleisch sei Anathema vor dem Herrn. Daraufhin nahm Aaron ihr das ganze Schaf weg und sprach, jegliches Anathema gebühre in Israel den Priestern. Verloren hat in jeder Weise nur die arme Frau. Meine liebe Cousine, gute Nacht!

* *Deut. 18,4:* 5. Mose 18,4: »... daß man dem Priester gebe... die Erstlinge von der Schur deiner Schafe« ** *Exod. 13,2 und 12:* Siehe 2. Mose 13,2 und 12 *** *Deut. 18,3:* Siehe 5. Mose 18,3

91

Rodosto, 5. octobris 1730

Wo ziehst du umher, herzliebste Cousine, warum gingst du nach Paphlagonien*? Es tragen sich so große Dinge zu in Constantinopel, und Ihr seid nicht da. Wie ist das möglich? Wie wagte man den Sultan abzusetzen und an seiner Stelle einen andren zu plazieren ohne Eure Kunde. All dies ist nun aber geschehen. Wahrscheinlich wäre die Sache anders verlaufen, wenn Ihr am Ort gewesen wäret. Tatsächlich aber trug es sich, kurz erzählt, so zu.

So viel hattet Ihr gehört, daß der Wesir geraume Zeit schon drüben in Üsküdar Lager bezogen hatte mit der Absicht eines Feldzugs gegen die Perser. Da der Sultan dort viele schöne Lustschlösser hat, begab er sich auch selbst häufig hinüber nach Üsküdar. Euch ist bekannt, daß zwischen der Residenz des Sultans und Üsküdar das Meer nur einen reichlichen Stutzenschuß breit ist. So geschah es, daß zwei Janitscharen gemeinen Standes, die beide auf Schiffen dienten, eine Rebellion entfachten; der Name des einen ist Muslu-Beşe, der des anderen Patrona**. Da der Sultan nicht in seiner Residenz war noch der Wesir in der Stadt, versammelten diese beiden Janitscharen ihre Gefährten, an die zwanzig, wenn es viele waren, auf einem Marktplatz. Patrona teilte sie in vier Rotten auf, jede bekam von ihm eine Fahne, und sie zogen durch die Straßen der Stadt und riefen, wer ein wahrer Türke sei, geselle sich zu ihnen, denn sie wünschten nur die Absetzung des Wesirs. Sie öffneten die Kerker, durchschwärmten die Stadt, die Läden ließen sie schließen, und bis zum Abend hatten sie sich über die

* *Paphlagonien:* Name der anatolischen Schwarzmeerküste im Altertum
** *Patrona:* Beiname zu Halil, eigentlich »Vizeadmiral«; hier Hinweis auf Schiffsdienst

Maßen vermehrt. Verwunderlich war es schon, daß niemand in der Stadt ihnen widerstand, wiewohl es in der Stadt der Janitscharen mindestens vierzigtausend gibt, auch gibt es da ein berittenes Heer, aber niemand raffte sich auf zugunsten des Sultans.

Heute, am 29., haben sich die Janitscharen bereits allesamt auf ihre Seite geschlagen und derart vermehrt, daß ihnen zu widerstehen unmöglich gewesen wäre, wo man sie doch gestern noch mit hundert Mann hätte zerstreuen können. Heute setzten sie auch einen neuen Janitscharen-Aga ein, und es schlossen sich ihnen viele hohe Offiziere an.

Am 30. hielt sich der Sultan in seiner Residenz auf, wohin er den Wesir, den Kapudan Pascha, den Kâhya des Wesirs und die Ulemas (hohen Priester) zu sich lud und sie fragte, welche Ursache sie sich dächten für die Rebellion. Als die dann teils das eine, teils das andere benannten, ließ er den Cancellarius kommen und suchte von den Priestern gleich zwei dazu aus, die er als Abgesandte zu den Rebellen schickte, um so deren Absichten zu erkunden. Von denen bekamen sie zur Antwort, mit dem Sultan seien sie zufrieden, aber nicht mit dem Wesir, nicht mit dem Kâhya und nicht mit dem Mufti, denn diese hätten mit Eintreibungen das Reich zugrunde gerichtet, und sie seien zwar zufrieden mit dem Sultan, allerdings mit der Bedingung, daß der ihnen jene drei Personen lebendig in die Hände gebe. All dies und Sonstiges legten sie schriftlich nieder und schickten es an den Sultan. Der Sultan veranlaßte abermals sämtliche Versammelte, die Ursache der Rebellion zu nennen. Einer der Ulemas gab den Wesir und den Kâhya als Grund an. Der Wesir aber hatte die Gefahr bereits geahnt, den Kâhya und den Kapudan Pascha festnehmen und letzteren sogar erdrosseln lassen. Der Sultan sah die schriftlichen Forderungen der Rebellen und bemühte sich sehr um die Rettung des Wesirs, aber es ging nicht, denn in seiner Residenz waren wegen der Rebellen bereits Brot und Wasser knapp geworden. Die Ulemas drängten ihn ebenfalls, er solle, so ihm sein Leben lieb sei, dem Verlangen jener nachgeben, denn den Wesir und den Kâhya auszuliefern sei er ohnedies gezwungen. Den Mufti aber, erklärten sie, geben wir ihnen nicht in die Hand, denn es wäre eine Schmach vor der ganzen Welt, den Fürsten unter den Hohepriestern preiszugeben – für den Tod eines solchen vor 27 Jahren straft Gott uns heute noch – vielmehr mag er lebenslang ins Exil geschickt werden. Schließlich setzten die Ulemas und seine Kinder den Sultan so unter Druck, daß er gezwungen war, den Wesir und den Kâhya gefangenzunehmen. Sodann wurde den Rebellen ausgerichtet, jene seien bereits in Haft und würden ihnen zu Händen überstellt. Den Mufti jedoch würden sie weder ihnen in die Hände geben noch töten lassen. Wenn sie mit den beiden sich zufriedengäben, würden die ihnen überstellt; falls aber nicht, sollten sie sich einen Giauren-Mufti wählen (der Türke nennt den Christen spöttisch: Giaur, das heißt einen Ungläubigen), die Auslieferung sei ausgeschlossen. Mit dieser Botschaft ließen sie die Abgesandten ziehen, aber derweil die fort waren, hat man den armen Wesir erdrosselt. Und als der tollwütige, abscheuliche, unzüchtige Kâhya sah, daß man ihn erdrosseln will, starb er vor Schreck. Diese Männer wurden getötet, um sie nicht lebendig ausliefern zu müssen. Nach der Rückkehr der Abgesandten wurden die Leichname des Wesirs, des Kapudan Pascha und des Kâhya auf einen Wagen verladen und den Rebellen zugeführt. Den Kapudan Pascha bedauerte man dort, und man übergab seinen Leichnam der Mutter, auf daß sie ihn bestatten ließe, den des Kâhya aber warf man vor die Hunde. Den Leichnam des

Wesirs hinwiederum schickte man zurück mit der Begründung, sie verlangten den Wesir lebendigen Leibes. Dies alles sah das Volk und neigte ihnen gänzlich zu.

Als der Sultan sah, daß man den Leichnam des Wesirs zurückgesandt hatte, ging er in sich, rief die Ulemas zusammen und sprach: Diese Rebellen wollen auch mich nicht anerkennen als ihren Sultan und Herrn, darum ist es, damit niemandem meinetwegen Gefahr drohe, mein Entschluß, daß ich den Sultanstuhl folglich aus eigenem freiem Willen dem Sohn meines Bruders, Sultan Mahmut*, überlasse. Laßt ihn kommen und hintreten vor mich. Vor euch allen unterwerfe ich mich ihm ehrlichen Herzens, wenn nur diese Rebellion aufhört und keine Ursache sei einer Gefahr für irgendwen. So geschehen, brachte man Sultan Mahmut dorthin; Sultan Ahmet** stieg herab von seinem Stuhl, ging ihm entgegen, umarmte ihn, führte ihn hinauf an seine Statt, setzte ihn in seinen Kaiserstuhl und küßte als erster selbst dem neuen Sultan die Hand, die Ulemas aber forderte er auf, desgleichen zu tun. Dann sprach er zu ihnen: Sowohl mein als auch Euer Herr und Sultan ist diese Person, ich vertraue sie Gott und Eurem Gewissen an. Wirket darauf hin, daß er nichts tue wider die Gerechtigkeit, wenn ihr ihn aber in schlimmer Sach' nicht mahnt, gebt ihr Rechenschaft vor Gott am Tage des Gerichts, wofür ihr auch mir Verantwortung schuldet im Dies- wie im Jenseits. Sodann wandte er sich Sultan Mahmut zu, gab ihm viele gute Ratschläge und richtete an ihn so wirkungsvolle Reden, daß alle Zuhörer weinten. Abschließend sagte er: Deinen Bart gänzlich in die Hände deiner Wesire zu geben vermeide; meine Kinder will ich Gott und dir anvertrauen, erzieh und ernähre sie als

* *Mahmut:* Sultan Mahmut I. (1730-1754) ** *Ahmet:* Sultan Ahmet III. (1703-1730)

deine Geschwister, sorge für sie mit Anstand, und vergiß nicht, diese Herrschaft ist für niemanden immerwährend.

Da all dies so geschehen, ward Sultan Mahmut in der Frühe des zweiten Tags dieses Monats zum Herrscher des Reichs und ging Ahmets Herrschaft zu Ende. Welch große Veränderung!

Liebste Cousine, so Gott etwas will, welch niederer Mittel bedient er sich doch, auf daß aus dem niederen Mittel seine Allmacht erhelle. Wer hat in einem so großen Reich den Sultan abgesetzt? Nur zwei gemeine Janitscharen. Der eine hieß Patrona und war ein Arnaute*, kein Türke also, der ein paar Tage zuvor noch Melonen zu verkaufen pflegte. Der andere hieß Muslu und ist ein Tellâk, das heißt Badegehilfe gewesen in einem Badehaus.

Und wie sollte man des armen Wesirs nicht gedenken; die Wesire sind hier hinsichtlich sowohl der Schätze wie der Macht gleichsam Königen gleich. Zumal dieser zwölf Jahre lang dies hohe Amt innehatte und zudem des Sultans Schwiegersohn war; seinen Leib fraßen die Hunde nun, obschon er sich ein Mausoleum im Wert von etlichen tausend Talern hatte bauen lassen.

Ich gestehe Euch, wir sind allhier verblieben, man konnte vermuten, daß es auch hier Aufruhr und Plünderung geben würde, hielten auch Wache in der Nacht, aber es blieb alles so still, als wäre die Rebellion nur ein Traum gewesen. Wer es nicht wüßte, möchte nicht glauben, welch Ordnung selbst in der Rebellion gehalten werden kann und wie wenig Schaden daran gemessen eingetreten ist. Denn wer würde schon denken, daß es bei solcher Gelegenheit keine Plünderungen gibt, wo doch die vielen Läden aufgebrochen und des Sul-

* *Arnaute:* Türk. für Albaner

tans Schatzmeister überfallen werden könnten. Aber nein, die Zahlstelle, wo alle Löhnungen erfolgen, stand uns so offen als vordem.

Eh ich diesen Brief beschließe, sollt Ihr füglich noch erfahren, daß es im Reich bei Sultanswechsel üblich ist, die Monatslöhnung eines jeden Janitscharen um einen Geldwert zu erhöhen und außerdem einem jeden ein Trinkgeld (Bakschisch) in Höhe von 15 Talern auszuzahlen; bei der jetzigen Auszahlung belief das sich auf 5000 Beutel Geldes. Ihr wißt, ein Beutel beinhaltet 500 Taler; uns würde die Hälfte reichen. Gute Nacht, liebe Cousine. Vom Sultan sollt Ihr träumen.

92

Rodosto, 27. novembris 1730

Noch ist, herzliebste Cousine, die Komödie nicht zu Ende, schließlich müssen die Komödianten auch bezahlt werden. Heute brachte man die Nachricht, daß der Sultan die Rebellen am 25. Tag dieses Monats zu Constantinopel hinrichten ließ; dies vollzog sich in folgender Form, und das höret, Frau Rebellin, voller Furcht, denn ich werde nichts davon weglassen noch hinzutun.

Aus meines letzten Briefes letztem Teil am letzten Ende konntet Ihr selbst offnen Ohrs ersehen, welcherart die Rebellion ein Ende fand und wie der neue Sultan das von Patrona entfachte Feuer zu löschen suchte und äußerlich vielleicht sogar gelöscht hat, Patrona im Innern jedoch bis in unsere Tage weiter schürte. Seine Forderungen vermehrten sich nämlich auf vielerlei Weise täglich dermaßen, daß sowohl der Sultan als auch der Großwesir gezwungen waren, seinen Wünschen nachzukommen, weil sie befürchteten, er könnte eine neue Rebellion unternehmen, da viele zu ihm hielten. Der Oberschultheiß der Stadt (Istanbul efendisi), Deli Ibrahim, war mit allen Mitteln darauf aus, sich zu bereichern. Er suchte Patrona zu allem möglichen zu bewegen, so daß, wen es nach irgendeinem Amt verlangte, derjenige erst viel Geld zahlen mußte, um es zu erlangen. Patrona ließ sich unlängst vom Aga der Serdengeçti (eine Truppe, die im Kampf wie auch bei Belagerungen vorneweg geht; Streiter, die über den Tod nicht groß nachzudenken brauchen) zum Wesir begleiten. Nachdem er vom Wesir alles erwirkt hatte, wurde er so übermütig, daß er auf Deli Ibrahims Bitten einen Metzger, von dem jener einen Batzen Geld angenommen hatte, zum moldauischen Woiwoden machen wollte. Der Wesir erwiderte jedoch, ihm stünde es nicht frei, jemandem ohne des Sultans Wissen ein Fürstentum zu verleihen. Damit hatte er sich herausgeredet, aber um Patronas diesbezügliche Absicht völlig zu ändern, kam ihnen der Einfall, Patronas Genossen, den Aga Muslu, der des Janitscharen-Agas Kâhya geworden war, als Mittel zu benutzen. Dies schien vernünftig, und sie trugen Muslu vor, wie ungehörig es wäre, einen Metzger zum Woiwoden zu machen, er solle es doch auf sich nehmen, daß die Sache vonstatten gehe. Demgemäß handelnd, ging dieser also zu Patrona und tat so, als wäre auch ihm sehr daran gelegen, daß der unkluge Metzger Woiwode werde, deshalb müsse man, sagte er zu Patrona, in dieser Sache sehr behutsam vorgehen, und daß es angebracht wäre, zum Kasap Başı (das heißt zum Oberhaupt der Metzger) zu gehen, welcher hier nämlich in hohem Ansehen steht und für jeden Metzger Verantwortung trägt. Bei ihm angelangt, fragte Muslu ihn, ob er, da einer für die moldauische Woiwodschaft tausend Beutel Geld versprochen habe, für den Metzger bürgen wolle, daß der das Geld auf den Tisch legt, wenn man ihm die Woiwodschaft zuschanzt. Der Obermetzger antwortete, er würde für den Metzger nicht einmal bis zu einem Betrag von fünfzig Hellern bürgen. Patrona war davon sehr beschämt und schickte den unklugen ehrsüchtigen Metzger nicht ins Moldauische, sondern in den Kerker. Deli Ibrahim gab sich aber mit nichts zufrieden, drängte bei Patrona täglich auf immer neue Posten, so daß dieser täglich neue Posten den Ministern abverlangte, die ihm selbst indes hohe Ämter anboten, von denen er keines annahm.

Da der Sultan des Patronas Hochmut länger nicht dulden konnte, ließ er Canım-Hoca nach Constantinopel kommen, um ihn zum Kapudan Pascha zu machen (der Kapudan Pascha ist der oberste General der Seestreitkräfte), ebenso den Pascha von Nissa*, damit er die Pilger nach Mekka begleite. Beide trafen beinahe gleichzeitig in Constantinopel ein. Patrona erahnte, daß Letztgenannter zu anderem Zweck gerufen worden war (so war's ja auch), hielt mit seinen Getreuen Rat darüber, wie des Sultans Absicht durchkreuzt und verhindert werden könnte. Mit Blick darauf teilten sie sämtliche Führungsämter unter sich auf. Muslu wurde genötigt, den Posten des Kul Kâhyasi** zu bekleiden, der Janitscharen-Aga sollte Wesir und Patrona Kapudan Pascha werden. Den Mufti wollte man absetzen, ebenso den Kadıleşker (Hauptverwalter) für Europa***. Kurz: Patrona wollte sämtliche Ämter mit seinen Anhängern besetzen, und hätte er das geschafft, wäre das ganze Reich umgewälzt worden. Der Sultan erhielt Kunde davon und tat so, als wäre vom babylonischen Pascha Post eingetroffen mit der Mitteilung, daß die Perser und die Mohren große Schäden anrichteten,

* *Nissa:* Heute ostserbische Stadt Niš ** *Kul Kâhyasi:* Hochrangiger Janitscharen-Offizier *** *Europa:* Hier Rumelien, der europäische Teil des Reiches

darum eile, wer sich für einen wahren Muselman hält, ihm zu Hilfe. Daraufhin berief der Wesir den Großen Diwan ein, um mit sämtlichen Ulemas und Militärs zu beraten. Der unkluge Patrona begab sich zusammen mit Muslu und den Serdengeçti Agas ebenfalls zum Diwan. In diesen Diwan dann rief man den Boten mit dem Brief herein, der fingiert war, und ließen ihn Nachrichten von vielerlei Gefahren hersagen. Unter diesen Umständen versprach der Wesir Patrona gleich die Würde eines Drei-Boncuk-Paschas und sonstige hohe Ränge den Serdengeçti Agas, wenn sie nur zu Hilfe eilten nach Babylon. Doch keiner von ihnen lief ins Bockshorn, denn keiner von ihnen wollte dorthin eilen. Der Wesir sah ein, daß er an dem Tag nichts auszurichten vermochte, also sprach er, es solle tags darauf ein Diwan vor dem Sultan stattfinden, darum mahne er alle, daß jedermann recht zeitig in der Früh erscheine. Dies alles war dazu angetan, die Rebellen in eine Falle zu locken.

Anderntags, also am 25. Tag des Monats, versammelten sie sich alle in der Residenz des Sultans. Da es in der Residenz drei Höfe gibt, wurde in jedem Hof ein Diwan-Haus eingerichtet, damit die Versammlung an drei Stellen stattfinden könne. In dem Haus im innersten Hof hielt der Großwesir einen Diwan ab mit dem Tataren-Khan, dem Mufti, dem Janitscharen-Aga, Patrona und sonstigen Hauptleuten der Rebellen. Im zweiten Hof leitete Canım-Hoca den Diwan mit den Agas der Serdengeçti und all denen, die zu Patrona hielten. Und im dritten war der Pascha von Nissa mit anderen Offizieren vielerlei Standes. Die Diener des Sultans aber, zusammen mit den Bostançi, befanden sich in jedem der Höfe bewaffnet in Verstecken. Und es fand sich ein Çorbacı, der auf Patrona böse war, weil der ihm sein Orta (das heißt sein Regiment) genommen hatte, der sich dem Sultan anbot, dessen Absicht zu vollziehen; der also nahm viele Janitscharen, die auf Patrona einen Zorn hatten, heimlich mit sich hinein in die Residenz. Und als dann in der ganzen Versammlung in den Rats-Häusern jedermann auf seinem Platze saß und der Sultan den Tataren-Khan und den Mufti zu sich kommen ließ, wurde eine Büchse abgefeuert, damit die Tore geschlossen würden. Sofort betrat der Çorbacı das Diwan-Haus, in welchem der Wesir saß, legte seinen Umhang ab und begann so, nur im Küraß, auf Patrona einzuschlagen, und die mit ihm waren, desgleichen auf Patronas Getreuen, welche zusammen mit ihm massakriert wurden. Ähnlicherweise wurden Patronas Anhänger in den beiden anderen Höfen alle niedergemacht, und in jedem Hof gab es großes Blutvergießen; die Leichname wurden auf Wagen verladen und ins Meer geworfen. Bis zum Mittag dieses Tages waren sämtliche Rebellen ausgerottet, und erst von dem Tag kann Mahmut sich wahrhaft Sultan nennen. Auch ich verbleibe wahrhaft Euer Vetter und Diener, liebste Cousine.

93

Rodosto, 25. martii 1731

Flunkern würde ich, herzliebste Cousine, wenn ich sagte, Euer Brief von neulich wäre mir nicht willkommen gewesen. War Euch denn meiner ebenso willkommen? Ebenso. Ich werde halt nunmehr immerzu von Rebellionen schreiben, von einer großen schrieb ich Euch schon voriges Jahr, und auch jetzt könnt' ich von einer schreiben, wenn ich wollte. Der Grund dafür aber ist bloß, daß Ihr derzeit nicht in Pera lebt. Jedenfalls gab es dieser Tage wieder eine Attacke in Constantinopel. Ausgegangen ist sie von den Arnauten, die sich – vermischt – zusammentaten mit Janitscharen und zu zwei- oder dreitausend Mann über die Stadt verbreiteten und die edle Absicht hegten, in den Hof des Sultans einzufallen; und sie hätten dies auch getan, wäre man ihnen nicht ein paar Stunden zuvorgekommen. Der Sultan selbst wäre solcherart in Gefahr geraten, aber man bog die Sache ab, seine Hauptleute hielten sich ehern und töteten viele von den Rebellen, die übrigen zerstreuten sich. Diese Rebellion wurde der Tochter des Sultans, der verwitweten Gemahlin des armen Wesirs Ibrahim, zugeschrieben, die nämlich als mutige Frau, die sie war, auch im Reich gern regiert hätte, wie sie dies denn auch getan zu des Wesirs Lebzeiten. Ob mit Recht oder fälschlicherweise, jedenfalls wurde die Rebellion ihr angelastet, und zur Strafe warf man sie den Fischen des Meeres vor. Eine solche Fürstin hätte man, deucht mich, auch auf andere Art aus der Welt jäten können. Aber da nun einmal so geschehen, was können wir tun. Ist's denn um Eure Gesundheit, liebe Cousine, wohl bestellt?

94

Rodosto, 15. aprilis 1731

So hätte es schon bislang sein sollen, und Ihr hättet Adrianopel längst lassen müssen. Bei mir dachte ich mitunter fast schon, irgendein Magnet hielte Euch dort fest. Für dieses Wort werde ich mein Fett abbekommen, aber sei's drum. Hauptsache, ich hab einen Brief von Euch erhalten, und ich danke dafür kniefällig. Da ich den rechten Grund Eures bisherigen Verweilens kenne, erteil ich Euch Absolution. Aber, herzliebste Cousine, ungern schriebe ich noch mehr so blutige und grausame Briefe wie unlängst. Mich deuchte bereits, selbst in meinem Federkiel rinne Blut, nicht Tinte. Um noch eine blutige Historie allerdings komm ich nicht herum, und dann ist Schluß. Und die fällt mir auch nur darum ein, weil Ihr schreibt, die Italiener wären so rachsüchtig.

Ein Edelmann in Italien besaß einen Wildpark und hatte darin viel Rehe und viel Hirsche. Der Herr hatte seinen Bediensteten erklärt, wenn einer von ihnen ein Wild in dem Gehege gelegentlich tötete, gäbe es für den keine Gnade. Es geschah einmal, daß einer der Diener mit der Büchse in den Wildpark ging, um auf Vögel zu schießen. Als er auf einen Vogel am Boden schießen wollte, traf er zu seinem Unglück einen Hirsch, der dort in einem Strauch lag, aber nicht zu sehen war. Der Diener ergriff, als er dies merkte, sofort die Flucht. Da der Herr den Grund der Flucht nicht kannte, ließ er es dabei bewenden. Einige Tage danach indes, als er spazieren ging in dem Wildpark, stieß er auf den verendeten Hirsch und erkannte sogleich, daß der eine Schußwunde hatte, und zudem, daß sie von seinem Diener stammte. Er schrieb nun überallhin Briefe, in welchen er nachfragte, ob man einen Kerl mit dem und dem Aussehen irgendwo gesichtet habe. Nach geraumer Zeit ließ man ihm die Nachricht zukommen, so einer wie sein Diener wäre irgendwie in die Sklaverei geraten und von Seeräubern nach Afrika verschleppt worden. Der italienische Edelmann versprach den Geistlichen, die zum Freikauf von Gefangenen dorthin reisten, eine ordentliche Summe Geldes, wenn sie seinen Diener nur freibekämen, er würde jeden Preis bezahlen. Die Geistlichen kauften den Diener frei und schickten ihn dessen Herrn mit Freuden zu. Der arme Kerl fürchtete nichts mehr, es waren bereits etliche Jahre vergangen. Der Italiener aber begann den Burschen, sobald er ihn erblickte, zu bedrängen, warum er den Hirsch getötet habe. Der Bursche suchte sich zu rechtfertigen, der Italiener jedoch gab sich damit nicht zufrieden und ließ den armen Kerl eines Nachts töten. Das ist echt italienisches Naturell.

Ziemlich gelacht hab ich, liebste Cousine, denn schließlich muß ja auch gelacht und nicht nur über so traurige Dinge geschrieben werden, daß die Kaufmannsfrauen sich so hochnäsig gebärden, als wäre jede von ihnen Gouverneursgattin in Siebenbürgen. In der Tat, Gouverneursgattinnen können so hochnäsig gar nicht sein, als es Griechinnen sind, denn der Grieche ist von Natur hochmütig, und die Frauen um so mehr. Daß einer sich selbst geringer achte als den anderen, steht ihnen fern. Begegnet man Griechinnen auf der Straße, könnte man denken, jede sei eine Gräfin, so herausgeputzt sind sie, und so geziert ist ihr Gang, und kommt so eine nach Hause, kann sie sich günstigenfalls zu einem Drei-Heller-Mittagsmahl an den Tisch setzen. Dazu fällt mir eine Geschichte ein. Karl V. weilte zu Brüssel und ließ dort ein großes Gastmahl bereiten. Zwei Hochedelfrauen wollten aber dahin nicht gehen, damit die eine nicht höher gesetzt werde als die andere. Der Kaiser erfuhr davon und dachte, die eine oder die andere könne ein groß' Spektakel machen beim Mahle, darum wollte er Richter sein in der Sache. Dazu versammelte er seinen Hof und setzte sich mit großer Zeremonie in seinen Stuhl. Dann traten die Anwälte der beiden Frauen vor ihn hin und huben dort heftig an miteinander zu streiten, ein jeder um das Primat seiner Herrin. Der Kaiser sah, daß jede der beiden gleiche Gründe hatte und beide gleichermaßen ihren Vorrang geltend machen könnten, er aber keiner der beiden Zorn auf sich ziehen wollte, sprach er solch' Urteil, daß diejenige, welche grad am stärksten verliebt wär, auch den Vorrang in Anspruch nehmen könnte. Die Versammlung war damit zu Ende, jedermann fand den Urteilsspruch treffend. Es fochten dann auch die Frauen nicht um das Primat, weil sie vor der Welt nicht als verliebt gelten wollten. Ob man von Eurem Richterstuhl solch Urteile fällt, weiß ich nicht. Aber wäre es nicht gut, irgendeine Handhabe zum Erkennen verliebter Frauen zu finden? Doch weil von der Liebe die Rede ist: sie ist gut an sich, uns eingeimpft von der Natur, oder vielmehr Gebieterin der Natur, und all ihr Werk ist gut, nur wir treiben Mißbrauch mit ihr. So stell ich nun die Frage: Eine Jungfrau war eingeschlafen im Walde, es wollte einer sie rauben, doch als sie sich wehrte, zog sie sich eine tödliche Wunde zu. Drei in sie Verliebte hielten sich in der Nähe auf bei der Jagd und fanden die Jungfrau in jenem elendiglichen Zustand vor. Der erste Galan stürzte sofort dem nach, der sie hatte rauben wollen; der zweite fiel vor Weh und Schmerz in Ohnmacht; der dritte war gleich um Hilfe bemüht und verband ihre Wunde. Die Frage lautet: Welcher der drei liebte die Jungfrau am meisten? Solange Ihr darüber nun ein Urteil fällt, beschließe ich meinen Brief. Gute Gesundheit, liebste Cousine.

95

Rodosto, 20. septembris 1731

In deinem Brief neulich schriebst du, herzliebste Cousine, der Wesir sei abgesetzt worden. Nun zahl ich aber für die Zeitung mit einer Zeitung, denn gestern zog hier mit großem Zeremoniell der neue Wesir vorüber auf dem Weg ins Wesirat. Es heißt, er sei ein guter Mensch, ein wenig hart freilich, wie er dies auch anzeigte unterwegs, da er einen Dorfkadı aufhängen ließ an die eigene Tür; vermutlich hatte der Gerechtigkeit nicht recht geübt. Der Wesir heißt Topal-Osman Pascha, das heißt Hinkebein-Osman, er humpelt nämlich, die Beschädigung rührt von einem Kampf her, aber sein Verstand hinkt nicht, man sagt ihm viel Gescheitheit nach, obschon er wenig gelesen und geschrieben hat im Leben, kann er doch weder dies noch das. Es ist schon der dritte Wesir, seit der Sultan abgesetzt worden ist. Welch eine kurze Herrschaft, aber welch eine große. Der neue Sultan beherzigt, wie ich sehe, den Rat des abgesetzten, die Wesire nicht zu lange regieren zu lassen. Ob es ein guter oder schlechter Rat ist, unterbreite ich Eurem Richterstuhl. Denn falls der Wesir ein guter ist, wäre es dann nicht ein größerer Nutzen für das Reich, ihn zu belassen? Je länger er an der Macht wäre, um so besser erlernte er das Regieren, sowohl die auswärtigen als auch die inneren Angelegenheiten des Landes betreffend, und mit fremden Ministern könnte er besser über auswärtige Dinge zu Schlüssen kommen. Aber dazu gibt man ihm die Zeit nicht, denn er wird abgesetzt, wenn er sich mit den Dingen schon ein wenig auszukennen beginnt. Manch einer wird so rasch hinausbefördert, als wär er nur im Traum Wesir gewesen. All dies brächte dem Reich viel Verderben, wenn man dem nicht vorbeugte, denn zwar werden zusammen mit dem Wesir häufig alle Hauptamtsträger abgesetzt, aber die untergeordneten Beamten bleiben. Wird etwa der Obercancellarius abgesetzt, bleiben die in der Kanzlei beschäftigten Beamten, Sekretäre und Schreiber alle auf ihren Posten, und der neue Cancellarius bekommt von denen gesagt, welche Angelegenheiten dran sind, und die verfolgt er dann. Ebenso erfährt der neue Schatzmeister von seinen Untergebenen, welche Ordnung an den Rechnungshöfen gilt. Demgemäß werden die Neuen alsbald zu Alten, und mit dem Wechsel der Amtsträger wechseln nicht gleich auch die Dinge und Ordnungen. So bleibt halt die Sache des Reichs in Gang, doch liefe sie, dünkt mich, besser, würde man einen guten Wesir länger belassen. Aber was soll ich sagen, Ibrahim Pascha ist lange Zeit Wesir gewesen, und eben deswegen kam es zum letzten Aufstand; sie besitzen nämlich, solange sie Wesir sind, eine sehr große

Macht, und es ist so gut wie unmöglich, diese Macht nicht zu mißbrauchen. Und nie lernt einer am Beispiel des anderen, immerzu laufen alle an der gleichen Leine. Sie müßten sich irgendeinen Kniff ausdenken, damit man sie nicht so rasch hinausbefördere. Sie könnten so vorgehen, wie Pilatus es getan.

Dies ist mir grade in den Sinn gekommen: Da gegen den berühmten Pilatus irgendwelche Beschwerde in Rom geführt wurde, mußte er sich von Jerusalem nach Rom begeben, um sich dort vor dem Kaiser zu rechtfertigen. Nun hatte Pilatus Christi nahtloses Gewand seinerzeit den Soldaten abgenommen, und so geschah es, daß er, als er auf des Kaisers Geheiß vor diesen hintrat, zufällig dieses Gewand anhatte. Sobald der Kaiser Pilatum erblickte, erhob er sich auch schon von seinem Sitz, empfing ihn freundlich und ließ ihn gehen. Verwundert fragte sich der Kaiser, wie es komme, daß er Pilatum zu sich beordert hatte, um ihn in die Verbannung zu schicken; aber nein, er erhebe sich auch noch vor ihm und empfange ihn freundlich. Aber mehr noch staunte Pilatus über den Kaiser, denn der Grund für das Geschehene war auch ihm unerdenklich. Der Kaiser ließ Pilatum abermals kommen. Dieser trat erneut in jenem Gewande vor den Kaiser hin, der ihn mit der nämlichen Zeremonie wie zuvor empfing. Der Kaiser wunderte sich noch mehr über die Sache, und Pilatus ebenso. Keiner wußte, wieso es so gekommen war. Einige Tage später ließ der Kaiser Pilatum noch einmal kommen, doch der gute Herr Pilatus geriet zu seinem Mißgeschick ins Schusseln und griff nach einem anderen Umhang und ließ das nahtlose Gewand, das zweimal ihm zum Schutz geworden war, liegen. So kam's, daß der Kaiser, als er hintrat vor ihn, sich beileibe nicht erhob, wohl aber mit scharfen Worten zu ihm sprach und ihn in die Verbannung nach Gallien schickte. Glaubet dies so, wie's Euch behagt. Und so bleibe ich, der ich bin.

96

Rodosto, 24. decembris 1731

Auf die übliche Weise wage ich es nicht mehr, Euch glückliche Weihnachtsfeiertage zu wünschen, denn Ihr habt bereits fremde Bräuche angenommen. In fremden Ländern aber, besonders in Frankreich, beglückwünscht man sich nur zu Neujahr, bei uns indessen auch zu allen drei hohen Festtagen. Welcher Brauch nun der bessere ist, das überlaß ich den Schriftgelehrten. Es behalte ein jedes Land seinen Brauch bei, das ist das beste. Auch ich behielte den meinigen bei, wenn es ginge, und ich möchte schon irgendeine Neuigkeit schreiben, so es eine gäbe, aber wir leben hier in solcher Ruh' und Stille, daß es anmutet, als wären anderswo alle gestorben und nur wir am Leben. Dabei ist es, wenn wir es recht bedenken, so: die andern leben, wir schlafen bloß. Doch haben Flüchtlinge sonst etwas zu tun? Wie schaff ich es nur, meine Liebe, Euerem weisen und gescheiten Brief gerecht zu werden? Mir sollte man keine so klugen Briefe schreiben, mein Verstand saust nicht so durch die Lüfte wie der Eure, sondern bewegt sich nur auf ebner Erde. Drum lege ich die anderen mit großem Respekt beiseite und beantworte nur einen.

Du schreibst, Cousine, Unglaube, Zweifel und der gelbe Neid seien halt doch mit uns gekommen ins Exil, als hätten auch sie nicht daheim verbleiben können im Lande. Das alles ist wahr, und so ist es. Wahr ist auch: der türkische Sultan hat für sie keine Löhnung ausgesetzt, trotzdem fristen sie ihr Dasein. Wie viele von uns haben wir schon begraben, aber der ruchlose Neid lebt fort, und die Zwietracht ist bei Gesundheit, ohne das geringste zu altern, möglicherweise werden die uns begraben, es sei denn Gott tilgt sie aus unserer Mitten. Man könnte meinen, Flüchtlinge müßten besser miteinander leben als die Landsleute daheim, doch bis jetzt hab ich stets das Gegenteil erfahren. Ja, je weniger wir werden, um so mehr nehmen Neid und Zwietracht zu. Das ist allezeit so gewesen und wird, ich seh es mit Trauer, so auch sein in aller Ewigkeit (doch ein Amen sag ich dazu nicht). Unser ehrfürchtiger Herr war, das kann man sagen, stets darauf bedacht, jene zu vertreiben aus unserem Kreis, aber geschafft hat er's bislang nicht. Doch wie sollte er schaffen, was selbst der Tod nicht vollbringt. Wäre es auf mich angekommen, hätte ich sie längst verbrennen lassen, denn was haben die zu suchen unter uns, wir befinden uns in ein und derselben Lage, sein Gut verließ der eine wie der andre. Ämter und Güter werden hier nicht verteilt, vom Nordwind und vom Südwind bekommt jeder das gleiche ab, Unterschiede kann es nur darin geben, daß der eine bei besserer Gesundheit ist, der andere mehr essen und trinken darf, der dritte besser zu Fuß ist und an der Küste mehr spazieren gehen kann. Wenn solches ausreicht für Zwietracht und Neid, dann werde zu St. Nimmerlein darüber der Gerichtsstab gebrochen. Aber bis es soweit ist, denk ich mir, das alles rührt daher, daß es Flüchtlingen an allem mangelt und ihnen die Unstetheit bald zu viel wird. Da sie Beschäftigung kaum haben, wird ihnen die Zeit zu lang, und wenn sie zusammen wohnen, fallen sie sich selbst zur Last, und immer nur die gleichen Gesichter zu sehen haben sie ebenfalls über, und so ist es am End' die Langeweile, der die obenerwähnten Hundesöhne entspringen.

In den Historien liest man Beispiele dafür, daß an andren zu zweifeln nicht gut ist. Eines davon geht auf eine heidnische, aber schöne Herrscherin zurück, und zwar auf Ihro Hoheit die ruhmreiche Madame Cleopatra. Wie die mit Mark Anton sich beide liebten, wißt Ihr. Nach der Schlacht bei Actium kam es zur Flucht nach Ägypten, und Mark Anton dachte, wo er schon einmal glücklos gewesen ist, würde man ihn nicht mehr so lieben, denn einem Glücklosen bringt selbst die Liebe nur Unglück. Darum befürchtete er allweil, Cleopatra würde ihn mit einem kleinen Trunk ins Jenseits befördern, um sich dann einen Glücklicheren zu nehmen. Cleopatra merkte das und bereitete ein Gastmahl, bei dem alle, die um den Tisch saßen, einen Kranz von Blumen auf dem Haupt hatten. Ihr könnt Euch vorstellen, welch schönen Kranz Cleopatra für Mark Anton flocht, aber was Ihr Euch vielleicht nicht vorstellen könnt, daß sie den mit Giftpulver bestreute. Bei dem Gastmahl hatten also alle wie üblich einen Kranz auf dem Haupt, die Königin war gut gelaunt und suchte gar sehr Mark Antons Gunst, dem sie ansah, daß er allmählich nicht bloß vom Wein, sondern auch von der Liebe berauscht und schon in dem Zustand wär, in welchem sie ihn haben wollte, da sprach sie zu ihm, er möge welche von den Blumen aus dem Kranz in seinen Becher tun, sie täte dann desgleichen. Mark Anton vernahm dies, und da er in allem der Königin zu Willen war, riß er sich sofort eine Blume aus dem Kranz, warf sie in den Becher und wollte ihn auf Cleopatras Wohl leeren. Da jedoch hielt ihn die Königin ab davon, indem sie ihm die Hand auf den Mund legte und sagte: Trink das nicht, Mark Anton, und sieh, was nicht alles vollbracht werden kann, wenn einer etwas will. Ich habe die Blumen mit Gift bepudert. Urteile, ob der Verdacht mir gegenüber dich vor der Gefahr zu schützen vermöchte, so ich es darauf anzulegen imstand wär, dich umzubringen, wenn ich ohne dich leben könnte. Da die

Königin sah, daß Mark Anton Zweifel hegte an ihrer Rede, ließ sie sogleich einen zum Tode verurteilten Gefangenen heraufholen aus dem Verließ, hieß ihn den Wein im Becher trinken, und er starb vor ihnen auf der Stelle. Jemanden so von Argwohn und Mißtrauen zu heilen wäre eine recht arge Medizin.

Aber laßt mich noch ein Beispiel für Neid vorbringen. Einem König in Frankreich, der noch neu war in seinem Königtum, lagen die Höflinge aus Schmeichelei immerzu in den Ohren, die Beamten in der Zeit des vorherigen Königs hätten doch ach so viel Kummer und Kränkung bereitet, nun könnte an ihnen Vergeltung geübt werden. Sie drangen so lange darauf, bis am Ende der König anordnete, man solle ihm schriftlich die Namen der Beamten am Hofe des vorherigen Königs vorlegen. Das Verzeichnis wurde mit großer Freude alsbald unterbreitet. Der König nahm die Liste in die Hand, kreuzte eine ganze Reihe von Namen an und verschloß das Papier. Die Höflinge sahen dies und dachten eitel fröhlich, diejenigen, deren Namen angekreuzt war, seien gelieferte Leute. In ihrer großen Freude konnten sie gar nicht abwarten, daß der König über sie entscheiden würde, sondern verkündeten, wie der König manche Namen mit einem Kreuz versehen habe. Auf diese Nachricht hin bekamen viele, deren Namen mit einem Kreuz bezeichnet worden waren, einen Schreck und flüchteten heimlich in andere Länder oder versteckten sich im Lande. Als der König den Grund ihrer Flucht vom Hof erfuhr, sprach er zu aller Gehör und Erstaunen folgende beherzigenswerte Worte: Warum sind sie geflüchtet von meinem Hofe, wußten sie denn nicht, daß das Kreuz eine Gewähr ist für ihre Belohnung, und daß dank des Kreuzes die Vergehen gelöscht sind. Dann gebot er, alle sollten zurückgerufen werden, und als alle zurückgekehrt waren, beließ er jeden in seinem Amte. Dies war eine so schöne Tat, als der Neid häßlich ist. Darum red ich auch mehr nicht davon.

Aber was ich noch sagen will: Wir haben hier warme Tage, in diesem Monat hab ich, wenn's hochkommt, zweimal Feuer machen lassen. Man richtet an Euch die Frage: Wer liebt mehr, derjenige, welcher von seinem Wohltäter sich gar nicht verabschiedet, oder derjenige, welcher sich verabschiedet bei seinem Weggang? Er- und verlebe, liebste Cousine, das neue Jahr mit Gottes Segen. Sollten wir uns gegenseitig nicht auch ein neues Herz wünschen, wo doch die unseren davon, wie wir uns liebhaben, gänzlich versengt sind. Doch wozu nahmen wir uns dies zur Gewohnheit von den Heiden? Ein glückliches neues Jahr und eine glückliche Reise wünsch ich, Gottes Segen und Hilfe wollen wir nicht bemühen, nur das viele Glück. Da es vor Gott keinen Glücksfall gibt, brauchten auch die Christen ihn nicht zu kennen. Nun gut, ich beschließe meinen Brief, und wir wollen Dank sagen dem Herrn, daß er uns in diesem Jahre erhalten hat. Ich bleibe.

97

Rodosto, 14. martii 1732

Liebreich und entzückt empfing ich, herzliebste Cousine, deinen rohrzuckersüßen schönen Brief. Wir sollten vor aller Welt bekennen, daß wir beide gut sind, und daß wir einander gut mögen können. Aber daß wir uns nimmer zanken, selbst wenn wir verzankt sind, leimt gleichsam die Freundschaft zwischen uns noch fester. Neues von Euch hätte ich grad nicht erwartet, dies wär des Unmuts schon wert. Wer hätte gedacht, daß Topal so rasch aus dem Wesirat entfernt würde? Jedermann liebte und jedermann fürchtete ihn. Die

Deutschen freilich, das glaub ich, die wollten es so, denn die hat er gehaßt. Und für uns hat er, Gott segne ihn, selbst in der Kürze der Zeit reichlich Gutes getan. Wenn das so weitergeht, wird es binnen zwei bis drei Jahren keinen Türken mehr geben, der das Wesirat nicht verkostet hätte. Graf Bonneval* nehm ich aus, auch wenn er Türke ist, denn Gott läßt es nicht zu, daß ein solcher Glaubensabtrünniger auch hier noch vorankomme. Wenn der Pascha, von dem es heißt, er würde jetzt Wesir, noch in Babylonien weilt, wann wird der dann hier eintreffen? Aber anständig ist es ja doch, daß es der Sohn eines Doktors ist und nicht eines Barbiers oder Holzhackers, wie schon geschehen. Hier holt man die Wesire aus dem Staub und stößt sie dann wieder in den Staub. Darüber hol ich eine kleine Geschichte hervor.

Wenn hier sich arme Waisenknaben anfinden, die wohlgestalt sind, werden sie als Steuer eingetrieben und in türkischem Glauben erzogen; die Schönsten von ihnen zieht man am Hofe des Sultans auf. Eines solcher Kinder kam, da es noch zu schwächlich befunden wurde und an den Hof des Sultans nicht gegeben werden sollte, zu einem Pascha, der an ihm Gefallen fand und es in Obhut nahm; er ließ ihm alles, was da an Wissen erworben werden konnte, beibringen und erzog es mit großer Sorgfalt. Der Jüngling, den wir bereits Ibrahim nennen werden, lernte sehr gut und benahm sich wohl, so daß der Pascha meinte, er könne sich vielleicht Gunst erwerben, wenn er ihn dem Sohn des Sultans, jenem Suleyman schenkte, der nach seines Vaters Tod so großen Ruhm erwarb. Suleyman nahm die Gabe sehr freundlich auf, und da sie gleichaltrig waren, war Ibrahim bei all seinem

* *Bonneval:* Claude-Alexandre comte de Bonneval (1675-1747), Autor, Diplomat, Artillerieoffizier, ab 1729 als Muslim in türkischen Diensten; korrespondierte mit Fénelon und Voltaire

Zeitvertreib dabei, und jener gewann ihn so lieb, daß er nur von Ibrahim bedient zu werden wünschte. Dieser merkte es und wollte Gebrauch machen von der guten Gelegenheit, aber nicht zum Unguten, sondern um Wohlwollen zu wekken und den Armen dienlich zu sein. Suleyman, der von wahrhaft fürstlicher Art war, erkannte in ihm mit Freuden das edle Herz und schätzte und mochte ihn noch mehr. Und dem verlieh er, zum Sultan geworden, deutlich Ausdruck, denn er machte ihn zum Kapıcı Başı und nicht lange danach zum Ober-Aga der Janitscharen.

In Anbetracht der Geschwindigkeit seines Aufstiegs fürchtete Ibrahim um die Beständigkeit seines Glücks. Ihm kam häufig das Ungemach und der erbärmliche Tod mancher hoher Herren bei der Pforte in den Sinn. Davon regten sich in seinem Geiste trübe Gedanken solchermaßen, daß die traurigen Gedanken seinen Geist überlagerten, und zugleich verlor er seine gute Laune, an der Suleyman oft Gefallen gefunden hatte. Dieser nahm es wahr, und da er ihn wahrhaft mochte, begann er nach dem Grund zu fragen. Ibrahim gab unumwunden zu, der Grund seiner Betrübnis sei nichts anderes, als daß er eingedenk der ihm gewährten hohen fürstlichen Gnaden befürchte, diese Gnade würde ihm Neider und Feinde bescheren, die ihn mit Falschaussagen in eine Lage versetzten, in welche schon viele hohe Herren geraten seien, und daß er schließlich so scheußlichen Todes umkommen würde als jene. Und da diese Angst aus seinem Sinne nie schwinde, bitte er den Sultan, dieser möge ihm nur mit Maßen Gutes tun, damit er sein Leben in gemeinem Stande in Ruhe und Frieden führe, denn ihm könne ja auch niederen Standes jener Großmut erwiesen werden, gleichwie in dem hohen Stande, in den er versetzt sei. Suleyman vernahm diese klugen Reden, die ihm zu Herzen gingen, pries die gute Wesensart seines Getreuen und versicherte ihm, nichts was ihn beruhigen könnte versäumen zu wollen. Unverbrüchlichen Eides gelobte er, sich nie, solange er lebe, an dessen Leben zu vergreifen, welchen Grund es dafür auch immer geben könnte.

Ibrahim fand in Anbetracht solch großen Versprechens seinen Trost und diente mit umso größerer Hingabe dem Sultan, der ihn, um ein noch größeres Zeichen seines Vertrauens zu setzen, zum Großwesir machte*. Suleyman unternahm dann sowohl in Ungarland als auch in Persien große und erfolgreiche Feldzüge, an denen jedesmal auch Ibrahim seinen Anteil hatte. Er ward so mächtig und reich und stand in so hohen Gunsten, daß vor ihm jedermann zitterte.

Die Sultansfrauen, so da waren Suleymans Mutter und seine Gattin Roxelan, sahen all dies und wurden allmählich recht neidisch, sintemal die Dinge nicht mehr so sehr durch ihre Hände gingen, sondern der Wesir alle Fäden fest in der Hand hatte. Angesichts dieser Lage der Dinge suchten sie denn auch einen Grund, ihn zu beseitigen. Ibrahim bekam davon Wind, und da er fürchtete, beim Nichtstun könnten sich Gründe und Gelegenheiten finden, daß Suleyman durch die Liebe seiner Mutter und die Umarmungen seiner Gattin überzeugt würde, drängte er Suleyman zu einem neuerlichen Feldzug gegen die Perser, was dem Sultan sehr gefiel, da nie ein Fürst so gern und mit so viel Glück Krieg führte als er. Trotzdem gab er Ibrahims Rat nicht gleich nach, weil er mit dem König von Persien grad erst einen Vertrag geschlossen hatte. Gleichwohl suchte Ibrahim ihn dazu zu bringen, also fand er einen Weg, aus der Stadt Damaskus

* *zum Großwesir machte:* Sultan Suleyman dem Prächtigen (1520-1566) diente der Großwesir Ibrahim Pascha 1523-1536

einen berühmten Astrologen, Muley mit Namen, herbeizuholen, von dem man glaubte, er sei ein guter Kenner kommender Dinge. Auch Fürsten haben Schwächen an sich gleichwie andere, wiewohl die mit den wenigsten glücklicher sind. Suleyman wünschte den Astrologen zu sehen, und Ibrahim brachte ihn zu ihm, freilich nicht ohne vorher dem einen Wink gegeben zu haben. Der Astrologe prophezeite, der Sultan werde, wenn er den Krieg beginnt, noch König von Persien werden. Da Suleyman geblendet war von Geltungssucht und Machthunger, kam ihm der Vertrag mit dem Perserkönig gar nicht in den Sinn, er zog entschieden los gegen den Perser mit sechshunderttausend Mann. Etliche Jahre brachte er dort zu, aber sein Feldzug war glücklos, und er kehrte mit einem Viertel seines Heeres und hoch erzürnt sowohl gegen den Astrologen als auch auf seinen Wesir nach Constantinopel zurück. Die Sultansfrauen hatten den Zorn des Sultans erahnt und schrieben den glücklosen Verlauf des Feldzugs sogleich dem Verrat des Wesirs zu, wiegelten auch andere auf und begannen Suleyman glaubhaft zu machen, der Wesir habe, im Einvernehmen befindlich mit dem Perserkönig, von diesem vielfach Geld angenommen, sodann ließen sie den Pascha von Babylonien an die Hohe Pforte holen und heimlich zu Suleyman bringen, um diesem viel zu berichten über des Wesirs Falschheit. Eben zu der Zeit erkundeten die Sultansfrauen auf irgendwelchen Wegen, daß der Wesir brieflich viel mit Karl V. und Ferdinand korrespondiert hatte, und sie fanden sogar einen Weg, von jenen Briefe etliche zu beschaffen und dem Sultan zu übergeben. Und als dieser aus all dem das Vergehen und die Undankbarkeit seines Ersten Ministers ersah, beschloß er bei sich dessen Tod.

Doch besann er sich seines glaubwürdigen Gelübdes, versammelte seine Prediger und Priester, auch der Mufti war anwesend, und er unterbreitete ihnen die Dinge und sein Gelöbnis. Darüber wurde lange geeifert, allerdings ohne etwas auszurichten; aber einer von den Priestern sprach zu Suleyman: Da du deinem Wesir gelobtest, ihn zu deinen Lebzeiten nicht töten zu lassen, laß ihn erdrosseln, wenn du schläfst, ist doch der Schlaf dem Tode gleich, also erfüllst du so, was du gelobtest. Das befanden auch die anderen für gut. Suleyman ließ den Wesir kommen, nahm mit ihm das Abendmahl ein und gab ihm danach seine Briefe in die Hand, er solle sie doch mal lesen. Als dies erfolgt war, hielt er ihm seinen Verrat und seine Undankbarkeit vor, ließ ihn festnehmen und befahl, sobald er, der Sultan, eingeschlafen sei, den Wesir zu erdrosseln, was denn auch geschah. Gute Nacht nun, liebste Cousine, auch ich geh schlafen und befehle, alle meine Flöhe, sobald ich eingeschlafen bin, umzubringen, denn davon hab ich jetzt schon genug.

98

Rodosto, 4. martii 1733

Herzliebste Cousine, es schließen auch die Könige ihre Augen ebenso als wir; grad jetzt kam die Nachricht, daß am 1. Februar der polnische König August ebenso gestorben sei gleichwie ein gewöhnlicher Mensch: die Seele entzog sich ihm, und der Tod blieb in ihm drin. Er ruhe in Gott, denn er war ein guter König. Wenn er lange herrschte, hat er's doch verdient; nie vielleicht hat von seinem Königtum ein König so Gebrauch zu machen verstanden als er. Nie hatten die Polen einen König, der ihnen wie er viel Festlichkeiten und viele hunderterlei Lustbarkeiten verschaffte. Gar nicht zu reden von den Frauen, die dürften um ihn hundert Jahre trauern. Zu seinen Lebzeiten dachten sie nicht einmal ans

Paradies, so wußte er sie zu verlustieren und ihr Wohlgefallen zu suchen. Kurz läßt sich sagen: Er war des Königtums würdig; er konnte davon seinen Nutzen ziehen und verstand es, den für die Genüsse dieser Welt zu verwenden. Anfänglich allerdings, bis der König von Schweden geschlagen war, ist seine Herrschaft recht dornenreich gewesen, dann aber wußte er die Rosen abzuernten. Wie unsagbar viel Gutes entsprang doch seiner Bekehrung zu unserem Glauben. Sachsen ist seit Martin Luther Wurzel und Nest des lutherischen Glaubens gewesen, und es dauerte zweihundert Jahre, daß in den Palästen der sächsischen Kurfürsten keine heilige Messe gelesen wurde; jetzt aber geschieht es, sowohl da als auch anderweitig im Lande. Zu welch großem Ruhme Gottes und zu welch großem Nutzen der Mutter Kirche gereichte seine Bekehrung. Sein Sohn ist bereits Papist, dessen Kinder sind Papisten, binnen kurzem wird das ganze Land papistisch sein. Zu unserem Herrn verhielt er sich sehr wohlwollend. Ausgeschlossen, daß es nach so lange währendem Frieden nicht schon einen Krieg geben sollte in Europa, denn eine Königswahl in Polen pflegt nicht in aller Ruhe vonstatten zu gehen. Zwei erheben nun Anspruch darauf: der Sohn des verstorbenen Königs und Stanislaus. Beschirmer des ersteren werden der Kaiser sein und der russische Zar, der des anderen aber der König von Frankreich, denn wo dieser mit seiner Tochter schläft, ist er wohl zu helfen verpflichtet. Sollen die nur miteinander streiten; ich weiß, sie werden ihre Anwälte aus Messing haben, gleichwie seinerzeit, als der Franzosenkönig um die seiner Gemahlin zustehende Provinz einen Krieg gegen den Kaiser begann. Kaiser Leopold fragte den französischen Gesandten, was für Recht dessen Herr dazu habe, einen Krieg zu beginnen. Der Gesandte gab zur Antwort, das wisse er nicht, wohl aber wisse er, daß zweihunderttausend Anwälte seines Herrn bereit stünden zu antworten. Er hat dann den Prozeß auch gewonnen. Welch schöner Zustand, liebste Cousine, mit so viel Anwälten in die Schranken zu treten. Schön ist aber auch, wenn Ihr gesund seid, zur Fastenzeit zumal.

99

Rodosto, 15. septembris 1733

Wir lauschen bloß und warten ab, von woher das Wasser getrübt würde, auf daß auch wir etwas fangen könnten. Doch es ist des Armen Glück auch ärmlich. Ich schick von hier etwelches Geschenk, und du, Cousine, findest daran noch etwas zu beanstanden. Undank ist mir ja was Schönes! So ist es halt: Wer mit Griechen zusammen lebt, muß ja griechisch werden. Und es gibt niemanden, der undankbarer und hochmütiger wäre als Griechinnen; sie lieben ausschließlich sich selbst, jedoch auch dies mit griechischer, nicht mit edler Liebe. Von der Eigenliebe las ich dieser Tage ein Gespräch zweier Frauen. Ich weiß nicht, ob ich es Euch schreiben soll, oder nicht. Ach, ich schreib's, sonst hab ich ohnehin nichts zu schreiben.

Sylvia und Julianna

JUL. Wie kommt es, liebste Sylvia, daß du zu solcher Zeit in deinem Garten spazieren gehst, und gar allein, wo du doch sonst mit vielen zusammen zu spazieren pflegst.
SYL. Alles zu seiner Zeit; mal bin ich gern mit vielen zusammen, mal ist mir das Alleinsein lieb. In eben dem letzteren Zustand war ich heut morgen, darum auch sandte ich einen Boten nach dir.
JUL. Kommt diese Neigung, allein spazieren zu gehen, nicht

vielleicht von etwas, was außerhalb der Gewohnheiten liegt, hat nicht dein Herz sein Teil an solchen Spaziergängen?
SYL. Ich hab dich nicht hergebeten, um etwas zu verheimlichen vor dir. Ich gesteh, ein klein wenig Erregung veranlaßt mich dazu. Könntest du dir vorstellen, schön' Julianna, daß ich ein bißchen eifersüchtig bin?
JUL. Eifersucht soll zwar eine Krankheit sein, und wer daran leidet, sei zu bedauern, heißt's, trotzdem kann ich nicht umhin, mich zu freuen, daß du sie kennst. Denn wo du sagst, du seist eifersüchtig, ist's, als sagtest du, du liebst jemanden. Ich wünschte für dich stets, dich an wen immer klug und mit Verstand zu binden.
SYL. Meine liebe Julianna, deine Wünsche sind damit ja nicht auch gleich erfüllt. Es ist wahr, ich bin eifersüchtig, und doch liebe ich niemanden und hab auch keinerlei Neigung dazu.
JUL. Was denn? Eifersüchtig bist du, wo du niemanden liebst?
SYL. Ich bin eifersüchtig, weil Télamon so sehr Dianas Gunst sucht und ich nicht leiden kann, daß er nur zu ihr geht und zu mir nicht. Dies betrübt mich zwar, trotzdem liebe ich Télamon nicht und werde ihn auch nicht lieben.
JUL. Wie sollte ich nicht verwundert sein über deine Rede. Bisher glaubte ich immer, Eifersucht komme von der Liebe, davon, daß es uns schwer ankommt, wenn jemand sich einem anderen hingibt, wo wir ihn lieben.
SYL. Da täuschst du dich aber sehr, schön' Julianna, und wisse, die Liebe zu uns selbst genügt, um in uns Eifersucht und Neid zu erregen auch ohne Liebe.
JUL. Wenn du Liebe nur zu dir selbst empfindest, der Neid also nur auf Diana sich richtet und nicht auf Télamon, weil

du ihn ja nicht liebst, dann brauchst du seines Tuns und Lassens auch nicht zu achten.

SYL. Ich sei neidisch auf Diana? Zu solch einer Schwäche bin ich nicht imstande. Sie ist schön, sie hat Esprit, das weiß ich und geb ich zu, aber meine Eigenliebe, aus der heraus ich darüber erbost war, daß Télamon sie mehr schätzt als mich, gibt mir auch das Selbstgefühl, ihr weder an Schönheit noch an Geist nachzustehen. Ich sehe in ihr gar nicht jemanden, der dieselbe Person liebt wie ich; mein Ärger darüber, daß Télamon nur zu ihr geht und nicht zu mir, kommt von nichts anderem als von meiner Eigenliebe, aus der heraus ich von mir behaupte, niemanden höher schätzen zu müssen als mich selbst und mindestens Gleichheit verdient zu haben.

JUL. Ich gesteh, so weiten Sinnes hab ich die Eigenliebe gar nicht gefaßt; ich meinte, das sei eine Erregung aus dem Inneren heraus, die uns selbst hoch zu schätzen und von anderen recht wenig zu halten sehr antreibt. Solcherart hielt ich die Eigenliebe für ein Laster, dem wir mit aller Kraft widerstehen müssen. Aber ich hätte nie gedacht, daß sie eine Erregung wäre, die uns Ruhlosigkeit und Eifersucht verursachen könnte wegen eines Umstands, mit dem uns nichts verbindet.

SYL. Ach, Julianna, meine Schöne, wie eng fassest du doch eine Empfindlichkeit, die keine Grenzen kennt. Ich gesteh, die Eigenliebe ist das Empfinden eines Wohlwollens für uns selbst, das zuallererst uns selbst zu lieben heißt. Man muß aber auch zugeben, eben diesem Umstand verdanken wir den Wunsch, von anderen geliebt zu werden, und daß wir alles nur seiner Erfüllung halber tun. Die Eigenliebe lenkt all unser Tun. Von ihr kommt's, ob wir lieben oder hassen, ob wir geben oder nicht, ob wir Rache üben oder Nachsicht. Kurzum, eine Regung ist's, die in all unserem Tun nur unser Selbst bedenkt.

JUL. Wieso? Ist dann meine huldvolle Freundschaft, mit welcher ich mich an dich binde, folglich nicht deinethalben, sondern nur meinethalben da?
SYL. Nicht anders ist's. Wenn du nicht irgendwas Nettes fändest in der Plauderei mit mir, wenn meine Reden dir nicht behagten, oder wenn meine Gewohnheiten den deinen zuwider wären, würdest du weder mich mögen noch zu mir kommen. Gleiches kann ich von mir mit Bezug auf dich sagen. Wärst du mir ungelegen, unnütz und langweilig, wär ich mit dir nicht befreundet. Denkst du, wenn einer sich an uns bindet, wäre es unsrethalben? Nein, Julianna, nein, nur seines Selbsts und der Wonnen halber, die er in der Liebe zu uns findet. In den Männern wohnt eine noch größere Eigenliebe als in uns, wünschen sie doch, daß wir ihnen die Treue halten und nur sie lieben, derweil sie von einer Schönen hin zur andern hüpfen und einer jeden Frau gefallen möchten.
JUL. Aber damit schaffst du die schönen Leidenschaften ab und die wahren Freundschaften, machst die Sympathie zunichte, diese heimliche Zuneigung, die so wunderbarerweise die Herzen vereinen kann. Die schönsten Taten setzt du herab, und wenn alles nur der Eigenliebe halber geschieht, wird es keine Dankbarkeit mehr geben. Verpflichtung wird zur Schimäre, und bei den guten Sitten setzt du etwas in Gang, was deren Noblesse und Glanz verdunkelt.
SYL. Das tu ich mitnichten, ja ich meine sogar, die Eigenliebe bringt die schönen Neigungen hervor, stärkt die Freundschaften und treibt dazu an, Großes zu vollbringen. Zwei Menschen, die in ihrer Gesinnung, ihren Gewohnheiten und Absichten übereinstimmen und, von der Eigenliebe getrieben, Zuneigung füreinander empfinden, werden gleichen Willens einander würdig zu sein suchen. Unsere Eigenliebe veranlaßt uns, nur das zu tun, was löblich und rühm-

lich ist. Jene Berühmten, die Länder eroberten, wer, wenn nicht ihr eigen Selbst kümmerte sie in ihren Kriegen, waren sie etwa nicht von Eigenliebe gestachelt? Kurzum, stets findet sich ein Weg, unsere Eigenliebe zu befriedigen in Ruhm, in Standhaftigkeit, in Treue, in Dankbarkeit. In all denen ist sie anzutreffen.

JUL. Was jene berühmten Taten betrifft, neige auch ich zu der Meinung, daß die Eigenliebe daran teilhatte. Doch kann es sein, daß ich, wenn ich mit einer großen Sache einem Wohltäter zu Gefallen sein will, wovon niemand etwas erfährt, daß ich also dies nicht tu, um ihn mir zu verpflichten, sondern um meiner Eigenliebe zu genügen?

SYL. Meine liebe Julianna, mag dein Wohltäter wie immer verborgen sein vor der Welt, ist er auch dir verborgen, die du so gehandelt? Findest du innerlich etwa keine Freude über dein edles Tun? Das ist ein der menschlichen Gattung gemeines Empfinden, und davon bist auch du nicht ausgenommen. Und ist es denn nicht die Eigenliebe, aus der heraus manche ihre Wohltat verheimlichen, manche hinwiederum kundtun?

JUL. Wem ich eine Wohltat erwies, der braucht sich mir also in keiner Weise verpflichtet zu fühlen, da ich es nur meinethalben getan habe?

SYL. Verhindert denn dein Wohlgefühl beim Geben das Wohlgefühl des anderen beim Nehmen? Hat denn dein Wohltäter seine eigene Eigenliebe nicht grad so als du die deine? Sollte die ihn nicht zu Dankbarkeit anstacheln? Ob der nicht bei sich sagt, er wäre der undankbarste Mensch auf der Welt, fühlte er sich dir nicht verpflichtet für das, was du ihm zuliebe getan hast. Seine Eigenliebe ist es, die aufbegehrt wider die Undankbarkeit, und ebendie ist's, die Dankbarkeit bewirkt.

JUL. Da du schon so Partei ergreifst für die Eigenliebe und sie derart klug in Schutz nimmst, geruhe bitte meine Fragen anzuhören und zu beantworten. Dir, die du sowohl jung bist als auch schön und gescheit, will ich ein wenig Eigenliebe schon zugestehen. Doch wie beweist du mir, daß sie vereinbar ist mit dem Alter und mit der Häßlichkeit?

SYL. Sie ist nie stärker als unter solchen Umständen. Die Eigenliebe veranlaßt uns, die Nachteile, die uns von der Natur bei unserer Erschaffung beschert oder vom Altern verursacht worden sind, aufzuwiegen mit Geist oder schönem Betragen, mit Klugheit oder guten Sitten. Rühmt man sich denn des Wissens, der Klugheit, der Mildtätigkeit und Freigebigkeit nicht auch bar aller Jugend und Schönheit? Und was dann Ruhm heißt, könnte es nicht ebensogut Eigenliebe heißen? Diese Liebe drängt uns nicht nur, unsere Gebrechen zu verdecken, sondern um vor anderen als vollkommen zu erscheinen. Aber ich geh noch weiter: Ich kann nicht glauben, daß ein schlechter Mensch der Eigenliebe fähig ist, denn das für uns selbst empfundene Wohlwollen setzt voraus, daß wir in uns etwas Gutes spüren. Wem aber keinerlei Gutes innewohnt, wie sollte der Eigenliebe empfinden können?

JUL. Darauf nur hab ich gewartet. Wie willst du beweisen können, was du sagst, wo wir doch tagtäglich Männer und Frauen sehen, bei denen die guten Sitten, die du verlangst, nicht anzutreffen sind? Von sich selbst eine gute Meinung haben – ist nicht dies die Eigenliebe?

SYL. Mitnichten, denn jenes ist Täuschung und Dünkel bei den Männern und Unvernunft bei den Frauen. Ästimiere die Eigenliebe und vermenge sie nicht mit diesen Gebrechen. Klugheit ist die Mutter der Eigenliebe, und du bringst Dinge vor, die jeder Klugheit bar sind. Beim Lichte der Klugheit vermögen wir unsere guten oder schlechten Anlagen zu erkennen, und kraft unsrer Eigenliebe unterbreiten wir aller Welt die einen und bemänteln die anderen. Jedenfalls will ich, meine liebe Julianna, noch einmal sagen: alles, woraus Ruhm und Ehre und Lust geschöpft werden können, entspringt der Eigenliebe.

JUL. Wenn das so ist, Sylvia, meine Schöne, dann ist deiner Meinung nach die Eigenliebe der Quell aller guten Sitten.

SYL. Zumindest deren Säule, und sie sorgt für deren Verbreitung.

JUL. Liebste Sylvia, nun hast du mich schon gänzlich zufriedengestellt, und ich bin auf die Seite der Eigenliebe übergelaufen, aber wie soll es mit deiner Eigenliebe weitergehen, wenn Télamon sich an Diana bindet?

SYL. Was infolge seines Wandels meine Eigenliebe beschwerte, ebendas tröstet mich auch, und die Eigenliebe wird mich auch überzeugen, daß er meine Güte nicht verdient. –

Was sagst du dazu, herzliebste Cousine, fühlst du Eigenliebe in dir? Man kann nicht sagen, die siebenbürgischen Mädchen und Frauen sollten keine haben; sagen läßt sich aber von ihnen, daß sie getrost sagen können: Ich lieb dich so als und wie mich. Wenn sie sich selbst lieben, können sie auch andere lieben, denn sie alle sind von gutem Geblüt und haben ein gutes Herz. Bei einer Griechin freilich wär es vielleicht ein Fluch, wenn sie sagte: Ich liebe dich so wie mich. Doch selbst falls sie es sagte, brauchte man's nicht zu glauben, denn der Heilige Paulus sagt, die Griechen sind Lügner. Alldieweil ich Euch, liebste Cousine, so liebe wie mich und mich so wie den Schlaf, darum wünsch ich nun denn auch gute Nacht.

100

Rodosto, 4. decembris 1733

Du wirst die Neuigkeit kennen, meine Cousine, daß jetzt stündlich ein großer Krieg zu erwarten ist. Doch weißt du auch den Grund? Etwa Ende Oktober ließ der Franzose dem deutschen Kaiser mit aller Freundlichkeit ausrichten, daß er ihm den Krieg erklärt. Der Grund dafür ist aber kein anderer als der, daß der französische Hof, sobald der polnische König August die Augen geschlossen hatte, darauf hinarbeitete, daß die Polen Stanislaus zum König wählten. Als man in Paris vernahm, daß die Palatine fast alle dazu bereit wären, schickte man Stanislaus nach Polen zur Wahl, bei der die Vertreter annähernd des gesamten Landes ihn zum König wählten und ausriefen. Aber zur gleichen Zeit versammelten sich einige Palatine und Bischöfe und wählten Augusts Sohn zum König; diese kleine Versammlung fand mit Hilfe des Kaisers und der reußischen Zarin statt. Das schien anfänglich nicht von Bestand zu sein, aber als dann nicht lange danach reußisches Heer in Polen einzumarschieren begann, änderte auch der Hochadel seine Gesinnung und gesellte sich dieser Partei zu, und je mehr Militär nach Polen kam, um so mehr Herren neigten zu August hin. Und das alles hatte des Kaisers hinterhältiges Vorgehen bewirkt. Der französische Hof war erzürnt darob und erklärte beiden den Krieg. Aber da man Stanislaus weder so leicht noch so rasch als wünschenswert ein Heer hinschicken konnte, mußte der Warschau räumen und August überlassen. Aus all den Gründen harren wir des Krieges sehr. Welchen Nutzen wir davon haben werden, das weiß Gott. Wir hoffen nur und hoffen immerzu, bis wir tot sein werden. Eine italienische Spruchweisheit besagt: Wer nur von der Hoffnung lebt, der stirbt im Hospital. Wenn nicht im Hospital, vielleicht in

Rodosto. Wo immer es dann sein mag, einmal müssen wir ja doch die Augen schließen. Doch bis dahin sollte man trotzdem auf die Gesundheit achten, liebe Cousine, und fortscheuchen den Gram und nicht zulassen, daß Grübelei und Melancholie unsren Geist befalle. Seien wir nicht dem französischen Edelmann gleich, der am Abend des Tages, da seine Gemahlin begraben worden, sich an den zum Mahle gedeckten Tisch nicht setzen wollte, weil seine Gemahlin nicht anwesend war. Des Wartens überdrüssig sprach er zum Küchenmeister, der solle der Herrin des Hauses vermelden, daß das Essen auf dem Tisch stehe. Der Küchenmeister erwiderte, sie könne nicht kommen, weil sie begraben sei. Da kam der edle Herr zur Besinnung. Vielerlei Gram gibt es auf der Welt.

101

Rodosto, 15. februarii 1734

Es ist an der Zeit schon, einen Brief von dir zu empfangen, herzliebste Cousine. Ich schrieb sogar drei in diesem Jahr. Man schreibt, Stanislaus werde den Winter in Danzig zubringen; wir werden sehen, wie es um seine Sache dann im Frühjahr steht. Die französischen und spanischen Heere rücken machtvoll gen Italien vor, und auch der König von Sardinien trifft dazu Anstalten. Ich weiß nicht, was der Kaiser denkt, aber an seiner Statt denk ich, er mag zwar erreichen, daß Stanislaus das Königtum in Polen verliert, aber er sollte befürchten, selbst aus Italien verwiesen zu werden. Der Sohn des spanischen Königs gibt sich mit seinen beiden Herzogtümern nicht zufrieden, sein Vater kann ihn auch noch zum König machen, die Zeit ist jetzt da. Ist für uns denn die Zeit da, etwas zu erwarten? Was unser Herr, der Ärmste, mit der Feder tun kann, versäumt er mitnichten, es gehen seiner Schreiben genug in alle Richtungen. Uns ergeht es nämlich wie dem Siechen im Evangelium, der dreißig Jahre lang durchhielt am Teich in Erwartung, daß jemand ihn, da der Engel das Wasser aufgerühret, hineinwürfe. So harren auch wir, daß irgendwer einen Wirbel mache, denn wir sind, allein auf uns gestellt, ohnmächtig. Gott wird dafür sorgen, daß auch unsre Stunde kommt, wenn jetzt nicht, ein andermal.

Wer würde nicht lachen darüber, liebste Cousine, wie trefflich du die Flatterhaftigkeit der Franzosen in all ihrem Tun beschreiben kannst, und daß ein Franzose zwei oder drei Jungfrauen und ebensoviele Frauen gleichzeitig lieben will. So ist es. Zwei Frauen haben einem Franzosen, der zu jeder der beiden ging und jeder glaubhaft machen wollte, daß er sie liebe, gehörig heimgeleuchtet. Die beiden Frauen waren befreundet und gestanden einander ihre Heimlichkeiten; so kamen sie dahinter, wie der Franzos sie hinters Licht führen wollte. Sie verabredeten sich, gingen beide zu ihm, und unter dem Vorwand, mit ihm nur ihren Spaß haben zu wollen, schnürten und wickelten sie ihn ein gleichwie ein Kleinkind, so daß er nur den Kopf bewegen konnte. Als das geschafft war, lehnten sie ihn gegen die Wand wie ein Standbild aus Holz und traktierten ihn dort mit allerlei hübschen Worten. Anschließend begaben sie sich ins Quartier einer der beiden Frauen und beauftragten zwei Burschen, auch ihren in Wickeln verpackten Galan dorthin zu bringen. Da bekam er zu essen gleichwie ein Kindchen, dann gingen die Frauen zu Bett und legten die lebendige Puppe zwischen sich und versäumten nichts von dem, was überhaupt angestellt werden konnte mit ihm: sie schmähten, beschämten und verspotteten ihn und ließen ihn die ganze Nacht nicht schlafen. Gegen Morgen versprachen sie ihm, ihn freizulassen, wenn er sich denn anständig benehmen wolle. Der Kerl nahm alles auf sich, da standen die Frauen auf, kleideten sich an und verließen das Haus. Nach geraumer Zeit ging ein altes Weib hinein zu ihm und löste die Verbände. Der junge Mann fragte, wo die Frauen wären. Es sei schon an die zwei Stunden her, sagte die Alte, daß sie Karossen bestiegen hätten und jede auf ihr Gut heimgekehrt sei. Ein andermal mehr und Besseres, aber jetzt wüßte ich nicht, was ich noch schreiben sollte, also verbleib ich Dero edlen Frau nicht nur angebändelter, sondern fest verbundener Diener.

102

Rodosto, 18. februarii 1734

Nie hatte ich größere Lust, herzliebste Cousine, einen sehr schönen, hübschen und wohlgeratenen Brief zu schreiben als heute, und nie hatte ich so großen Gusto wie heute, einen langen Brief zu schreiben. Da ich indes befürchte, nichts von beiden so zu vollbringen, daß es Eurem schönen Augenpaar gefiele, beschließe ich meinen Brief, aus dem Ihr erfahren könnt, daß ich noch lebe, und daß ich Eurer edlen Frau, meiner herzensguten Cousine herzensguter Vetter bin und verbleibe.

P. s. Wo kann es, liebe Cousine, einen schöneren Brief, und mag er auch kurz sein, geben, als ein General ihn an seine Frau schrieb nach der Schlacht, und der da lautet: Der Feind ist geschlagen, ich bin ein wenig müde, gute Nacht, meine Liebe.

103

Rodosto, 15. martii 1734

Von überall her kommen nur Nachrichten, daß man allerorten Kriegsvorbereitungen trifft, die vielen Deutschen, Franzosen, Spanier sind im Anmarsch auf Italien. Man könnte denken, dort würde es irgendeine große Festlichkeit geben, zu der die Geladenen sich versammeln. Eugen* indes strebt den Wassern des Rheins zu, und es heißt, auch der Franzose setze an die hunderttausend Mann dorthin in Marsch. Was die da wohl vorhaben, liebste Cousine? Vielleicht, daß sie fischen gehen wollen. König Stanislaus wiederum weilt in Danzig, und die Reußen und Sachsen sind drauf und dran, ihn dort festzuklemmen. Und da wird eine andere Art Musik aufgespielt werden. Was aus all dem werden wird, weiß Gott allein. Das meiste zu verlieren hat, so scheint's, König Stanislaus, sollte er des polnischen Königsthrons verlustig gehen, was leicht passieren kann, bedenkt man, wie seine Dinge jetzt schon verlaufen. Doch angenommen, er verliert Polen, was soll's, seine Tochter ist die Königin von Frankreich. Und wie wird in Italien der Kaiser standhalten können gegen drei Könige, deren jeder darauf aus ist, daß er Siziliens und Neapels verlustig gehe, und dort ein neuer König eingesetzt werde. Und welchen Nutzen werden von all dem wir haben? Vielleicht überhaupt keinen; unsre Zeit ist noch nicht gekommen, für uns bleibt so lange bloß der Mönchstanz. Um meinen Brief nicht mit irgendwelchen trüben Gedanken zu beschließen, schreib ich für Euch den Brief eines guten Bekannten ab; ich würde Euch den Brief selbst schicken, aber er ist auf französisch geschrieben:

* *Eugen:* Der kaiserliche Feldherr Prinz Eugen von Savoyen

Du weißt wohl, mein lieber Freund, welche Liebe ich für Julianna empfand und welcher- und wievielerlei Wege und Pfade sie mich geführet. Ich war noch nicht älter als zwanzig, da ich mich in ihre Dienste begab, und verloren hab ich mehr als dreißig Jahre, seit sie mich schikaniert. Ich hab sie geliebt, bis sie so alt und grau war wie eine greise Katze, aber sie hat trotzdem etwas an sich, daß ich schwer an sie rankomme. Nichtsdestotrotz kommt sie meinen Augen schön alt vor. Jedenfalls haben wir gemeinsam oft und unnütz bedauert, nicht schon früher geheiratet zu haben. Schuld daran aber ist sie, nicht ich. Du weißt zudem, daß sie für die Ehe ganz und gar nicht zu haben war, solange sie auch nur einen Zahn noch im Mund hatte. Auf meinen Ehering ließ ich dann die Worte gravieren: Im einunddreißigsten Jahr meiner Liebe.

Liebste Cousine, was hältst du von so einem Mann? Ich aber sage, über so einen muß man staunen, folgen darf man ihm nicht. Auf die Gesundheit, meine Cousine ...!

Wo ich meinen Brief siegeln wollte, kam mir die Tochter Karls des Großen in den Sinn. Dieser Kaiser hatte seine Töchter so sehr lieb, daß er sie nicht verheiraten wollte, damit sie nicht fortgingen von ihm. Davon hatte er dann aber auch viel! Eine seiner Töchter hatte des Vaters Sekretär zum Freund; eines Abends stattete der Sekretär der Fürstin wieder einmal einen Besuch ab und verweilte dort so lange, daß es derweil viel schneite. Der Sekretär verabschiedete sich von der Fürstin, und als er dann sah, daß viel Schnee gefallen war, fürchtete er, man würde seine Fußspur erkennen im Hof. Sie wußte den Grund seiner Scheu und sagte zu ihm, sie werde ihn über den Hof tragen, damit man die Mannstritte nicht sehe; sprach's und tat's denn auch gleich, indem sie sich den Secretarius auf den Rücken lud und über den Hof trug. Zu ihrem Unglück, oder zu ihrem Segen, konnte der Kaiser in der Nacht nicht schlafen und trat zum Zeitvertreib ans Fenster. Denkt Euch nur, Cousine, wie der staunte, als er seine Tochter die Last schleppen sah. Aber er verlor kein Wort darüber, sondern berichtete es anderntags den Ratsherren, und es wurde beschlossen, dero fürstlichen Hoheit ihre liebe Last für immer zu belassen.

104

Rodosto, 12. aprilis 1734

Ich bedank mich recht schön und ergebenst, herzliebste Cousine, für den Fisch, der den Dank doppelt verdient. Einmal, weil mein Cousinelein ihn geschickt hat, und zum anderen, weil wir in der Fastenzeit sind und ihn nötig haben. Ein guter Fisch ist hier nämlich etwas Seltenes, ob es nun an der Gegend liegt, daß die Fische sie nicht mögen, oder aber unsere Fischer Esel sind, wer weiß? Mit Fisch ist das Fasten hier sehr bemessen, mit Eiern jedoch sind wir versorgt, damit kommen wir durch die Fastenzeit. Mitunter ist mir, als liefen Küken in meinem Magen umher. Vielleicht lüge ich nicht einmal, wenn ich sage, es werden hier pro Tag mehr als hundert Eier verbraucht. Rechnet das hoch für die ganze Fastenzeit, und an die Vier hängt dann noch drei Nullen, und Ihr werdet sehen, das kommt dann auf die Viertausend, wobei ich ein paar Tage auch noch weglasse. Wenn wir bei Kaiser Vitellius zu Tisch geladen wären, brauchten wir nicht Rühreier zu essen, über den schreibt man nämlich, bei ihm hätte man einmal zweitausend Arten Fisch, teils gebacken, teils gedünstet auf den Tisch gebracht, und ein andermal siebentausenderlei Vögel. All das deucht viel, zumal solchen wie uns, die selbst einerlei Fisch schon huldreich entgegensehen am Tisch. Doch bedenkt man, daß es ein Kaiser war, dessen ganze Größe im Tafeln Gestalt gewann und dem die Welt gehörte – der mag dazu schon imstande gewesen sein. Freilich könnte einer fragen, ob es denn siebentausenderlei Vögel gibt? Darauf wüßte Noah die Antwort. Derweil essen wir allerdings unser Rührei. Es wäre ja auch nicht gut, Völlerei zu treiben mit so vielerlei Fisch, noch dazu in einer so seltenen Fastenzeit wie die jetzige, denn Ihr habt wohl nie erlebt, daß der Sankt-Georgstag in die große Fastenzeit fiel. Auch für den Wein bedank ich mich, meine Liebe, nicht ganz so sehr wie für den Fisch, Wein haben wir nämlich reichlich, und er reicht nicht nur, er ist auch gut, als Tischwein kann man ihn gelten lassen. Es sind keine Weine für heikle Geschmäcker, auch nicht für einen Trunk untern Dutt, wie man zu sagen pflegt, aber recht gut für den Gebrauch und die Ernährung. Was braucht man mehr? Ein maßvoller Trunk ist eine Stütze unsrer allerliebsten Gesundheit. Man sagt, über einem Mittagsmahl viermal zu trinken genüge: zuerst auf uns selbst, zum zweiten auf unsere Freunde, zum dritten auf den Frohsinn und zum vierten auf unsre Feinde. So hält man's freilich nicht in unsrer herzallerliebsten Feenheimat.

Du sagst, meine Liebe, du hättest in meinem Brief neulich Mängel gefunden. Gewiß, du vermagst Mängel sowohl zu erkennen als auch zu berichtigen. Aber vielleicht ist es keine Todsünde gewesen, vielleicht bestand meine Verfehlung lediglich darin, daß ich auf ein i den Punkt zu setzen vergaß. Da fällt mir ein, daß einmal für etliche junge Maler ein Preis ausgesetzt wurde, den derjenige gewinnen sollte, welcher das schönste Bild malte. Und es gab einen mit dem schönsten Bild, der dann die Gabe hätte bekommen müssen. Er hatte das letzte Abendmahl Christi gemalt, aber das den Aposteln vorgesetzte Osterlamm zu seinem Mißgeschick reichlich gespickt; Speck aber aßen die Juden nicht, und so fiel der Preis einem anderen zu. Falls Ihr solcherlei Mangel gefunden, wird man den Tod dafür ja nicht verdient haben. Was Ihr da im Brief begehrt nicht tun zu können, bedauere ich mit allem Bedauern, aber was kann man tun; ich vergeb Euch die Bitte, und vergebt Ihr mir, wenn ich sie nicht erfülle. Jedoch mit dem Wunsche guter Gesundheit verbleib ich.

105

Rodosto, 16. junii 1734

Eben kam die Nachricht, daß der Reuße und der Sachse Danzig umzingelt, jeden Pfad versperrt und jedes Loch zugestopft hat, um König Stanislaus' Ausflug zu verhindern. Die Stadt sowohl zu beschießen als auch einzunehmen ist leicht, doch recht schwer zu verhüten ist, daß der König von dort sich absetze, der sich dazu noch wird entschließen müssen, sintemal die französischen Schiffe ihm nicht gar sehr zu Hilfe preschen. Ohne Hilfe aber wird die Festung eingenommen, zumal die Danziger Wehrbesatzung sich in solchem Spiele nie geübt hat. Aber verlassen wir Danzig, dort gibt es jetzt ohnehin viel Kanonendonner, spazieren wir lieber nach Italien, um zu sehen, wie die dort versammelten vielerlei Heere gastieren. Es heißt, dort habe der Franzose bereits zwei oder drei Burgen eingenommen, aber was das Größte ist, selbst in Mailand ruft die Wache kein »Wer da?« mehr. Insofern steht's um die Dinge des Kaisers in Italien nicht sehr gut. Und wenn das Haus Spanien in Italien Wurzeln zu schlagen erst einmal angefangen hat, wie schon geschehen, ist zu befürchten, daß der Gast den Wirt aus dem Haus wirft. Der Sohn des spanischen Königs zog nach Italien, um drei seiner Mutter zustehende Herzogtümer in Besitz zu nehmen, aber mit Glück könnte er vielleicht noch das Königtum Siziliens wiederherstellen. Doch was immer sie tun, wenn nur auch zu unserem Nutzen ein Tröpflein abfiele davon. Allerdings hör ich weder mit den Augen noch seh ich mit den Ohren etwas in der Richtung Mögliches, aber es wird schon werden zu seiner Zeit. Wie schön ist's doch, herzliebste Cousine, lange zu leben. In diesem Jahrhundert sind dreiunddreißig Jahre um, und welch große Dinge sind in der Zeit geschehen. Na, und wenn wir am Leben bleiben, was werden wir nicht alles noch erleben! Ich versteh auch, daß Ihr Euch, wenn Ihr mir etwas schickt, beklagt, aber anderer Klagen, sagt man, sind gut für die Mast. Gleichwohl heißt es:

Welches Brot wär bittrer als eins mit viel Klagen:
Sauerteig aus Mißmut, kannst es kaum ertragen,
mußt es in der Tränen Wasser oft einweichen,
unter Seufzern magst du's dann vielleicht verspeisen.

Du magst dich, liebe Cousine, beklagen, aber du hast es nicht mit einem Undankbaren zu tun, das darfst du mir glauben, jedoch:

Kommst mit reichen Gaben bei Freunden nicht gar
weit, damit sorgst du selbst für deren Undankbarkeit.

Allerdings füg ich hinzu, selbst wenn ich ein Ohr dafür verlieren müßte:

Wer sich gleich notiert die Zahl seiner Geschenke,
warte nicht, daß man mit Lob ihn noch bedenke.

Ich weiß, du wirst jetzt sagen, ich hätte die Nacht gut geschlafen, denn nach einem guten Schlaf sei es leichter, Verse zu hobeln. So räum ich denn mein Versemacherwerkzeug weg und verbleibe meiner allerliebsten Cousine allzeit etc.

106

Rodosto, 27. julii 1734

Fürchterlich große Dinge tragen sich, herzliebste Cousine, auf dieser unserer leidvollen Lebensstätte zu. Wir liegen ruhig im Nachtschlaf, währenddem anderwärts mit Gewalt Menschen umgelegt werden zu jenem zeitlosen Schlaf. Wir sind zwar ausgeschlossen von den großen Ereignissen, aber wir lobpreisen Gottes Werk auch bei anderen. Zuckeln wir nun aber nach Danzig, wo die Kanonade bereits vorbei ist; die Stadt hat sich den Reußen ergeben, an die sie, wie auch an die Sachsen, etliche hunderttausend Gulden dafür zahlen muß, daß sie nicht geplündert wurde. Für ihre Gastlichkeit haben die Danziger sehr teuer zahlen müssen. Ein andermal werden sie vermutlich kein Quartier gewähren einem Gast, dessentwegen ihre Stadt und die Vororte so zerstört wurden, daß sie in zwanzig Jahren nicht wiederaufgebaut werden können. Die Stadt gab sich auf, nachdem König Stanislaus mit nur zwei Mann von dort entfleucht war; er hatte sich in große Gefahr begeben, die Reußen durchsuchten nach ihm alle Verstecke. Aber zu spät, das Vögelein war heraus aus dem Bauer und fort ins Land des Pruzzenkönigs nach Königsberg, wo er gut aufgehoben ist vor den Reußen. Fest steht, indem er Polen verlassen hat, ist er auch aus dem Königtum heraus. Aber der die ersten Barrieren errichtete, damit Stanislaus nicht König von Polen bleibe, der bezahlt teuer, denn das Sprichwort, wer einem anderen eine Grube gräbt, falle selbst hinein, gilt nicht bloß für solche wie wir, sondern auch für die Kaiser, wie zu sehen, sobald wir aus Danzig kommend in Italien eingetroffen sein werden. Also sehen wir zu, daß wir hinkommen und mal sehen, wie es dort um die Gastlicheit steht, denn Kaiser-Vögel habe man dort zahlreich erlegt; zuverlässig wird berichtet, der Spanier, der Franzose und der Sardinier hätten den Deutschen geschlagen, die Schlacht habe Ende letzten Monats bei Parma stattgefunden. All das sind erfreuliche Dinge zugunsten des spanischen Königssohns, der zweiundzwanzigjährig bereits sehr nah dran ist am Erwerb der Krone. Wie wohlberitten einer doch ist, der von Gottes Gnade getragen wird, wie leicht seine Sach' vollbringt, wem Gott beisteht. Und am Rhein hat der Franzose Philippsburg eingenommen; Eugen war mit seiner gesamten Heeresmacht da, um mehr Zeugen zu haben vielleicht für den Verlust der Burg. Den französischen General, der die Burg besetzte, traf kurze Zeit später eine Kanonenkugel an der Stirn. Urteilt selbst, wer stärker war! Ich schriebe ja auch mal was über uns, so es etwas gäbe, aber wir schauen all dem nur aus der Ferne zu, denn selbst das Glück eines Armen ist arm. Doch bleibt uns zum Troste: Der all die großen Dinge vollbringt, sieht auch uns und erinnert sich unserer zur rechten Zeit. Hab mich lieb, meine Cousine, und sei gesund und munter. Amen.

107

Rodosto, 12. octobris 1734

Unser Herr hat Gevattern Pápai an die Hohe Pforte entsandt, und ich weiß, Ihr habt gemeinsam schon viel gelacht. Wenn es gutgehen könnte, wozu er dorthin ist, gingen wir alsbald von hier fort nach Frankreich. Es ist nunmehr zwei oder drei Wochen her, daß der französische Gesandte unsrem Herrn ausrichten ließ, der Ältere seiner beiden Söhne habe, ohne sich von jemandem zu verabschieden und ohne jede Zeremonie Wien verlassen und ist in Venedig eingetroffen. So hat der Kaiser keinen einzigen Rákóczi mehr im Griff. Außerdem hörten wir, er komme noch nicht hierher, sondern ginge nach Rom; dabei erwartet ihn sein Vater sehr. Mich dünkt, er hätte zuerst hierher kommen sollen. Aber die väterliche Liebe wiegt ja doch schwerer und währt länger als die des Sohnes; das sieht man sogar bei den Tieren, den nicht vernunftbegabten, denn je kleiner es ist, um so mehr hängt es an seiner Mutter, und mit dem Wachstum nimmt dann die Liebe ab. In alledem erweist sich das Wirken der Natur. Die mütterliche Liebe ist nötig sowohl für die Vermehrung als auch zur Fürsorge. Wie sorgsam nährt und hütet eine Henne ihre Hühnchen so lange, bis die selber imstande sind, sich Nahrung zu suchen und auf sich zu achten. Schwalben schaffen Nahrung für ihre Jungen nur so lange herbei, als diese sich nicht in den Lüften bewegen können, dann läßt man sie hungern, damit sie ihres Vaters Haus verlassen und auf eine andere Küche ausweichen. Die kehren dann aber nimmer zurück noch kümmern sie sich um ihre Mutter. In alledem wirkt die Natur. Und das sieht man gewöhnlich auch bei den Menschen, wiewohl alles in anderer Form. Ein junger Mensch, der sieht, daß er von seinen Eltern nichts erwarten kann, verläßt das Haus so leicht gleichwie ein Schwalbenjunge. Aber seine Liebe zu den Eltern muß von ihm bewahrt werden, sowohl weil er eine vernunftbegabte Kreatur ist als auch weil er dazu angehalten wird. Wie sollte der Sohn des spanischen Königs seine Eltern nicht lieben müssen, wo sie ihm zu einem hübschen wohlgeratenen Königreich verhelfen, hat doch des Vaters Streitmacht die Deutschen Ende letzten Monats abermals geschlagen. Die

Schlacht fand bei der Stadt Guastalla statt, und nun kann man schon sagen, der Kaiser hat in Italien beide Sizilien* verloren. Der spanische König hat ihm seinerzeit Spanien genommen, dessen Sohn nimmt ihm jetzt auch noch die neapolitanische Krone und errichtet, wenn ich mich nicht irre, nach zweihundertfünfzig Jahren wieder aus französischem Hause ein Königtum zu Neapel. Man muß zugeben: der Kaiser bezahlt teuer für die Krone, die Stanislaus abgejagt wurde, aber die Spruchweisheit mußte halt Erfüllung finden. Gleichwohl beschließ ich meinen Brief, der ja klein sein mag, doch groß genug ist die Neuigkeit, und der Schiffer hält Ausschau nach mir. Gute Gesundheit!

108

Rodosto, 14. decembris 1734

Herzliebste Cousine, hier liegt reichlich Schnee, was hier nicht gar so üblich ist. Man könnte sagen, hier schneit es zeitweise nur, damit die Armenier zu ihren Feiern kommen. Darüber mögt Ihr lachen, aber es ist so; sie gehen mit einer großen Schüssel los und packen sie voll mit Schnee, allerdings muß es Schnee von vor drei oder vier Tagen sein, denn der ist sowohl von besserem Geschmack als auch fester und knuspriger. Dieser Schnee kriegt dann eins übergegossen aus dem Siruptopf. Wißt Ihr denn, was das ist? Weintrauben werden in großen Kesseln so lange gekocht, bis alles dick ist wie Bierhefe. Dann wird es abgeseiht und in Fässer gefüllt; der Farbe nach ist es wie Honigmet und ebenso süß. So zubereitet wird die vom Himmel gefallene Speise in die Mitte des Hauses gestellt, dann setzt sich der Hausherr mit seinem Anhang drumherum, jeder mit einem Löffel in der Hand,

* *beide Sizilien:* Siehe dazu Fußnote S. 89

und so ist das Gericht dann alsbald ausgelöffelt wie Rahm. Und selbst Säuglinge müssen davon essen. Denkt aber nicht, die Hausfrau würde ihre Kinder täglich so beköstigen; das wäre schon zu viel, es ist nicht alle Tage Sonntag, das gibt es nur, wenn den Kindern eine Freude gemacht werden und jedermann fröhlich sein soll im Hause. Wenn der Winter knausert und es nicht schneit in der Stadt, ist der Familienvater imstande, eine Meile weit zu marschieren, um Schnee zu holen und seiner Sippschaft gefällig sein zu können. Aber jetzt sind sie fein raus: Schnee gibt es reichlich, und sintemal es der Heiratsmonat ist, wird die zweisaitige Fiedel sattsam drangsaliert. Ein schmählicher Brauch bei ihnen ist, daß einer Jungverheirateten, sobald ihr Ehemann sie in das Haus seiner Mutter holt, der Mund so verboten wird als den Kardinälen vom Papst; die Ärmste darf erst wieder etwas sagen, wenn ihre Schwiegermutter ihr dazu die Erlaubnis gibt. So lange lebt sie in dem Haus wie eine Stumme, darf nur mit ihrem Mann und mit sonst niemandem reden, und wenn die Herrin des Hauses zu ihr spricht oder etwas anordnet, darf sie bloß eine Gebärde machen. Und solche Stummheit dauert mitunter sechs, sieben Jahre; wenn die Hausherrin ihre Schwiegertochter mag, befreit sie sie baldiger aus der Stummheit, doch mag sie sie nicht, muß sie an die zehn Jahre stumm bleiben, wiewohl sie in einem Hause leben. Der Grund für diesen Brauch ist, daß die junge Frau keinen Streit beginne im Hause und ganz still abhängig sei von der Mutter ihres Mannes. Wäre dies bei uns daheim kein guter Brauch? So viel reicht jetzt über die Armenier, aber von ihnen zu berichten kann ich nicht umhin, leben wir doch unter ihnen.

Von überall her brachte man Nachrichten, wieviel Burgen und Städte die Spanier eingenommen haben in Italien; die lassen am End' gar nichts übrig fürs nächste Jahr. Da fällt mir ein: Karl V. besetzte ich weiß nicht welche Burg in seinem Imperium. Da sie jedoch spät erst aufgegeben wurde, zürnte er der gesamten Bevölkerung, welcher er ausrichten ließ, er werde Gnade nur den Frauen gewähren und die Männer alle niedermetzeln lassen. Deshalb sollten bis anderntags alle Frauen und Mädchen die Burg verlassen haben; mitnehmen allerdings dürften sie, so viel sie auf dem Rücken tragen könnten. Tags darauf war er mit seinem ganzen Lager starr vor Staunen, als er sah, daß die Frauen, die von der Burg kamen, jeweils einen Mann auf dem Rücken trugen: die Frauen ihre Männer und die Mädchen ihre Brüder. Im Lager angekommen erklärten sie dem Kaiser, sie handelten seiner Erlaubnis gemäß, für sie gebe es keine teurere Last als ihre Ehemänner. Daraufhin erbarmte sich der Kaiser der ganzen Stadt. Na bitte, manchmal tun ja auch die Frauen etwas Gutes. Gute Gesundheit, liebste Cousine, es gebe der Herr, daß wir das neue Jahr erleben dürfen, nicht nur in dieser unserer Haut, sondern zudem auch noch bei unserer Gesundheit.

109

Rodosto, 16. januarii 1735

Wenn in diesem Jahr alle unsere Dinge so verlaufen werden wie des Gevattern Pápai Wirken bei der Hohen Pforte, dann kriechen alle unsere Dinge rückwärts, nicht vorwärts. Die Pforte gab nicht unmittelbar zur Antwort, daß sie unseren Herrn nicht fortlasse nach Frankreich, sondern daß sie es nicht empfehle und die Zeit dafür noch nicht gekommen sei. Doch rät der Sultan ab, kommt es einem Gebot gleich, und von unserem Weggang wird sich nichts erfüllen. Wer ihn verhindert hat, weiß Gott. Wir müssen daran glauben, daß er alles zu unserem Wohle tut und so sich auch zu unserem Wohle wendet, daß man uns nicht fortläßt. Dies sehen wir jetzt mit unseren geistigen Augen, doch werden wir in der Zukunft es auch mit unseren leiblichen Augen erblicken, denn man wird vielleicht ebenso schnell Frieden machen wollen, als man Krieg zu führen begonnen hat. Was würden wir dann dort tun? Würde man uns denn wieder aufnehmen in unser Nest, oder nicht? Wollen wir doch unsre Ruhe finden in dem Gedanken, daß unser Vater besser als wir weiß, was für uns gut ist; danken wir ihm, wenn er unsre Bitten erhört, und preisen wir ihn, wenn er unsere Absicht verhindert. Gott hat uns hierher inmitten eines Volkes geführt, das dem Gebot der Wohltätigkeit für andere folgt, und durch die Hand dieser Menschen nährt er uns reichlich, wofür Dank auch der Hand gebührt. Die Wohltat, liebe Cousine, ist doch etwas Schönes. Verarmt ist deswegen noch nie jemand, jedoch sind viele reiche Häuser zugrunde gegangen, weil man der Mildtätigkeit nicht nachgekommen ist. Mildtätigkeit ist von unschätzbarem Nutzen, doch selbst wenn es nicht so wäre (was nicht sein kann), welch innerliche Freude empfindet ein edles Herz, jemandem Gutes zu tun und zu helfen in der Not. Prüfen wir dies einmal nach in uns, und wir werden sehen, unser Herz frohlockt dann mehr, als wenn wir tanzen bis in den Abend. Sollten wir nicht beschämt sein, daß dafür uns ein heidnischer Kaiser ein so schönes Beispiel gibt, der sich nämlich am Abend dessen besann, daß er an dem Tag keinerlei Barmherzigkeit geübt hatte, und sodann sprach: Der heutige Tag ist für mich verloren, denn ich habe niemandem Gutes getan. Dieser Tage las ich, daß einem mildtätigen Menschen folgendes auf den Sarg geschrieben wurde: Was ich verausgabte, ist verloren; was ich besaß, hinterblieb anderen, und was ich anderen gab, ist gut aufgehoben.

Aber daß die Mäuse mich auffressen ob meines Geizes, wie sie es mit einem polnischen König taten, befürchte ich nicht. Wie steht's denn mit der Gesundheit, hab ich doch lange keinen Brief erhalten, drei Tage ist's her. Polla teti!

110

Rodosto, 12. martii 1735

Vielleicht könnte ich diesen Monat Mai nennen, so schön ist das Wetter dieser Tage, und dieses Wetter ist viel heiterer als mein Sinn, denn schon seit etlichen Tagen sehe ich unseren Herrn nicht in dem Zustand von zuvor. Er mag es noch so verbergen, man merkt ihm eben an, daß er im Innern an irgendwas leidet. Seine naturgegebene jederzeitige gute Laune ist nicht so oft vorhanden, und wenn ja, als wär sie erzwungen. Ich füg noch hinzu: Von seiner Wohlbeleibtheit hat er in der allerletzten Zeit viel verloren, und im Gesicht ist er sehr schmal geworden. Diese Veränderungen haben mich, liebste Cousine, in Unruhe gestürzt, denn ob sie nun von innerem Gram, ob von einer inneren Krankheit, oder von beiden zugleich herrühren, zu wundern braucht es bei einer brennenden Kerze nicht, daß sie weniger wird. Der Superior der Jesuiten ist allhier, einer von den Geistlichen, mit denen die Zeit nicht verloren ist; mit ihm verbringt er die Zeit und mit seinen Arbeitern, er läßt nämlich einen Garten anlegen und ein Haus bauen. Außer mit Gott tröste ich mich nur damit, daß unser Herr von sehr kräftiger Natur ist und neunundfünfzig Jahre leicht meistern kann. Ich weiß, solcher Trost ist nur auf Sand gebaut, und glücklich ist, wer nicht zu ringen hat mit einer Krankheit, der ein auch noch so Starker unterliegt. Aber unsere Lage ist so, daß wir uns in unserem Kummer ja nun irgendwelchen Trost suchen müssen, wiewohl es nicht der Fall sein müßte, wenn ich ein guter Christ wäre, denn es ist alles dem Willen Gottes anzuvertrauen. Doch wenn man jemanden sehr mag, läßt das Sichtbare einen das Unsichtbare vergessen. Um meinen Brief nicht gänzlich predigerhaft zu beschließen, berichte ich Euch, daß Abdullah, der jetzt zum Aga der Janitscharen gemacht wurde und uns viele Jahre als Çorbacı beigegeben war, seine Verpflichtung unserem Herrn gegenüber auch in so hohem Amt bewahrt und gestern ein schönes Roß und mehrere sonstige persische Geschenke geschickt hat. Wie würde ich, liebste Cousine, wenn ich in ein paar Tagen bessere Neuigkeiten schreiben könnte, lachen, denn jetzt lache ich nicht.

III

Rodosto, 25. martii 1735

Herzliebste Cousine, wenn ich, als ich meinen Brief vom letzten Mal schrieb, beunruhigt war, so bin ich jetzt betrübt, denn ich sehe unseren Herrn bei nicht eben guter Gesundheit. Die Krankheit hat sich nun auch schon offenbart. Als er sich vorgestern wie üblich abends um acht Uhr ausziehen wollte, überkam ihn Schüttelfrost; da ich anwesend war, fragte er mich, ob ich nicht fröre. Darauf antwortete ich, es sei recht warm, und ich fröre nicht. Darauf sagte er, ihm sei sehr kalt. Darüber erschrak ich erst, dann aber dachte ich, wo es aufs Frühjahr zugeht, könnte sich ein Wechsel einstellen in der Gesundheit. Unser Herr zog sich aus und legte sich hin, und auch ich ging in mein Quartier. Kurze Zeit später kam jemand mit der Nachricht, er hätte sich übergeben. Darauf sagte ich, vielleicht habe er etwas gegessen, was sein Magen nicht vertrug. Anderntags ging ich um sechs Uhr, da er sich anzukleiden pflegte, zu ihm ins Zimmer, aber welchen Schreck ich da bekam, als ich sein Gesicht erblickte, das, von Natur sonst rot, so gegilbt war, als wär's mit Safran eingesalbt. Nun fühlt er sich schon seit zwei Tagen sehr schwach, ist unausgesetzt von Schüttelfrost geplagt, und als wäre all sein Blut in Lehm verwandelt, so gelblich ist sein ganzer Körper. Heute ist Feiertag, also zog er sich an und nahm am Hochamt teil, aber es ist nicht verwunderlich, daß er sehr wenig aß. Er verspürt nicht den geringsten Schmerz, aber eine große Mattheit. Wir wollen, liebste Cousine, Gott anflehen, daß er diesen großen Menschen erhalte, dessen Größe selbst seine Feinde anerkennen.

112

Rodosto, 8. aprilis 1735

Was wir befürchteten, das ist schon eingetreten. Gott hat uns zu Waisen gemacht und unseren lieben Herrn und Vater aus unsrer Mitten genommen, nach drei Uhr in der Früh. Da heute Karfreitag ist, müssen wir unseren himmlischen wie auch unseren irdischen Vater beweinen. Gott hat das Sterben unsres Herrn zu heute befristet, um das Opfer seines Todes zu heiligen mit dem Verdienst dessen, der heute für uns gestorben ist. Nach dem Leben, das er gelebt, und nach dem Tod, den er starb, glaube ich, sprach man zu ihm mit den Worten: Heute wirst du mit mir im Paradiese sein. Vergießen wir nun Tränen die Fülle, denn der Nebel der Bitternis sank wahrhaft nieder auf uns. Doch weinen wir nicht um unseren guten Vater, denn Gott hat ihn nach so vielen Leiden in die himmlische Wohnung geholt und ihn trinken lassen aus dem Pokal der Glückseligkeit und der Freude, sondern weinen wir um uns selbst, die wir großem Waisendasein anheimfielen. Es ist nicht auszusprechen, wie groß das Flennen und die Bitternis allhier ist unter uns, bis hin zum Geringsten. Denk dir, wenn du kannst, in welchem Zustand ich diesen Brief schreibe, aber da ich weiß, daß du gern wissen möchtest, wie es zum Tod des Ärmsten kam, schreib ich es mit Tinte wie auch mit dem Fluß meiner Tränen nieder, und sei es, daß ich dadurch meine Bitternis noch vermehre.

Mich deucht, meinen letzten Brief schrieb ich am 25. vorigen Monats. Danach fühlte der Ärmste sich immerzu gar matt; er tat, sehr wenig zwar, aber alles seiner Gewohnheit gemäß und arbeitete auch bei solcher Schwächung bis zum ersten April in seiner Drechslerei. An dem Tag überkam ihn dann heftiger Schüttelfrost und schwächte ihn noch mehr. Tags darauf ging's ihm ein klein wenig besser. Palmsonntag konnte er vor Schwäche nicht in die Kirche gehen; er hörte die Messe aus dem nahe gelegenen Hause. Als nach der Messe der Pfarrer ihm den geweihten Zweig hinüberbrachte, nahm er ihn auf den Knien entgegen und sagte, mehr Zweige würde er wohl nicht mehr empfangen. Am Montag ging es ihm ein bißchen besser, am Dienstag ebenfalls, ihm war sogar nach Tabak, und er rauchte. Doch jeder von uns bewunderte an ihm, daß er bis zu der Stunde seines Todes nichts von der Ordnung des Hauses versäumte noch zuließ, daß seinetwegen irgendwas versäumt werde. Jeden Tag kleidete er sich zur gewohnten Stunde an, aß zu Mittag und legte sich hin, und wiewohl er sich kaum mehr halten konnte, behielt er trotzdem die Ordnung so bei als vordem. Am Mittwoch nachmittag überkam ihn die Schwäche noch mehr, und er schlief bloß. Einigemal fragte ich ihn, wie er sich fühle, worauf er jedesmal nur antwortete: Gut, ich verspür keine Schmerzen. Am Donnerstag, da er seinem letzten Ende sehr nahe und allmählich entkräftet war, nahm er mit großer Inbrunst den Herrn zu sich. Am Abend, da die Zeit schlafen zu gehen gekommen war, wurde er beiderseits an den Armen gestützt, aber so ging er selbst noch ins Schlafgemach. Seine Worte konnte man nur noch schwer verstehen. Gegen zwölf Uhr in der Nacht waren wir alle bei ihm. Der Pfarrer fragte ihn, ob er die letzte Ölung empfangen wolle. Der Ärmste nickte, er wolle. Als so geschehen, sprach der Geistliche schöne Mahn- und Trostworte zu ihm, antworten konnte er darauf nicht, wiewohl wir merkten, daß er bei Bewußtsein war. Auch sahen wir, daß ihm bei den Mahnungen Tränen aus den Augen rannen. Schließlich ist der Arme heut nach drei Uhr in der Früh, indem er Gott seine Seele anheimgab, entschlafen, starb er doch so wie ein Kind. Wir schauten unaufhörlich auf ihn, trotzdem nahmen wir, daß er von uns gegangen, erst wahr, da seine Augen sich öffneten. Er, der Arme, hinterließ uns verwaist hier in fremden Landen. Entsetzliches Weinen und Wehklagen ist jetzt unter uns. Gott der Herr mag uns trösten.

113

Rodosto, 16. aprilis 1735

Wir hier, herzliebste Cousine, verzehren unser Brot unter Tränen und gleichen einer Herde ohne Hirten. Am Tag nach dem Tod des Ärmsten öffneten wir sein Testament und lasen es. Jedem seiner Bediensteten vermachte er etwas, mir fünftausend deutsche Gulden, dem edlen Herrn Sibrik ebensoviel, allerdings müßte ein jeder das Geld in Frankreich abheben. Wann wir das tun werden, weiß Gott. Abgesandt haben wir auch den Brief an den Wesir, worin diesen der Ärmste bittet, uns nicht im Stich zu lassen. Den Leichnam ließen wir anderntags öffnen, die Kleinteile wurden in einen

Schrein getan und in der griechischen Kirche bestattet. Den Körper behandelten die Barbiere mit Kräutern, weil wir noch nicht wissen, wann wir ihn nach Constantinopel schaffen können. Die Barbiere meinten, es sei nicht verwunderlich, daß er gestorben ist, denn sein Magen und sein Blut seien voller Schlamm, ja sein ganzer Körper davon befallen gewesen. Sein Gehirn sei gesund gewesen, aber gehabt habe er davon so viel als üblicherweise zwei Menschen; auch Verstand hatte er so viel als zwölf. Sein Herz gebot er nach Frankreich zu schicken*. Den Leichnam haben wir am Tag nach Ostern im Palais aufgebahrt, wo drei Tage lang Gottesdienst stattfand. Jederlei Menschen durften den Leichnam sehen; dreißig Türken waren da auf einmal, die ihn sahen und die ihn gut kannten, trotzdem glauben sie nicht, daß er gestorben ist, vielmehr verbreiten sie, er sei heimlich fort, und wir hätten einen anderen eingekleidet an seiner Statt. Wenn es doch wahr wäre, was sie sagen! Gestern sargten wir nach dem Gottesdienst den Leichnam ein und trugen ihn in ein kleines Haus, wo er so lange verbleibt, bis die Erlaubnis da sein wird, daß wir ihn nach Constantinopel bringen können.

114

Rodosto, 17. maji 1735

Gewöhnlich ist es so, herzliebste Cousine, daß die Bitternis, je weiter man sich von deren Ursache entfernt, immer mehr abnimmt an Gewicht, und die Zeit uns allmählich alles vergessen macht; je weiter man entfernt ist von etwas, um so kleiner erscheint einem dasjenige. Aber hier ist es nicht so, denn unser Jammer um unseren Herrn nimmt, wie's scheint,

* *nach Frankreich zu schicken:* Einer vermutlich mündlichen Verfügung gemäß wurde Rákóczis Herz im Kamaldulenser-Kloster in Grosbois beigesetzt

zu und nicht ab. Wir nehmen nachgerade verstärkt wahr, welch einen Vater wir verloren, und welch ein Hirte uns verlassen hat. Aber hat unser guter Gott in der einen Hand die Rute, ist in seiner anderen der Trost. Die Hohe Pforte hat Ibrahim Efendi hierher entsandt, um nach dem Stand unsrer Dinge zu sehen und mit dem edlen Herrn Csáky sowie den anderen Ungarn, die wir hier sind, zu entscheiden, ob wir es wollen, daß der ältere der beiden Söhne unseres armen seligen Herrn hierher geholt werde. Dem hat jeder von uns zugestimmt. Außerdem hatte er mit Herrn Sibrik, dem Hofmarschall unseres Herrn, dem nun die Sorge um das ganze Haus obliegt, die uns von der Pforte zugewiesene Löhnung betreffend, zehn Taler je Tag, zu reden, daß sie aufgeteilt würde unter uns Ungarn, die wir dem Fürsten gedient haben. Aber weder Herr Sibrik noch ich willigte ein, daß nur wir bedacht werden, und die hinterbliebenen vielen langjährigen fremden Diener unseres Herrn leer ausgingen, wir beschlossen vielmehr, daß alle, die wir bleiben wollen, davon so lange leben sollen, bis der junge Fürst eintrifft. Liebste Cousine, ich bin bis jetzt nur innerlich Ungar gewesen, oder Székler, aber nun bin ich es auch schon im Äußeren, denn ich hab heute, nach zweiundzwanzig Jahren, das Franzosengewand abgelegt.

115

Rodosto, 18. julii 1735

Nachdem die Hohe Pforte erlaubt hatte, den Leichnam unseres armen Herrn nach Constantinopel zu überführen, ließ ich einen großen Kasten zimmern, den Sarg darin einschließen und auf ein Schiff verbringen; mit noch einigen zusammen fuhr ich dann am 4. los. Am 6. in Constantinopel angekommen, ließ ich den Kasten, in welchem der Sarg sich befand, zu den Jesuiten bringen. Dort wurde der Sarg herausgenommen und geöffnet, um den Leichnam zu sehen. Ein Grab aber wurde an der Stelle ausgehoben, wo dazumal die Mutter unseres Herrn* beerdigt worden war und von der man nur den Schädel fand, der nun in den Sarg ihres Sohnes eingeschlossen und mit ihm zusammen bestattet wurde. Wie wundersam doch Gottes Fügungen sind! Solang ich in der großen Stadt weilte, wurde der Wesir abgesetzt. Auch ich fuhr ab von dort und traf gestern hier an der Stätte der Trauer ein, wo wahrhaft alles und jedes Trauer hervorruft. Wohin ich mich wende, überall seh ich die Plätze, wo unser Herr gelebt, sich bewegt und mit uns geredet hat. Und jetzt seh ich all jene Plätze verödet, und leere Plätze füllen mit Bitterkeit unsre Herzen. Wir sind verlassen von unserem guten Vater und trösten uns über unser Waisendasein, indem wir Tränen vergießen. Als wär diese Trauer nicht genug, muß ich auch noch befürchten, daß die Sorgen fürs ganze Haus mir zufallen, da die Krankheit des Herrn Sibrik sich täglich verschlimmert, und wenn ich bedenk, in welche Bedrängnis ich, falls er sterben sollte, gerate, bis der junge Fürst sich hier einfindet, bereitet es mir kummervolle Stunden. Ich beschließe diesen Brief, denn da ich selbst verbittert bin, verbittre ich auch noch Euch. Bei Briefen, mit Trauer geschrieben, ist's besser, sie sind möglichst kurz.

* *die Mutter unsres Herrn:* Geb. Ilona Zrinyi, in zweiter Ehe verh. mit Imre Thököly, im türkischen Exil gest. 1703, bestattet in der Kirche St. Benoît in Galata

116

Rodosto, 15. septembris 1735

Wenn man in einer Lage, in der wir uns befinden, getröstet werden könnte, in deinen Briefen, Cousine, könnte ich Tröstliches reichlich finden. Wirklicher Trost ist denn auch einer, den ein wahres Herz spendet, hier trösten mich nämlich so manche, die innerlich frohlocken ob meines Traurigseins, von dem sie gern wollten, daß es sich noch vermehre. Aber Gott, auf den wir vertrauen müssen, erfüllt deren Wünsche nicht, sondern gibt Kraft und Sinn zu tragen das Kreuz, das er mir auferlegt hat. Wiewohl jedem freigestellt wurde, von hier fortzugehen, wohin es ihm gefällt, wollten von dieser Freiheit bisher jedoch nur wenige Gebrauch machen, man will die Ankunft des Fürsten abwarten. Gott weiß, wann das sein wird! Einen Monat ist es schon her, daß der Ruf nach ihm ergangen ist. So lange aber steht hier niemandem eine Zahlung zu, allerdings wird jeder auch künftighin seinen Tisch haben, dafür reichen die zehn Taler, die für einen Tag bereit stehen. Mehr jedoch kann niemand erwarten. Dreißig oder vierzig Personen können von den zehn Talern verköstigt werden, aber Löhnung oder Kleidung ist davon nicht möglich. Unser Herr, der Ärmste, hatte sechzig Taler pro Tag, er konnte gut zahlen. Er hat auch gut gezahlt, denn manche hatten sechshundert, manche vierhundert und viele zweihundert Taler. Jetzt indes wird vom Wenigen nicht einmal wenig gezahlt; erstens darum, weil das zugewiesene Geld das Jahr hindurch aufs Essen draufgeht, zweitens, weil davon auch die niederen Domestiken, die in der Küche dienen, bezahlt werden müssen, und drittens darum, weil wenn einer etwas bekäme, auch die anderen etwas verlangen und murren würden. Aber da keiner etwas bekommt, gibt es auch für Gemurre keinen Grund. Gute Gesundheit wünsche ich, liebste Cousine.

117

Rodosto, 8. octobris 1735

Ein Kreuz, von dem man vorher weiß, daß man es tragen würde, müßte man, so scheint's, leichter tragen können. Auch die Armut erdulden die Leute leichter, wenn sie nur ganz allmählich darein sinken, weil sie sich an sie gewöhnen. Der liebe Gott hat mir, herzliebste Cousine, ein weiteres Kreuz auferlegt, von dem ich vorher sah, daß es mir zufiele, welches ich allerdings dadurch leichter nicht finde, doch hoffe ich: der es mir auferlegte, gibt mir auch die Kraft, es zu tragen. Beurteile du, Cousine, ob es nicht ein groß' Kreuz ist auf mir, daß wir unseren guten Vater Sibrik, den Gott nach schwerer und langer Krankheit zu sich geholt hat, gestern begraben mußten. Einesteils sollten wir seinen Tod nicht beklagen, denn Gott hat seinen vielen Leiden ein Ende bereitet, andererseits jedoch hab ich sehr wohl zu trauern, denn mir sind all die Sorgen und Nöte jetzt auferlegt, deren es nicht wenig gibt in einer Lage, in der wir uns befinden. Mit zweierlei Nationen*, die einander nicht mögen, hab ich Verdruß. Es gibt welche, die nicht mir unterstellt waren und von mir abzuhängen nicht gewohnt sind; sie wähnen sich jetzt schon befreit von jeglicher Unterstellung und denken, der Fürst würde alsbald eintreffen, und so lange brauchten sie von niemandem abhängen. Zudem haben sie im Auge, daß ich, von dem sie in Wahrheit abhängen müssen, den Fürst selber nicht kenne und überhaupt nicht weiß, welchen Sinnes er über mich sein wird, wo es ja häufig passiert, daß

* *zweierlei Nationen:* Ungarn und Franzosen

jemand, der beim Vater beliebt war, vom Sohn nicht gemocht wird. Ich füg noch hinzu, daß jemandem, von dem weder Gaben noch Strafen erwartet werden, auch Gehorsam nicht gänzlich geleistet wird, denn leiten lassen sich die Menschen entweder vom Eigennutz oder von der Furcht, selten von der Zuneigung oder vom Anstand. Ein Vorgesetzter aber darf sich nicht damit schmeicheln, daß ihn jedermann gratis möge, ohne von ihm etwas erwarten zu können, wie von mir nichts zu erwarten ist. Gewiß soll man sich allzeit darum bemühen, daß die Untergebenen einen eher mögen als fürchten, aber zu schmeicheln braucht man sich damit nicht, vielmehr muß man als Vorgesetzter sich vornehmen, einem jeden die seinem Stande nach gebührende Ehre zu erweisen. Seinem Amte sollte er nicht mit Blick auf die Leute gerecht werden wollen, sondern Gott zuliebe, und sehr mögen soll er Wahrheit und Gerechtigkeit. Aber sei es, daß er dem allem Genüge tut, wird er dann ungescholten bleiben? Nein. Wer ein Amt innehat, wird allzeit fehleingeschätzt, doch wer den rechten Weg geht, kann sich Tröstendes zugute halten. Tröste mich, herzliebste Cousine, ich hab es nötig, doch ein Trost schon ist für mich, wenn du auf deine Gesundheit achtest.

Den Abschiedsbrief unseres Herrn an den Wesir hätte ich, fällt mir jetzt ein, Euch schon schicken müssen. Noch nie hatte ein christlicher Fürst bei der Hohen Pforte solchen Kredit als er, der Ärmste, dessen Rat man geschätzt und befolgt hat. Glaub mir, Cousine, er wußte auch guten Rat zu geben.

Zweitschrift des
vor seinem Tod verfaßten Abschiedsbriefs
an den Großwesir der Hohen Pforte,
Ali Pascha

In der Ersten Würde dieses ruhmvollen Reiches glänzender, mit großer Weisheit geschmückter Großwesir, mein lieber und herzensguter Freund, den Gott mit allem wünschenswertem Wohle segne!

Zweifellos wird der Wesir, mein lieber Freund, verwundert sein, wenn er mit der Nachricht von meinem Tod diesen Brief empfangen wird. Da jedoch die Sterblichkeit der menschlichen Natur den Tod als unausweichlich erwiesen hat, rief die Liebe zu Gott mich, Anstalten zu treffen für den Gang zu ihm, und es veranlaßte mich meine für den unbesieglichen Sultan empfundene Dankbarkeit, nicht ohne Abschiednahme zu scheiden aus dieser Welt. Da ich im Hinblick darauf bei noch gesundem Zustand zu allem meine Verfügung getroffen hatte, wies ich die obersten Beamten meines Hofes an, wenn mein Tod eingetreten und der Wesir benachrichtigt sein wird, diesen Brief meinem lieben Freund zu übermitteln. Also mögen die letzten Worte seines Freundes ihm zu Herzen gehen, und lege er die letzte Ansprache meines von wahrhafter Dankbarkeit erfüllten Herzens Dero allergnädigstem Herrn, dem Sultan vor. – Einer Fügung der unfaßlichen Weisheit Gottes hab ich stets meine Herkunft in dieses glanzvolle Reich, insonderheit aber jenes Gefühl zugeschrieben, von dem getragen ich zu einer Zeit herkam, als die Dinge des Reichs infolge glücklosen Kriegsverlaufs in größten Veränderungen begriffen waren. Mein Sinn war überzeugt worden von meinem Gottvertrauen und meiner auf die Hohe Pforte gesetzten Hoffnung, daß sie mich nicht verlasse, und seht, selbst in der letzten Stunde meines Lebens darf ich sagen, daß ich mich nicht getäuscht hab, denn meine Person wurde respektiert, zusammen mit meinen wenigen Getreuen versorgt und gegen die Absichten meiner Feinde beschützt. All dies hielt auch ich mein Lebtag vor Augen, und ich scheide ohne im Gesicht zu erröten aus dieser sterblichen Welt, denn mich beschuldigt mein Gewissen nicht, irgend jemanden im Reich gekränkt und das wahrhafte Wohl der Hohen Pforte nicht in jeder mir möglichen Weise befördert zu haben. Es gereichte mir in meinem Leben oft zum Trost, daß die Minister der Pforte diese meine unverhohlene Absicht kannten und mir wohlgesonnen waren, und so lebte ich in stiller Gemütsruhe und bereitete mich auf diese meine letzte Stunde vor, von der allein ich erwarten konnte, von allen meinen Nöten befreit zu werden. Da mein Gesetz es mir so gebot, Gott über alles und meinen Freund ihm zuliebe wie mich selbst zu lieben, kann ich sagen, daß ich all diejenigen, die Gott auf dieser Welt meiner Fürsorge anvertraut, wiewohl zu meinen Diensten bestimmt hat, gleichsam als meine Söhne liebte, und von diesem Gefühl geleitet habe ich, was ich besaß, meiner schriftlichen Verfügung gemäß unter ihnen aufgeteilt. Allerdings scheue ich mich nicht, meine so beengten Verhältnisse zu gestehen, daß ich den mir beigeordneten und mir gutherzig, mit beharrlicher Treue dienenden Offizieren des Sultans nichts zur Belohnung hinterlassen konnte. Im Hinblick darauf hätte ich den unbesieglichen Sultan, wenn ich vor ihm mir irgendein Verdienst hätte zuschreiben können, darum gebeten, all denen, die mir beigeordnet waren, meinethalben eine Gnade zu erweisen. Da aber auch ich selbst der Pforte so viele Jahre lang mehr zur Last als zum Nutzen gereichte, empfehle ich jeden einzelnen in des Sultans Gnaden, aber vorzüglich meinen getreuen Dolmetsch Ibrahim* mag der allmächtige Gott mit den kostbarsten Segnungen belohnen lassen für die mir erwiesenen Wohltaten. Und im Namen eben des Gottes ersuche ich den Sultan, er möge erlauben, daß meine wenigen Getreuen, gleichsam ohne Hirten hinterlassene Schafe, so sie meine schriftlichen Verfügungen vollzogen und meinen Leichnam neben dem meiner Mutter ohne jeglichen weltlichen Pomp zur Ruhe gebettet haben, unbehelligt und getrost ihres Weges in andere Länder ziehen, oder, denen es so gefällt, im Reiche verbleiben können. Nach alldem, mit dem Wunsch nun aller leiblichen und seelischen Segnungen von ebendem Gott für den Wesir und das ganze Reich, beschließt seine Worte dessen getreuer Freund, der bereits zu Staub und Asche werdende

Princeps Franciscus Rakoczy

118

Rodosto, 15. novembris 1735

Nachdem ich einige Briefe von dir empfangen hab, Cousine, freut mich von deinen vielen Tröstungen am meisten die, daß du gesund bist. Einen tröstenden Brief bekam ich auch von dem jungen Fürsten, er macht darin schöne Vorschläge. Alles gut und schön, Hauptsache, sie werden nicht zu Schall und Rauch. Wenn ich ihn kannte, könnte ich mir ein Urteil bilden über ihn und wüßte, was von ihm zu erwarten ist. Aber wer weiß, wie er veranlagt ist? Sein Vater hegte zwar ihn betreffend große Hoffnungen, wenn er sich jedoch nur nicht getäuscht haben würde. Ich fasse keinerlei Urteil über ihn, man wird sehen, wenn er da sein wird. Mit Gottes Hilfe habe ich mir vorgenommen, ihm all sein Gut so in die Hände

* *Dolmetsch Ibrahim:* Hofbeamter ungarischer Herkunft (aus Klausenburg), u. a. Initiator des Buchdrucks in der Türkei, starb 1746

zu geben, wie sein Vater es hinterlassen hat, und ich halte, so es geht, Recht und Billigkeit vor Augen, damit ich über alles Rechenschaft geben kann. Nicht um bei ihm Gefallen zu finden, sondern damit Gottes Segen auf mir ruhe. Wo bislang schon viele Fehlurteile über mich gefaßt wurden und werden von welchen, die mit mir leben, was werden die künftig noch über mich dem Fürst selbst sagen. Doch ich lach bloß darüber, weil sie nicht die Wahrheit sagen, und Gott beschirmt diejenigen, die auf geradem Weg wandeln; wenn man ihn verleumdet hat, warum dann mich nicht. – Vielleicht denkt auch Ihr, unser Herr, der Ärmste, hätte viel Guts hinterlassen. Da haben sich viele getäuscht; selbst was am kostbarsten ist von seinen Sachen, das Tafelsilber, ist nicht viel, grad genug für seine jetzigen Verhältnisse, aber anderwärts besitzt selbst ein Handelsmann mehr Silberzeug. In der Truhe hatte er recht wenig, Edelsteine eben keine. Er besaß zwei diamantbesetzte Ringe, einen davon gab er mir. Zaumzeug hatte er für zwei Pferde, Hausrat indessen reichlich, denn er hat immerzu etwas dazu machen lassen. Geschmeide für die Truhe oder mit Steinen hat er nie gekauft, weil er darauf nicht aus war; gekauft hat er grade nur Sachen, ohne welche er nicht auskam. Zwei Taschenuhren hat er hinterlassen, die eine für den armen Sibrik, die andere für mich.

Dem kannst du entnehmen, Cousine, daß er nicht viel Preziosen hinterlassen hat, er hätte nämlich einen Tisch oder einen Stuhl, den er selbst erfunden hatte, nicht hergegeben für Juwelierware. Und er hatte viel davon, denn dafür geizte er nicht mit Geld; davon weiß weder sein Sohn noch ein anderer so Gebrauch zu machen wie er, denn keines seiner Geräte im Hause war in der Form gefertigt, als es bei anderen zu sein pflegt. Die waren alle anders gebaut; Stühle und Tische waren so zerlegbar, daß man sie in kleinen Kästen aufbewahren konnte. Da könnt Ihr Euch denken, daß Tischler und Schlosser mehr an ihm verdient haben als Goldschmiede. Kurzum, Cousine, es hat sich das französische Sprichwort an ihm nicht bewahrheitet, wo es da heißt, glücklich sei der Sohn, dessen Vater der Verdammnis anheimfiel, worunter ein Vater zu verstehen ist, der viel an trügerisch erworbenem Gut seinem Sohn hinterläßt, hat doch er, der Ärmste, auch an rechtmäßigem Erwerb sehr wenig hinterlassen. Sechs oder sieben Goldmünzen fand ich in seinem Tintenkasten, und sein gesamter Schatz betrug, als er starb, fünfhundert Taler. Ihr könntet fragen, wohin er das Geld getan, wo ihm doch bald siebzig bald sechzig Taler zustanden je Tag. Mit zwei Worten antworte ich Euch nur, er hielt viel Leute bei sich, an die zahlte er viel, und noch mehr gab er aus für Bauarbeiten. Zum dritten und am nützlichsten waren da noch die Kosten für die Gottesdienste und die Kapelle, aber davon hat der Ärmste denn auch Gebrauch gemacht. Freilich hätte man zu ihm nicht sagen können, was einem französischen König gesagt wurde, der, da er einen spanischen Gesandten bei dessen Heimkehr beschenken wollte, vor den Herren äußerte: Ich würde diesen Gesandten gern beschenken, aber ich möchte ihm etwas geben, was mich viel gekostet hat, wovon ich aber keinen Gebrauch mache. Da sprach nämlich ein zum Scherzen aufgelegter Herr zum König: Gib ihm deine Kapelle, die hat dich viel gekostet, aber Nutzen hast du davon keinen. Er freilich, der Ärmste, wußte seine Kapelle zu nutzen. Aber er hat sich viel Sonstiges kosten lassen, was unnütz war. Ebenso unnütz wäre es möglicherweise, wenn ich mehr solches schriebe, also schließe ich und verbleibe, liebste Cousine, dein in Nöten und Kummer zappelnder Diener.

119

Rodosto, 18. januarii 1736

Der Schöpfer von allem und jeglichem hat uns dieses Jahr zu erleben gewährt, seinem heiligen Namen sei Dank. Ich hab es in reichlich Nöten und Kummer erlangt, aber wer das Kreuz gibt, von dem ist auch der Trost zu erwarten. Ich erhielt einen Brief des Fürsten, worin er mitteilt, er habe dem Grafen Bonneval* seine Bevollmächtigung zugesandt; bis er selbst hier eintreffe, solle der alle seine Angelegenheiten weiterführen und alle seine Güter in die Hand nehmen. Das wird mir eine große Erleichterung sein, denn: wenn einer sich beschwert, ist da einer, auf den ich verweisen kann. Doch wenn unser Herr, der Ärmste, dies sähe, nähme er diesen Schritt seines Sohnes bitteren Blickes zur Kenntnis, daß der seine Sach' lieber einem Fremden anvertraut und nicht solchen, die seinem Vater von Kindheit an dienten. Freilich kann ich dem Sohn zugute halten, daß er die Diener seines Vaters nicht kennt, Bonneval aber in Wien, eh der seinen Glauben verleugnete, noch in seiner Generalität kennengelernt hat. Dieser hat bei der Pforte, Gott sei Dank, sehr wenig Kredit. Gott hat dies so gerichtet, damit andere, die ihm folgen wollten, daraus lernen. Du schreibst, Cousine, an die Stelle des im vorigen Monat abgesetzten Wesirs sei der Silahtar Aga gesetzt worden. So ist die Welt! Wahrscheinlich taugt er zur Kriegführung mehr, es ist nämlich höchstens vier Tage her, daß hier in der Stadt der Krieg mit dem Reußen verkündet wurde. Sollen sie Krieg führen, mir sei's recht, wir haben davon weder einen Schaden noch Nutzen. Geb uns Gott nur seinen Frieden in unsrem Geiste. Amen.

* *dem Grafen Bonneval:* Siehe Brief Nr. 97, einschl. Fußnote

Rodosto, 15. maji 1736

Ihr müßt nicht denken, Cousine, wir wären gestorben; ich lebe, denn ich esse und schreibe. Die Toten aber halten sich daran, weder das eine noch das andere zu tun. Unser Leib wird jeden Tag satt, aber unser Geist darbt des Frohsinns sehr. Auch von den andern verspürt ein jeder sein eigen Wehwehchen, ich jedoch empfinde es doppelt. Ich empfinde das eigene, muß aber auch auf das der anderen sehen, selbst wenn ich dafür nichts kann. Zudem bin ich niemals in solchem Zustand gewesen, geb' Gott, daß ich es öfter auch nicht sei. Es gibt für mich nicht den geringsten Trost, der liebe Gott hat mich wahrhaft mir selbst überlassen. Jeden Tag seh ich die viele Bosheit, aber Gottes Gnade läßt es nicht zu, daß ich sie verspüre. Mit denen ich am meisten zusammen bin, die an mich die meisten guten Worte richten und größere Freundschaft zeigen, ebendie wollen meine Ehre trüben. Ich brauch bloß ein bißchen guten Muts zu sein, schon ist es Gift für sie, und mein Mißmut ist ihnen lieb. Täglich finden sie Neues für ihre Reden wider mich. Und für alles das, Cousine, ist der Grund kein anderer, als daß ich das Hab und Gut des Fürsten nicht verteile an sie. Und da ich es nicht verteile, denken sie, ich behalt es für mich. Laß sie reden, wenn nur ich den rechten Weg geh.

Anderwärts hat sich das Kriegsgeschehen beruhigt. August ist König von Polen, Don Carlos König von Neapel, dem Herzog von Lothringen gab man für Lothringen das Herzogtum Toscana, und Lothringen überließ der Franzose König Stanislaus auf Lebenszeit, und so ist jedweder zufrieden mit seinem Teil. Hier wiederum beginnt ein anderer Krieg des Türken mit dem Reußen zu entflammen, die

Boncuk* sind bereits gehißt in Constantinopel, dies ist das Zeichen für Krieg, und daß in einem Monat der Wesir losziehen wird mit den Heeren. Gott, der alle Dinge lenkt, spende uns seinen Trost.

121

Rodosto, 15. augusti 1736

Auf einige meiner Briefe bekomme ich einfach keine Antwort. Ich begann mir schon einzureden, herzliebste Cousine, du seiest mit dem Wesir ins Feldlager gezogen. Aber auch von dort hätte man ja auf meine Briefe antworten können. Hier heißt es, der Wesir habe an der Donau Lager bezogen, der Reuße aber sei in der Tartarey sehr hinter den Tataren her. Und wenn sie alle aufgefressen werden, macht's mir nichts aus, wohl aber macht es mir etwas aus, daß wir hier ein so trauriges Leben führen müssen. Erschlafft sind uns die Herzen und der Mut, und nur das viele Geseufze muß ich hören. Etliche Briefe des Fürsten sind bei mir eingegangen, mit denen ich meine mitlebenden Leidensgefährten ja doch trösten konnte. Allerdings hält der Trost nur drei Tage vor, dann geht's wieder los mit dem Seufzen. Ich muß sie alle trösten und ermuntern, dabei wäre des Trostes ich mehr noch bedürftig als andere, aber mich tröstet Gott nur, der Einzige, und er gibt mir Kraft zu tragen das Kreuz. Ich muß meine Trübsale in mir abwürgen, es wäre unnütz, meine vielen Nöte auszubreiten vor anderen. Ja, ich muß mich, was am schwersten ist, gar noch im Zaum halten und so tun, als wär ich bester Stimmung, wo doch zuinnerst mein Herz immerzu anders fühlt. In jedem seiner Briefe schreibt der Fürst, er komme, aber hier ist er noch nicht. Die Not

* *Boncuk:* Pferdeschweif-Standarte als Kriegszeichen

indes mehrt sich, Drangsal und Klagen nehmen zu, und da die Leute nicht wissen, wem sie die Schuld zuschieben sollen, kehren sie ihre Klagen, da sie mich immer vor Augen haben, gegen mich. Auch das sollte mir recht sein, wenn es ihnen nur was nützte. Wir müssen uns den Verhältnissen, in die Gott uns versetzt, anpassen.

Des öfteren kommt mir in den Sinn, was unser Herr, der Ärmste, vorausgesagt hat. Da hatte ich ihm einmal unter anderem die Abrechnung über die Käufe übergeben (ich veranlaßte nämlich die Einkäufe, die für seine Bekleidung und für den Hausrat erwünscht waren, wobei der Zahlmeister, der in meinem Auftrag die Besorgungen machte, mir Rechenschaft gab, die ich wiederum dem Fürst vorlegte); doch sei hier vorausgeschickt, es war seine Natur, in der Abrechnung nicht darauf zu schauen, wofür dreißig oder vierzig Taler ausgegeben wurden, sondern ob eine Ware des Werts von zehn oder zwölf Kreuzern billig gekauft wurde oder zu teuer; an so geringen Posten fand er jedesmal etwas zu bemängeln. Also stach ihm in der Abrechnung wieder ein Artikel im Wert von ein paar Kreuzern in die Augen, und er fing an sich gleichsam übelnehmerisch zu beschweren, es wäre zu teuer und besser nicht gekauft worden. Darüber geriet ich gegen meine Gewohnheit in Brast, denn mir kam es so vor, als hätte er an mir gezweifelt, und ich sagte grob, wenn er an mir zweifle, solle er andere anweisen, einkaufen zu lassen. Darauf erwiderte der Ärmste gar nichts, er reichte mir nur die Abrechnung hin und wandte sich ab von mir, wie ich es verdient hatte. Auch ich ging hinaus. Anderntags sprach er nicht zu mir, ich wartete und wartete, daß er etwas sage, aber tags darauf sagte er immer noch nichts. Da wurde mir dann schon schwer ums Herz, denn ich hatte erkannt, daß es von mir töricht gehandelt war. Am dritten Tag hielt ich es nicht mehr aus, ging hinein zu ihm ins Schreibzimmer, fiel dort nieder vor ihm und küßte ihm, die Augen voller Tränen, die Hand und bat ihn um Vergebung. Da hat mich dieser seltene und große Mensch umarmt, und er sagte zu mir: Ich vergebe; du wirst dich oft an mich erinnern, wenn ich tot sein werde, oft wirst du zurückdenken an mich, aber dann wird es zu spät sein. Wenn ich diese Worte damals weinend hörte, erinnere ich sie jetzt mit Tränen in den Augen. Sie haben sich bewahrheitet. Gott hat es so gewollt, in allem sei gepriesen sein heiliger Name. Ich sagte bereits: ein trauriger Brief hat kurz zu sein, also schließe ich.

122

Rodosto, 2. decembris 1736

Gott sei's gedankt: wenn auch nach langer Zeit, ist József Rákóczi jetzt doch eingetroffen. Wir dachten, es kämen alle beide, aber nur der ältere ist hergekommen. Das Schiff ist in Gallipoli verblieben, er selbst kam mit einigen Begleitern auf dem Festland hierher. Gestern abend ist er, da er nicht zu uns kommen wollte, im Gasthof abgestiegen. Nachdem er mir seine Ankunft mitgeteilt hatte, ging ich zu ihm hin. Auch heute war ich mit ihm ein paar Stunden zusammen, er ist dann nach Constantinopel abgereist. Ich kann mir über ihn noch kein Urteil bilden. Weiß Gott, was für einer er sein wird. Gemerkt hab ich bloß, daß er jähzornig ist. Er ist grad rechtzeitig angekommen, ich muß darüber froh sein, ich werde die vielen Sorgen los, es waren nicht mehr als zehn Taler noch da für die Kosten des ganzen Hauses. Doch wer uns Zähne gab, gibt uns auch zu essen.

*Briefe über die Ankunft des Fürsten József Rákóczi in diesem Lande**

123

Rodosto, 2. januarii 1737

Gebe Gott, daß wir mit seinem Segen und seinem Troste dieses Jahr beginnen und beschließen können. Der Fürst ist, nachdem er etliche Tage in Constantinopel geweilt hatte, am 17. des vorigen Monats zurückgekehrt hierher in die Exilgemeinschaft der Flüchtlinge. Der Grund aber für diese plötzliche Rückkehr ist, daß die Pforte, sobald sie von seinem Eintreffen in Constantinopel erfahren hatte, ihm auch schon ausrichten ließ, er möge hierher zurückkehren. Er hätte gar nicht erst hinmüssen, aber schuld daran war Bonneval. Denn alldieweil der Friede der Pforte mit dem Kaiser noch hält, ja, der Kaiser sogar Vermittler ist zwischen der Pforte und dem Reußen, wollte man dem Kaiser keinen Grund dafür liefern, sich zu beschweren mit der Frage, warum man den Fürsten zu sich geholt hätte. Hier ist man nämlich sehr darauf bedacht, den Kaiser keineswegs zu verärgern, denn man will sich nicht zwei zum Feinde machen, reicht doch auch einer schon. Aus diesem Grund hat man den Fürsten so rasch hierher zurückgeschickt; wie er sich nun zu uns verhalten wird, kann ich nicht wissen. Aber wie ich wahrzunehmen beginne, ist der Apfel recht weit gefallen vom Stamm. Gottes Wille geschehe. Ein andermal mehr.

* *József Rákóczi in diesem Lande*: Brieffolge Nr. 123-144

124

Rodosto, 8. martii 1737

Na, da haben wir ja, Cousine, viel gewonnen durch die Veränderung; zu unserem Trost haben wir den jungen Fürsten erwartet, und gekommen ist er zu unserem Kummer. Die schöne Lebensordnung, die sein Vater unter uns festgelegt hatte und die einzuhalten und einhalten zu lassen er bis zu seinem Tod viele Jahre so sehr bemüht war, hat sein Sohn in drei Tagen um und um gekehrt und sein hiesiges Leben damit begonnen, daß er diese Ordnung zerstörte. Und er tat dies solchermaßen, daß in so kurzer Zeit von jener christlichen und eines Fürsten ziemlichen Ordnung nicht einmal ein kleiner Klacks übrigblieb, alles wurde abgeschafft, und nur der Nebel großer Unordnung senkte sich auf unser Haus nieder. Allein daran schon kann jedermann beurteilen, was wir erhoffen dürfen, vornehmlich wir, die wir einem so großen Fürsten gedient haben, bei dem alles Tun und Lassen aus Klugheit, Ordnung und Huld bestand. Jetzt aber sehen wir durchweg Gegenteiliges, denn auf die Ordnung folgte große Unordnung, auf Klugheit Hudelei, auf Huld Zwietracht und Fremdheit, so daß unser dreißigjähriges Exil uns nie so schwer ankam als diese drei Monate bereits. Jetzt wird erst am meisten geseufzt nach unsrem verstorbenen Herrn, müssen wir doch betrübt den großen Unterschied zwischen Vater und Sohn zur Kenntnis nehmen, aber da sind wir jetzt schon drin. Sobald er angekommen war, übergab ich ihm getreulich alle Habe seines Vaters. Ich bin wahrhaftig nicht ohne Verleumdung davongekommen, denn die falschen Gevatter haben mir vieles unterstellt, und auf die falschen Beschuldigungen hin hat der Fürst viel nachgeforscht bei mir aus dem Hinterhalt. Jedoch gefunden hat er nichts, was meine Ehre verletzte, das hat er mir sogar selbst gestanden.

Es gibt nichts Besseres, als den rechten Weg zu gehen. Wünschenswert wäre, er folgte den Spuren seines Vaters, zudem ist gewiß, daß die Pforte Nachforschungen anstellt, wie er geartet sei. Du könntest fragen, Cousine, welchen Sinnes er über mich ist. Sicherlich gleichen Sinnes als über die anderen. Mir sagte er nicht einmal ein Gott vergelt's dafür, daß ich Sorge trug für sein Gut und Gesinde. Hier war gestern ein großes Erdbeben, selbst die Erde findet keine Ruh unter uns. Gute Gesundheit, Cousine.

125

Rodosto, 20. julii 1737

Allhier, meine Cousine, verlaufen unsere Dinge durchweg ungeordnet und wirr, und alles ist um und um gekehrt; mich wundert's, daß wir selbst noch auf den Füßen und nicht kopfüber gehen. Dabei hat Gott diesem Fürsten doch gewiß viele schöne Talente mitgegeben und einen schönen Verstand. Und hätte man den so, wie es zu wünschen wär, unterrichtet und erzogen, hätte es Lobenswertes gezeitigt. Sein Naturell hätte man in noch recht frühem Alter bändigen und in eine Ordnung fassen müssen, aber völlig sich selbst überlassen ist seine Art unordentlich, wechselhaft und unbeständig geworden, darum neigt er auch so zu Zorn und Laune. Ihm ist nie beigebracht worden, und auch seine Natur lenkte ihn nicht dahin, sich mehr darum zu bemühen, daß man ihn eher möge als fürchte. Da er Erziehung nicht grad die Fülle genoß, sondern sehr freizügig aufwuchs, weiß er weder, was Geiz ist noch rechte Zurückhaltung noch richtiges Geben, ebensowenig weiß er, was es heißt, seine Nation zu lieben, konnte er doch auch nie verkehren mit seiner Nation.

So viel steht bereits fest: der Kaiser hat den mit dem Türken geschlossenen Frieden von Passarowitz aufgekündigt, sich des Vermittlertums entledigt und auf die Seite des Reußen gestellt. Ob man einen Frieden solcherart aufkündigen kann oder nicht, das mögen die Theologen klären; klar ist bereits, daß es kein christliches Verhalten ist, sich Ungläubigen gegenüber nicht an den Eid zu halten, denn Gott ist den Türken ein gerechter und ewiger Gott ebenso als uns und ist zu ihnen gleicherweise gerecht wie zu uns. Wann der Türke den Frieden aufgekündigt hätte, weiß ich nicht, wohl aber weiß ich, daß ein christlicher Herrscher ihn gebrochen und es dann auch gebüßt hat*. Aus solch einem Beispiel könnte auch jetzt die Lehre gezogen werden. Die Türken würden, so sie nicht hofften, daß Gott auch diesmal für sie Gerechtigkeit übt, verzweifeln, wie sie denn auch große Befürchtungen haben, mit Recht, müssen sie doch gegen zwei große und mächtige Kaiser Krieg führen, die zu zweit sie aus Europa vertreiben können (allerdings sei hinzugefügt: so Gott will). Im Hinblick darauf wird man nun vielleicht auch bei der Pforte eher ein Auge für uns haben, denn um unsre Dinge ist es auch jetzt noch gar schlecht bestellt. Haben wir denn anderes verdient?

126

Rodosto, 13. septembris 1737

Nachdem der Friede gebrochen ist, braucht auch die Pforte keine Rücksicht zu nehmen auf das, worauf sie bisher zu achten hatte; also schickte der Kaymakam, überbracht von einem Aga des Wesirs, einen Brief an den Fürsten, worin diesem mitgeteilt wird, die Pforte wünsche, daß er sich nach Constantinopel begebe. Die Pforte will damit demonstrie-

* *gebüßt hat:* Anspielung auf die Niederlage des ungar. Königs Ulászló I. 1444 bei Varna (s. auch Brief Nr. 203)

ren, daß sie ganz und gar ein Feind des deutschen Kaisers sei, und aus uns will man ein Schreckgespenst machen. Was würde der Fürst, der Ärmste, wenn er jetzt lebte, denken und tun? Ich hörte ihn nämlich des öfteren sagen, daß er einen Krieg der Pforte mit dem Deutschen nicht wünsche, denn ihm graute vor einer Kriegführung zusammen mit dem Türken, und daß ihm der Tod hier lieber sei, als zuzusehen, daß seinethalben Raubzüge unternommen würden nach Siebenbürgen. Es reichte, wenn wir einmarschierten und auch so schon weiß Gott was dort vorfänden. Gut zu wissen ist zudem, daß im Feldlager ein neuer Wesir eingesetzt wurde. Mehr schreib ich nicht, es gilt Reisevorbereitungen zu treffen, wo aber einer viele Jahre zugebracht hat, von dort fortzugehen fällt einem schwer. Gute Gesundheit, Cousine.

127

Constantinopel, 21. septembris 1737

Wir haben, Cousine, Rodosto verlassen, uns nach so vielen Jahren von dort gelöst. Jedoch wie? So holterdiepolter halt. Der Fürst ist nur mit wenigen Leuten aufgebrochen, aber so, als säße uns der Feind im Nacken. Er gönnte weder sich noch uns die Zeit, wenigstens unsre Sachen wegzuräumen. Das war möglicherweise nur dazu gut, um sagen zu können, was er mir gesagt hat: er werde nicht hier sterben wie sein Vater. Ich gab darauf keine Antwort, aber gedacht hab ich: vielleicht auch in Siebenbürgen nicht. Jedenfalls sind wir gestern um die Mittagszeit nah der Stadt angelangt und wurden in ein Herrenhaus gebeten, wo Beauftragte des Sultans den Fürsten zu Gast sahen. Nach dem Essen stellte man sowohl dem Fürsten als auch uns Rösser bereit. Von da geleiteten des Sultans Offiziere uns mit Pomp ins Quartier, zwar in das Haus eines Kürschners nur, in welchem aber auch ein Fürst behaglich wohnen kann. Auf Geheiß des Sultans waren alle Räume nach hiesiger Art geschmückt.

Sintemal wir allhier neu sind, kann ich Neues weiter nichts schreiben, sondern zum Zeitvertreib nur, daß ich ein so großes Tier zu sehen bekommen habe, von dem ich seit meiner Kindheit reden höre und das ich so gern mal sehen wollte. Daraus erratet Ihr bereits, daß es ein Elefant ist. Dieses große Tier hat ein mausgraues Fell, einen Kopf wie gewöhnlich beschrieben, Ohren wie die Fächer der Frauen, und aus seinem Maul ragt beidseits jeweils ein Zahn, so stark wie mein Arm. Und lang sind sie, zum Essen sicherlich nicht tauglich, doch wird die Natur sie ihm gewiß zum Nutzen verliehen haben. Gewiß ist zudem, daß Drechsler sie für viele kostbare Arbeiten verwenden können. Doch am meisten hat mich an dem Tier die Nase gewundert, die ich freilich Nase nicht nennen kann, denn seiner Nasenspitze entspringt so ein Anhängsel gleichwie beim Truthahn, länger aber als ein halber Klafter und dick wie mein Arm, außerdem biegsam wie eine Peitsche. Am Ende ist es einer Schweinsnase ähnlich, mit zwei Löchern, die sich nach oben hinziehen wie zwei Saugröhren. Durch die saugt er das Wasser an, wenn er trinkt, oder bespritzt sich, wenn er sich wäscht, und damit füttert er sich. Das ist für ihn das gleiche als für uns die Hände; er hebt damit eine Münze vom Boden auf, oder ein Büschel Stroh und fächert sich rundum, weil ihm der Schwanz dazu nichts nützt, und wem er damit einen Schlag versetzt, der ist geschlagen. Also wenn man's nicht gesehen, kann man sich gar nicht ausdenken, wofür alles das Ding gut ist. Die Beine des Tieres sind durchweg gleichermaßen dick so wie Säulen und so stark wie die Oberschenkel eines Mannes. Seine Höhe betrug 13 Spann, aber es war auch nur eins von den Kindelein. Wundersam ist Gott in seinen Werken. Von dem großen Tier ist nun schon genug der Rede.

128

Constantinopel, 11. octobris 1737

Der Fürst ist am 7. beim Kaymakam zur Audienz gewesen; dieser hatte dem Fürsten ein Roß und ähnlicherweise auch jedem von uns ein schön aufgezäumtes Pferd überbringen lassen. Der Çavuş Başı hatte den Fürsten abgeholt und mit großem Pomp zum Kaymakam geleitet. Bei ihm weilten wir nur kurze Zeit; er ließ dem Fürsten einen Dolman aus Edelmarderfellen und uns allen jeweils einen Kaftan umhängen, sodann küßten wir alle Dero Kaymakamliche Hand und kehrten mit gleichem Pomp zurück. So eröffneten wir die Komödie; hier denkt man nämlich, je höhere Ehre sie uns antun, umso mehr erschrickt der Deutsche. Ich erlebe eine solche Komödie bereits das zweite Mal in diesem Lande. Wie wir von der Bühne dieses Theaters wieder herunterkommen, das werden wir sehen. Gracian sagt, die Zitrone werde, sobald sie ausgequetscht ist, weggeworfen, und wer aus der Quelle trinken will, verbeuge sich vor ihr, kehre ihr dann aber den Rücken zu. So ist die Welt! Daß der gestrige Tag für uns ein verlorener wär, kann ich nicht sagen, denn der Fürst war mit einigen wenigen die moldauische und die walachische Woiwodengattin besuchen. Jede der beiden wußte sich zu verhalten, sie beschenkten den Fürsten, desgleichen uns mit je einem Tüchlein, beide waren herausgeputzt, und die Gatten jeder der beiden können zufrieden sein. Männliche Bedienstete sah ich sehr wenige, Dienstmägde jedoch bei jeder in großer Schar sowie die vielen Hühner im Wirtschaftsteil. Fest steht, unser Fürst besah sich diese griechischen Fürstinnen recht kalten Blickes, auch widmete er dem schönen Hühnervolk keinen anstößigen Gedanken, denn zu selbiger Stunde noch hatte ihn der Schüttelfrost im Griff, der ihn seit einiger Zeit schon fast jeden Tag packt; seit er in dieses Land kam, ist seine Gesundheit völlig ruiniert. Vielleicht ist dies auch die Ursache seines Zorns über jede Kleinigkeit, der in einem Augenblick zwar verfliegt, aber jeden Augenblick sich erneuert. Gute Gesundheit, Cousine.

129

Constantinopel, 2. decembris 1737

Im weiteren, meine Cousine, hab ich nur mehr von Pomp zu berichten. Heut' haben wir einen großen seiner Art durchgemacht, den ich beschreiben will, auch wenn es langweilig werden sollte.

Gestern ließ die Pforte den Fürst wissen, daß für ihn heute eine Audienz vorgesehen sei beim Sultan, also begab sich der Fürst heute in zeitiger Frühe mit seinem ganzen Hofstaat auf ein Schiff und verließ es am Tor von Constantinopel, wo uns der Çavuş Başı mit vielen Çavuş und mit Pferden bereits erwartete. Als der Fürst im Sattel des sultan'schen Rosses saß, saßen auch wir auf und trafen um acht Uhr am zweiten Tor des Sultans ein. Der Fürst stieg vom Roß und wurde ein Weilchen sich hinzusetzen gebeten am Tor; das geschah nur, um zu zeigen, daß am Tor des Sultans zu warten habe, wer immer es sei. Nach kurzer Zeit meldete der Çavuş Başı, man könne eintreten. Als wir das zweite Tor durchschritten hatten, gelangten wir auf einen fast ebensolchen Hof, wie es der erste war. In diesem Hof nun befanden sich rechter Hand in einer Gruppe bis zu tausend Janitscharen und abgestellt auf dem Hof fünfhundert Schüsseln, jede ein gut Stück weg von der anderen, mit Speisen. Als wir in der Hofmitte angelangt waren, stürzten sich auf einen Ruf hin die Janitscharen mit großem Gebraus auf die Schüsseln gleichwie auf den Feind, um möglichst rasch eine davon zu erwischen. Ein Wimpernschlag, und keine einzige Schüssel war mehr am Boden. Es ist nämlich Brauch, daß der Sultan die Janitscharen an deren Zahltag also bewirte. Und es ist ein recht übles Zeichen für den Sultan, wenn die Janitscharen nicht hinrennen wollen zum Essen. Linker Hand wiederum waren am Wege zwölf Rösser in einer Reihe hingestellt, jedes wurde von zwei Mann an Silberketten gehalten; sie waren alle reich geschmückt, besonders die vier letzten, deren Zaumzeug mit Rubinen besetzt war, und die Federn und Perlenschnüre an den Köpfen trugen. Schönere Pferde und üppiger geschmückt als diese bekommt man anderweitig nicht zu sehen.

Dem Fürsten schritten zwei Çavuş Başı voraus, so betraten sie den Saal im Diwanhaus, wo der Kaymakam und die anderen von hohem Stande sich zur Begrüßung erhoben, und er auf den üblichen Platz gesetzt wurde. Das Diwanhaus aber ist ein großes viereckiges Palais mit gewölbter Decke. Der Kaymakam saß an des Wesirs Stelle an der Stirnwand in der Mitte, rechts und links von ihm die anderen Würdenträger. Über dem Kopf des Wesirs befindet sich ein kleines Fenster, da kann der Sultan alles sehen und hören, ohne selbst gesehen zu werden. Dann wurden dem Brauch gemäß Leute hereingerufen, die irgendwelche Streitsachen oder Beschwerden vorzubringen hatten. Sie traten einzeln vor den Kaymakam hin und überreichten ihm ihr Gesuch. Dieses wurde laut verlesen, und was der Kaymakam antwortete, wurde mit ein, zwei Worten darauf vermerkt, dann reichte man es dem Bittsteller zu Händen zurück und geleitete diesen hinaus. Dann führte man Bittsteller anderen Standes vor, und es wurde ähnlich verfahren. Innerhalb einer halben Stunde waren alle Klagen und Streitfälle von zwanzig Personen erledigt. Mit einem einzigen Wort des Wesirs ist alle Gerichtsbarkeit beendet und über eine beliebig große Affaire in einem Augenblick Recht gesprochen. Wen er zum Tode verurteilt, den bringt man von der Stelle weg an den Galgen, und wem er sein Gut wiedergeben will, der bekommt es sogleich. Die Abläufe der knapp gehaltenen Rechtsprechung waren schön zu sehen. Dann wurden in der Mitte des Palais in drei Reihen neunhundert Beutel Geldes hingelegt, alle in Ledersäckchen. Kurz darauf kam der Çavuş Başı mit dem Befehl des Sultans. Der Kaymakam ging ihm bis zur Tür entgegen, nahm den Befehl zu Händen, berührte sein Haupt damit und küßte ihn, setzte sich dann auf seinen Platz und las ihn, des Inhalts, daß er die Zahlung an die Janitscharen vornehme. Sogleich befahl er, mit dem Auszahlen zu beginnen. Binnen einer Stunde war das viele Geld in aller Ordnung und Stille fortgeschafft.

Als das soweit war, wurde vor jeden, der im Diwansaal saß, ein Tisch und auf jeden Tisch das gleiche Essen hingestellt. Auf jeden Tisch zugleich wurden nacheinander mindestens je zwanzig Schalen mit Speisen gebracht, dabei aber dauerte das Mittagmahl nicht länger als eine halbe Stunde; der Türke ißt nämlich häufig, jedoch wenig auf einmal, zwei oder drei Happen jeweils aus einer Schale, die wird dann gleich fortgenommen und eine andere hingestellt, davon nimmt er ebensowenig, und so immer fort, und seien es hundert Schalen. Nach dem Mittagmahl kehrte in den Diwansaal für die Dauer einer Stunde ein so bedrückendes Schweigen ein, als wäre da niemand gewesen, wiewohl der Saal voll war. Danach kamen zwei Çavuş Başı bis zur Tür und baten die beiden Kadıleşker, mit ihnen zum Sultan zu gehen. Eine Viertelstunde darauf kamen sie zurück, den Kaymakam zu holen, der sich zusammen mit dem Kapudan Pascha erhob und zum Sultan begab. Kurze Zeit später holten sie auch den Fürsten, dem sie erst einen Kaftan aus Edelmarderfellen um die Schultern legten, eh sie ihn ebendahin geleiteten. Als er vor den Sultan hintrat und ihn grüßte, sprach dieser also: Dein Vater hat lange Zeit getreulich zu mir gehalten, ich denke, du wirst ihm darin folgen. Als der Fürst herauskam, und auch wir Kaftane umhatten, bestieg er außerhalb des zweiten Tors des Sultans Roß, welches ihm nun geschenkt worden war. Wir saßen ebenfalls auf und ritten auf unser Quartier zu. Der Çavuş Başı ritt dem Fürsten voraus und geleitete ihn so bis zur Unterkunft, und zu Ende war die Komödie wie auch dieser Brief.

130

Constantinopel, 16. decembris 1737

Heute konnten wir sehen, warum der Mensch an dieser Welt so sehr hängt. Die Spruchweisheit des Äsop bewahrheitet sich jeden Tag, denn dieser Heide hat, auch wenn er ein Heide war, die Wahrheit gesprochen. Einmal nämlich fragte man ihn, was die Götter im Himmel täten? Er antwortete darauf, all ihr Tun bestünde nur darin, den einen zu erhöhen und den anderen zu erniedrigen, dem einen etwas zu nehmen und dem anderen zu geben. Dies hat sich heute an dem Wesir vollzogen, der bei der Rückkehr aus dem Feldlager mit großem Pomp durch die Stadt zog, vielleicht allerdings schon mit einem gewissen Vorgefühl, denn wir sahen sein Gesicht betrübt. Nachdem er das Banner des Mohammed im Hof des Sultans abgeliefert hatte, war er am Haus kaum angelangt, als man ihm schon das Petschaft wegnahm, ihn aus dem Wesirat tilgte, all seine Habe versiegelte und den

Kaymakam aufs Rad hob, auf daß er dort sitze, solange es geht. Dieser aber hat den Namen Mehmet Gümrükçü. Bis jetzt ist er noch gut gewesen zu uns, aber vorerst wissen wir auch nicht, wie es um uns bestellt ist. Dieser Wesir ist Oberzöllner gewesen, also kann man sich denken, daß er Krieg führen kann. Soll er zusehen, wenn er nur zu uns gut bleibt. Gute Gesundheit, Cousine.

131

Constantinopel, 25. januarii 1738

Gestern ließ der Wesir ausrichten, daß wir in drei oder vier Tagen losziehen, heute jedoch erst zu ihm kommen sollten. Das taten wir dann auch mit großer Wasserpracht, es regnete nämlich sehr. Der Wesir forderte den Fürsten auf, sich neben ihn zu setzen, ließ dann Kaffee einschenken, dem Fürsten einen Dolman aus Marderpelz und uns Kaftane umhängen. So geschehen, erhoben sich der Wesir und der Fürst, und der Wesir übergab dem Fürsten zu Händen das Ahdname*, in welchem Brief der Sultan den Fürsten als Fürsten von Siebenbürgen anerkennt. Der Fürst überreichte dem Wesir ebenfalls eine Verbriefung des Bündnisses mit der Pforte, und sie verabschiedeten sich. Im großen Regen weichten wir dann die Kaftane ein. Nach dem Mittagmahl schickte der Sultan dem Fürsten dreißig Pferde, die Hälfte davon schöne Rösser, der Rest gewöhnliche Pferde, und dazu noch eine Wiener Karosse mit sechs Pferden. Kurz und gut, wir bereiten unseren Abmarsch vor in gewohnter Weise, das heißt in allerschönster Unordnung, denn übermorgen müssen wir losziehen, ob wir wollen oder nicht. Darum kann ich mehr auch nicht schreiben.

* *Ahdname:* Vertrag(sdokument), Abkommen

132

Adrianopel, 5. februarii 1738

Liebe Cousine, wir sind hierher geschwemmt worden, das kann man wohl sagen, denn allerwegen schwammen wir im Schlamm; nun muß ich aber auch berichten, wann wir weggekommen sind von der Residenzstadt. Nachdem also die Komödie dort vorbei war, waren wir mit unseren Vorbereitungen am 27. des letzten Monats soweit, daß wir ganz plötzlich nach dem Mittagmahl in seltener und glanzvoller Unordnung aufbrachen. Um uns nämlich bei der Pforte und anderwärts mehr Aufmerksamkeit zu widmen, ließ die Pforte uns von zwei Kapıçı Başı aus der Stadt geleiten; einer der beiden aber wird die ganze Zeit bei uns bleiben, um auf der Reise für alles zu sorgen, außerdem ein Defterdar* zum Bezahlen. An die zwei Tage werden wir noch hier sein, und es ist abzusehen, welch freudlose Reise es werden wird, hinsichtlich des Wetters, der Wege und anderer Gründe. Hier ist der Fürst mit großem Respekt und hohen Ehren empfangen worden. Lange Briefe kann man auf Reisen nicht schreiben, also schließe ich und wünsche Euch gute Gesundheit.

133

*Tschernawoda**, 19. februarii 1738*

Wir sind, Gott sei's gedankt, gestern hier unter recht großen Beschwernissen, aber gesund eingetroffen. Gestern war Fastnacht, aber zu fasten haben wir gestern gleich begonnen, und wenn wir so weitermachen, wird am End' Hungerleiden daraus, wir haben nämlich einfach nichts gefunden. Vielleicht wird es fürderhin besser, denn eine Weile werden wir hier bleiben. Unsere Reise aber war sehr schneereich,

* *Defterdar:* Schatzmeister ** *Tschernawoda:* Ortschaft unweit Constanza in Rumänien

zumal wir über die Berge gekommen sind; fast überall gab es gute Bulgarendörfer, wo Eßbares zu finden war und Wein zur Genüge. In diesen Dörfern gibt es reichlich Speck: in der Türkei ein sehr rarer Leckerbissen. Zuerst jedoch muß man sich bekreuzigen vor der Bulgarin, und nur so gibt sie einem Speck, sonst würde sie sich weigern. Der Grund dafür ist: Würde sie einem Türken Speck geben und dabei gesehen werden, müßte sie es büßen. Tschernawoda ist recht scheußlich gelegen, aber ein großes Dorf ist es, mit manchen schönen Häusern, bewohnt zur Hälfte von Rumänen und zur Hälfte von Bulgaren und wenigen Türken. Jedoch reiche Kaufleute gibt es hier, die zunehmend in Siebenbürgen Handel treiben. Die Häuser sind alle auf gleiche Weise gebaut. Ich wollte mehr noch schreiben, so es etwas zu schreiben gäbe. Ich aber verbleibe Euch.

134

Tschernawoda, 5. martii 1738

Ihr habt das Schreiben vielleicht sogar schon verlernt, ich noch nicht, darum schreib ich Euch, daß ich gestern von Bukarest zurückgekehrt bin. Der Fürst hatte mich entsandt, um dem Woiwoden Constantin seinen Gruß zu überbringen; dieser hat mich mit großen Ehren empfangen und mit Pomp zu sich kommen lassen. Solange ich dort weilte, hat der Woiwode mich dem Anstand gemäß bewirtet und in Ehren wieder gehen lassen. Die Donau passierte ich trockenen Fußes auf dem Hin- wie dem Rückweg; freilich bangte ich sehr darum, daß meine Füße darein nicht versanken, weil es mir übler ergangen wäre als dem Heiligen Petrus. Heute traf ein Brief des Wesirs ein, worin es von allerlei Versprechungen nur so wimmelt und mehrfach zugesichert wird, es würden dem Fürsten dreißig- oder vierzigtausend Mann beigegeben werden, aber da hab' ich, ungläubiger Thomas, so meine Zweifel. Zum Schluß steht drin, wir sollten uns von hier nach Vidin* begeben, weshalb und wozu, das weiß Gott. Man springt mit uns um wie mit Kindern, und zum Popanz will man uns machen, weil die Pforte glaubt, sobald wir eintreffen in Vidin, werde ganz Ungarland und Siebenbürgen aufsitzen und zu uns kommen. Vielleicht könnte es so sein, wenn unser alter Herr lebte, aber jetzt verhüte Gott, daß jemand zu uns komme, Euch hingegen behüte er.

135

Vidin, 7. aprilis 1738

Auch das wäre geschafft, wir sind hier angekommen, allerdings auf dem Postwege, denn andernwegs können wir ja nicht reisen, auch wenn wir so an die zehn Tage unterwegs waren. Jedenfalls sind wir am 27. des vergangenen Monats von Tschernawoda losgehetzt. Man muß nicht denken, der Feind habe uns von dort vertrieben, sondern wir tun eben alles in Hast. Postpferde wurden uns und für unsere Bagage überall bereitgestellt, so können wir sagen, daß unsere Habe den Sultan bereits mehr gekostet hat als uns selbst, denn die vielen Postpferde muß er alle bezahlen. Unsere Reise war nicht langweilig, wir sind durch recht schöne Gegenden gekommen, fast immer die Donau entlang. Ein wenig leer ist das Land allerdings, denn in dem Kriegszustand jetzt sind auch die Dörfer entleert. Diese schönen Ländereien sind sämtlich im Besitz von Raizen**, die nicht sehr arbeitsam sind. Das Weibsvolk trägt gar häßliche Hauben. Gestern, als wir zwei Meilen vor Vidin angelangt waren, schickte uns der Pascha drei- bis vierhundert Reiter entgegen, die alle

* *Vidin:* Stadt in Bulgarien, nahe der serbischen Grenze ** *Raizen:* Südslawen, vornehmlich Serben

schmuck gekleidet und wohlberitten waren. Am Donau-Ufer aber hatte der Pascha, eine kleine Meile von der Stadt entfernt, seine Zelte aufgeschlagen; sein Kâhya kam uns entgegen, begrüßte den Fürsten im Namen des Paschas und geleitete ihn ins Zelt, wo er ihn bewirtete. Nach dem Mittagmahl bestieg der Fürst ein Roß des Paschas, und wir zogen mit großem Pomp unter Geschützdonner in die Stadt ein. Untergebracht sind wir nicht in der Burg, sondern in der äußeren Stadt. Ein andermal schreib ich über anderes, für jetzt ist es genug.

136

Vidin, 11. aprilis 1738

Gestern hatte unser Feldmarschall den Fürsten bei sich zu Gast. Mich deucht, diesen Pascha kann ich mit Recht so nennen, wenn das nicht reicht, nenne ich ihn Gubernator, ist er doch ein Drei-Boncuk-Feldherr, und in Kriegszeiten befehligt er wenigstens sechzig- bis siebzigtausend Mann. Sein Herrschaftsgebiet ist in der Breite wie in der Länge fast zweimal so groß wie das Land Siebenbürgen. Sollte man so einen nicht Feldmarschall oder Gubernator nennen können? Dabei kann er sich gleichsam als Erbherr seiner Provinz fühlen – solange er nicht abgesetzt ist. Der Pascha hatte also Zelte aufschlagen lassen außerhalb der Stadt, wir zogen gestern um acht dorthin mit großem Pomp, eine Stunde später traf mit großer Zeremonie auch der Pascha ein und begab sich in sein Zelt. Dies sei beachtet: Nicht er erwartete uns unterm Zeltdach, sondern wir ihn, denn der Türke weiß die Zeremonie sehr wohl zu wahren. Eine Stunde darauf ging der Fürst zu ihm, und das Gespräch dauerte eine Stunde. Dieser Pascha ist ein schöner Mann, von feldherrlicher Statur; ursprünglich ein Armenier, darum auch heißt er Halwatsch

Mehmet, ein sehr huldvoller und gescheiter Mensch. Allerdings kein Krieger von Haus aus, da er aus dem Amt des Obersteuereintreibers zum Pascha erhoben wurde. In diesem Lande wachsen Leute plötzlich zu solch hohem Paschatum gleichwie die Pilze. Jedenfalls wird es jetzt stündlich soweit sein, daß er mit wenigstens fünfzigtausend Mann aufbricht, um Orsova* zu beschießen. Nach dem Gespräch kam der Fürst in sein Zelt und setzte sich mit seinen Offizieren zum Mittagmahl, das der Pascha hatte zubereiten lassen, und da kamen mindestens fünfzig Schalen mit Speisen nacheinander auf den Tisch. Der Pascha aß in seinem Zelt. Nach dem Essen ließ er sechzig gute Reiter Lanzenstöße üben, es folgte ein Zielschießen erst mit Flinten, dann mit Pfeil und Bogen, und schließlich ließ er die Pferde warmlaufen. Als all dies vorbei war, brachte man uns um fünf Uhr das Abendbrot, danach saßen wir auf und trotteten heim. Kurz darauf begab auch der Pascha sich zurück in die Burg. Türkische Gastlichkeit ist eine so traurige Lustbarkeit; er hatte uns zu einem Essen eingeladen, aß jedoch nicht mit uns, und danach sahen wir ihn gar nicht mehr, also gab's, als wir gingen, keinen Abschiedswunsch. So pflegen hohe türkische Herren Oberchristen, die Wein trinken, zu bewirten.

Die Innenstadt ist nicht schön, die äußere häßlich, leer und verschlammt, aber außerhalb der Stadt gibt es schöne Weiten. Und jeden Tag sieht man traurige Zustände, denn tagtäglich werden Sklaven durch die Straßen getrieben: bald Männer, bald Mädchen, bald Frauen mit Kindern. Glücklich die Frau, die mitsamt ihrem Kinde gekauft wird; es kommt nämlich häufig vor, daß der eine die Frau und ein anderer das Kind kauft; innerhalb einer Stunde werden sie

* *Orsova:* Stadt am Eisernen Tor (Donaudurchbruch östlich von Belgrad)

so gesondert, daß sie nie wieder zueinander kommen. Aber ein anständig' Ding war's, daß ein Türke, der einen armen Deutschen verkaufen wollte, diesen von Straße zu Straße trieb und dabei rief: zehn Taler, sechs Taler, fünf Taler kostet er, aber niemand machte ein Angebot. Der Türke nun war ein armer Mann, nicht nur daß er den Sklaven sich nicht leisten konnte, er hatte für sich selbst keinen Kreuzer mehr, also brachte er ihn aus Wut, daß keiner ihn haben wollte, ins Kaffeehaus und verkaufte ihn dort für eine Tasse Kaffee. So billig sind hier Kaiservögel.

137

Vidin, 9. julii 1738

Wir sind abflugbereit, denn gewohnheitsgemäß müssen wir auch von hier fluchtartig aufbrechen, mit wem und wohin, das höre und wart's ab in Ruhe. Am fünften dieses Monats kam der Wesir von Niš her in großer Eile hier an, mit ihm 80Tausend Mann waffenfähig. Da er es eilig hat, läßt er sein Heer nicht weiter rasten, und wir haben uns heute in Marsch gesetzt gen Orsova. Der Grund dafür ist, daß der hiesige Pascha Orsova bereits vor anderthalb Monaten in die Zwinge und unter Beschuß nahm, und an die zwei Wochen ist es her, daß General Königsegg ihn von dort abgewiesen und der Festung Hilfe gebracht hat. Der Wesir erfuhr davon, darum kam er mit solcher Eile, und um dem Pascha zu helfen, zogen wir heute früh los. Es werden große Kanonen mitgeführt und alles, was zur Festungsbelagerung nötig ist, darunter ein Geschütz so schwer, daß davor sechzig Büffel hinspazieren. Vorgestern ließ der Wesir dem Fürsten ausrichten, dieser möge Vidin verlassen und mit ihm ins Feld ziehen. Wir trafen also unsere Anstalten der üblichen Art und begaben uns in des Wesirs Feldlager. Aber wie? Denn wie wir dastehen, ist beispiellos: keiner von uns hat ein Pferd noch irgendwelches Feldzeug. Pferde hat uns und den Soldaten der Wesir reichlich zugewiesen, aber es sind Postpferde. Ist es vorstellbar, daß man mit Postpferden ins Feld ziehen kann? Wir jedenfalls tun es und werden wohl auch auf dem Postweg zurückkehren. Aber alles das ist möglich in der Komödie. Dieserhalb schleppt uns der Wesir auch dahin, wähnend, wenn wir im Heerlager sind, würden viele Ungarn zu uns kommen. Doch ist, Gott sei Dank, kein einziger der besseren Art gekommen; die, welche kamen, sind der Erhebung an einen Baum entgangen. Nur schöne Worte haben die Türken für uns übrig, aber daß wir uns sonstwie nützlich machen, das wollen sie nicht. Ein kleines Bittgebet, liebste Cousine, wär von Nutzen für Leute, die auf Postpferden ins Feld ziehen.

138

Fetislan, 11. julii 1738*

Fest steht, auch der Wesir unterrichtet den Sultan nicht mit mehr Fleiß, wohin er geht, und was er tut, als ich Euch alles berichte. Mir kommt es so vor, als müßtet Ihr, liebe Cousine, diesen Feldzug lenken. Zunächst also setzte sich der Großwesir mit seiner ganzen Heeresmacht in aller Frühe von Vidin her in Marsch; postalisch schritten auch wir hinterdrein. Der Abmarsch war am 9., und angekommen sind wir hier am 11. um die Mittagszeit. Gestern aber hielt der Wesir uns, allerdings nicht bloß uns, sondern sein ganzes Heerlager, zum besten; erfahren haben wir es erst heute, vollzogen aber hat es sich also: Gestern abend um sechs Uhr setzte sich der Wesir mit seinem ganzen Hofstaat, vor und

* *Fetislan:* Seinerzeit türk. Festung an der Donau bei Orsova

nach ihm mit vielen Fackelträgern, in Bewegung. Das ganze Lager glaubte, und so dachten auch wir, daß wir die Nacht an dem Ort zubringen würden, und der Wesir aufgebrochen sei, um in der Nachtkühle anzukommen in Fetislan. Im türkischen Feldlager ist es nämlich Brauch, daß das Heer nicht mit dem Wesir zugleich aufbricht; man weiß im voraus, wo Station gemacht wird, also setzt man sich vor oder nach dem Wesir in Bewegung und marschiert jeweils einen anderen Weg. Und wenn der Wesir aufbricht, wird aus einer Kanone ein Schuß abgefeuert. Mit dem Wesir aber zieht nur sein Hofstaat, der allerdings recht zahlreich ist, und die Leibwächter, die allzeit bei ihm zu sein pflegen. Stets einen Tagesmarsch dem Wesir voraus ist der Janitscharen-Aga. Der Wesir zog also gestern abend, wie gesagt, los, doch als er zwei kleine Meilen fort war vom Lager, begann er zunächst aus Haubitzen, dann aus Flinten feuern zu lassen, als hätte ihn an der Donau der Feind überfallen, sein Weg führte nämlich durchweg die Donau entlang. Das ganze Lager brauste auf in der Annahme, der Wesir lasse Flußkähne beschießen. Wiewohl es dunkel war, brach man die Zelte ab und zog dem Wesir hinterher. Kurze Zeit später kamen einige Çavuş auf uns zu mit der Aufforderung, ihnen ebenfalls zu folgen, so wir uns keiner Gefahr aussetzen wollten. Wir machten uns also in großer Eile bereit und zogen hinter dem Wesir drein in der großen Finsternis. Mit dem Türkenheer ist dies selbst am Tage mißlich, in der Nacht aber recht gefährlich, denn die unzähligen Bagage-Maultiere und Kamele trotten halt so dahin, jedes seiner Wege in schönster Unordnung, und wenn man nicht pausenlos auf sich achtgibt, wird man gewiß umgestoßen und niedergetrampelt. Kurz und gut: Heute um die Mittagszeit sind wir hier mit dem ganzen Heer angelangt, und heute erfuhren wir, der Wesir hatte letzten

Abend feuern lassen, damit das Heer ihm schneller nachrücke.

Wir lagern am einen Ufer der Donau, und der Pascha von Vidin an dem zu Ungern hin gelegenen Ufer. Orsova ist von hier nur drei Stunden Wegs entfernt, es wird derzeit nicht beschossen, in meinem letzten Brief nannte ich auch den Grund dafür, aber sobald man mit dem Schanzenbau fertig ist, wird die Beschießung wieder aufgenommen, und sie werde, so heißt es, bis 22. andauern. Man schätzt, in den beiden Lagern liegen anderthalbhunderttausend Mann, doch zählt man alle, die Brot essen, dürften es über zweihunderttausend sein; nimmt man nämlich die unzähligen Bediensteten, die vielerlei Handwerker, all die Händler, Krämer, Kaufleute dazu, ist es wie in einer Stadt. Was sage ich, in einer Stadt würde man so vielerlei Dinge nicht finden als im Feldlager eines Wesirs, sogar einen Goldschmied muß er bei sich haben. Die vielerlei Lebensmittel und sonstigen Waren müssen alle aus Constantinopel hierher an die Donau geschleppt werden. Da denke man sich bloß, was an Gewinn gemacht wird, wenn ein Wesir sein Lager aufschlägt; allein Wägen gibt es hier über dreißigtausend, und dazu gleich dreißigtausend Mann. So groß die Unordnung ist in der Bewegung des Heerlagers, ebenso herrscht Ordnung an Ort und Stelle, und es geht völlig ruhig zu: kein Mord, kein Streit, kein Diebstahl. Aber Zelte nach einer gewissen Ordnung aufgeschlagen anzutreffen kann man hier vergessen; es werden zwar Wege frei gelassen, aber ansonsten schlägt ein jeder sein Zelt auf, wo es ihm gefällt, ohne Zuweisung eines Platzes. Fetislan aber ist ein elendiges raitzisches Dorf. Hier ist auch die berühmte Steinbrücke des Kaisers Trajan gewesen, ein Stück davon ist heute noch da. Der Wesir will ebenfalls an der Stelle eine Holzbrücke schlagen lassen, die

Donau ist da recht schmal. Jedenfalls hab ich, was ich sagen wollte, ein so großes Türkenlager nun gesehen, und da mich deucht, ich hätte über alles berichtet, kann ich meinen Brief beenden und in aller Ruhe abwarten, wohin Ihr diese große Heeresmacht zu verlegen befehlt, wenn Orsova genommen sein wird. So lange aber verbleibe ich etc.

139

Fetislan, 26. augusti 1738

Auf Euren Befehl, herzliebste Cousine, haben wir Orsova genommen. Nun wird da nicht mehr *berdo* *, sondern »Allah« gerufen werden. Dieser Wechsel vollzog sich folgendermaßen: Als der Kommandant sah, daß der Wesir ganz und gar nicht weichen würde, eh er Stadt und Festung genommen, zudem auch sah, daß die Kanonen in die Steinmauer tagtäglich sehr viele Türöffnungen rissen, veranlaßte ihn zur Aufgabe letztlich, daß seine Truppen sehr kränkelten, denn abgesehen von der vielen Unruhe ist die Insel auch noch recht ungesund. Fügen wir noch hinzu, daß der Wesir ausrufen ließ: Jeder, der sich zum Sturm meldete, bekäme fünfundzwanzig Taler. Daraufhin ließen viele hundert Janitscharen sich eintragen. Als solche Nachricht in die Festung eingeschleust wurde, mag man die Aufgabe erwogen haben. Am 12. ließ der Kommandant dem Wesir ausrichten, dieser möge einen Abgesandten zu ihm schicken, mit dem er die Übergabe der Festung vereinbaren könnte. Der Wesir entsandte Ibrahim Efendi, und als der alles vereinbart hatte, kam der Kommandant am 15. zum Wesir. Dieser empfing ihn zur Übergabe der Festung mit allen Ehren und entließ ihn mit Gaben beschenkt. Selbigen Tags besetzten die Jani-

* *berdó:* Anrufung der kaiserlichen Wachsoldaten: »Wer da?«, ungarisch verballhornt

tscharen eines der Festungstore, bis der Deutsche sich restlos davongemacht hatte. Gleich am Abend gab es die Freudenschüsse im Lager. Auf unserer Seite beginnt das Heer schon sich aufzulösen, vielleicht bleiben nur mehr wir beim Wesir. Der Krieg geht heuer auch gar nicht mehr weiter, und auch mit unserer Sach' wird es alsbald vorbei sein. Gestern ließ der Wesir dem Fürsten mitteilen, er solle seine Anstalten treffen, denn er könne mit dreißigtausend Mann gen Temesvár ziehen. Heute hingegen ließ er ausrichten, an Siebenbürgen sollten wir gar nicht denken, sondern daran, daß wir mit ihm nach Vidin gingen. Gott hat unser liebes Heimatland vor einem Raubzug bewahrt. Jedenfalls brechen wir morgen auf und lassen das schwarze, mit Stroh und mit Erde und mit Gräsern und mit Sand gebackene Mischbrot, wo es ist. Der Wesir versprach, sich unterwegs mit dem Fürsten zu treffen; wir werden sehen. Damit verbleibe ich Euch, Euer Liebden.

140

Vidin, 1. septembris 1738

Nun können wir bereits getrost sagen: Die Komödie ist aus, von der Bühne des Theaters sind wir mit Anstand heruntergekommen, und der Wesir hat sich uns ohne jede Zeremonie vom Halse geschafft. *Perditio ex te Israel**. Am 27. des vorigen Monats verließen wir Fetislan und folgten dem Wesir auf Vidin zu; an Heeresmacht war sehr wenig mit uns. Der Wesir hatte ausrichten lassen, er werde sich mit dem Fürsten unterwegs treffen. Da der Wesir stets vor uns aufbrach, ließ er sich um neun Uhr herum zum Mittagmahl nieder, uns aber war gesagt worden, nach dem Essen würde er sich mit

* *Israel:* »Du selbst bist deines Verderbens Grund, Israel«, vermutlich Abwandlung von Hosea 13,9

dem Fürsten treffen, also eilten wir hinterher, um nach dem Essen an Ort und Stelle zu sein. Weil nun der Wesir allerdings nicht die geringste Absicht hatte, sich mit uns zu treffen, nahm er sein Essen alsbald zu sich, und als er sah, daß wir uns seinem Zelt näherten, bestieg er kurzerhand seine Karosse und fuhr uns davon. Das war kein Spaß mehr. Dann hieß es, das Treffen würde in Vidin stattfinden. Da der Wesir lange vor uns in Vidin angekommen war, hielt er sich mit seinem ganzen Hofstaat bereits in den Zelten auf. Als auch wir uns den Zelten näherten, wurde uns ausgerichtet, er könne jetzt nicht, ihm sei unwohl, wir sollten die Pferde in Richtung Quartier kehren, das an der Donau lag, jenseits der Stadt. Da schlackerten wir aber mit den Ohren ob solch groben Umgangs mit uns. Welch eine Wende! Ein paar Monate zuvor hat man uns noch mit großem Pomp in die Stadt Vidin geleitet, jetzt hingegen wollte man uns nicht einmal durch sie ziehen lassen, sondern außerhalb der Stadt, zwischen den Gärten mußten wir einen großen Umweg machen. Endlich erreichten wir unser Quartier, wir sind in Zelten untergebracht und hier allein gleichwie Geächtete; es war der 29. Künftig wird auch der Fürst nicht mehr, wie gewöhnlich, sagen: Mir erweist die Pforte mehr Ehren als meinem Vater. Heute wurde uns nach dem Mittagmahl ausgerichtet, der Fürst könne mit dem Wesir zusammenkommen, kurz darauf kam die erneute Absage, weil jener Kopfweh habe. Wo kein Wille ist, ist auch kein Weg. Gestern schließlich ist er bei zeitiger Früh mit seinem ganzen Hofstaat aufgebrochen und hat uns hier gelassen. Wie lange wir nun bleiben werden, und wohin man uns für den Winter schaffen wird, weiß Gott. Wir wissen so viel, daß es um die Gesundheit des Fürsten sehr schlecht steht, das heißt gesund ist er, seit er in dieses Land kam, gar nicht gewesen, besonders aber seit einiger Zeit nimmt seine Blässe zu, und der Zorn schadet seiner Gesundheit sehr. Gute Gesundheit wünsch ich Euch.

141

Vidin, 4. octobris 1738

Dies wird auch kein gar trostreicher Brief werden, noch kann ich Euch irgendwelche Neuigkeit schreiben. Was könnte ich auch schreiben, wo sich bei uns niemand blicken läßt, als gäbe es uns allein in der Türkei. Unser Feldlager ist recht lang, aber sehr schmal; alles in allem sind wir anderthalbhundert Mann. Aber jetzt kann es stündlich passieren, daß wir ohne Haupt bleiben, denn der Fürst befindet sich in einem sehr schlechten Zustand; bei ständiger Fieberhitze nimmt er im Gesicht ab und am Leib zu. Das ist nicht gut. Er freilich wollte sich trotzdem verlustieren, wüßte er nur, mit wem und womit, und am liebsten würde er seine Krankheit verheimlichen. Arzneien nimmt er nicht zu sich, aber mit Ausgängen möchte er sich heilen. Dieser Tage bestieg er entgegen dem Rat der Feldscher und der Doktoren ein Schiff, und wir fuhren weit die Donau hinab. Auf dem Rückweg jedoch wurde er zweimal ohnmächtig, und wir glaubten schon gar nicht mehr, daß er lebendig heimkäme; vier Mann mußten ihn vom Schiff holen und in sein Zelt tragen. Da die Krankheit ihn nicht zur Ruhe kommen ließ, und das ging schon tagelang so, ließ er sein Zelt weitab von den anderen aufschlagen; dort hielt er es aber auch nicht aus und ließ sich neben unserem Zelt sein Bett bereiten. Bis zum Abend lag er da, dann wollte er zurück in sein eigenes Zelt, war aber nicht gehfähig und wurde von vier Mann hingetragen. Während er getragen wurde, verlor er das Bewußtsein, ich dachte, er wäre tot, und von meinem Aufschrei kam er zu sich. Seitdem verschlimmert sich sein Wechselfieber, er fällt gleichsam vom Fleisch, aber der Zorn läßt nicht ab von ihm, was einmal seiner Natur zuzuschreiben ist, und zum anderen verkraftet er es schwer, sich in solchem Zustand zu sehen. Wir haben uns reisefertig zu machen, der Wesir entsandte einen Aga hierher, Schiffe zu ordern, denn wir fahren die Donau hinab bis Ruse und von dort nach Tschernawoda zum Überwintern. In zwei Tagen geht es los, darum gilt es die Briefe dahin zu richten und auf die Gesundheit zu achten.

142

Oroszcsik, 14. octobris 1738*

Hier sind wir also, alldieweil ich von hier schreibe, angelangt unter so vielen gar schrecklichen Gefahren. Aber edles Geblüt wagt, ob es gewinnt, ob es verliert. Nichtsdestotrotz sind wir hier glücklich angekommen, notgedrungen bald auf dem Rücken des Feindes, bald mitten unter dessen etlichen Tausend, dennoch ohne auf einen Feldscher angewiesen zu sein. Ich muß nun heraus mit der Sprache, jene große Gefährdung betreffend: Ist es denn keine Gefahr, durchzumüssen inmitten so vieler Tausende von Hausen? Und wenn sie unseren Kahn umgekippt hätten? Jedenfalls sind am 6. dieses Monats all die Herren Exulanten an Bord gegangen, als da sind: der edle Herr Csáky, Junker Zay, die Herren Ilosvai, Pápai, Dasti, dieser ist Italiener, Pázmány und ich selbst. Der Fürst aber wurde in sehr elendigem Zustand aufs Schiff gebracht, und er wollte nicht, daß auch bloß einer von uns mit in seinem Kahn sei, was wir nicht sehr bedauerten, denn so hatten wir an der Wasserreise mehr Vergnügen. So viel ist sicher: In guter Gesellschaft, wie wir eine waren, ist es

* *Oroszcsik:* Rustschuk an der Donau, heute bulgarisch: Ruse

eine herrliche Sache, die Donau hinab zu fahren, denn alle zwei Stunden fanden wir schöne große Inseln vor und passierten mitunter leidliche Städte, diese allesamt auf der türkischen Seite gelegen. Das berühmte Nikopol* wäre unter ihnen die schönste, aber seine Lage ist scheußlich; der Stadt gegenüber ergießt sich das Wasser der lieblichen Alt in die Donau. Doch auch sie konnte ich nicht ohne Seufzer sehen, kommt sie doch aus dem so lieben Heimatland geflossen, aus dem ich seit 31 Jahren ausgesperrt bin.

Da nachts unterwegs zu sein gefährlich wäre, legten wir jeden Abend bei einer der Inseln an. Der Kahn wurde am Inselufer öfters nur an einem Meerrettich festgemacht, der so dicke Wurzeln hat wie eine Wagendeichsel. Gerieben ist er gelb und schmeckt gut, wenn man ihn gleich verzehrt, jedoch fad, wenn er gerieben eine Weile steht. Auch gab es Blutvergießen, denn besonders auf den walachischseitigen Inseln findet man fast überall Schweine, ob wilde oder zahme, weiß ich nicht, sie sind die ganze Zeit auf der Insel und sich selbst überlassen, freilich mögen sie jemandem gehören. Jedenfalls haben wir auf einer der Inseln zwei geschlachtet und uns satt gegessen, solange sie vorhielten. Aber unter wie vielen Verwünschungen aßen wir das Schweinefleisch! Unser Oberschiffer war ein Türke, und er hörte nicht auf zu bejammern, daß wir seinen Kahn befleckten; wir lachten darüber bloß, er jedoch kam nicht darum herum und mußte den fetten Rauch schlucken. Als ein so braver Muselmann, wie er einer war, hat er seinen Kahn, dermaßen unrein geworden vom Schweinefleisch, danach vielleicht sogar verkauft. Gestern, das heißt am 13., sind wir hier glücklich angekommen. Der Fürst war in seinem sehr

* *Nikopol:* Bulgarische Stadt an der Donau, gegenüber der Mündung der von Siebenbürgen her zufließenden Alt

elendigen Zustand, Gott sei's gedankt, bereits da. Von hier geht es mit uns nach Tschernawoda. Damit verbleibe ich.

143

Tschernawoda, 7. novembris 1738

Ich empfange von Euch zwar, liebe Cousine, keinen Brief, schreib aber doch. So erseht Ihr wenigstens daraus, daß ich noch lebe. Wie sollte ich aber auch Briefe von Euch erhalten, wo wir nie an einem Ort bleiben, vielmehr bald zu Wasser, bald zu Lande, bald in der Luft unterwegs sind. Wenn ich doch auch mal über etwas Gutes schreiben könnte und nicht immer nur Elendigkeiten berichten müßte. Am 19. des vorigen Monats verließen wir Oroszcsik und waren nach drei bis vier Stunden bereits hier, bei schlechtem Befinden, aber der Fürst will auf seiner Natur beharren. Drei oder vier Tage nach unserer hiesigen Ankunft verbot er uns allen, bei ihm zu sein, sogar seinen Feldschern. Es stimmt zwar, daß hier die Pest umgeht, aber grade deswegen hätte er die Ärzte bei sich behalten müssen. Auch die Bediensteten um ihn herum schickte er fort und duldet nur einen streunenden Doktor, einen Koch, einen entlaufenen italienischen Musketier und zwei Frauen bei sich, dies nun ist sein Hofstaat. Und dies sind Personen, die er ein paar Tage zuvor noch gar nicht gekannt hat. Kann man solchen sein Leben anvertrauen? In einer der letzten Nächte stand es um ihn so, daß man dachte, er sei tot. Sogleich kamen sie zu mir gelaufen, um mitzuteilen, er liege im Sterben. Aber um ihn nicht zu erzürnen, ging ich nicht zu ihm hin, sondern antwortete mit Esther*: Ungerufen wage ich nicht hinzutreten vor den König. Die türkischen Offiziere sahen, daß so nicht wohl gehandelt wär, also

* *Esther:* Das Buch Esther 4,11

ließen sie dem Fürsten mitteilen, er möge einen von uns zu sich holen, damit jemand, falls sein Tod einträte, bei ihm sei. Mit Rücksicht darauf ließ er mir ausrichten, ich solle zu ihm kommen, darum wohne ich seit ein paar Tagen neben ihm. Die Feldscher ließ er notgedrungen zu sich, und gegen deren Rat und Willen veranlaßte er dann, gleichsam der Rache halber, daß man ihn zur Ader lasse. Kurzum: bei dem Zustand glaube ich nicht, daß er je wieder fortkommt von hier. Damit verbleibe ich.

144

Tschernawoda, 10. novembris 1738

Liebe Cousine, József Rákóczi ist nicht mehr. Schon seit langem sahen wir, daß es ihm so gehen wird wie einer Kerze. Da er gestern eine sehr große Schwäche spürte, beichtete er, empfing die Kommunion und machte sein Testament. In der Nacht auf heute überkam ihn das Wechselfieber sehr heftig und dann eine solche Mattheit, daß die Kerze ihrem Ende bereits nahe war. Gleichwohl sprach er gut bis elf Uhr, doch seine Augen waren bereits getrübt, so sehr, daß er andere nur an den Worten erkannte. Zwölf Uhr mittags versiegten seine Worte, er war sehr erhitzt, und nur seinem Wehklagen entnahmen wir, daß er litt. Nachmittag um zwei wollte der Geistliche ihm die Letzte Ölung erteilen, nach den ersten Worten des Gebets erstattete er Gott seine Seele im Alter von 38 Jahren. Der Herr erbarme sich seiner! Sein Leib wurde geöffnet, die Leber war unmäßig geschwollen. Ich habe den Leichnam in einen Keller bringen lassen, dort wird er bleiben, bis von der Pforte eine Antwort da sein wird. In seinem Testament verfügte er, daß er neben seinem Vater bestattet werde, ich glaube aber nicht, daß man es erlauben wird. Was dieser Fürst Schwächen an sich hatte, war nicht von der Natur, sondern von der Erziehung gekommen. Schön von Verstand, gut von Herzen war er, aber den Zorn hat man ihm nicht abgemahnt, und der verging zwar schnell, kam jedoch oft; und ihm wurde nicht angeraten, von andern gern gemocht zu werden. Jedenfalls wenn sein Vater ihn hätte erziehen können, wäre er von gänzlich anderem Naturell gewesen. So viel reicht jetzt, ein andermal mehr.

145

Tschernawoda, 15. decembris 1738

Ich bezweifle nicht, liebe Cousine, daß du meinen Brief bereits bekommen hast, in welchem ich dir schrieb, daß wir abermals ohne Haupt geblieben sind. Aber nicht lange, und wir werden eines Hauptes nicht mehr bedürfen, denn auch dieser Tage haben wir einen Landsmann begraben, und die wir noch da sind, haben im Schatten selbst eines Pflaumenbaums Platz. Der Wille dessen, der uns erschaffen hat, vollziehe sich an uns. Er hat uns zu Exempeln gemacht für die ganze Nation, und glücklich sind jene, die an unserem Beispiel begreifen lernen, die dann mit dem Land Schritt halten und aus rauchgleichem Grunde ihre Nation und ihr Erbe nicht verlassen werden. Geb' Gott, daß uns nimmer jemand folge und jedermann mit Grausen von unserem allzulangen Flüchtlingsdasein erzählen höre. Jedoch, liebste Cousine, sind wir die ersten Beispiele? Wahrlich nicht. Haben wir daraus gelernt? Nein. Werden andere aus unsrem Beispiel lernen? Nein. Aber warum ist das so? Weil sich die Menschen allzeit von den gleichen Gründen getrieben hinlenken ließen und lassen jetzt und fortan in eine Lage, in der wir uns befinden. Vom Glück mehr begünstigt wird aber der sein, den Gott gleichsam gefangenhält im eigenen Gut. Denn ich hatte nie und nimmer einen anderen Grund, mein Vaterland zu verlassen, als daß ich dem alten Fürsten sehr zugetan war, wenngleich es für den himmlischen Vater andere Gründe gab und ich ihm betend danken muß dafür. – Dieser Tage traf ein Aga mit des Sultans und des Wesirs Briefen hier ein, worin schöne Versprechungen stehen. Bislang ist alle Habe, der Verfügung des armen Fürsten gemäß, in meinen Händen gewesen, aber vor ein paar Tagen haben sich hier, auf Geheiß der Pforte, türkische Beamte versammelt, sie schrieben alles auf, übernahmen und versiegelten es. Zugleich verließ auch ich das Quartier und bezog eine andere Unterkunft. So ist die Welt! Und was du angesammelt hast, wem wird's wohl gehören? Damit verbleibe ich etc.

146

Tschernawoda, 1. junii 1739

Am 14. des vergangenen Monats kam der Defterdar mit den Anordnungen der Pforte hierher zurück, und da die Erlaubnis zur Überführung des Leichnams des armen Fürsten nach Constantinopel nicht erteilt wurde, haben wir ihn in einer griechischen Kirche bestattet. Ihn möge der Herr Jesus zu seiner Rechten setzen am Jüngsten Tag. Hier wird es jetzt stündlich zur Aussendung der Apostel kommen, die Befehle sind eingetroffen: Herr Csáky wird gen Vidin reisen, Junker Zay nach Chotyn* und ich nach Iaşi**. Wir beide haben denselben Weg bis Iaşi; von hier geht es nach Bukarest, dann weiter durch die Walachei ins Moldauische. In vier Tagen machen wir uns auf die Reise; in unserem Ferman*** ist vorgegeben, daß wir eine Stunde früher aufbrechen. Wenn

* *Chotyn:* Stadt am Dnjestr in der Ukraine *******Iaşi:* Deutsch auch: Jassy, rumänische Stadt am Prut; hist. Hauptstadt des Fürstentums Moldau *** *Ferman:* Marschorder

jemand entsandt wird, steht hierzulande im Befehl nämlich nicht, daß er sich beeile, sondern daß er eine Stunde früher dort sei, wohin er geschickt wird. Jedenfalls werde ich zwar Siebenbürgen nicht erblicken können, aber seinen Umhang schon, denn wir werden an den Siebenbürger Schneebergen vorbeikommen. Wenn ich auch Bier in Zágon nicht trinken kann, werde ich doch vom Wasser der Bozza trinken. Alle die will ich auch in Eurem Namen grüßen. Mir scheint, ich hab Euch über alle Dinge und das Ende des armen Fürsten recht ausgiebig berichtet. Wir haben hier nun schon zwei Rákóczis begraben, den dritten* erhalte Gott, er ißt kein Türkenbrot.

Eh ich diesen Brief beschließe und meine Schreibutensilien wegräume, kann ich nicht umhin, Euch ein Histörchen zum Lachen zu schreiben, zum Traurigsein hab ich genug berichtet. Jedenfalls haben wir hier bei uns auch entlaufene deutsche Musketiere, die, sintemal ihr Portemonnaie gar flach und ihnen das Wasser über ist, nicht wußten, wie sie es anstellen sollten, um Wein trinken zu können. Da sie also kein Geld hatten, hielten sie untereinander Rat, wie sie ohne Geld zu Wein kommen könnten. Einer der Dürstenden sprach zu den anderen Räten: Tut nur, was ich sage, und wir kommen zu unserem Wein. Vier von den anderen schickte er los mit Spaten und Hacke; spät abends traten die dann ans Tor eines griechischen Popen und begannen dort eifrig zu graben und zu wühlen, als wollten sie ein Grab ausheben. Der Pope hörte, daß vor seinem Tor gearbeitet wurde, also ging er hinaus und fragte, was sie vorhätten. Die antworteten, einen Toten wollten sie begraben. Der Pope mahnte sie, den sollten sie woanders begraben, sie aber buddelten emsig

* *den dritten:* Gemeint ist Ferenc Rákóczis jüngster Sohn György, der 1728 die Türkei nach kurzem Aufenthalt verließ

weiter. Der Pope dachte nach und fragte, ob der Mann etwa an der Pest gestorben wär. Sie antworteten mit Ja. Der Pope erschrak und sprach: Meine Freunde, begrabt ihn bloß nicht hier, ich geb Euch lieber drei Kübel Wein. Die aber machten weiter. Der Pope versprach vier, und dann fünf. Als der Handel abgemacht war, schaute der Pope sich um und sah, daß man den Toten auf einem Brett herbeiholte. Daraufhin erschrak er noch mehr und verfolgte hinterm Tor, wie man Anstalten zum Begräbnis machte. Die Musketiere riefen ihm zu, wenn er jetzt die fünf Kübel Wein rausrücke, würden sie den Toten weiterschaffen. Der arme Pope sagte es zu, nur um errettet zu werden. Die gingen sogleich hinein und holten sich die fünf Kübel Wein. Der Pope folgte ihnen nach, um zu sehen, ob sie den Toten mitnähmen. Aber mit welchem Staunen sah er, daß der Tote aufstand und sich als erster hermachte über den Wein. Der arme Pope wußte nicht, ob er nun zürnen oder lachen sollte darob, wie man ihn getäuscht hatte. Künftig werdet Ihr, liebste Cousine, die Briefe ins Moldauische dirigieren müssen und nicht etwa so verfahren als eine Edelfrau, die weder schrieb noch las noch nähte, weil sie ein Okular sich aufzusetzen scheute. Ich aber verbleib meiner lieben Cousine etc.

147

Tschernawoda, 4. junii 1739

Ich bin nur froh, herzliebste Cousine, daß du gesund bist. Hier wird es nun stündlich soweit sein, daß die Apostel ausschwärmen, der eine nach Westen, andere nach Norden. Die Fermane sind eingetroffen, und darin steht die Weisung, daß Herr Graf Csáky sich mit den unklugen, aus ihrem Vaterland geschiedenen Ungarn nach Vidin begebe. Euer herzliebstes, gutes und schönes Knechtlein prescht ins Moldauische und Junker Zay nach Chotyn, bis Iaşi allerdings reisen wir gemeinsam. Fragt doch mal, ob diese Anordnung mich gräme. Ich beantworte die Frage mit Nein. Und in unseren Fermanen werden die beiden Woiwoden angewiesen, uns anständig zu empfangen. In unserem Post-Ferman aber ist vorgegeben, eine Stunde früher aufzubrechen, als sonst nötig wär. Das ist so Brauch bei der Staatskanzlei; in deren Schreiben heißt es nämlich nicht, daß einer geschwind aufbreche, oder sich beeile, wenn jemand irgendwohin entsandt wird, sondern man schreibt in den Ferman, er solle eine Stunde zeitiger aufbrechen und eine Stunde früher dort sein, als es nötig wär. Ich halte das für einen guten Spruch.Schreib du mir, Cousine, nicht eher, als ich aus Iaşi geschrieben haben werde. Dann mußt du aber auch eine Stunde zeitiger schreiben, damit ich es eine Stunde früher bekomme. Ich indes werde sogar aus Bukarest noch schreiben. Wie bin ich doch gut, aber auch Ihr seid eine Gute.

Der arme Fürst hatte verfügt, neben seinem Vater bestattet zu werden, das hat man jedoch nicht erlaubt, also haben wir ihn vor einigen Tagen zur Abendzeit in einer griechischen Kirche begraben. Von seinem Vater kann ich sagen, was über einen großen Mann früherer Zeit gesagt wurde: Wäre er doch, da er geboren worden ist, nie gestorben. Von seinem Sohn hingegen: Wäre er auf diese elendige Welt nicht gekommen, nichts hätte er daran verloren. Denn mit dem Ärmsten ging der Wesir um wie mit einem Kind, obwohl er schon auf die vierzig zuging; immer nur die vielen schönen Worte und Versprechungen bekam er die auswärtigen Dinge betreffend, denn was die internen Angelegenheiten betrifft, konnte er nicht klagen, die Pforte war freigebig, die vielen Pferde, das viele schöne Zaumzeug und achtzig Taler pro Tag reichten ja doch aus, wenn man es zu nutzen und der

Würde gerecht zu werden verstanden hätte. Aber mitnichten hat man sich selbst zu helfen gewußt, und Ratschläge wurden ausgeschlagen. Für viele Dinge hatte der Ärmste einen schönen Verstand, aber eine gar schlechte Erziehung, und er hatte auch keine Lust zu lernen, weil er nicht daran gewöhnt war. Und ohne Lernen ist der Verstand gleichwie eine Brache. In einem anderen Land hätte er es vielleicht eher zu etwas bringen können, aber grad für dieses eignete er sich nicht. All sein Gehabe und seine Gewohnheit war der hiesigen Nation entgegengerichtet, denn nirgendwo wird so sehr auf Benehmen geachtet als hier. Und daß er seine Nation nicht mochte, braucht nicht verwundern, ist er doch an einem Ort erzogen worden, wo man unsre Nation haßt. Zumal uns, die seinem Vater lieb gewesen, wollte er gar nicht mögen. Jedenfalls war all sein Leben und Tun in diesem Land gleichwie Strohfeuer. Sprechen wir darum mehr nicht von ihm, Gott erbarme sich des Ärmsten. Doch reden wir davon, daß ich nun packen und verstauen muß, denn morgen oder übermorgen verdufte ich von hier, und wenn ich dreist Siebenbürgen nicht erblicke, werde ich seinen Umhang doch zu sehen bekommen, denn mein Weg verläuft unweit der Siebenbürger Schneeberge. Ich werde sie auch in deinem Namen, Cousine, grüßen. Ich glaube nicht, daß ich an den Bozza-Bach zur Mahd gehen werde, aber trinken werde ich vom Wasser der Bozza aus Bosheit. Da ich jetzt alle meine Schreibutensilien wegräume, beschließe ich auch meinen Brief. Mich jedoch vergessen sollte man nicht, und auf die Gesundheit gilt's zu achten. Und es werde geschrieben, halt es nicht so wie eine gewisse Edelfrau, die weder schrieb noch las noch je nähte, und dies allein darum, weil sie ein Okular sich aufzusetzen scheute.

148

Bukarest, 11. junii 1739

Versprechen müssen allemal gehalten werden, denn indem man etwas verspricht, macht man sich zum Schuldner, und eine Schuld muß beglichen werden, worum es immer geht, angenommen es ginge um einen Kuß, da heißt es zahlen. Ausgerechnet übers Küssen muß ich aber auch reden, wo ich von hier gerechnet noch siebzig Stunden zu traben habe, und dann könnten mich ja auch noch irgendwelche umherstreunende Soldaten einwindeln und so nach Siebenbürgen schaffen, das gäbe einen üblen Tanz für mich. Hier sind wir mit großen Ehren empfangen worden, in einem Kloster außerhalb der Stadt erwartete uns ein fertig zubereitetes Mahl. Der Woiwode sandte uns seinen Sekretär entgegen, ebender bewirtete uns auch seitens des Woiwoden. Nach dem Essen fuhren wir in der Karosse des *Măria sa vodă** mit Pomp in die Stadt. Ich fange aber auch dort an, wo ich aufhören müßte; es geht mir wie dem, der erst hineinheiratete in die Sippschaft und dann die Erlaubnis einholte. Am 5. zogen wir los von Tschernawoda in guter Gesellschaft, als da waren Gevatter János Pápai, der zur Heilkur hierher gekommen ist, sowie Junker Zay und ich selbst, der auch nicht zu vergessen ist. Gestern ließ uns der Woiwode mit seiner Karosse abholen, und wir trafen uns mit ihm, fast eine ganze Stunde waren wir bei ihm. Die Augen stehn ihm scheel, aber nicht so sein Verstand, er hat nämlich reichlich davon, wiewohl griechisch eingefärbt, denn der Verstand der Griechen ist von andrer Färbung. Man kann nicht sagen, er wäre völlig schwarz, aber recht braun schon, weil er immer darauf aus ist, andre zu betrügen. Der Woiwode besitzt außerhalb

* *Măria sa vodă:* Rumän. Hochwohlgeboren; Kurzform: Măria sa

der Stadt einen Garten und ein Haus, da sind wir bei ihm gewesen, und er selbst hat dort sein Feldlager aufgeschlagen. Muß etwa der Kohl nicht beschirmt werden? Tagsüber hält er sich im Haus auf, nächtens schläft er im Zelt; wenn der Wesir im Feldlager ist, müssen nämlich auch die Woiwoden ein solches aufschlagen, und sei es im Krautgarten, und so lange da bleiben, als der Wesir im Feldlager weilt. Nun hat uns der Woiwode eine Karosse überlassen, sowie Pferde und Treckwagen, so daß wir mit Gottes Hilfe früher schon, das heißt morgen von hier abreisen. Etliche walachische Soldaten werden uns auch noch beigegeben zum Geleit, denn daß sie uns beschützen würden, glaub ich nicht, trotzdem könnten sie dem Woiwoden Bescheid sagen, falls man uns gefangennimmt. Sonst gibt es hier überhaupt nichts Neues, gestern kam ein reußischer Abgesandter vorbei auf dem Weg zum Wesir. Es läßt sich leicht denken, daß man in Friedensdingen zugange ist, und nach der Pfeife wird man wohl auch hier tanzen. Nie noch, liebste Cousine, galt es auf die Gesundheit so zu achten als jetzt; besser, man verspricht ihr gleich eine bessere Zahlung, damit sie nur nicht fortgehe, ich muß der meinen nämlich Wein aus Piteşti geben, und das ist eine schwere Strafe.

149

Iaşi, 21. junii 1739

Wir sind hier, herzliebste Cousine, glücklich angekommen; bis Focşani reisten wir herrschaftlich in der Karosse des Woiwoden; es mag zwar die des allerersten walachischen Woiwoden gewesen sein, sei's drum, eine Karosse war's doch. Von Focşani bis hierher kamen wir in aller Ruhe trapptrapp, denn die Postpferde sind hier überall ungemein erbärmlich. Aber was war das für eine herrliche Reise! Vom

Wetter schweigen wir, es regnete immerzu, besonders hier im Moldauischen, wir sahen aus wie aus dem Wasser gezogene Hähne. Aber durch welch schöne Gefilde, welche Orte kommt man von Bukarest her bis Iaşi, die Augen können sich nicht satt sehen. Wie schade, daß diese schönen und guten Felder brachliegen; in den zwei Tagen sind wir gerade einmal auf eine bewohnte Ortschaft gestoßen. Nie hab ich schönere Ländereien gesehen, es war eine entzückende Reise, und entzückt hätte eine Braut mit uns ziehen können, denn sie wäre von Bukarest bis Iaşi immer nur über die vielen unterschiedlichen schönen Blumen hingeschritten. Die Fluren waren allüberall mit Blumen bedeckt, so daß unsere Pferde nichts als Nelken und Tulpen unter den Hufen hatten. Kurzum: ein einziger Blumengarten, ach was sag ich, es gibt ja gar keinen Garten, in dem es so vielerlei Blumen gäbe. Na, und wenn unser vergängliches Entzücken nicht durchsetzt gewesen wäre von Furcht, mußten wir doch bangen, daß uns irgendwelches streunendes Gesindel überfällt. In solchem Fall hätten wir freilich den Ferman des türkischen Sultans vorweisen können, aber ich weiß, sie hätten sich dem nicht gebeugt, uns hingegen hätte man, wenngleich mit Gewalt, zu Lobkovitz* mitgenommen zum Mittagmahl, auf welche Ehre wir nun grade keinen Wert legten. Unsere Beschützer aber hielten, sobald sie einen Reitersmann erblickten, nach einem Wald Ausschau. Du kannst dir denken, Cousine, was für Seufzer ich losließ, als ich an den Schneebergen meines geliebten Heimatlands vorbeizog; freudigst wär ich auf einen Sprung nach Zágon geprescht, aber Gott der Herr versperrte mir die Wege dorthin, schließlich gehört ihm der ganze Erdkreis.

* *Lobkovitz:* Fürst Georg Christian v. Lobkovitz (1686-1755), zu der Zeit kaiserlicher Statthalter in Siebenbürgen

Gestern fanden wir anderthalb Meilen vor der Stadt den Sekretär des Woiwoden vor, er begrüßte uns im Namen seines Herrn, ließ uns dann in der Karosse des Woiwoden Platz nehmen, und wir zogen mit Pomp in die Stadt ein und in unser Quartier. Heute in der Früh ließ uns der Woiwode ausrichten, wir könnten uns mit ihm treffen; er schickte seine Karosse, uns zu holen, sodann empfing er uns mit großer Zeremonie im Zelt, denn auch dieser Woiwode weilte im Feldlager. Wir sind an die anderthalb Stunden bei ihm gewesen, er kann sich Fremden vergleichsweise besser anpassen. Verwunderlich ist das nicht, ist er doch oberster Dolmetscher gewesen bei der Pforte. Nach dem Gespräch brachte man uns zurück ins Quartier. Die hier empfangen uns jetzt auf solche Art, weil sie dazu angewiesen wurden, aber nicht lange, und sie werden keinen Blick mehr übrig haben für uns. So ist der Grieche, und wenn er nur einen Spannweit erhoben wird von ebner Erde; schon die Gewöhnlichen unter ihnen sind gespickt mit Hochmut, wie sollte es dann der Fürnehme nicht sein, der einem Lande befiehlt. Die Reußen nähern sich der Moldau. Mehr als dies kann ich jetzt nicht schreiben, ein andermal über andres. Ich verbleibe meiner braven Cousine, so sie auf ihre Gesundheit achtet, braver Knecht.

150

Iaşi, 22. julii 1739

Es währt schon einen Monat, daß ich mit Langerweile die Zeit verbringe in dieser unerquicklichen Stadt, allein nun, da auch Zay längst fort ist nach Chotyn. Beim Woiwoden bin ich etliche Mal gewesen, aber hinsichtlich dessen, weswegen man mich hierher entsandt hat, wird es, wie ich es sehe, doch vergebens sein. Zu Langerweile indes gibt es jeden Tag reichlich Gelegenheit, denn diese Bojaren sind wie

Bären zu Fremden. Ich weiß nicht, ob sie sich von Natur so verhalten, oder mit Fremden zu verkehren sich nicht trauen, aber recht ungebärdig sind sie schon. Bei einigen bin ich gewesen, deren Wappentier ein doppelköpfiger Adler ist, die leiten sich nämlich allesamt von der Familie Kantakuzenos* her; vielleicht entstammt ihr sogar mein Hausherr, ich werde mir sein Wappen ansehen, wiewohl er Schneider ist. Daß hier jemand hinginge zum Fremden, ihn einlüde zum Mittagmahl, wie das üblich ist unter den Menschen, das braucht man von diesen Bären nicht zu erwarten. Ich hab mir auch vorgenommen, zu keinem von ihnen hinzugehen. Wenn ich zum Woiwoden gehe, überschütten sie mich mit ihrem *Măria sa*, weil sie sehen, wie der Woiwode zu mir ist, aber ansonsten befinde ich mich hier, als gäbe es nur mich allein in der Stadt. Ich habe mir gegenüber noch von niemandem so viel Freundlichkeit erfahren als vom hiesigen Erzbischof. Wenn ich zu ihm gehe, heißt er mich gar freudig willkommen, und um mir sein Wohlwollen zu erweisen, schickte er mir etliche Male manch' Eßware, die eine Seltenheit ist hier in der Stadt, als Geschenk. Das ist mir sehr lieb gewesen, nicht sein Geschenk, sondern daß er mir wohlgesinnt ist, denn eine Tafel hab ich hier von solcher Art, daß ich zehn Mann mehr alimentieren könnte, als ich habe. Trotzdem hab ich das Glück, daß ein italienischer Pater hier lebt, mit dem speise ich und führe Gespräche, denn gäbe es den nicht, machte ich das Maul nicht mehr auf, außer beim Essen. Wenn ich ins Wirtshaus ginge, könnte ich mich dort zur Genüge unterhalten mit walachischen Popen, denn hier kommen in den Wirtshäusern wenigstens zehn Popen auf jedes Faß, das sie umzingeln gleichwie einen Leichnam.

* *Kantakuzenos:* Altes byzantinisches Fürstengeschlecht mit dem Doppeladler als Herrschaftssymbol

Nach alldem kann man sich denken, daß meine Zunge vom Reden nicht abgewetzt wird, also laßt mich meine Feder abwetzen mit Schreiben, denn dafür hab ich reichlich Zeit, und es geschehe an des Redens Statt. Nun denn, plaudern wir ein wenig sowohl über die Stadt als auch über die hiesigen Zustände. Die Stadt liegt auf einem Hügel, an einer recht schönen Stelle, allerdings müssen die Einwohner das Wasser von weit her holen. Fünf oder sechs lumpige Klöster sind es, derentwegen Iaşi als Stadt gelten kann, weil es ansonsten den Häusern nach nur als Dorf bezeichnet werden könnte. Den Handel halten die Juden und die Armenier in Händen, dabei könnte man, so es hier ständige Woiwoden gäbe, und dazu solche, die den Nutzen des Landes im Auge hätten, einen sehr großen Handel aufbauen, viel leichter und einen größeren als in Bukarest. Wo gibt es schöneres und besseres Ackerland als hier? Was der Boden zeitigt, Früchte aller Art in Feld und Garten, das ist hier durchweg besser als anderswo. Wo kann man schönere Rinder sehen als hier? Wo kann man so wohlschmeckendes Kuhfleisch essen? Und den Wein dieser Gegend kann man auf jeglichem Tisch kredenzen; Wein aus Cotnari läßt sich auch unterm Dutt anmutig und genußreich schleckern. Aber die Bewohner sind wie die wilden Tiere, sie lassen die herrlich schöne und gute Feldflur unbebaut und hausen in Wäldern. Die Zahl der Bojaren ist hier sehr gering, wenn es hochkommt, sind es zehn oder zwölf solche, die Herren genannt werden könnten, die anderen zählen nicht. Zwar unterstehen sie dem Türkenreiche, aber wahrlich sind sie unterm Griechenjoch. Die größeren, nutzbringenderen Ober- und Niederämter sind im Besitz der Griechen; da der Fürst stets ein Grieche ist, begünstigt er die aus seiner Nation, glaubt denen mehr und macht mit den Bojaren, was er will. Wer wohl ist auch derzeit der Oberhetman hier, der alle Heere kommandiert? Der jüngere Bruder eines reichen griechischen Kürschners, und vor ihm müssen die anderen Bojaren Knie und Haupt beugen. Aber was geht mich das alles an, wo ich in großer Langeweile mein Brot essen und Wein aus Cotnari trinken muß.

Jeden Tag gibt es hier schlechte Nachrichten die Fülle, der Reuße nähert sich Chotyn, jedermann ist in Angst und trifft seine Vorbereitungen. Gott trage Sorge für mich, er weiß, aus welchem Grunde er mich hierher geführt hat. Dieser Tage reiste ein reußischer Abgesandter hier durch, auf dem Weg ins Lager des Wesirs. Auch ich bin beim Woiwoden gewesen und hab mich von ihm verabschiedet; er ist gestern mit großem Pomp hinausgezogen von hier mit seinem ganzen Heer. Doch mit welch einem Heer? Man kann es so gar nicht nennen, sondern nur eine Schar von Wingerthütern. Bei ihm ist ein Pascha mit vielleicht 40 oder 50 Mann, das ganze Heer mag reichlich gerechnet anderthalbtausend Mann zählen. Zuletzt nahmen sie die Sturmgeschütze als Mauerbrecher mit, die im Notfall auch mit Walnüssen geladen werden können. Die sind also alle fort, mich haben sie hier gelassen, ich solle halt selber zusehen und machen, was ich will. Ich weiß, der Woiwode hat mich betreffend gute Verfügungen getroffen und mich den Kaymakamen anvertraut; er hat nämlich drei hiesige hohe Edelleute als seine Stellvertreter eingesetzt. Einer von ihnen ist der Cancellarius. Die beschützen uns nicht, wenn es so käme, daß man uns von Csik* her überfallen und mich eines Nachts im Bett antreffen sollte. An solchen Ankleidern hab ich keinen Bedarf. Ich verbleib meiner herzliebsten Cousine Diener.

* *Csik:* Nächstgelegenes ostsiebenbürgisches Komitat

151

Iaşi, 23. augusti 1739

Hier steht's, herzliebste Cousine, hundsmäßig arg um die Dinge. Seit der Woiwode fort ist von hier, ist die Stadt unablässig in Aufruhr, alles rüstet sich, packt und macht sich davon. Die Bojaren haben ihre Frauen längst in die Wälder verbracht, und besonders seit das reußische Heerlager herübergekommen ist über den Dnjestr, ist die Furcht hier groß. Die beiden Söhne des Woiwoden haben sich ebenfalls verduftet. In solch überspannter Lage weiß ich auch selbst nicht, was ich tun soll; beim geringsten Geraschel schon denk ich, die Kosaken wären auf meinem Hof. Die Kaymakame kommen öfters zu mir, reden mir gut zu, ich wiederum ersuche sie, mich von hier wegzuschicken; sie können, wenn etwas passiert, ein Pferd besteigen, wann sie wollen, ich aber habe drei oder vier Bedienstete und nicht mehr als ein einziges Pferd. Mach dir ein Bild davon, in welcher Lage ich bin: Allein seit ich diesen Brief schreibe, hat meine Wirtin mich dreimal davon abgehalten mit der Nachricht, die Kosaken seien bereits in der Stadt. Ich rede ihr immer gut zu, aber am liebsten wäre auch ich selbst nicht hier. Von früh bis abends gibt's hier nur Kosakennachrichten, eine andere Litanei gibt es hier gar nicht mehr, immer nur: Herr, halt uns die Kosaken vom Leibe. Immerzu laß ich den Kaymakamen ausrichten, sie sollen mich fortschicken von hier, und sie versichern mir immerzu, sie würden sich um mich kümmern. Ich aber bin immerzu in Unruhe, und bin doch sonst in solcher nimmer gewesen. Am schwersten ist, daß es niemanden gibt, mit dem ich ein Wort reden könnte. Wenn man doch wenigstens schreiben oder lesen könnte, aber es geht nicht, wegen des unablässigen Lärms vor meinem Tor. Aus eigener Kraft kann ich jedoch nicht losziehn, auch darf ich so lange nicht, als der Woiwode selbst es nicht sagt. Hier zu sein aber unter der verängstigten Brut ist gänzlich elendig. Es gibt nichts Besseres, als sich Gottes Händen anzuempfehlen. Zu Beginn dieses Monats kam hier die Post des Wesirs gen Chotyn durch, um die Botschaft zu überbringen, daß der Wesir die Deutschen geschlagen hat. So es wahr ist, kann man sagen, es ist Gottes Fingerzeig. Und gestern brachte eine andere Post die Nachricht, daß Belgrad genommen sei. All das sind große Neuigkeiten: Dorten schenkt Gott dem Türken Siege, hier gilt's zu fliehen vor dem Reußen. Gott weiß, wie alles sein muß, er erniedrigt, er erhebt. Ich jedenfalls wünschte mir gern, fortzufliegen von hier; doch bevor ich aufbreche, schreib ich allein schon, um dich, Cousine, wissen zu lassen, daß diese tollwütigen Kosaken mich nicht verschleppt haben.

152

Iaşi, 3. septembris 1739

Hier gibt's sonst nichts, worüber ich schreiben könnte als die Kosaken, und nur die Kosaken, denn nie noch gab es größere Panik zu sehen, als was jetzt hier ist, und gar erst, seit der Türke geschlagen wurde. Der Reuße steht bereits bei Chotyn, nun kann man die Kosaken wahrlich fürchten, und jetzt sind denn auch die Kirchen voll, allerdings nicht, um zu beten, vielmehr schafft das Volk all seine Habe in die Kirchen. Der Woiwode ist gestern ebenfalls zurückgekehrt, freilich nicht mit dem großen Pomp als seinerzeit beim Auszug. So ist die Welt! Sobald er eingetroffen war, ließ auch ich ihm ausrichten, er solle mich wegschicken von hier, und heute bin ich selbst bei ihm gewesen. Wir haben über die jetzigen Dinge reichlich geredet, ich jedoch drang hauptsächlich darauf, aufbrechen zu können, weil ich weiß, daß Dero Woiwodität die Schlingel von Kosaken hier ebenfalls nicht abwarten wird. Mich betreffend ist die Verfügung auch schon erfolgt, und dank der Güte Gottes kann ich sagen, morgen laß ich hier alles und jeden stehen und liegen wie Sankt Paulus die Walachen*. Nie noch bin ich freudiger auf Reisen gegangen, als ich es morgen tun werde – wenn irgend möglich, eine Stunde zeitiger noch, als ich müßte. Und ich verbleib Euch, herzliebste Cousine.

153

Bukarest, 18. septembris 1739

Irgendwie hab ich's geschafft und mich dann doch davongemacht vor den tollwütigen Kosaken. Hier braucht man sie vielleicht nicht mehr zu fürchten; aber hatte ich mich unterwegs auch nicht vor ihnen, so umso mehr vor Dieben zu fürchten. Genug, am 4. verließ ich Iaşi; der Woiwode gab mir Pferde und Wagen sowie zwei Berittene bei, von denen ich allerdings keinerlei Nutzen hatte, und wir begaben uns nur zu dritt auf die gefahrvolle Reise, denn die anderen zähl ich nicht. Mir war, als ich raus war aus der Stadt, wie wenn man mir einen großen Stein vom Herzen genommen hätte, und mein Sinn beruhigte sich allmählich. Den Woiwoden und die Stadt hinterließ ich in großem Wirrwarr, aber sollten sie halt sehen. Ich jedenfalls war losgekommen, doch wenn ich aus einer Gefahr heraus war, so standen mir andere bevor. Da nämlich das Türkenheer grad ein paar Tage vor meiner Abreise geschlagen worden war, hatte ich Ursache zu bedenken, daß die vielen Streuner, umherziehend im Moldauischen und in der Walachei, darauf aus sein würden, wenn sie schon geschlagen waren, wenigstens was mit nach

* *die Walachen:* Ungarische Redensart für »grußlos; ohne viel Umstände«

Hause nehmen zu können und dann eben durch Dieberei zu gewinnen. In solcher Lage ist das Türkenheer nämlich gar trag- und zugfähig, zumal die daheim notleidenden Türken aus den asiatischen Teilen, die herzlich gern alles mitnehmen, wessen sie habhaft werden. Aus all diesen Gründen konnte mir vor üblen Reisegesellschaften sehr wohl bangen, wo man doch ohnehin die vielen Wälder zu passieren hat, besonders bis Focşani. Aber Gott hat es so gefügt, daß ich bis Focşani auf keinen einzigen Türken stieß, und die ich danach sah, waren hier ansässige Türken, die ich nicht zu fürchten brauchte. Nicht daß ich Herumtreibern nicht begegnet bin, nicht einmal moldauische Leute bekam ich zu sehen, als wäre ich allein gewesen im ganzen Lande, oder als wär der ganze Erdboden fortgerannt vor mir. Diesen kleinen Vorbehalt ausgenommen, hatte ich ansonsten eine herrliche Reise; das freie Feld gewährte mir allerwegen Quartier. Und ich brach nach türkischem Brauch, der ein sehr guter ist, zeitig auf und ließ mich zeitig nieder zum Abend.

Aus alldem ersiehst du, herzliebste Cousine, daß ich hier glücklich angekommen bin. Wen Gott behütet, der ist behütet. Der Tag meiner Ankunft war gestern. Den armen Gevatter Pápai hab ich, krank zwar, aber am Leben vorgefunden, und er sah mich mit gar großer Freude. Obschon vom Frieden mit dem Deutschen hier bereits als einer Gewißheit geredet wird, fürchtet der Woiwode gleichwohl, es könnte bei ihm Besuch sich einfinden aus Siebenbürgen. Drei oder vier Tage, nachdem ich Iaşi verlassen hatte, mußte auch der Woiwode flitzen. Wie es mir hier ergehen wird, wie lange ich bleibe, wie lange meine leere Geldbörse mich erhält, weiß Gott. Doch der uns Zähne gab, gibt uns auch was zu beißen. Allweil trug er für mich wundersame Sorge, und er wird dies, glaub ich, fürderhin auch tun; er hat mich von reichlich großem Gram und Kummer befreit, seiner Fürsorge vertraue ich mich auch künftig an. Sorge, liebste Cousine, für die Gesundheit auch selbst und schreib.

154

Bukarest, 23. octobris 1739

Denk dir nur, Cousine, selbst hier muß man sich vor den tollwütigen Kosaken fürchten; der Friede ist zwar da, doch haben sich von der reußischen Armada viele Hunderte abgesetzt, und sie sind auch in dieses Land eingefallen, um Beute zu machen. Mich deucht schon, als würden sie mich suchen, und wären sie hierher gekommen, hätten sie mich im Bett angetroffen. Vor ein paar Tagen überkam mich abends, als ich zu Bett gehen wollte, ein wenig Frösteln; ich schlief die Nacht durch, aber anderntags war mir, als wären alle meine Glieder und Gelenke auseinandergenommen, ich war in einem Zustand, daß ich keinen Teil meines Körpers, nicht einmal die Finger bewegen konnte. Mit einem Wort, wie ein Stück Holz, oder wie einer ohne einen Tropfen Bluts, so war ich. Ich konnte mich nicht umdrehen, noch ein Trinkglas festhalten, obgleich ich, da ich innerlich sehr erhitzt war, immerzu Durst hatte, allerdings verspürte ich nicht die geringsten Schmerzen. So ging's mir bis zum dritten Tag, dann begann ich ein wenig zu Kräften zu kommen, aber ich war dermaßen abgemagert, als hätte ich einen Monat lang fest gelegen; die große innere Hitze hatte das Fleisch von mir abgezehrt. Dann veranlaßte ich, daß man mich zur Ader ließ; halb war mein Blut wie kalter Brei und halb wie Tinte. Schuld daran ist mein fideler Aufenthalt in Iaşi gewesen. Jetzt geht's mir bereits so, daß ich mich außerhalb meiner Herberge bewegen kann. Aber du wirst dir denken können, herzliebste Cousine, in welchem Zustand ich grade an dem Tag war, als ich mich im Bett nicht einmal rühren konnte und dann mein Diener hereinkam und sagte: Herr, da gibt es eine schlechte Nachricht, im Hof des Woiwoden werden eifrig Wagen beladen, der Woiwode ist fort aus der Stadt, und alle Leute in der Stadt sind drauf und dran zu fliehen, weil es heißt, die Kosaken seien nicht mehr weit. Als ich dies vernahm, dachte ich, jetzt sind wir den Hühnern vorgeworfen, und ich war nur gewärtig, daß sie hereinkämen in mein Zimmer, denn ich wußte, sie sind so unmenschlich, daß ich bereit war, noch eh sie sich zeigten, ihnen all meine Habe zu überlassen. Aber Gott richtete es so, daß tags darauf die Nachricht umlief, sie streunten nur in den Randgebieten, dann wurden die Nachrichten allmählich noch friedlicher, und auch wir beruhigten uns. Vielleicht entkommen wir den tollwütigen Kosaken schon gänzlich. Ich hab über sie so oft geschrieben, daß ich, deucht mir, auch dich schon verängstigt habe. Hier hat der Winter sich schon ordentlich eingenistet; nun hat der Woiwode sich, der allzeit gut zu mir war, geändert, weil ich ihm nicht zu Willen war. Höher als Dero Woiwodität schätz ich meine Ehre und meinen Stamm. Achte, Cousine, auf die Gesundheit, sie ist ein kostbares Gut, und schreib.

155

Bukarest, 15. martii 1740

Zweifellos wirst du, Cousine, etliche meiner Briefe erhalten haben, auch ich erhielt deinen Brief von Februar, und eben dem schreibe ich zu, daß ich bislang nicht erfroren bin, hier ist nämlich ein gar entsetzlicher Winter, der sich am 18. Oktober eingestellt hat, seitdem hat der Schnee sich tagtäglich vermehrt und die Kälte verschlimmert. Mich dünkt, man hat uns mitsamt der Stadt nach Lappland ans Eismeer versetzt; niemand kann sich an einen so harten Winter erinnern, und so ist's generell in ganz Europa. Unerhört ist's und vielleicht nie vordem geschehen, daß man von Dänemark nach Schweden mit dem Wagen übers Eis fährt, aber was geht das mich eigentlich an. Eher schon geht's mich etwas an, daß ich den langen Winter in einer schrecklich kalten Wohnung durchstehen mußte, und wenn ich heuer nicht erfroren bin, werde ich künftig gefriergefeit sein. Selbst meine Burschen staunen, wie ich es aushalte in der kalten Wohnung; sie haben allen Grund dazu, hab ich doch ihnen die warme Wohnung überlassen, ich kann besser dulden als sie und murre nicht. Und dann der Preisauftrieb und all die Not hier; auf der Straße reißen sie einander das Brot aus den Händen; öfters geschah's, daß ich mich hingesetzt hätte zum Mittagmahl, aber kein Brot hatte. All das ist gar nicht verwunderlich, denn anderswoher ist nichts zu holen, und hier sind die Wassermühlen samt Müller und allem festgefroren. Ich gesteh, herzlich gern würde ich von Bukarest scheiden, da hier das Leben sehr langweilig ist. Ich weiß gar nicht, welcher Art Leute das hier sind, aber man kann mit denen nicht verkehren. Weder in der Moldau noch hier braucht man zu fürchten, daß man von einem Bojaren zum Essen eingeladen wird. Ich kenne hier einen Bojaren noch aus meiner Kinderzeit, aber er erweist mir nicht die geringste Freundschaft. Wenn ich zu ihm gehe, spart er wenigstens mit Worten nicht wie all die andern. Allerdings merk ich, mit Fremden trauen sie sich wegen des Woiwoden nicht zu verkehren, aber auch untereinander sind es halt Walachen. Verzeih mir, Cousine, wenn ich meinen Brief beschließe, doch ist zu schreiben eine regelrechte Strafe; sobald ich einen Buchstaben hingeschrieben hab, muß ich meine Feder jedesmal ans Feuer halten, um die Tinte aufzutauen. Was ist das aber auch für ein Feuer, das öfters selber gefriert. Holz gibt's sehr selten und dann teuer; das wenige, was ich beschaffen kann, geb ich lieber in die Küche, denn mir ist's lieber, ich friere und esse mich satt, im Kalten bekommt einem nämlich das Essen besser. Fleh um mich, Cousine, daß ich nicht mehr erfriere bis zum Frühjahr, wiewohl es bereits nah ist, aber hier toben Stürme derart, als ginge es mit dem Winter erst los. Gute Gesundheit, Cousine, und für uns einen Hauch milden Wetters.

156

Bukarest, 22. maji 1740

Der Winter hat uns, Gott sei's gedankt, verlassen, doch was sag ich, auch der Frühling verläßt uns, trotzdem merken wir es am Wetter nicht, sondern wissen es nur aus dem Kalender. Es ist schon länger als einen Monat her, daß wir keinen Woiwoden haben, denn nachdem die Deutschen die Hälfte der Walachei, die er schon einmal besessen hatte, den Türken zurückgaben, hat er sich nach Craiova* begeben, um es gleichsam wiedereinzunehmen und sich als Woiwode anerkennen zu lassen. Das hat der Deutsche nun von der Aufkündigung des Friedens. Und Gott hat nicht zugelassen, daß Siebenbürgen und Ungarland eines anderen wegen bestraft werde; der Türke hat in keinem der beiden Länder Schaden verursacht, zumal in Siebenbürgen, Gott sei Dank, was bemerkenswert ist. Allhier ist auch jetzt noch alles rar und teuer, insbesondere Brot, aber allzusehr schert's mich nicht, denn in ein paar Tagen machen wir uns mit dem edlen Junker Zay auf den Weg nach Rodosto, und ich werde diese

* *Craiova:* Hauptstadt der rumän. Region Oltenia

verkrustete Stadt mit Freuden hinter mir lassen. Doch hier lassen werden wir auch einen uns lieben Exilgefährten, den armen Gevatter Pápai, der am Ende seiner langen Flucht angelangt ist. So schmelzen wir mählich dahin, und von so vielen sind wir nur mehr zu viert übrig, die wir den armen Fürst zu unserem Unglück in ein fremdes Land begleiteten. Unser Trost ist nur, daß auch andere sterben, nicht bloß wir. Es ist ein magerer Trost, das ist schon wahr, aber mit irgend etwas müssen doch auch wir uns trösten. Aus Siebenbürgen kam bis jetzt niemand hierher, daß ich mich hätte erkundigen können, ausgenommen ein paar Sachsen*, die man höchstens über Leinen hätte befragen können. Einen guten ungarischen Geistlichen haben wir, es ist nicht lange her, daß er hier eintraf, ein Lamm aus dem Csiker Land; der Ärmste hatte geglaubt, Priesterrock und Kapuze würden hier ebenso geachtet sein gleichwie in Csik. Wir sagten ihm etliche Male, er solle doch das Gewand des Heiligen Franziskus ablegen, aber das wollte er nicht. Als er dieser Tage zu mir zu Mittag kam, streichelte ihm ein Unmensch von einem Türken mit dem Pfeifenstiel die Wange. Der Ärmste quittierte es mit friedsamem Dulden, und tags darauf hüllte er sich, nachdem er seinen Rock mit großer Ehrerbietung geschnürt hatte, in einen walachischen Umhang, seitdem fürchtet er den Pfeifenstiel nicht. Ich beschließe meinen Brief, allerdings nur, um rascher meine Vorbereitungen zu treffen und dann aufbrechen und dich sehen zu können.

* *Sachsen:* Siebenbürger Sachsen, seit dem 13. Jh. dort ansässige Deutsche

157

Rodosto, 22. junii 1740

Es ist ja doch, Cousine, ein reichlicher Schritt von Bukarest bis hierher, wohin Gott mich abermals zurückgeführt hat, weil der Haufen Brots hier noch vorhält, also mußte ich zu dem zurück, wie der Türke sagt. So viel Zeit, wie mit der ersten Reise beginnend, werde ich hier, ich weiß, nicht mehr verbringen; von hier geht es dann schon ab entweder ins Himmelreich, oder aber nach Siebenbürgen. Am 26. des vergangenen Monats sind wir abgereist und gestern hier angekommen. Ihr könntet nun fragen, was wir so lange Zeit gemacht hätten unterwegs. Ich weiß es selber nicht, so viel indes weiß ich, daß wir viel geschlafen haben, allweil spät losfuhren und gar zeitig einkehrten. Vielerorts haben wir die bulgarischen Mädchen für ein paar Heller tanzen lassen; sie aber ermüden nimmer beim Tanze, alldieweil sie nur auf der Stelle tanzen; ihre Füße bewegen sie wenig: ein, zwei Schritt vor, ebensoviele zurück, und das war's dann auch schon. Aber am vielen Gesang sparen sie nicht; singen und tanzen, das machen sie alles selbst. Doch welch ein Gesang! Beim Zuhören knirschen einem die Zähne, wie wenn der Schlosser Eisen feilt, mit dem Unterschied freilich, daß einem der Ton, wenn eines der Schmuckstücke sang, immerhin ein klein wenig geschmeidiger deuchte. Ihr Putz besteht darin, daß sie sich vielerlei Münzen anheften; Haar und Hals, kurzum alles bepacken sie mit Kupfermünzen und sonstigen Geldstücken. Aber da gibt es auch noch andere Zeremonien; beim Betreten eines bulgarischen Dorfes kommt einem irgendein altes Weib mit einer Reiter entgegen, worin sich Weizen befindet, von dem man mit einer Handvoll bestreut wird. Da muß man ihr ja nun etwas geben, schließlich ist sie nicht verpflichtet, ihren Weizen als Geschenk hinzustreuen.

Die hohen Berge des Balkans bestiegen wir drei Tage lang, bis uns Gott der Herr glücklich wieder hierher geführt hat, an unseren früheren und traurigen Wohnort, am gestrigen Tage.

Wie ist doch diese Welt, und wie grob die Begierde nach ihr, und dennoch ist der Mensch halt begehrlich. Was hat der Wesir nun davon, daß er so große Dinge vollbrachte, wenn man ihn vor die Tür gesetzt hat. Wann gab es das schon, daß der Türke den Deutschen bezwang. Er aber hat dieses Wunder vollbracht (ich weiß, nicht alleine). Er hat Belgrad wiedergewonnen und die ruhmvollen Feldzüge des Türken wider den Deutschen mit einem guten Frieden gekrönt. Hätte er denn nicht das Wesirat auf Lebenszeit verdient gehabt? Oder zumindest für die Dauer etlicher Jahre. Nach so vielen denkwürdigen Taten saß er keine anderthalb Jahre im Wesirat. Was hat Ahmet Nişancı* geleistet, daß er an dessen Stelle gesetzt werde, außer daß er des Sultans Namen bereits auf allerlei Briefe gut zu schreiben verstand. Wie der nun zu uns sein wird, weiß Gott, aber es wird so sein, wie er es befiehlt. Wir fahren von hier demnächst nach Constantinopel, um zu sehen, wie es sich um unsre Dinge verhält. Ende Mai ist der König von Preußen gestorben**.

158

Rodosto, 20. augusti 1740

Welch ein Ungemach, Cousine, in einer so großen Stadt zu wohnen, dort von einem Berg auf den andren zu kraxeln, mal zu dem einen, dann zu dem anderen Amt zu stiefeln. Doch mag es ein großes Übel sein und viel Mühe bereiten, es

* *Nişancı:* Siegelbewahrer, der die Schriftstücke des Sultans abzeichnete; als Hacı-Ahmet Pascha Großwesir 1740-1742 ** *gestorben:* Friedrich Wilhelm I.

muß halt sein; grad solche wie wir, die von anderen etwas erwarten müssen, kommen darum nicht herum. Aber Gott hat uns auch in dieser Verlassenheit noch nicht im Stich gelassen und geregelt, was wir benötigen. Gepriesen sei dafür sein heiliger Name. Mir ist es ja nun nicht so ergangen, wie jenem, der nach Rom ging und den Papst nicht zu sehen bekam, ich sah nämlich den Sultan, er zog an meinem Quartier vorüber. Ich hab ihn im übrigen nicht gegrüßt, doch wünschte ich ihm, daß Gott ihn in die heilige Mutter Kirche hole und ihm Gesundheit gewähre, denn er ist unser Brotgeber. Wir müssen ihm aber auch dankbar sein, denn Gott haßt die Undankbaren. Nachdem ich also meine Angelegenheit besorgt hatte, bestieg ich ein Schiff und kam heute hierher zurück. Ich hatte eine sehr gute Schiffsreise; am Abend fuhr ich ab, heut in der Früh war ich hier, und hier bin ich, hier bleib ich, solange es Gott dem Allmächtigen gefällt. Sollte mein Tod hier mich ereilen, sein Wille geschehe, schickt er mich anderswohin von hier, vollziehe darin sich sein Wille, nur komme sein heiliger Segen über mich. Amen.

159

Rodosto, 19. novembris 1740

Welch große Nachricht, Cousine, klingen dir denn die Ohren? Der römische Kaiser* ist am 20. Oktober gestorben. Das ist eine doppelt große Nachricht; einmal, daß ein großer Kaiser gestorben, und zudem, daß das Haus Österreich im männlichen Zweige erloschen ist. Wie ist es doch schön zu leben, denn wären wir gestorben, hätten wir eine so große Sach' nicht erlebt. Unsere Väter haben es nicht erlebt. Welch

* *Der römische Kaiser:* Kaiser des Heiligen Römischen Reiches Deutscher Nation Karl VI., als ungarischer König Karl III.

großen Wandel dies doch in der Welt, diesem großen Gasthof, zu bewirken vermag! Nach dem alten Gesetz durften solche, die vertrieben worden waren, nach des Hohenpriesters Tod zurückkehren*. Ob wir dessen gewärtig sein können nach dieser Nachricht? Im Hinblick auf diese Nachricht kommen mir hunderterlei Gedanken in den Sinn, aber es wird vielleicht nichts so eintreffen, wie von mir gedacht, drum wollen wir es jenem Wirt mit den vielen Knechten überlassen. Und ist der Brief auch gar gering, so ist die Nachricht doch gar groß. Wie geht es dir, Cousine, erfreust du dich guter Gesundheit? Achte auf sie, Cousine, denn du siehst ja, wie gut es ist zu leben. Beinah hätt' ich's vergessen: Gott gab uns einen guten Papst, Ende August wurde Kardinal Lambertini gewählt, er heißt nun Benedikt XIV. und ist 64 Jahre alt.

160

Rodosto, 27. decembris 1740

Laut Kalender hat der Winter bereits begonnen, doch das Wetter richtet sich nicht danach, sondern verhält sich, als wäre Sommer. Bis jetzt haben wir kein Feuer gemacht, wie sollten wir auch, wo es noch so warm ist, daß unsre Fenster Tag und Nacht offen sind. Der vergangene Winter war so schlimm, daß man in Europa vielleicht nie einen schlimmeren erlebte, und nun muß man selbst zur Winterzeit ein Sommerwams tragen. Wer könnte die Ursache dafür nennen? Ich nenne sie; wer es besser weiß, sage es besser. Letzten Winter gab's mehr Kälte, also mußte auch für Holz mehr

* *zurückkehren:* Siehe 4. Mose 35,28: »Denn er sollte in seiner Freistadt bleiben bis zum Tod des Hohenpriesters und nach dem Tode des Hohenpriesters in das Land seines Erbbesitzes zurückkehren.« – Mikes' Gnadengesuch wurde abgelehnt (vgl. Brief Nr. 165)

ausgegeben werden; diesen Winter gibt es schönes Wetter, folglich wird weniger Holz gebraucht. Aus alldem schäl ich also heraus, daß nicht so viel Holz gekauft werden muß. Warum? Weil es nicht kalt ist. Siehst du, Cousine, welch tüchtigen Philosophencousin du hast? Und wenn ich erst noch studiert hätte! Doch selbst wenn ich nicht studiert hab, kenne ich welche, die Philosophen sind. Reicht das etwa nicht? Reden wir nicht bloß von der Kälte, sondern auch davon, daß dieses Jahr sehr große Schwaden hingemäht wurden, und der Tod hat gezeigt, daß er nicht nur in strohgedeckten Häusern, sondern in Palästen gar mähen kann.

Zuerst rief Gott den Papst Clemens XII. zu sich; der König von Preußen starb am 31. Mai; die spanische Königinwitwe folgte am 6.; Kaiser Karl wurde von Gott am 20. Oktober abberufen, ihm folgte alsbald, acht Tage darauf, die Zarin der Reußen. Alle die Fälle können in Europa große Veränderungen bewirken. Es ist mehr als vierhundert Jahre her, daß die Kaiserkrone das Haus Österreich nicht verlassen hat, und mit diesem Haus ging's jetzt zu Ende. Doch selbst dieses verlassene Haus will man bereits aufteilen; der König von Spanien, der bayerische und der preußische König wollen Schlesien besetzen, letzterer hat mit den Kampfhandlungen schon begonnen. Darüber hinaus hält der Krieg zwischen dem Spanier und dem Engländer noch an, und Hilfe bekam der Spanier auch vom Franzosen. Alles das sind große Dinge, innerhalb eines Jahres haben sich größere nicht zugetragen. Die Fürsten allerorts treffen ihre Vorbereitungen und regen sich gar sehr. Nur wir verharren in großer Flüchtlingsstille, als stünde es um unsere Sach' am allerbesten. Aber der Reiche ißt, wenn er will, und der Arme, wenn er etwas kriegen kann. Schon jetzt versammeln sich von überall her die Abgesandten in Frankfurt zur Kaiserwahl. Aber so schnell wird es dazu nicht kommen. Ob doch, ob nicht, deren Sach'. Wir wollen weiter nur den Schöpfer anbeten, nach dessen Willen oder Billigung alles geschehen wird, und danken wir ihm dafür, daß er uns dieses Jahr zu verbringen gestattet hat.

161

Rodosto, 15. martii 1741

Eine Reihe von Briefen erhielt ich von dir, herzliebste Cousine, die ich gelesen und beantwortet hab. Es ist aber eine recht traurige Nachricht, daß man dem obersten Dolmetscher das Haupt benommen hat. Einen größeren Schaden erlitt er wohl nimmer. Ich weiß, er hätte es sich viel kosten lassen, aber es ging halt nicht. Du schreibst, man habe ihm ohnehin alles genommen und auch seine Gemahlin festgesetzt. Welch ein Esel ist diese Welt, oder sind wir die Esel, daß wir an ihr hängen. Der moldauische Woiwode ist sein Bruder, ich weiß, der schlottert jetzt. Was man da alles an Geld und Waren bei ihm gefunden hat, glaub ich; er hat es für seinen Sohn und seine Gemahlin angeschafft, denn sich selbst hat er nichts zu Nutzen gemacht, er lebte sehr, sehr dürftig, ein Schmalhans, so wie die Griechen eben zu leben pflegen. Ich hab ihn schon mit einem drei Jahre alten Wams gesehen, wiewohl ich weiß, daß er auch welche aus Edelmarderpelz in reichlicher Zahl besaß. Und ich sah auch, wie der Kopf seiner Gemahlin bepackt war mit Diamanten und Smaragden. Mich dünkt, dieser Edelmann hat von Kindesbeinen die Gefahr gespürt, denn ich sah ihn allweil traurig und mit so mürrischem Gesicht, daß man denken könnte, er hätte niemals gelacht. Begnügen wir uns doch, Cousine, mit dem, was wir haben, wiewohl es recht wenig ist, und danken wir Gott für unser täglich' Brot.

Ich bin schon soweit, daß ich das gleiche tu, als wenn wir zu dritt oder viert zusammenkommen und in Ermangelung eines Gesprächsgegenstands nur vom Wetter reden. Davon schreib jetzt auch ich, sintemal wir bislang nur Herbst hatten und allzeit trockenes Wetter; den ganzen Winter über schneite es dreimal. Doch was war auch das schon für ein Schneefall! Der Schnee reichte ja nicht einmal für die Armenier; den hätten auch wir weggeputzt, wenn es Holundergrütze gewesen wäre. In den Weltnachrichten heißt es (wir sind nämlich außerhalb derer), die Sach' des preußischen Königs verlaufe gar gut in Schlesien, und daß alle allerorten Heere sammeln. Wenn jedweder sich zufriedengäbe mit seinem, was wäre für eine Stille in dieser Welt! Schreib, Cousine, aber die Gesundheit gilt's jetzt sehr zu herzen. Wir hier verbringen unsere Exulantentage, Gott sei's gedankt, in Ruhe und Stille. Ich widmete mich auch der Wirtschaft, denn ich pflanzte in meinem Garten etliche Weinstöcke, die tatsächlich Wurzeln faßten und zwei Trauben erbracht haben. Die machen mir so große Freude, als besäße ich den Berg von Tokaj. Mit wie wenigem, liebste Cousine, ein Flüchtling sich begnügen muß.

162

Rodosto, 15. maji 1741

Wie geht es dir, herzliebste Cousine, was macht die Gesundheit? Ob es wohl üblich ist dort in der großen Stadt, frühjahrs zu schreiben? Vielleicht gar nicht mal, denn ich habe lange keinen Brief erhalten von dir, an die sechs Tage ist's her. Für jemanden mit eiskaltem Herzen, wie meine Cousine, ist das nicht viel, aber für ein Székler-Herz ist es sehr viel. Ich hingegen habe unlängst erst einen großen Brief abgeschickt, hier mag man nämlich schreiben, auch frühjahrs, ja mit noch größerem Wohlgefallen als sonst schon, weil es einen deucht, im Frühjahr gelte es zusammen mit den Blumen auch die Freundschaft zu erneuern, und es kommen einem der süßeren Worte mehr in den Sinn als zu anderen Zeiten. Was der Grund dafür ist, das wissen die Frauen besser. Genug denn, wir haben nach einem langen trockenen Winter ein trockenes Frühjahr, aber es läßt sich alles üppig an. Wir aber welken bloß, sowohl selber als auch all unsre Sach'. Wo Zwietracht ist, bleibt Gottes Segen fern. Nun sind wir nur mehr drei, vier Mann, trotzdem kommen wir nicht aus miteinander, weil die heillose Zwietracht festsitzt unter uns, wiewohl sie keine Löhnung bezieht von der Pforte, und doch lebt sie weiter, weil wir sie zu unserem Unheil selbst nähren. Wenn es nach mir ginge, wäre sie längst begraben, aber wie ich sehe, wird sie uns begraben. Hier gibt es keinerlei Neuigkeiten, die uns angingen, wir sehen bloß, wie man sich allerorten zum Krieg rüstet, der Brandenburger hat damit gradheraus angefangen. Die Abordnungen ziehen von überall her mit großem Pomp gen Frankfurt zur Kaiserwahl. Sollen sie zusehen, mich kümmert's nicht, mich kümmert allein, daß meine Cousine bei frischer Gesundheit sei.

163

Rodosto, 15. julii 1741

Wundere dich nicht, Cousine, daß ich nicht öfter schreiben kann, aber es ist eine große Trockenzeit, und meine Tinte ist weggetrocknet. Das wäre alles gar nichts, wenn nur die Gewässer nicht weggetrocknet wären, selbst das Nötigste an Wasser ist schwer zu bekommen. Künftig sage man mir nicht, trockene Jahre seien magere Jahre; seit fünf Monaten haben wir keine fünf Stunden Regen gehabt, trotzdem gab es eine reiche Ernte, und beladenere Obstbäume als heuer kriegt man nicht zu sehen. Doch jener, der von hundert Mann einhunderttausend besiegen lassen kann, vermag auch ohne Regen Fülle zu schenken, wie wir das heuer sehen. So viel, was Gottes Segen in Feldfluren angeht. Sehen wir nun sein Erbarmen für die Stadt. Wir bangten sehr, daß in der Trockenheit keine Seuchen aufkommen mögen, zumal die Pest fürchteten wir, doch war, Gott sei's gedankt, bislang kein Jahr gesünder; und was das Größte ist, auch in der großherrlichen Stadt hört man nichts. Was gäb's also zu beklagen? Nichts. Klagen, das hieße nicht dankbar sein Gott dem Herrn für seinen Segen. Eh die Weinlese da ist, wollen wir auf eine Kehre nach Frankfurt, wo die Abgesandten von allerlei Königen längst präsent sind zur Kaiserwahl, ohne indessen darangegangen zu sein. Die Fürsten bereiten allerwärts Kriege vor, der preußische König rückte mit vierzigtausend Mann in Schlesien ein, den Bayern zieht es nach Böhmen mit französischer Hilfe. Gottes Wille geschehe. Ich wünsche Euch, meine Cousine, gute Gesundheit.

164

Rodosto, 21. augusti 1741

Du fragst, Cousine, was wir machen und womit wir die Zeit verbringen. Auf die erste Frage antworte ich, unsre Hauptbeschäftigung ist, daß wir essen und trinken; auf die zweite Frage, daß wir schlafen und am Strand spazierengehen. Reicht alles das nicht als Beschäftigung für einen Flüchtling? Jedoch warten wir darauf, daß jemand uns nach Hause versetze, gleichwie die Kranken in Jerusalem am Teich Siloah* warteten, daß der Engel das Wasser bewege und man sie hineinwerfe. Dort aber war es ein Engel, der bewegte, und

* *Siloah:* Irrtümlich statt Bethesda (vgl. Johannes 5,2-5)

nicht der Mensch. Vertrauen wir uns dem Engel der Weisheit an, er weiß von allem, wie es sein soll. Ich aber muß das Wohl und die Ruhe meines Heimatlands wünschen, und nicht bloß insonderheit das meinige. Der Bayer hat den Krieg um Böhmen mit französischer Hilfe begonnen. Auch wurde die Königin von Ungern* am 25. Juni gekrönt, und sie vollzog auch die Zeremonie hoch zu Roß, indem sie in drei Himmelsrichtungen jeweils einen Streich führte, andeutend, daß sie das Land vor Feinden aus all den Richtungen beschützen werde. Die Zeremonie ist gar schön. Begeben wir uns unter Gottes Willen, und wo der Mensch keine Hoffnung hat, da findet Gottes Hilfe statt. Ein andermal mehr. Polla teti!

165

Rodosto, 15. septembris 1741

Ich hab nichts zu berichten, es sei denn, ich machte ein Diarium übers Wetter; fürderhin schreib ich bloß: heut war schönes Wetter, gestern regnete es, vorgestern gab's starken Sturmwind. Derlei ist kein Brief, sondern ein Kalender, und ich kann mir denken, wie Ihr einen solchen Brief bewerten würdet. Gottlob verbringen wir unsere Tage, liebe Cousine, still und ruhig. Und es sind eintönige Tage, da gibt's keine Unterschiede, heute ist wie morgen, und auch morgen wird's so sein, wie's heute war. Allemal beschäftigen wir uns mit den gleichen Dingen, und allzeit schleppen wir unsere lange Flucht hinter uns her, der vielleicht der Tod erst ein Ende bereitet. Der Königin schulden wir Dank für die Aussperrung aus unsrem Vaterland, weil es dort mehr Gründe gibt für des Lebens Verkürzung. Hier haben wir keine Schererein mit Vögten und Kämmerern, kein Prozessieren berei-

* *Königin von Ungern:* Maria Theresia 1741-1780

tet uns Kopfweh, Einquartierte machen uns keinen Kummer, Anschaffung oder der Verlust von Gütern kümmert uns nicht, andere um ihr Los, ihr Amt, ihr Fortkommen und Anwesen beneiden wir nicht; ich denk auch andre uns nicht um das unsre, Nörgeleien von Hausherrinnen hören wir nicht noch ihr Lamentieren, dies wär nicht da und jenes. Wir zerbrechen uns den Kopf nicht, welch Gut wir unsren Kindern hinterlassen, wie wir sie erziehen, zu welchen Ämtern und Ehen wir ihnen verhelfen sollen. – Der Bayer führt zusammen mit dem Franzosen um Böhmen Krieg mit der Königin, und der Preuße um Schlesien. Was ist das doch für eine Unersättlichkeit, wenn einer mit dem, was er hat, sich nicht zufriedengibt. Ohne einen Kumpan wird der Bayer Böhmen weder gewinnen noch behalten können. Die Christen verzehren sich gegenseitig, und der Türke schaut dem friedlichen Auges zu. Friedvolle Gesundheit wünsche auch ich meiner Cousine.

166

Rodosto, 29. aprilis 1742

Es ist nun schon etliche Tage her, daß der Wesir vom Rad des Glücks geholt und Ali Pascha auf dessen Platz gehievt wurde. Dieser ist bereits das zweite Mal Wesir, was ohne Beispiel ist; er gilt als ein guter rechtschaffener Mensch, der, wenn er etwas nicht gewähren will, den Bittsteller wenigstens mit Anstand gehen läßt. Ist das etwa keine gute Natur? Eine sehr gute, nicht so wie andere Naturen, die nichts gewähren und die Antwort trotzdem mit Gebrüll und Gepolter erteilen. Der Vater von dem jetzt, der zu uns stets gut war, ist des Sultans Doktor gewesen. Es ist doch schön, wenn die Leute über einen gut reden und einem Gutes wünschen, das sind ebensoviele Fürbitten vor Gott. Wieviele Hunderte

Männer und Frauen redeten gut über Christus, von dem ihnen Gutes widerfahren war, nach dessen Tode. Als der Heilige Petrus Tabea auferweckte*, zeigten ihm die vielen armen Frauen ihre Kleider und Röcke, welche die Tabea für sie gemacht hatte. Einer, über den niemand Gutes sagt, geht gar arm fort von dieser Welt, und mag er noch so reich sein. Ein guter Christenmensch pflegte zu sagen:

> Was ich verausgabte, ist verloren,
> was ich besessen, hinterließ ich anderen,
> und es blieb, was andren ich gegeben.

Gewiß, es bleibt nicht nur die Gabe, es bleiben auch die schönen, gütigen und von Nächstenliebe erfüllten Worte. Was kann man denn von solchen sagen, die es nicht schert, was immer über sie gesagt würde nach ihrem Tod? Ohne jedes Fehlurteil kann man sagen, daß ihr Herz rauh war und in ihnen wenig Nächstenliebe. Wahr ist, nicht so sehr unsrer Selbst halber sollten wir darauf aus sein, gut und menschlich genannt zu werden, sondern nur Gott zuliebe. Und in der Schrift steht geschrieben: Sehen andere unsere Taten, mögen sie Gott dafür loben. Und wahrhaftig heißt es beim Heiligen Paulus, ihn kümmere es nicht, was immer die Leute, das heißt die bösen Zungen, die Undankbaren über ihn redeten. Und doch hat niemand mehr Veranlassung gegeben, ihm Gutes nachzusagen als dieser Heilige. Die Schrift besagt in der Tat: Wenn wir rechtschaffene Menschen nur sein wollen, um von den Menschen gepriesen zu werden, haben wir unseren Lohn damit empfangen, und der wird nur Schall und Rauch sein. Darum sei Gutes nicht nur des Guten

* *Tabea auferweckte:* Vgl. Apostelgeschichte 9,36-41

halber, sondern für Gott getan, und nicht um den leiblichen, sondern um den seelischen Nutzen. Wir wollen nach alldem sagen: Wird über einen rechtschaffenen Christenmenschen Gutes gesagt, kommt Gottes Segen über ihn, und er wird dessen Erbarmen erfahren nach seinem Tode. Wie geht es dir, meine Cousine?

167

Rodosto, 25. junii 1742

In der Zeit seit dem Tod des Kaisers haben sich gar große Dinge zugetragen; man wollte seine Tochter aller ihrer Güter berauben. Der Bayer wollte ihr Böhmen abjagen, führte auch Krieg darum, der ging jedoch schlecht aus für ihn. Der Preuße hinwiederum behauptete, ihn ginge Schlesien mehr an als das Haus Österreich, also griff er an und führte darum anderthalb Jahre lang Krieg, schließlich gewann er auch die Provinz, und die Königin von Ungern schloß mit dem Preußen Frieden in diesem Monat. Ich bin mir dessen gewiß, das Haus Österreich wird Schlesien nie vergessen, und der Friede wird irgendwann, dann aber bestimmt, platzen. Ob wir es erleben werden oder nicht, Gott der Herr weiß es. Ich weiß, daß ich meiner Cousine Gesundheit wünsche.

168

Rodosto, 15. octobris 1743

Nur aus dem Himmelreich kann man nicht abstürzen, obschon die bösen Engel abgestürzt sind von dort. Doch hier auf Erden mag einer noch so hoch hinauf gelangen, einmal muß er dann doch herab von dort, wie dies jüngst Ali Pascha widerfuhr, der keine anderthalb Jahre auf dem Rad sitzen konnte, und schon mußte er herunter. Er hat das Rad bereits zweimal erprobt. Es ist aber auch ein Glück für die Wesire, daß ein, zwei Sultane abgingen von der alten Sitte, abgesetzte Wesire zu erdrosseln. Welch großer Fall für einen Wesir, dem Wesirat zu entfallen, denn man kann wohl sagen, es ist ein königliches Amt. Er ist Herr des ganzen Imperiums, ihm obliegt sowohl das Kriegs- als auch das Gesetzwesen. Kurzum, die gesamte Verwaltung und jegliche Ämter hängen von ihm ab. Die Bezahlung der Wesire ist sehr gering, doch wer wüßte zu sagen, wieviel tausend Möglichkeiten zum Sammeln sie haben. Aber wenn in diesem Lande die hohen Beamten einziehen und nehmen, sich also bereichern, gereicht dies dem Sultan zum Nutzen, denn werden sie abgesetzt, müssen sie ihr Haupt um viele Beutel Geld erkaufen, und bringt man sie um, fallen all ihre Güter dem Sultan zu. Ein höheres Amt als das Wesirat gibt es in Europa nicht noch ein mächtigeres noch ein einträglicheres, aber auch kein vergänglicheres, denn der Betroffene weiß die Stunde nicht einmal, da er vom Rad gestoßen wird. Es ist schon viel, wenn einer zwei Jahre darin zubringt. Die Wesire können dem Heiligen Paulus getrost nachsprechen: Wir haben hier keine bleibende Stadt*. Die abgesetzten Wesire sehen Constantinopel nie wieder. Die Wahl für solch fürstliches Amt aber erfolgt nicht etwa immer aus der ersten Reihe der Edelleute, sondern wie es dem Sultan grad gefällt. Das Amt ist erreichbar für einen Barbier, einen Holzfäller, einen Metzger, einen Schiffer – aus all deren Reihen hat es Wesire gegeben. Unser neuer Wesir aber ist der oberste Janitscharen-Aga; wie lange er diese Würde innehaben wird, weiß er selber nicht. Ich freilich weiß, daß ich meiner Cousine Gesundheit wünsche.

* *keine bleibende Stadt:* Siehe Brief an die Hebräer 13,14

169

Rodosto, 15. augusti 1746

Unsere größte Neuigkeit hier ist, daß der Wesir abgesetzt wurde und sein Kâhya, Mehmet Pascha, an dessen Stelle gerückt ist. Dieser ist bereits der 14. Wesir, seit wir Herren sind in diesem Lande. Ich sagte: Herren sind, weil Gott der Allerheiligste sich unsrer sehr annahm und wir weder von Übeln noch Nöten zu berichten wissen. Freilich, daß wir so lebten als die Fische im Wasser, kann ich nicht sagen, weil sie ja wohl nicht verdursten. Hier aber ist unser Wasser schon rar, und die Quellen sind ausgetrocknet. Verwunderlich ist es nicht, haben wir doch seit sechs Monaten keinen ordentlichen Regen gesehen, Umhänge brauchen wir da nicht. Erstaunlich aber ist, daß alles reichlich Früchte gebracht hat, selbst Wein wird es ausreichend geben. Anderwärts hätte solche Trockenheit Hunger im Gefolge, aber hier wächst alles dennoch reichlich, es scheint, selbst das Ackerland hat sich an die Trockenheit gewöhnt, wie denn der Sommer hier schon gewöhnlich recht trocken ist, und wenn es nur im Frühjahr einigermaßen regnet, gibt es hernach alles zur Genüge. Falls es hier so viel regnete wie andernorts, wäre der Wein nachher arg verknappt, denn die Reben werden hier nicht hochgebunden an Pflöcken, und so würden die Trauben alle verfaulen, was man hier sehr fürchtet, sobald es bloß zwei Tage regnet. Die Bräuche sind in jedem Land anders, weil auch die Natur es jeweils anders hält mit dem Brauch; würde man hier die Reben hochpflocken, vertrockneten all die Beeren. Mich dünkt, vom Wirtschaften hat nun genug geredet einer, der kein Fußbreit Land besitzt. Ich verbleibe, herzliebste Cousine.

170

Rodosto, 15. septembris 1747

Wozu sich ein langes Leben wünschen, ist doch Methusalem gestorben, und wozu sich nach hohen Ämtern sehnen, ist doch Wesir Mehmet abgesetzt worden letzten Monat. Wollten wir nach jedem abgesetzten Wesir eine Predigt verfassen über den Wandel und die Unbeständigkeit des Lebens und des Glücks, fänden wir nimmer ein Ende, also wollen wir künftig von abgesetzten Wesiren nur sagen: Gebt Rechenschaft über euer Wirtschaften. Wesir geworden aber ist Abdullah Pascha.

Anfang dieses Monats ist Marquis Desalleurs in Constantinopel eingetroffen, um den Posten des Gesandten einzunehmen bei der Pforte. Seine Gemahlin ist Polin, aus der Familie Lubomirski; dieser französische Edelmann ist von Paris nach Sachsen und von dort über Polen in die Türkei gekommen.

Unter den Christen ist groß' Kriegsgeschehen im Gange; der Türke hält Frieden. Gott gewähr' uns seinen Seelenfrieden.

171

Rodosto, 15. aprilis 1748

Nunmehr fanden auch die Christen hin zum Frieden. Anfang dieses Monats kam es zum Friedensschluß zwischen der Königin von Ungern und dem französischen König; in ebendem Frieden hat die Königin von Ungern zwei oder drei Provinzen in Italien Don Felipe* überlassen. Möge es ein lange währender Friede sein; aber es wird sich zwischen den Königen ja doch irgendein Streit erheben, der dann

* *Don Felipe:* Philipp, jüngerer Sohn des span. Königs Philipp V., erhielt im Aachener Frieden die Herzogtümer Parma, Piacenza und Guastalla

mit Geschützanwälten ausgetragen werden wird. Wir hier leben in Ruhe, der Sultan mag die Friedsamkeit, mit seinen Nachbarn steht er sich gut, das Volk liebt ihn. Wird aber einer aufsässig und juckt ihm das Fell, den schickt er alsbald ins Land der Fische, aber kopflos. Die türkischen Herren jedoch treibt nicht die Vaterlandsliebe, sich aufzulehnen, sondern nur die unbändige Gier. Wenn die Janitscharen sich erheben, werden sie mit Geld sogleich zur Ruhe gebracht. Dieser Sultan ließ einen Kızlar Ağası* enthaupten, der einem Fürsten ziemende Schätze besaß und den trotzdem der Hafer stach und der irgend etwas gegen den Sultan einzurühren begann. Glücklichere Leute als die Kızlar Ağası kann es gar nicht geben auf der Welt: Sie sind beim Sultan stets vorgelassen, denn sie hüten dessen Frauen, sie sammeln so viel Schätze, wie sie nur wollen, obschon wozu, wo sie ja Kinder nicht haben können und keiner Ehefrau bedürfen, hat man sie doch dessen, woher das Bedürfnis kommen könnte, mit einem Messerschnitt entledigt.

172

Rodosto, 20. maji 1748

Liebste Cousine, ich seh, du bist es schon müde, in meinen Briefen nur von Regen, Kälte und Hitze zu lesen, du hättest vielmehr den Wunsch, daß ich etwas über den türkischen Hof, von den Bräuchen dort, von der dortigen Verwaltung und Ordnung schriebe. Gut und schön, aber so gesehen müßte ich nicht Briefe, sondern ein Buch schreiben. Ich seh schon, mit der Zeit werden selbst die Frauen gescheit; und da wollen wir die Männer gleich noch dazunehmen, die ha-

* *Kızlar Ağası:* Oberhaupt der Eunuchen im Harem

ben es ebenfalls nötig, daß die Zeit ihr Meister sei. Früher hatten wir nur die Kurzweil im Sinn, und nun wollen wir wissen, was im Reich Brauch sei. Welch ein Wandel? Liebste Cousine, auch darin muß ich gehorchen und Eurem Wunsche nachkommen, soweit ich es vermag*.

Zuerst schick ich voraus: Man kann gar nicht genug staunen darüber, daß dieses große Reich so lange aufrechterhalten wurde, und man kann nicht umhin, seinen Zuwachs durch Waffen mehr Gottes Fügung zuzuschreiben als seiner Verwaltung nach Türkenart, oder etwa der Klugheit derer, die es verwalten. Anders ist es gar nicht erdenklich, wenn wir die allumfassende Macht des Sultans betrachten, welcher häufig bar ist sowohl der Klugheit als auch der guten Sitten, und dessen Sagen und Tun, auch im Falle geringer Klugheit, Gesetz und Vorbild sind. Bei der Pforte ist es nicht die Herkunft aus großem Geschlecht noch irgendein Verdienst, vielmehr das Wohlwollen des Sultans, aufgrund dessen jemand in hohe Würden erhoben wird. Welches nun ist das Heilmittel solchen Unwesens? Die harte Strafe; wer gegen das Reich etwas unternimmt, wird kurzerhand getötet; und dies hält die Paschas im Zaum. Härte und Gewalt gehören zur Natur der Türken. Die Anfänge ihrer Art der Verwaltung sind kriegerisch, und daran hat sich nichts geändert; es ist in allem zu ihrer Natur geworden, so zu sein wie ein Sklave. In diesem großen Reich ist es notwendig, gleich in den Anfängen zu verhüten, daß einer etwas anzettele gegen das Reich, ja allein schon der Verdacht hat die Tötung zur Folge. – Jetzt reicht es, ein andermal mehr oder weniger. Wünschst du etwa, Cousine, daß ich die Historie des Rei-

* *soweit ich es vermag:* Die Beschreibungen in den folgenden Briefen (bis Nr. 192) fußen auf dem Anhang zu dem Werk: Histoire de l'Empire Ottoman, La Haye 1709

ches schriebe. Nichtsdestotrotz gute Gesundheit! Gute Nacht! Wer hat schon so etwas gesehen, viel zu schreiben im Mai!

173

Rodosto, 26. julii 1748

Wie steht's, wie geht's, Cousine? Unsere Wasserpost verbleibt recht lange unterwegs. Du schreibst, Cousine, du hättest meinen Brief über die Pforte wohlgefällig gelesen, und ich solle nur fortfahren, denn es wär dir willkommen. Ich aber trachtete immer danach, daß man daran Wohlgefallen finde; also geh ich an die herrschaftliche Fron nicht, vielmehr daran, den Herrinnenwünschen zu frönen.

Ihr wißt wohl, Cousine, daß die Türken all die großen und reichen Provinzen in Europa, Asien und Afrika mit Waffengewalt gewonnen haben; deren uneingeschränkter Herr für alle Zeiten ist der Sultan, ausgenommen die priesterlichen und zu den Moscheen gehörigen Güter, sind doch Güter auch in der Türkei beliebt bei Klerikern.

Da also der Urerbe von Grund und Boden der Sultan ist, hat er die eroberten Provinzen noch gleich in den Anfängen unter seinen Helden aufgeteilt, um sie für ihre gute Haltung zu belohnen. Diese Pfründe nun hießen Timar, es sind aber nicht unsere ungarischen Gerber*. Diejenigen, die solche Pfründe innehaben, sind verpflichtet, eine bestimmte Zahl von Reitern zu des Sultans Diensten bereitzuhalten. Wohlweislich sind diese Güter, wiewohl sie erblich sind, eine Art von Besitz, als wär's zur Pacht, denn der Sultan kann sie ihnen wegnehmen, wann er will. Im Hinblick auf solche allumfassende Macht des Sultans bezeichnen ihn die Türken

* *Gerber:* Bedeutung des ungar. Wortes tímár

als Gott auf Erden, oder Gottes Schatten, und darum halten die Gesetzesdoktoren dafür, daß er über dem Gesetz stehe. Nun gut, in gewissen Angelegenheiten holt der Sultan das Gutachten des Muftis ein, doch fällt dieses nicht so aus, wie er möchte, enthebt er ihn ohn' Erbarmen des Mufti-Amtes und setzt einen ein, der ihm besser um den Bart zu gehen versteht. Auch meinen die Türken, der Sultan könne seine Gelöbnisse und Zusagen widerrufen, sobald sie seine uneingeschränkte Macht verletzen oder beeinträchtigen. Wenn er zum Sultan gemacht wird, schwört und gelobt er zwar, die türkische Religion und Mohammeds Gesetze zu wahren, doch dasselbe Gesetz nennt ihn Mund und Ausleger des Gesetzes. Allerdings bestimmen die Rechtsgelehrten die Macht des Sultans in Sachen der Religion, sie belassen ihn jedoch in seiner Machtfülle in Reichssachen. Nunmehr hab ich genug geschrieben, kein Krimtatare hieße seinen Sklaven bei solcher Hitze mehr schreiben.

174

Rodosto, 26. octobris 1748

Wir haben hier, herzliebste Cousine, eine reiche Weinernte; ich werde sogar Wermutwein machen. Die Trauben sind so billig, daß man für einen Heller drei Okka* bekommt von diesen herrlich schönen süßen Weintrauben, das macht neun Pfund. Wenn die Trauben billig sind, bedenke man, auch an Arbeit kosten sie nicht so viel als wie die Feldfrüchte. Nehmen wir ein Beispiel: Die Baumwolle pflückt man in diesem Monat, auf demselben Stück Land folgt im Dezember die Aussaat, umgeackert mit einem armseligen Pflug und zwei Ochsen, und im Juni erntet man einen Wei-

* *Okka:* Türk. Gewichtseinheit, entspricht 1282 Gramm

zen wie Schilfrohr. – Jetzt hatte ich ganz vergessen, daß ich Herrinnenwünschen zu frönen habe.

Von den guten Sitten, also den Tugenden, schätzen die Türken den Gehorsam am höchsten, und am ehesten dazu werden diejenigen erzogen, die, am Hofe des Sultans geschult, für höhere Ämter und Würden bestimmt sind. Ebenso werden solche, die den Tod auf des Sultans Geheiß folgsam hinnehmen, als Märtyrer angesehen, die sogleich auf direktem Postwege ins Paradies einkehren. Aus demselben Grund erhalten alle, die beamtet sind, den Beinamen Kul, und das heißt: des Sultans Sklave. Ja selbst der Großwesir erachtet es als eine sehr hohe Ehre, sich diesen Namen zu geben. Es läßt sich sogar sagen: Das ganze Reich besteht nur aus Sklaven. Jünglinge, die am Hofe erzogen werden, bleiben dort 20, 30, ja 40 Jahre lang eingesperrt gleichwie in einem Kerker. Die Mütter der Paschas sind meistens Sklavinnen gewesen, und die Sultane sind allzeit Abkömmlinge von Sklavinnen; daher kommt es, daß die Türken zu Sklavendiensten so sehr neigen. – Mehr schreib ich nicht, denn gestern gab es eine große Verfinsterung der Sonne, wir sahen sogar Sterne.

175

Rodosto, 19. novembris 1748

Dieser Brief wird davon handeln, auf welche Weise die jungen Leute am Hofe des Sultans erzogen werden. Bei den Türken meint man nämlich, dem Sultan sollten solche Leute dienen, die ihre Erziehung und Verköstigung von ihm empfangen haben, und so sind es Knaben überwiegend von christlichen Vätern und Müttern. Sie sind für die höheren Ämter und Würden berufen, und sie heißen bei den Türken Içoğlanı. Diese Jünglinge aber müssen sehr schön und von schönem Wuchs, ohne jeglichen körperlichen Makel sein, denn die Türken meinen, einem schönen Körper könne keine gemeine und sudelige Seele innewohnen. Vor ihrer Aufnahme werden sie dem Sultan vorgestellt, der sie dann in die dazu bestimmten Schulen einweist. Zuerst werden ihre Namen in ein Buch eingetragen, ebenso wie alt sie sind und woher sie kommen, und danach steht ihnen eine Löhnung zu, die vier oder fünf Asper* je Tag beträgt. Die Knaben sind einem großen, oder einem kleinen Schulhaus zugeteilt; im großen sind es gewöhnlich 400 und im kleinen 200. Sie werden mit sehr großer Aufmerksamkeit und Strenge erzogen; die Lehrer unterrichten sie in Religion sowie in türkischer, persischer und arabischer Sprache. Für ihre Aufsicht trägt das Oberhaupt der weißen Eunuchen Sorge. Kleidung und Kost betreffend sind sie anständig versorgt; ihre Betten sind reihenweise aufgestellt, und zwischen ihnen liegt nach jedem fünften Bett ein Eunuch, damit keinerlei Unwesen geschehe unter ihnen. Wenn sie aus dem Kindesalter heraus sind, werden sie zu Übungen angehalten, die Kraft erfordern: Sie werfen Spieße und Lanzen, lernen mit Pfeil und Bogen umgehen und eignen sich handwerkliche Fertigkeiten an wie die Herstellung von Pfeilen und Sattelzeug, außerdem üben sie sich in Musik sowie in der Zucht von Hunden und Vögeln. Aus diesen Schulen werden sie in höheren Ämtern eingesetzt wie etwa beim Waschen der Hemden des Sultans oder in seiner Versorgung mit teuren Getränken. Es erhöht sich auch ihre Löhnung, acht Asper stehen ihnen je Tag zu. Aus den beiden Schulhäusern steigen sie in ein Haus höheren Ranges auf, welches Has Oda** heißt, in dem vierzig Pagen wohnen, die sich ständig beim Sultan aufhalten.

* *Asper:* Türk. akçe, Silbermünze ** *Has Oda:* Persönliche Wohn- und Amtsräume des Sultans im Palast

Zwölf von ihnen bekleiden die hohen Hofämter, die da sind: der Silahtar Aga, des Sultans Zeugmeister; der Ricâbdar Aga, sein Steigbügelhalter; der Ibriktar Aga, des Sultans Wasserträger; der Tülbenddar Aga, der des Sultans Turban schmückt; der Kem Husar Aga, der seine Kleidung und Weißwäsche pflegt; der Çaşnigir Başı ist das Oberhaupt der Speisenvorkoster; der Zağarcı Başı, verantwortlich für die Hundemeute; der Tırnakçı Başı, des Sultans Nägelbeschneider; der Barber Başı, des Sultans Erster Barbier; der Muhasebeci Başı, sein Spesenaufseher; der Tezkereci Başı, des Sultans Sekretär. – Heut' mehr nicht.

176

Rodosto, 15. februarii 1749

Heute schreib ich über die Halbmänner, das heißt über die Eunuchen; der Sultan hat zweierlei Eunuchen, weiße und schwarze. Die obersten Amtsträger am inneren Hof des Sultans sind immer häufiger Eunuchen; der Erste Priester des Sultans und die Priester seiner, das heißt der großherrlichen Moscheen sind Eunuchen.

Die schwarzen Eunuchen sind den Frauen zum Dienste bestimmt. Es sind gänzlich Kastrierte; häßlichere und abscheulichere als diese gibt es nicht zu sehen. Ihr Oberster ist der Kızlar Ağası.

Ich denke, hier können wir auf die Mädchen am Hofe des Sultans zu sprechen kommen. Es sind sämtlich Sklavenmädchen aus unterschiedlichen Ländern, von denen man die Schönsten ausgesucht hat. Sie sind zwei Häusern zugeteilt, gleichwie die Pagen. Ihre Beschäftigung ist das Nähen. Jedes Mädchen hat sein gesondertes Bett, und zwischen ihnen liegt nach jedem fünften Bett eine gar achtsame alte Frau. Die Mädchen werden in Musik und Tanz unterrichtet. Die

Mutter des Sultans holt sich aus ihren Reihen, welche sie grad möchte. Die alte Frau, die denen vorsteht, heißt Kadınlar Kâhyası, oder: Mutter der Mädchen.

Will der Sultan sich eine aussuchen, werden sie in einer Reihe aufgestellt, und der, die ihm gefällt, wirft er sein Taschentuch zu, die wird dann mit Pomp zum Sultan gebracht. Wenn sie zu ihrem Glück als Erstgeborenes einen Sohn bekommt, wird sie gekrönt, und sie trägt den Titel Hasseki Sultan. Die anderen tragen diesen Titel, selbst wenn sie Söhne gebären, nicht.

Nach des Sultans Tod können diejenigen, welche Töchter geboren haben, den Hof verlassen, aber die Mütter von Söhnen werden lebenslang eingesperrt, es sei denn, ihr Sohn würde Sultan. Aus alldem ist ersichtlich, daß der innere Hof des Sultans einer Schule gleicht, in der auf strenge Ordnung gehalten wird. Hernach wird vom äußeren Hof des Sultans die Rede sein.

177

Rodosto, 21. junii 1749

Machen wir uns an den Herrinnenfrondienst, und beginnen wir beim Großwesir, den die Türken Vezir-i Azam* nennen, das heißt Oberhaupt des Reichsrates. Der Sultan legt fast seine ganze Macht in seine Hände nieder, indem er ihm sein großes Petschaft, in welches sein Name eingraviert ist, zu treuen Händen übergibt. Dieses Amt wurde von Murat I. eingeführt. Es gibt noch weitere sechs Diwan-Wesire, die im Diwan einen Rat freilich nur dann geben können, wenn der Großwesir von ihnen einen haben will.

* *Vezir-i Azam:* Als Oberhaupt des Reichsrats (Diwan) höchster Amts- und Würdenträger in der Staatsverwaltung; die Ratsmitglieder: Diwan- oder Kuppelwesire

Der Hof des Wesirs ist ein fürstlicher. Bei den großen Zeremonien trägt er auf seinem dreieckigen Çalma oder Turban zwei Federn, der Sultan drei. Dem Wesir werden drei Pferdeschweife vorangetragen, eine Ehre, die nur drei Paschas im ganzen Reich zuteil wird. Da er den Sultan repräsentiert, kann jedermann seine Streitfälle ihm unterbreiten; viermal die Woche hält er einen Diwan am Hofe des Sultans ab und zweimal bei sich im Hause. Mag der Wesir noch so mächtig sein, einen Pascha kann er ohne den handschriftlichen Befehl des Sultans nicht töten lassen, ja nicht einmal einen Janitscharen, ohne daß dessen oberster Offizier davon weiß; allerdings muß jegliches Ersuchen durch seine Hände gehen. Wenn es vorkommt, daß jemandem großes Unrecht angetan wird, an welchem auch der Wesir beteiligt ist, dann darf man den Sultan anrufen, indem man sich Feuer aufs Haupt pflanzt und so den Hof des Sultans aufsucht, um Gerechtigkeit zu erflehen.

Das Jahressalär des Wesirs beträgt lediglich zwanzigtausend Taler, aber die Geschenke der Paschas aus allen Provinzen und das viele Geld von all denen, deren Angelegenheiten bei der Pforte verhandelt werden, ergeben eine ungeheure Summe, die der Sultan unsichtbar macht, da dieser Schatz am Ende noch seiner Truhe zufließen wird.

Es gibt nach dem Wesir noch andere hohe Ämter und Würden, als wie die der Beglerbegs, welche die Provinzen regieren. Diese haben Standarten mit ebenfalls drei Pferdeschweifen, und sie sind Herr sowohl der Kriegs- als auch der Gesetzesdinge. An erster Stelle steht der Beglerbeg von Anatolien, ihm stehen eine Million Asper zu im Jahr. Insgesamt gibt es zweiundzwanzig Beglerbegs. Jeder dieser hohen Gouverneure hat seinen Mufti, seinen Reis Efendi oder Cancellarius und seinen Defterdar oder Schatzmeister.

Und über die Woiwoden der Walachei und der Moldau sollen wir etwa nichts sagen? Der erste und ärmere von beiden ist der Moldauer; er entrichtet dem Sultan sechzigtausend Taler, und die vielen Geschenke dahin und dorthin machen noch einmal so viel. Der in der Walachei zahlt einhundertdreißigtausend Taler. Früher sind die Türken so einfältig gewesen, daß sie die Tributgelder selber abholten. Und da gab es walachische Woiwoden, die den Türken nachstellten und in Diebesgestalt sich die Gelder zurückholten. Ein-, zweimal ließ der Türke es geschehen, dann aber gingen ihm die Augen auf, und nunmehr schaffen die Leute des Woiwoden die Steuergelder nach Constantinopel, und falls sie's verlieren, ist es nicht des Sultans Schaden.

178

Rodosto, 21. octobris 1749

Hier braucht kaum befürchtet zu werden, daß Gouverneure in weitab gelegenen Provinzen den Gehorsam aufkündigen und sich zu freien Edelleuten erklären, es wird nämlich sehr darauf geachtet, daß zu Gouverneuren solche gemacht werden, die am großherrlichen Hofe aufgewachsen sind, weder Vater noch Mutter noch sonst irgendwelche Sippschaft kennen und, da sie keinerlei Hoffnung auf irgendwelche Stützen haben, außerstande sind, etwas anzuzetteln gegen den Sultan.

Der Sultan läßt nicht zu, daß des Vaters Reichtum auf den Sohn übergehe; die Hinterlassenschaft eines jeden Paschas gehört dem Sultan, und er gibt dessen Kindern so viel, als für deren Lebensunterhalt ausreicht.

Mißfällt dem Sultan die große Machtfülle und der Reichtum eines Paschas, dann gibt er ihm seine Schwester oder sonstige Anverwandte zur Gemahlin. Zur Verlobung hat der dann eine große Summe Geldes hinzulegen und noch vor der Heirat teure Geschenke zu machen, nach der Eheschließung aber muß er ihr ein Leben in großem Glanz bereiten, und zwar solchermaßen, daß seine Gemahlin die Truhen, und mag sein Schatz noch so groß sein, leer kriegt. Und dabei kann er mit ihr nicht einmal zusammenleben, weil Anverwandte des Sultans aus Constantinopel nie fortgebracht werden, der Pascha selbst aber am Gouverneurssitz wohnen muß. Auf alte Familien wird hier keinerlei Rücksicht genommen, und ein Pascha, der eine Frau großherrlichen Geblüts ehelicht, muß seine zuvor geehelichte Gattin entlassen, und mag es ihm noch so schwer fallen. Da er nun aber mit seiner neuen Gemahlin auch nicht zusammenleben kann, schenkt ihm seine Gattin als Delikatesse ein, zwei Sklavinnen. Eine ziemlich reiche Weinernte gibt es auch bei uns als Delikatesse.

179

Rodosto, 16. januarii 1750

Dieses Jubeljahr, herzliebste Cousine, ist ein heiliges Jahr, könnten wir doch in die Kirche St. Petri gehen, aber wir können es nicht, also beten wir hier zu Gott, von dem es heißt: Groß ist mein Name allüberall, und allüberall wird geopfert meinem Namen*. Es ist etliche Tage bereits her, daß der Wesir abgesetzt und an seine Stelle sein Stellvertreter, der Kâhya Bey, berufen wurde; dieser heißt Mehmet Pascha.

Nun aber hab ich über die türkische Religion zu schreiben und zu sagen: Unter allen Irrglauben ist Mohammeds Religion die gefährlichste, weil sie einmal der Empfindlichkeit

* *meinem Namen:* Sinngemäß nach Psalm 112-113

am weitesten entgegenkommt und zum anderen in einigen Punkten übereinstimmt mit dem Christentum. Mohammed gründete die Religion auf die Bekanntheit des wirklichen und allmächtigen Gottes, der die Welt erschaffen hat, sowie auf die Nächstenliebe, auf die körperliche Reinheit und auf ein Leben in Ruhe und Stille. Die türkische Religion untersagt hart den Götzendienst.

Mohammed ist im Jahr 570 unter den Arabern im Heidentum geboren. Er war mit natürlichem Verstand begabt. Es heißt, ein Mönch mit Namen Sergius Nestorianus*, der aus Constantinopel geflüchtet war, habe ihn vom Heidentum abgebracht. Im Koran erweist sich, daß die beiden Männer das, was in dieser Religion am besten ist, der Heiligen Schrift entnahmen. Aber sintemal es zu damaliger Zeit in Arabien viel mehr Juden gab als Christen, nahmen sie auch nicht so viele Bräuche aus dem Neuen als vielmehr aus dem Alten Testament, im Hinblick darauf, daß sie die Juden für ihre Religion gewinnen könnten, zugleich sich jedoch auch von den Christen nicht völlig absetzten. Hätte Mohammed nicht die Narretei begangen, daß man ihn für einen von Gott entsandten Menschen halte, hätte sich seine Religion von derjenigen der Sozinianer** kaum unterschieden. Aber er wollte etwas ganz außergewöhnlich Großes vollbringen und die anderen glauben machen, er stehe im Bündnis mit höheren Wesen, aber da er weder ein Abgesandter war noch mit der Gabe eines Wundertäters ausgestattet, war er gezwungen, sich eine Religion zu stiften und zur Klugheit, zur weltlichen Wissenschaft und zur Listigkeit die von seinen großen Fallsüchten verursachten Verzückungen noch

* *Sergius Nestorianus:* Anhänger des Nestorius (gest. 450), der die Trennung der göttlichen und menschlichen Person in Jesu Christo lehrte ** *Sozinianer:* Leugner der Heiligen Dreifaltigkeit

hinzuzufügen. Schließlich hat alldies das Volk doch glauben gemacht, daß er viel höher stehe als die anderen Menschen, und daß er Belehrungen vom Himmel empfange. Seine Gemahlin Fatima und seine Anhänger riefen aus vollem Halse, er sei der Künder und Ausleger des Willens des Herrn und auf diese Welt nur gekommen, um die Gebote des Herrn zu verkünden. Die Taube, die über seinem Haupt zu flattern angehalten war, hob sein Ansehen vor dem Volk nicht wenig, weil man meinte, der Vogel wäre der Engel Gabriel, der dem Abgesandten ins Ohr flüstere. – Hier unterbreche ich, ein andermal mehr.

180

Rodosto, 15. maji 1750

Wer würde sich nicht freuen über die schönen Tage im Mai. Doch ist gewiß der Mai hier nicht so willkommen als anderweitig, denn belaubte Bäume sehen wir so gut wie den ganzen Winter über und Grünzeug jederzeit, ja noch im Mai beginnen bereits die Trockenzeiten, das Gras fängt an zu welken, und an den Bäumen grünt's und blüht's schon Anfang April.

Aber hier heißt's jetzt nicht von der Wirtschaft reden, sondern von Mohammed, der sich, um die Heiden nicht abzuschrecken, weder als Jude noch als Christ erweisen wollte. Um jedoch sowohl den Juden als auch den Christen gefällig sein zu können, entnahm er der Religion beider gewisse Teilchen und stückelte sie in die seine; er lehrte, der Herr habe den Menschen dreierlei geschriebene Gesetze erlassen, in deren jedem man selig werden könne, denn jedes bestimmt, an Gott den Einen, Schöpfer und Gebieter aller Menschen, zu glauben. Das erste Gesetz war das von Moses, dieses allerdings konnten, sintemal es gar schwer war, nur sehr wenige gut erfüllen. Das zweite Gesetz ist das Christi, welches, wiewohl voller Gnaden, einzuhalten noch weit schwieriger, weil der verderbten Natur sehr entgegengesetzt ist. Aus diesen Gründen sprach er: Der Herr hat euch, da er voller Erbarmen ist, durch mich ein Gesetz geschickt, das leicht und eurer Schwachheit gemäß ist, so daß ihr, wenn ihr es in Gänze befolgt, allesamt glückselig werden könnt sowohl im Dies- als auch im Jenseits (ein sehr großes Versprechen). Das Buch des Koran ist ein Buch, in welchem es unter den guten Teilen auch viel Kindisches und Unnützes gibt. Wie es auch sei, es ist dennoch ein Buch, welches sowohl das geistliche als auch das Stadtgesetz beinhaltet und den Türken alles das unterbreitet, was es zu glauben und zu befolgen gilt. Sie würden nicht wagen, es aufzuschlagen, ohne es sich zuvor aufs Haupt gelegt zu haben, was bei ihnen das Zeichen höchster Ehrfurcht ist. Sie lesen es mit großem Eifer dem Gebot gemäß, wo es da heißt: Übet euch häufig im Lesen jenes Buches, das euch geschickt ward, und flehet immerzu, denn das Gebet hält ab vom Frevel. Man glaubt, wer das Buch so oft als möglich liest, könne dementsprechend schon darauf zählen, das Paradies zu gewinnen. Man nennt es das Hauptbuch. Die Türkenreligion hat sich dreigeteilt: Die Araber halten es mit der Religion am abergläubigsten, sie folgen der Richtung von Abu Bekr; die Richtung in Persien, die Ali folgt, ist reiner; die Türken aber halten zu Omar. Sie erachten die jeweils anderen für Ketzer, und diese sind bei ihnen verpönt. Bei mir indessen ist, der einen längeren Brief nicht schreiben mag, mitnichten verpönt, ja ich sag sogar, seinethalben, er ist ein rechtschaffener Mensch.

181

Rodosto, 16. septembris 1750

Es ist ja doch schön, in solch einer ländlichen Stadt zu wohnen, wie es die unsere ist; man geht hinaus in die Feldflur, wenn man grad will. Die großen umfriedeten Städte sind wie Kerker. Jetzt in den Gärten zu essen ist etwas Herrliches, das viele Obst dort, wiewohl nicht vielerlei, denn es sind schlechte Gärtner, sie verstehen nichts vom Pfropfen. Birnen, Äpfel, Pflaumen gibt es nicht, sondern nur die vielen Pfirsiche und zwei oder drei Sorten Melonen in Unmengen, zumal jetzt die Herbstmelonen, die bis in den Dezember hinein vorhalten. Herbstmelonen wie hier gibt es nirgendwo sonst, sie sind den Gurken sehr ähnlich, erst recht, wenn sie unreif sind. Aber ein lieblicheres Obst essen als diese Melonen kann man gar nicht; äußerlich mögen sie dem Auge nicht gefallen, werden sie jedoch angeschnitten, dann um so mehr. Das Innere ist völlig grün, doch wer's verkostet, ißt davon mit Hochgenuß, denn es zergeht im Mund der Mädchen und ist so süß, als wär's in Rohrzucker gesotten. – Nun aber ran an die Herrinnenfron.

Die Türken haben eine bestimmte Glaubensrichtung, die besagt, daß es nur einen Gott gibt, und daß Mohammed sein Abgesandter und Prophet ist. Und was das Gebot im Gesetz betrifft, besteht es bei den Türken aus fünf Teilen: 1. Fünfmal am Tag soll gebetet werden. 2. Der Ramazan ist die Zeit des Fastens. 3. Almosen müssen entrichtet und Barmherzigkeit geübt werden. 4. Nach Möglichkeit ist eine Pilgerfahrt nach Mekka zu unternehmen. 5. Keinerlei Unreinheit am Körper ist zu dulden. Diesen werden noch weitere vier Gebote hinzugefügt, deren Erfüllung jedoch nicht unabdingbar ist für das Seelenheil. Es sind die Gebote: 1. den Freitag zu begehen, 2. sich beschneiden zu lassen, 3. keinen

Wein zu trinken, 4. kein Schweinefleisch zu essen noch das Fleisch von Tieren sonst, die vorher nicht ausgeblutet sind.

Die Türken ehren den Freitag und haben an dem Tag zur Mittagszeit in die Moschee zu gehen; den Frauen wird der Moscheenbesuch erlassen, damit die Männer hingebungsvoller ihr Gebet verrichten können. Der türkische Händler öffnet an dem Tag seinen Laden bis Mittag nicht, ja ein frommer Türke würde auch das Haus eines Christen nicht betreten, wie das mir passiert ist.

Das öffentliche Wohl veranlaßte den Gesetzesstifter, seinen Jüngern das Weintrinken zu untersagen. Hütet euch, so sprach er, vor dem Wein sowie den Würfel- und Schachspielen, denn die sind vom Teufel erfunden, um Haß und Zank unter den Menschen zu schüren, sie abzuhalten vom Gebet und sie daran zu hindern, daß sie Gottes Namen zu Hilfe rufen. Uns indes hindert kein Teufel daran, dem Herrn Dank zu sagen dafür, daß wir von der Pest heuer nicht einen Muckser vernommen haben. So bleibe es.

182

Rodosto, 14. februarii 1751

Herzliebste Cousine, mich freut es sehr, daß ich über Sitte und Religion der Türken bis jetzt Euch zum Wohlgefallen geschrieben habe und wünsche mir, daß es auch künftig so sei. Aber erst muß ich Euch noch schreiben, daß es mit dem Wetter hier sehr durcheinander geht, uns allerdings zum Nutzen, denn zur Faschingszeit bringt man uns jetzt die vielen Trappen, tot und lebendig, die bei Eisregen gefangen werden. Der Türke ist auf Trappenfleisch nicht erpicht, und wir haben es schon über. Die Trappe ist ein fürchterlich dickköpfiges und stures Tier, es stirbt lieber Hungers, als daß es frißt, die Jungen jedoch kann man aufziehen. – Es ist Zeit, an die Herrinnenfron zu gehen.

Den Mufti sehen die Türken als Haupt und Orakel ihrer Religion und ihres Gesetzes an. Seine Wahl liegt ganz beim Sultan, der für dieses Amt einen klugen, vernünftigen und gerechten Mann aussucht. Zwar gelten dessen Dekrete und Entscheidungen für die Kadis als Gesetz, den Sultan jedoch verpflichten sie zu nichts. Nichtsdestotrotz ist seine Macht so groß, daß der Sultan ihm in nichts widerspricht noch seinen Schiedssprüchen sich widersetzt, welche lediglich aus wenigen Worten bestehen und welchen er zum Schluß hinzufügt: Gott weiß, was besser ist. Fragt der Sultan den Mufti um Rat in Reichsangelegenheiten, oder den Tod eines Paschas, oder Frieden und Krieg betreffend, und es ergibt sich, daß der Hohepriester anders denkt über alles dies als der Sultan, dann wird er ohne jegliches Zögern abgesetzt, und es wird ein Hohepriester berufen, der sich befleißige, solche Gedanken zu haben gleichwie der Sultan.

Wenn der Sultan dem Mufti schreibt, tituliert er ihn folgendermaßen: Eurer Glückseligkeit, dem Weisesten aller Weisen, in allem Wissen am höchsten dahinschreitend von allen, die auf Höhen schreiten; der Du Dich aller nicht erlaubten Dinge enthältst, Ursprung bist der guten Sitten und des wahren Wissens, Erbe der prophetischen und der apostolischen Lehre, der Du den Glaubenssatz deutest und dessen wahren Sinn offenbarst, Du bist der Schlüssel zum Schatz der Wahrheit, Du hellst das Dunkel in einer Deutung auf, Du bist gestärkt durch die Gnade des höchsten Lenkers und Gesetzgebers der Menschenheit, gebe der große Gott, wohlgesittet fortzudauern unaufhörlich.

Der Sultan schickt dem Mufti, sobald dieser gewählt ist, ein Edelmarder-Wams und eintausend Taler, als Gold in einem

Tüchlein, sodann weist er für ihn 2000 Asper je Tag an. Ein Heller macht drei Asper, und das beläuft sich dann auf etwa 16 Taler und 30 Heller. Es gibt großherrliche Moscheen, nach deren Gütern er fünfzigtausend Taler beziehen kann.

Nach dem Mufti kommen die beiden Kadıleşker, der eine für den europäischen, der andere für den asiatischen Teil des Reiches. Ihnen können jegliche Gesetzesdinge vorgelegt werden, und sie können in allen Angelegenheiten Urteile fällen. Aus diesem Amt steigen sie zur Mufti-Würde auf.

Es folgt das Amt des Molla, dem je Tag 500 Asper zustehen. Er ist über die Kadi und Richter in einer gesamten Provinz bevollmächtigt. Ein Molla kann Mufti werden. Die Molla und die Kadi werden als Kirchenmänner angesehen, denn bei den Türken ist das Religionsgesetz von dem der Städte nicht getrennt.

Die Imame oder Geistlichen sind den Parochialpriestern ähnlich und müssen untadelig sein und den Koran gut lesen können. Sie dienen zuvor im Amt derer, die das Volk vom Turm zum Gebet rufen. Erforderlich ist aber auch, daß sich das Volk beim Großwesir jeweils für den Imam ausspreche, ohne Geheiß des Wesirs kann er das Amt nicht bekleiden. Irgendeiner anderen geistlichen Besiegelung bedarf es nicht; kein Mufti kann ihnen gebieten, jeder ist frei in seiner Parochie, dem Stadtrichter allerdings unterstehen sie.

Die Emire können zu den Klerikern gezählt werden, kommen sie doch aus Mohammeds Familie und tragen, um sich von den anderen zu unterscheiden, Turbane in Grün, nach Mohammeds Farbe. Sie genießen viele Freiheiten, und es ist den Türken untersagt, mit ihnen schmählich umzugehen, doch wenn sie den Zorn der Leute erregen, etwa betrunken gesehen werden, reißt man ihnen den Turban vom Kopf und verwalkt sie nach Strich und Faden ohne allen Respekt.

Das Oberhaupt der Emire heißt Nakibü'l Eşraf. Dieser hat so große Macht über sie, daß er sie töten lassen und begnadigen kann, doch erfolgt die Bestrafung, um Skandale zu vermeiden, allzeit im Geheimen. Der Oberste hat einen Vize, welcher Alemdar heißt und Mohammeds Fahne trägt. Die Emire können in allerlei hohe Ämter aufsteigen. Ich hingegen rück und rühr mich nicht mehr, sondern wünsche gute Gesundheit meiner Cousine.

183

Rodosto, 15. augusti 1751

Es ist gar wohl getan, liebste Cousine, in deinem Brief Ermutigendes zu schreiben, indem du mitteilst, daß du meine Briefe über die Türken gern liest, denn eins ist sicher, ich hätte längst aufgehört damit, wenn ich wüßte, sie sind langweilig.

Man sollte wissen: Die Türken bauen gern schöne Gotteshäuser mit reichlichem Zierat und sind sehr freigebig bei Stiftungen der Moscheen zugunsten der Armen, die täglich für die Seelen ihrer Wohltäter beten.

Die meisten Einkünfte haben die großherrlichen Moscheen, die vom Kızlar Ağası, dem Aufpasser der Frauen des Sultans, beaufsichtigt und versorgt werden; dieser entscheidet auch über die zu den Moscheen gehörigen Ämter. In dem Imperium gibt es viele Moscheen, so wie in Bursa, in Adrianopel, in Constantinopel, wo viele von Sultanen, auch von Sultansfrauen, erbaute Moscheen stehen.

Das oberste unter den Gotteshäusern ist die Kirche der Heiligen Sophia, erbaut vom Kaiser Justinian, die, von den Türken übernommen, wie vordem Gott zu dienen bestimmt ist. Allerdings sind die Einkünfte erhöht worden und betragen einhunderttausend Goldstücke im Jahr. Eingetrieben aber werden sie in der Stadt. Der Sultan selbst schuldet ebenfalls die Zahlung von eintausendundeinem Asper für das Grundstück, auf welchem sein Palast erbaut ist, denn zur Zeit der christlichen Kaiser war auf dem Grund und Boden ein zum Gotteshaus gehörender Garten angelegt.

Um den Tempel herum haben die türkischen Sultane etliche Kapellen erbaut, wohin sie beigesetzt werden; dort brennen ewige Lichter, und es sind gewisse Pfründe festgesetzt für diejenigen, die um die Seelen der Stifter beten. In den Kapellen werden außerdem täglich zu einer bestimmten Stunde Almosen an die vielen Bettler verteilt. (Wie selig wären sie, geschähe dies um Christi Willen!)

Es gibt viele Moscheen, wo Schulen eingerichtet sind und das Gesetz gelehrt wird. Es gibt Spitäler und Asyle für die Reisenden und die Fremden sowie Küchen zur Speisung der Armen. Die Einkünfte für all diese Einrichtungen sind sicher, denn es sind Dörfer, Ländereien und Provinzen dafür bestimmt. Vom Glück begünstigt ist ein Dorf, das einer Moschee zugeordnet ist, weil es viele Freiheiten genießt. Will irgendein einzelner Mann einer Moschee eine Stiftung vermachen, kann er das nicht mit Landschenkung tun, sondern indem er Bargeld gibt, das dann zur Verzinsung ausgereicht wird; das ist allerdings nur zugunsten einer Moschee zulässig, ansonsten verbietet das Gesetz, Geld zu verleihen zu Zinsen. – Geben wir acht auf die Gesundheit, Cousine!

184

Rodosto, 26. octobris 1751

Daß es heute schneit, ist schon etwas Außerordentliches, wir haben es so zeitig hier noch nie erlebt; und dabei sind die vielen Weintrauben und die Baumwolle noch draußen auf dem Feld. Vielleicht kommt es uns zugute, denn seit drei

Monaten geht die Pest gar sehr um, und so wäre ein Wandel in den Lüften möglich. Man darf wohl annehmen, daß die Seuche nicht mit ganzer Kraft zupackt, weil viele davon genesen. Den Lehren der Türken nach können diese an der Pest nicht mehr sterben. Und für die Verstorbenen sei der Tod unvermeidlich gewesen, sagt man, denn ihre Lehre von der Vorherbestimmung durch Gott ist beispiellos streng. Ja, sie schreiben sogar die Sünde Gott zu, denn sie selbst könnten sie ja nicht umgehen. Man glaubt, es sei jedwedem auf die Stirn geschrieben, was über ihn bestimmt ward, und das sei für ihn unumgänglich.

Die Türken halten die Perser für Ketzer, weil diese Ali folgen, die Türken hingegen Mohammed, und da ist viel Haß untereinander. Es geht so weit, daß an des Sultans Hof Sklavenkinder jedweder Nationalität aufgenommen werden, nicht aber Perser, weil man sagt, die wirkliche Bekehrung eines Persers sei ausgeschlossen. Kurzum, man meint, ein Jude oder ein Christ könne hoffen, mit der Zeit einer von den Gläubigen zu werden, ein Perser jedoch nimmer. Unter den Türken gibt es den Glauben betreffend unendliche Spaltungen, alle sie deuten den Koran jeweils anders. Es gibt viele, die an die Gottheit nicht glauben.

Etliche Arten von Mönchen, die sich durch ihre Kleidung unterscheiden, gibt es auch bei den Türken. Am bekanntesten und am meisten verbreitet sind die Derwische, die ihr Hauptkloster in Iconium* haben, wo sich gewöhnlich 400 Ordensleute aufhalten.

Die Derwische geloben ein Leben in Armut, Reinheit und Gehorsam. Ihrem Superior gegenüber befleißigen sie sich großer Demut. Ihr Hemd ist aus recht grobem Leinen, dar-

* *Iconium:* Konya, Stadt in Mittelanatolien

über tragen sie eine lange Kutte aus dickem grauem Zwillich und eine weiße Decke über die Schultern gebreitet; ihre Beine sind unbekleidet, die Brust ist frei, ihr Gürtel ist breit und aus Leder, vorn geschlossen, ihre Mütze ist aus Kamelhaar und so geformt wie eine Zipfelmütze ohne Zipfel. Heimlich trinken sie Wein und betrügen, wen sie nur können. Donnerstags dürfen sie bis zum Abend nichts zu sich nehmen.

185

Rodosto, 20. maji 1752

Fünf Jahre ist es her, liebste Cousine, daß ich von dir keinen Brief erhielt, in Wahrheit fünf Monate. Ist das etwa nicht viel? In früherer Zeit haben wir uns öfter geschrieben. Woher kommt es? Womöglich davon, daß wir alt werden? Trotzdem erfülle ich Euren Willen und beschreibe die Sitten der Türken bis zu Ende. Im letzten Brief hab ich mit den Derwischen aufgehört; über sie schreib ich erneut.

Die Hauptbeschäftigung der Derwische ist nach außen, dienstags und freitags zu tanzen. Doch eh sie an diese Komödienandacht gehen, hält ihr Superior eine Predigt; es heißt, diese Predigt könne sich jedermann, zu welcher Religion er sich auch bekenne, anhören. Die Ordensleute hokken im Schneidersitz da, und wenn die Predigt beendet ist, stimmen die Sänger im Chor und Flötenspieler ihren Gesang an, der lange dauert. Beim Gesang bestimmter Verse, klatscht der Superior in die Hände, auf dieses Zeichen hin erheben sich die Derwische, strecken die Arme aus und beginnen auf der Stelle zu kreisen, und zwar mit solcher Geschwindigkeit, daß dem Zuseher schwindlig wird. Sie haben eine rockförmige Kleidung aus dickem Tuch an, und sie mögen sich so schnell drehen wie Wagenräder, trotzdem berührt einer den anderen nicht. Auf ein Zeichen ihres Superiors brechen sie den Tanz ab, und jeder kauert sich auf seinen Platz nieder. Sintemal sie von frühester Jugend daran gewöhnt werden, haben sie nicht das geringste Schwindelgefühl. Mir hingegen drehte sich der Kopf allein schon vom Zuschauen. Vier- oder fünfmal setzen sie so zum Kreisen an. Sie dürfen heiraten, aber das Mönchtum müssen sie dann verlassen.

Besser kann ich meinen Bericht über die Religion der Türken nicht beschließen als mit dem Hinweis, welche Ehrfurcht sie für Christus empfinden. Es ist nicht wahr, daß sie ihn verfluchen, wie das viele behaupten, denn hier geht es nicht um das gemeine Volk, sondern um die Schriftgelehrten. Wenn sie schon so unglückselig sind, an Christi Gottheit nicht zu glauben, ehren sie ihn doch wenigstens als Hauch Gottes, als großen Fürsprecher neben dem Herrn. Sie stimmen zu, daß er von Gott gesandt ward, um ein Gesetz zu stiften, das voller Gnaden ist. Und wenn wir als Ungläubige bezeichnet werden, geschieht es nicht, weil wir an Christus glauben, sondern weil wir nicht glauben, daß Mohammed von Gott gesandt wär. Recht tun wir daran.

186

Rodosto, 2. augusti 1752

Wer, herzliebste Cousine, würde nicht freudig schreiben, wo wir doch so viel gute Melonen essen, wir sind nämlich in der Melonenernte. Wohl weiß ich, daß der Wesir, der letzten Monat abgesetzt wurde, die Melonen – mit allem Grund – nicht recht genießen kann. An seine Stelle wurde der Emir i ahır Mustafa, das heißt der bisherige Oberstallmeister, berufen; er ist nun der Fürst des Reiches, ein rechtschaffener Mann, der uns sein Wohlwollen bereits erwiesen hat. Ende des vergangenen Monats wurden wir ordentlich in Schrekken versetzt, denn es gab ein Erdbeben, wie ich ein größeres nie erlebt hab. Die Häuser, die Mauern bogen sich, wie wenn der Wind die Bäume beugt. Aber es ist keinerlei Unglück geschehen.

Nun aber wollen wir über die Ehebräuche der Türken schreiben, bei denen die Ehe ein heiliger und ehrenhafter Stand ist; die Priester haben daran keinerlei Anteil, denn geschlossen wird die Ehe vor dem Kadı. Und will jemand dem Gesetze nach heiraten, entscheidet er darüber mit dem Vater und der Mutter des Mädchens. Den Brief oder Vertrag über die Ehe schließen sie vor dem Kadı und zwei Zeugen; beide Seiten können den Vertrag lösen. Eine Frau kann die Scheidung von ihrem Ehemann verlangen, wenn der unvermögend ist, das heißt dreimal nacheinander in der Nacht zum Freitag, welche Nacht für den Tribut bestimmt ist, diesen zu entrichten versäumt. Ein Mann, der seiner Ehefrau nicht so viel gibt, daß sie zweimal die Woche ein Bad aufsuchen kann, sollte mit der Scheidung rechnen. Das Mädchen bekommt keine Mitgift, der Bursche muß zahlen. Am Hochzeitstag wird die Braut mit großem Pomp, mit Pauken und Trompeten zum Hause des Burschen gebracht. Dieser erwartet sie am Tor und hilft ihr vom Wagen, sie fassen sich bei der Hand, das Gesicht des Mädchens indessen bleibt bedeckt, so daß sie nicht, der Bursche aber von ihr gesehen werden kann. Ist sie vom Wagen gestiegen, geben die beiden einander ein Gelöbnis. Danach verbringen sie den Tag mit einem Fest, gesondert jeweils die Männer und die Frauen. Wenn die Zeit gekommen ist, bringt ein Anverwandter die Braut ins Haus des Bräutigams, und dieser sieht dann erst, ob sie schön ist oder häßlich. Solches Heiraten taugt nicht für den ungarischen Humor.

187

Rodosto, 17. novembris 1752

Wir haben hier, herzliebste Cousine, schöne Tage, bei dem Wetter sind die Fenster weit offen, nun kann man ja über die türkische Hochzeit schreiben.

Die Sultane pflegen keine Ehe einzugehen, es könnte sein, daß sie dabei die Ruhe im Lande bedenken, es mag aber auch sein, daß sie die ungeheueren Spesen einer Hochzeit scheuen. Der Sultan kann so viel Sklavinnen haben, als ihm gefällt. Die ihm dann männliche Kinder zur Welt bringen, werden so angesehen, als seien sie Sultansgattinnen, und ihre Söhne können mit der Zeit Sultan werden.

Bei den Türken gibt es zweierlei Ehen: die nach dem Gesetz und die Ehe auf Zeit. Ein Türke mag noch so reich sein, aber mehr als drei oder vier wirkliche Ehefrauen darf er sich nicht zulegen. Die Eheschließung auf Zeit geht ohne jede Zeremonie vonstatten; man einigt sich mit dem Vater und mit der Mutter des Mädchens, das auf Zeit verheiratet werden soll vor dem Kadı, der dies schriftlich festhält: der und der Bursche wolle das und das Mädchen an einer Gattin Statt bei sich aufnehmen. Er verpflichtet sich, seine Frau mit Essen und Kleidung zu versorgen, ebenso ein von ihm empfangenes Kind, allerdings mit der Bedingung, daß er sie, wann es ihm gefällt und bei Zahlung des ausgehandelten Betrags, zurückschicken kann ins Haus ihres Vaters. Was nun aber die Sklavinnen betrifft, sie können laut Gesetz von den Türken nach Belieben verwendet werden. Die Anteile der Kinder, von welchen Frauen sie auch seien, sind bei den Türken gleich. So viel Unterschied besteht freilich, daß das Kind einer Sklavin, der Mutter gleich, ein Sklave sein wird, es sei denn, der Vater befreit es.

Stirbt der Mann zuerst, läßt die Ehefrau sich das vereinbarte Geld auszahlen; dies steht der wirklichen Ehefrau zu, um die anderen kümmert man sich nicht groß. Der Türke heiratet die wirkliche Ehefrau, für die er bezahlt, oder er heiratet eine auf Zeit, und die Sklavin kauft er für Geld.

Ein Mann, der von seiner Ehefrau geschieden werden will, ist verpflichtet, ihr zu entrichten, was bei der Eheschließung vereinbart wurde; die Scheidung geht vor dem Kadı vonstatten, und dann sind beide Seiten frei.

188

Rodosto, 22. martii 1753

Was sind wir doch, herzliebste Cousine, alte Einwohner dieser Stadt; gestern waren 33 Jahre unseres Exils allhier vergangen. Fest steht, nicht ein Viertel dessen hab ich daheim in Zágon zugebracht. Soll ich Euch denn schreiben, wie lange es her ist, daß ich von dort meinen Absprung machte? Schaden kann's nicht, eher noch nützlich sein, weil ich vor Augen habe, welch großen Dank ich Gott dem Allmächtigen schulde, der mir eine so lange währende Fürsorge angedeihen ließ. 45 Jahre ist's, wenn ich gut rechne, her, gesegnet sei Gottes heiliger Name. Doch kommen wir nun zum Herrinnenfrondienst.

Die Türken, das heißt die Schriftgelehrten, halten die Beschneidung nicht für einen Glaubenssatz noch für ein Gebot des Koran; die Einkehr ins Paradies ist auch ohne sie möglich. Üblicherweise werden die Knaben im Alter von sieben Jahren beschnitten. An dem Tag bereitet der Vater des Kindes ein Fest in seinem Hause, und der Knabe wird so schmuck als nur möglich gekleidet, so zieht er hoch zu Roß mit Musikbegleitung durch die Straßen. In der Hand hält der Knabe einen Pfeil und dessen Eisen zum Herz hin gekehrt, um anzuzeigen, daß er eher bereit wär, sich das Herz zu durchbohren, als den Glauben zu verleugnen. Seine Gefährten, und die sonst es gut mit ihm meinen, begleiten ihn freudig in die Moschee, wo der Imam (der Priester) ihn nach kurzer Belehrung auffordert, den Glaubenssatz aufzusagen. Dann legt der Barbier den Knaben auf eine Ottomane, zwei Diener halten ein Laken davor, der Barbier zieht die Haut am Ende des Gliedes vor, klemmt sie in eine kleine Zange und schneidet sie mit einem Rasiermesser durch. Die abgeschnittene Haut zeigt er den Anwesenden und sagt dazu: Gott ist groß. Der Knabe aber weint und schreit vor Schmerz, die Anwesenden indes begrüßen ihn, da er nunmehr aufgenommen ist unter die Gläubigen. Dann bringen sie das Kind zurück ins Haus seines Vaters, wo drei Tage lang gefeiert wird. Wissenswert ist, daß ein Kind seinen Namen nicht vom Priester erhält, vielmehr der Vater nimmt es nach der Geburt auf die Hände, hebt es hoch und anempfiehlt es so Gott dem Herrn, sodann nimmt er ein wenig Salz in den Mund und spricht also: Möge mein Sohn Ibrahim (oder sonst ein Name) Gott gefallen; sein heiliger Name sei dir, mein Sohn, stets so wohlschmeckend wie dieses Salz, und er lasse dich nicht die irdischen Dinge verkosten.

Da die Türken des Glaubens sind, was den Körper beschmaddert, verunreinige auch die Seele, und was das eine reinigt, reinige auch das andere, bereiten sie sich zum Gebet mit einer Waschung vor. (Mann Gottes, sagt der Koran, willst du ans Beten gehen, wasch dir das Gesicht, die Hände, die Arme und die Füße; Eheleute, die miteinander schlafen, mögen ein Bad nehmen, wenn Kranke und Reisende kein Wasser finden, sollen sie sich das Gesicht mit Sand sauber scheuern; da Gott die Reinheit mag, will er auch, daß seine Anflehung vollkommen sei, daß man ihm Dank sage für seine Gnaden, und daß man seinen heiligen Namen zu Hilfe rufe.) Alles schön und gut einerseits, andererseits aber ist es eine unnütze Mahnung, denn du, armer Mohammed, flehtest nicht in Christi Namen, und ohne dies wird deine Bitte nicht erhört werden. Ich aber bitte in Seinem Namen um Gesundheit für meine Cousine. Dies reicht nun.

189

Rodosto, 11. junii 1753

Du schreibst, herzliebste Cousine, du wüßtest über die Bräuche und die Religion der Türken so Bescheid als ein Mufti. Mich deucht, man sollte nicht spotten und sich zum Mufti machen, der einen Bart bis zu den Knien hat und einen Turban wie ein Bienenkorb. Ärger mich nicht, sonst schreib ich nicht mehr, obwohl ich es nun auch nicht mehr abbreche; und so sage ich, die Türken halten das Waschgebot in zwei Weisen von Waschungen, der großen und der kleinen Waschung. Die erste besteht darin, daß der ganze Körper gewaschen wird, diese wird hauptsächlich von Eheleuten geschuldet, und wo es keine Bäder gibt, soll der Mann im Fluß oder im Meer dreimal untertauchen, mag das Wasser noch so kalt sein. Die kleine Waschung aber heißt, daß man sich Mekka zukehrt und so das Gesicht, die Nase, die Hände, die Arme, die Füße wäscht.

Nach der Waschung richten sie den Blick zu Boden und verharren so ein Weilchen, um zu sich zu kommen und sich bereitzumachen zum Gebet, das sie fünfmal am Tage verrichten: das 1. in der Frühe, das 2. mittags, das 3. zwischen Mittag und Sonnenuntergang, etwa gegen vier Uhr, das 4. bei Sonnenuntergang und das 5. etwa anderthalb Stunden nach Sonnenuntergang. Damit nun jedermann die Zeit für diese Gebete wisse, wird das Zeichen nicht mit Glockengeläut gegeben, denn Glocken gibt es bei ihnen nicht, sondern es gibt dazu berufene Leute, die in den Moscheeturm hinaufsteigen, mit den Fingern sich die Ohren zuhalten und aus vollem Halse die Worte singen: Gott ist groß, es gibt keinen anderen Gott außer Gott, kommet zum Gebet, ich hab es euch klar vermeldet. Diese Glocken in Menschenhaut singen diese Worte zuerst gen Süden, dann gen Norden, gen Osten und Westen.

So vernehmen alle den Ruf, sie waschen sich und gehen in die Moschee. Vor der Tür stellt jedermann seine Pantoffeln ab, oder trägt sie in der Hand mit hinein, drin verneigt er sich in großer Ehrfurcht und grüßt den Koran in einer Nische, welche Mekka bedeutet; sodann erhebt er die niedergeschlagenen Augen, steckt sich den Daumen ins Ohr und kniet nieder. Dann erhebt sich der Imam, legt die offenen Hände an den Kopf, verschließt mit den Daumen die Ohren und singt mit sehr hoher Stimme, aber leise: Großer Gott, dein ist der Ruhm, Herr, daß dein Name gesegnet sei und gepriesen, daß deine Größe erkannt werde, denn allein du bist der große Gott. Das Volk spricht es langsam nach.

Gewöhnlich aber sprechen sie folgendes Gebet, den Blick zu Boden gerichtet. Es ist bei ihnen ein Gebet wie bei uns das Vaterunser. (Im Namen Gottes, der voller Güte ist und Erbarmen; gelobet sei der Herr der Welt, der von vollkommener Güte ist und Erbarmen. Gott, richtender Herr über alle Menschen, wir beten zu dir, du bist all unsre Zuversicht, erhalte uns, da wir auf rechtem Wege deine Hilfe erflehen, es ist der Weg, den du erwähltest und dem du die Gunst deiner Gnade gewährst, dies ist nicht der Ungläubigen Weg und nicht derer Weg, derer du mit gutem Grund zürnest.) Der Anfang dieses Gebets ist gut, der Schluß jedoch pharisäisch.

Die Türken beschließen ihr Gebet stets mit dem Gruß an

die beiden Engel, die dem Standort nach beiderseits postiert sind. Sie tun es, indem sie ihren Bart in die Hand nehmen und sich so nach rechts und nach links wenden. Freitags beten die Türken des Inhalts, Gottes Gnade für alle Türken zu erwirken, samstags um die Bekehrung der Juden, sonntags um die Bekehrung der Christen, montags für die Propheten, dienstags für die Priester, mittwochs für die Toten und die Kranken sowie für die Sklaven, die sich in den Händen Ungläubiger befinden und schließlich donnerstags für die Bekehrung der ganzen Welt.

Liebste Cousine, jetzt kennt Ihr wohl schon den Türkenglauben, aber Befürchtungen habe ich nicht, denn ich habe nie von einer Christenfrau gehört, daß sie Türkin geworden wäre, außer Sklavinnen. Die Frauen wissen, daß es bei den Franzosen heißt, die Türkei sei das Paradies der Pferde und das Fegefeuer der Frauen.

190

Rodosto, 15. octobris 1753

Wenn es so fortdauert, herzliebste Cousine, wird es mit meinem Briefeschreiben stündlich vorbei sein können, denn vor ein paar Monaten begann ich mich selbst zu wundern, daß ich nicht mehr gut lesen konnte, als wäre irgendein dünnes Häutchen mir vor die Augen gezogen worden. Im Buch kann ich lesen, allerdings schwer; Handschrift kann ich leichter lesen. Seitdem sehen meine Augen immer verschwommener, gesegnet sei darum Gottes heiliger Name. Aber die Herrinnenfron kann ich noch zu Ende bringen.

Die Fastenzeit der Türken ist nach dem Monat benannt, auf den sie fällt, und dies ist der Monat Ramazan. Das Jahr hat bei den Türken 354 Tage, es ist in zwölf Monde geteilt, und der Monat beginnt mit dem Neumond.

Ihre Fasten sind auf den Monat Ramazan festgelegt, weil Mohammed verkündete, der Koran sei in dem Monat aus dem Himmel entsandt worden. In dem ganzen Monat darf von früh bis Sonnenuntergang nicht gegessen und nicht getrunken werden, und sei es nur ein Tropfen Wasser, und was sie am schwersten ankommt, nicht einmal rauchen dürfen sie. Sobald jedoch die Sonne untergegangen ist, ist es vorbei mit dem Fasten, und jedermann beginnt das Schmausen mit Tabakrauchen, denn ein Türke mag noch so arm sein, er verköstigt sich und seine Familie gut. Viele verausgaben in einem Monat, was sie ein Jahr lang verdient haben. Und das Mahl dauert vom Abend bis gut in die Frühe hinein; tagsüber schlafen sie, vornehmlich die, welche zu arbeiten nicht nötig haben.

Was denken sich doch die Perser für lachhafte Dinge bezüglich dieser Fasten aus. Sie erzählen sich, Mohammed habe Gott gefällig sein wollen, damit Er die seinen in Fürsorge nehme, also habe er sich hinaufbegeben zu Gott und versprochen, die Anhänger seiner Religion würden fünfzig Tage lang fasten. Gott der Allerheiligste nahm das Versprechen an. Beim Abstieg traf Mohammed im dritten Himmel Christus, der ihn fragte, woher er komme. Mohammed antwortete, er komme von Gott und habe Ihm versprochen, die Seinen würden fünfzig Tage lang fasten. Christus sprach zu ihm, mit fünfzig Tagen habe er zu viel versprochen. Mohammed ging wieder hinauf zu Gott und vermeldete, er habe zu viel versprochen, es sollten doch vierzig Tage sein. Gott der Allmächtige willigte wiederum ein. Mohammed stieg abwärts, und da fragte ihn Christus abermals, was er ausgerichtet hätte. Darauf antwortete jener, er habe nun vierzig Tage zugesagt. Da sprach Christus zu ihm: Du siehst doch, ich habe den Meinen vierzig Tage verordnet, und wie schlecht sie die erfüllen. Mohammed begab sich zum dritten Handel hinauf und bat Gott darum, daß die Fasten nur dreißig Tage dauerten. Gott stimmte auch dem zu. Und weswegen konnte Christus nicht höher aufsteigen als bis zum dritten Himmel? Weil sich im Ärmel seines Gewandes eine Stecknadel fand, und ins Himmelreich hat keinerlei irdisch' Ding Zutritt. Bei dieser unklugen Verhaltensweise beschließe auch ich meinen Brief.

191

Rodosto, 8. decembris 1753

Ich bin, herzliebste Cousine, fast völlig erblindet; drei Schritt vor mir erkenne ich niemanden; Gedrucktes kann ich gar nicht lesen, Geschriebenes eher noch. Und ich selber schreibe, denn schreiben kann ich, nur weiß ich halt nicht, was ich schreibe; Okulare nützen gar nichts. Diesen Brief hier beendige ich, aber im kommenden Jahr werden sich die Briefe rar machen.

Ist der Ramazan vorbei, folgt der große Bayram, ein Fest wie bei uns Ostern. Der Bayram beginnt mit dem Neumond und wird mit viel Böllerschüssen, Trommeln und Pfeifen verkündet, und jedweder trachtet danach, die drei Tage möglichst angenehm zu verbringen.

Mit großer Zeremonie wird dieser Festtag im Palast des Sultans begangen. Der Sultan sucht in aller Frühe hoch zu Roß die Sankt-Sophien-Basilika auf. Bei seiner Rückkehr begrüßen ihn der Wesir, die Paschas, der Mufti, kurzum alle hohen Würdenträger, zuletzt der Janitscharen-Aga. Die Sultansfrauen, die das Jahr hindurch abgeschlossen sind, dürfen an dem Tag den Sultan und andere Sultansfrauen besuchen. Im Diwan gibt der Sultan für seine hohen Minister ein Essen.

Die braven Türken versöhnen sich an dem Tag mit denen, mit welchen sie Streit hatten, und sie reichen sich auf der Straße die Hände. Und die Prediger singen in den Moscheen, nachdem sie gewisse Teile des Korans gedeutet haben, folgende Gesänge: Gegrüßt und gesegnet seiest du, Mohammed, Freund Gottes. Gegrüßt und gesegnet seiest du, Jesus Christus, Hauch Gottes. Gegrüßt und gesegnet seiest du, Moses, der du lieb warst bei Gott. Gegrüßt und gesegnet seiest du, David, von Gott erkorener Monarch. Gegrüßt und gesegnet seiest du, Salomon, der du die Treue hieltest dem Herrn. Gegrüßt und gesegnet seiest du, Noah, den Gott erhielt durch seine Gnade. Gegrüßt und gesegnet seiest du, Adam, Reinheit Gottes.

Die Liebe der Türken erstreckt sich auf die Tiere, auf die Bäume und auf die Toten. Sie glauben, dies sei Gott gefällig. Es gibt in Testamenten hinterlassene Stiftungen zur Fütterung einer gewissen Zahl von Hunden oder Katzen.

192

Rodosto, 16. augusti 1754

Ich bin, herzliebste Cousine, in keinem allzu lachfreudigen Zustand, denn wer sehr schlecht sieht, hat kaum etwas zu lachen. Trotzdem muß man von Gott alles guten Herzens entgegennehmen. Fünfzehn Monate dauert es schon, daß ich nicht lesen kann und mit fremder Hilfe schreiben muß, weil ich meine jetzige eigene Schrift auch selbst nur schwer lesen kann. Aber die Herrinnenfron muß ich nicht versäumen.

Die Türken waschen die Leichname mit viel Eifer und beweihräuchern den Leib, um den bösen Geist zu vertreiben; dann begraben sie ihn in einem Leinentuch, das weder oben noch unten zugenäht ist. Und sie haben auch einen Grund dafür, denn sie glauben, daß sich beim Toten, sobald er im Grab ist, zwei Engel einfinden, die ihn auf die Knie aufrichten und von ihm Rechenschaft verlangen über alle seine Taten. Deswegen tragen viele Türken ein kleines Haarbüschel auf dem Kopf, damit nämlich der Engel sie daran packen kann. Das Grab ist bei den Türken wie ein kleiner Keller; die Grube wird erst mit Brettern überdacht, und darauf kommt dann die Erde.

Ist der Tote ein frommer Mensch gewesen, kommen nach den beiden Engeln, die ihn zur Rechenschaft gezogen haben, zwei weitere Engel zu ihm, und die sind so weiß wie Schnee. Sie berichten ihm dann ausschließlich von den Wonnen, die ihm im Jenseits zuteil werden. Doch falls er allzu sündig sein sollte, kommen zwei so schwarze Engel zu ihm wie die Raben, die ihn dann peinigen; der eine hämmert ihn tief in den Erdboden, der andere zieht ihn mit einem eisernen Haken heraus, und die verlustieren sich so mit ihm bis zum Jüngsten Tag.

Mohammed wollte den Arabern gefällig sein und war es auch, als er ihnen zum Trost dafür, daß ihr Land öde, trokken und unfruchtbar war, ein Paradies voller Wasserquellen versprach und Gärten mit Bäumen, denen Lichtflut nichts ausmacht, die allzeit blütenübersät sind und bepackt mit allerlei schönen Früchten. An diesem lieblichen Orte fließt reichlich Milch und Honig und Wein; dieser Wein berauscht jedoch nicht noch beeinträchtigt er die Klugheit. Zudem lustwandeln dort die vollkommenen Schönheiten, die weder grausam sind noch flatterhaft, wohl aber so süß, daß das Meer, spuckte eine zufällig hinein, sogleich seine Bitterkeit verlöre. Ihre Augen sind groß wie Eier und stets auf den Gatten gerichtet, den sie so lieben, daß sie fast narrisch werden um ihn, weil sie den heiraten können, der ihnen gefällt. Dort sind die Mädchen, laut Mohammed, alle rein, weil es dort keinerlei Seuchen gibt. Mohammed hat nie Besseres gesagt vom Jenseits als mit der Aussage, es brauche zu den Toten nicht gezählt werden, wer auf dem Weg Gottes stirbt, denn er lebe in Gott mit dessen Gütern und Liebe; die Verdammten hingegen würden in ein großes lohendes Feuer geworfen, wo ihre Haut sich immer wieder erneuert, damit ihre Qual sich verschlimmere; sie würden entsetzlichen Durst erleiden und nähmen kein anderes außer ein giftiges Getränk zu sich, das sie würgt, aber nicht tötet. Doch was am schlimmsten ist: Dort gibt es keine Frauen. Welch fürchterliche Qual, keine Frauen! Darum sich zu sorgen ist im Diesseits nötig, im Jenseits hingegen unfein. Mehr über die türkische Religion zu schreiben vermag ich nicht, mir scheint, es reicht.

193

Rodosto, 23. novembris 1754

Mit aller Gewißheit weiß ich, du wirst dich darüber freuen, daß dank Gottes Gnaden das traurige Dunkel meine Augen verlassen hat. Man darf nie irgendwem, selbst unserem Feind nichts Böses wünschen, aber eines anderen Blindheit zu wünschen ist sicherlich schlimmer als seinen Tod. Mein Augenlicht ist ohne jegliche Arznei, allein von Gottes Gnaden, wiedergekehrt. Anfang dieses Monats begann ich etwas besser zu sehen. Und vor ein paar Tagen hatte ich in den Augen zunehmend ein Gefühl, als wäre mir irgendwelch' Kräuter in beide Augen geraten; zwei oder drei Tage hatte ich so ein Kratzen, wiewohl ich wußte, daß mir nichts in die Augen geflogen war. Ich bat auch andere nachzusehen, es war nichts zu erkennen. Mir kam dann noch in den Sinn, es könnten sich die Häutchen, die ich vor den Augen hatte, ablösen wollen. So war es auch, denn am dritten Tag spürte ich das heftige Stechen in den Augen nicht mehr und sah viel klarer. Jedenfalls hatte ich an meinem Namenstage, von Gottes Gnaden, wieder etwas von meinem Gebetbuch, was ich anderthalb Jahre lang nicht hatte. Künftig jedenfalls dauern die Blinden mich nun noch mehr, doch ist die körperliche Blindheit schon etwas sehr Arges, ist die seelische hundertmal schlimmer. Gott behüte und bewahre dich, liebste Cousine, vor beiden.

194

Rodosto, 14. decembris 1754

Kann man, herzliebste Cousine, eine größere Neuigkeit vermelden als den Tod eines mächtigen Imperators? Heute haben wir gehört, daß Sultan Mahmut gestern von dieser Welt geschieden ist. Nachdem er etliche Tage gekränkelt hatte, wollte das Volk sehr, daß er sich zeige, also ließ er sich an eine Stelle bringen, wo er sich sehen lassen konnte. So überwand er sich und bestieg gestern, dem Volk zu Gefallen, sein Pferd und begab sich nach Sankt Sophien. Zurückgekehrt, wäre er, hätte man ihn nicht aufgefangen, beinah vom Pferd gefallen, und er starb, kaum daß er in seinem Palast angelangt war. Man kann sagen, er war ein großer Sultan, vom Glück begünstigt in seinen Kriegen, wiewohl man auch sagen kann, daß er auf Krieg nicht aus war und in Frieden herrschen wollte. Einige Male wollte man Krawalle gegen ihn veranstalten, aber er kam ihnen zuvor, stellte die Ruhe wieder her und ließ den Veranstaltern, damit sie solches nicht mehr täten, die Köpfe nehmen. Das Volk mochte ihn sehr, sowohl die Christen als auch die Türken, den Christen war er wohlgesinnt. Das Reich regierte er in Ruhe, war nicht grausam, seine Wesire wechselte er oft, ließ allerdings keinen von ihnen töten. Man kann also von ihm sagen, er sei ein großer Sultan gewesen, obschon klein von Wuchs. An seinen Platz wurde Osman, väterlicherseits ein jüngerer Bruder von ihm, gesetzt, was ohne den geringsten Widerspruch vonstatten ging. Osmans Mutter lebt noch, nun ist auch sie frei vom Sklavenlos. Sowohl Mahmut als auch Osman sind Söhne des Sultans Mustafa*. Nun sind wir Gäste bereits des dritten Sultans; aus ihren Händen ernährt Gott der Herr uns reichlich. Liebste Cousine, kalin nikta**!

195

Rodosto, 6. aprilis 1755

Der neue Sultan wechselt sehr rasch seine Wesire; im Februar setzte er den Wesir ab und machte den Janitscharen-Aga zum Kaymakam bis zur Einsetzung eines neuen Wesirs, und dabei ist das Amt des Kaymakams nichts sonst als das Vicewesirat. Der neue, das heißt der alte Wesir, Ali Pascha, war Ende des vergangenen Monats nach Constantinopel gekommen. Ich sagte, der alte Wesir, weil er das dritte Mal Wesir geworden ist, und zu verdanken hat er es der Mutter des Sultans, die nämlich Sklavin beim Vater des Wesirs gewesen ist, und des Wesirs Vater gab sie dem Vater des jetzigen Sultans. Diese Sultansfrau ist jetzt siebzig Jahre alt.

* *Mustafa:* Mustafa II., Sultan 1695-1703, Vater von Mahmut I., Sultan 1730-1754 und Osman III., Sultan 1754-1757 ** *Kalin nikta:* Griechische Grußformel »Gute Nacht«

196

Rodosto, 26. augusti 1755

Der Sultan läßt die Wesire Wechseltänze vollführen. Gewiß können sie sagen: *Denn wir haben hier keine bleibende Stadt.* Ali Pascha war im März zum Wesir gemacht und im Mai enthoben worden. An seine Stelle setzte er noch im Mai Abdullah, den vormaligen Schatzmeister. Heute kam die Nachricht, der sei ebenfalls abberufen und durch Bıyıklı Ali Pascha, den Silahtar, das heißt Zeugmeister, einem sehr nahen Mann des Sultans ersetzt worden, also müßte er sich auf dem Stuhl oder dem Rad lange halten können. Mehr weiß ich jetzt nicht zu schreiben, und sind's auch nicht viele Neuigkeiten, so doch von großen Männern. In diesem Monat hat der preußische König einen Krieg gegen die Königin von Ungern begonnen*.

197

Rodosto, 25. octobris 1755

Wer hätte gedacht, herzliebste Cousine, daß der gefällige Zeugmeister Bıyıklı Ali Pascha so rasch aus dem Wesirat stürzen würde, und noch dazu nicht so wie die anderen, die zu Boden stürzten, nein, er ist gleich unter die Erde gestürzt. Des Sultans Mutter jedenfalls zürnte ihm, weil er erwirkt hatte, daß derjenige, nämlich Ali Pascha, den sie begünstigte, abgesetzt worden war. Nun übte die Sultansmutter Vergeltung, indem sie so lange auf ihren Sohn einredete und ihren Sohn auch durch andere wissen ließ, mit welchen Zugriffen und Eintreibungen der Wesir Schätze zu scheffeln suchte, bis der Sultan die Beschuldigungen für rechtens be-

* *Krieg … begonnen:* Der Siebenjährige Krieg begann in Wirklichkeit erst im August 1756; Fehldatierung ist nur durch Fehlplazierung bei Notierung nachträglich erklärlich (vgl. Brief Nr. 199)

fand, den Wesir festnehmen ließ und seine Enthauptung anordnete. Man machte den Sultan darauf aufmerksam, es sei nicht üblich, Wesire zu enthaupten, wohl aber zu erdrosseln. Darauf antwortete der Sultan: Nun, so erdrossele man ihn erst und enthaupte ihn dann. So geschah es auch, und man stellte sein Haupt aus, damit alle es sähen. Seitdem wir in diesem Land sind, wüßte ich keinen anderen Wesir, den ein Sultan hätte umbringen lassen. Es folgt in dem Amte nun Sait Efendi; er kann Französisch, denn er ist zweimal in Frankreich gewesen, auch als Gesandter.

198

Rodosto, 15. januarii 1756

Welch entsetzliche Nachricht hörten wir, herzliebste Cousine, am 1. November soll die Stadt Lissabon durch ein fürchterliches Erdbeben untergegangen und zerstört worden sein. Einen großen Teil habe das Feuer aus der Erde verzehrt. Die Kirchen waren voller Menschen, da es ein Feiertag war, und die Mauern sind niedergestürzt auf das Volk. Die ganze Stadt wurde zu einem Friedhof in einer einzigen Stunde und begrub ihre Bewohner unter sich. In den Straßen versanken Karossen samt Mensch und Pferd. Welch furchtbare Geißel Gottes traf jene Stadt, denn die Erde bebte nicht nur, es brach aus ihrer Tiefe auch Feuer hervor in die Gassen, und so sind auch die unzähligen Schätze jener Stadt für immer dahin. Was aus Erde ist, muß zu Erde werden.

199

Rodosto, 30. aprilis 1756

Anfang dieses Monats schickte der Sultan Sait Efendi in den April, er entließ ihn aus dem Wesirat. Der neue Wesir, Imrehor Mustafa, weilte in Moria*, kam heute hier an und reist weiter nach Constantinopel. Er ist bereits das zweite Mal Wesir. Der Franzose und der Engländer haben einander den Krieg erklärt. Die Engländer sind gar gnadenlos, hartherzig und undankbar. Dieser Tage las ich über einen Engländer, der so etwas wie ein Erzherzog hätte gewesen sein können unter den Undankbaren, und ich kann nicht umhin, es dir, liebste Cousine, zu schreiben. Ich weiß, du wirst hernach sagen, er ist ein Esel gewesen.

Genug, ein wohlgestalter junger Engländer, dessen Vater ein Kaufmann war und reich, der jedoch sehr begehrlich war und sich noch mehr verschaffen wollte, trat mit mehreren anderen Kaufleuten eine Reise nach Amerika an. Schon an den Säumen Amerikas angelangt, machte der Schiffskapitän bei einer Insel Station, um Trinkwasser an Bord zu holen. Solange man das Wasser herbeischleppte, verließen die englischen Kaufleute das Schiff, um eine Jagd zu unternehmen. Der junge Engländer ging mit ihnen, aber unklug, wie sie waren, entfernten sie sich allzu weit von der Küste, so daß wilde Krieger sie überfielen und allesamt töteten, bis auf den jungen Engländer, der weggerannt war. Der Kapitän erkannte, was sich zugetragen hatte und segelte alsbald davon, der junge Mann aber blieb zurück. Er irrte verbittert und voller Angst im Wald umher, fand nirgends Ruh, immer in der Furcht, er könnte auf einen Wilden stoßen, der ihn auf der Stelle umbrächte. Auch machte ihm allmählich der Hun-

* *Moria:* Stadt im heutigen Griechenland

ger zu schaffen, und auf Befreiung konnte er mitnichten hoffen. An die Küste, um ein Schiff zu erspähen, auf dem er entfliehen könnte, traute er sich schon gar nicht, noch irgendwelche Nahrung zu suchen, um ja niemandem zu begegnen. Als er sich im Walde müde gelaufen hatte, legte er sich auf einen kleinen Hügel nieder, aber nach einem Blick hinter sich, erstarrte er vor Schreck: ein Mädchen trat aus dem Gebüsch und kam auf ihn zu. Beide fingen an, sich zu bestaunen und einander wohlgefällig zu betrachten. Und wenn der Jüngling den Wuchs und die Person der jungen Wildin, die nackt war, liebgewann, fand auch das Mädchen Gefallen am Wuchs und am weißen Gesicht des Jünglings, und sie gewann ihn so lieb, daß sie sogleich überlegte, wie er am Leben bleiben könnte. Sie führte ihn in eine Grotte, und nachdem sie ihn mit schönen Früchten verköstigt hatte, geleitete sie ihn zu einer hübschen Quelle, auf daß er trinke. Vermutlich war das Mädchen von fürnehmem Stande, da es sich jeden Tag mit reizenden Halsketten aus Schnecken schmückte. Dann brachte das Mädchen Wildtierfelle in die Grotte, damit der Bursche sich darauf betten konnte, und sie verzierte die Grotte mit allerlei buntem Gefieder. Und um ihm vergnügliche Kurzweil zu bereiten, führte sie ihn abends bei Mondlicht an irgendwelche hübsche Stellen in der Nähe von Quellen und Bächen, wo der Bursche ausspannen konnte, während sie aufpaßte, oder ihn auf ihrem Schoß ruhen ließ und weckte, sobald ein Geräusch zu hören war. Solcherart verbrachten sie die Zeit und machten sich dabei eine eigene neue Sprache. Der Jüngling gab ihr zu verstehen, er würde sich glücklich schätzen, wenn sie in seinem Heimatlande die Seine sein könnte, er ließe für sie schöne Gewänder anfertigen.

Sie hatten etliche Monate in großer Liebe verbracht, als

das Mädchen auf dem Meer ein Schiff erblickte, und da sie wußte, was zu tun war, gab sie Zeichen, damit das Schiff auf das Eiland zu käme. Am Abend bestiegen sie alle beide das Schiff, welches den Barbados-Inseln zustrebte und wohin auch der Jüngling gewollt hatte. Sie waren gar froh, der vielen Unruhe und Angst entflohen zu sein. Und wie frohen Herzens hatte auch das Mädchen Heimat und Eltern verlassen, um mit dem leben zu können, den sie so sehr liebte und dem sie unter Gefahren des eigenen Lebens das Leben gerettet hatte. Doch je näher sie jener Insel kamen, um so lustloser und nachdenklicher ward unser Jüngling, als er bei sich nachrechnete, wieviel Zeit er nutzlos verbracht hatte, in welcher sein Geld keinerlei Zinsen abwarf, weil seine Geschäfte ruhten. Um die Verluste nun wettzumachen und vor seinen Eltern eine günstige Rechenschaft über die Reise ablegen zu können, nahm er sich vor, sich von seiner Gefährtin, die für ihn so viel Gutes getan hatte, zu trennen, sobald sie auf der Insel angekommen wären. Und dort wurde und wird nach der Anlandung gleich an Ort und Stelle ein Markt abgehalten, wo die Sklaven verkauft werden gleichwie bei uns die Pferde und Ochsen. Die ärmste unglückselige Wilde weinte und flehte, jedoch vergebens. Sie gab ihm auch zu verstehen, daß sie schwanger sei von ihm. Aber nichts ging ihm zu Herzen außer dem eigenen Nutzen. Ja, als er erfuhr, daß sie schwanger wär, erzielte er einen noch höheren Preis bei dem Händler. Was sagst du, liebste Cousine, zu solchem Undank? Ich sage: Er hat seinen Lohn schon empfangen von Gott für seinen verabscheuenswerten Undank. Hätte er sie doch wenigstens nicht verkauft, wenn er sie schon nicht für sich selbst behalten wollte. Oh Geiz und Gier, wie viele Seelen verdirbst du?!

Der Preuße hat gegen die Königin in diesem Monat

grundlos den Krieg begonnen und Sachsen widerrechtlich besetzt.

200

Rodosto, 17. januarii 1757

Ob du wohl weißt, herzliebste Cousine, daß Imrehor Mustafa abgesetzt und durch den Pascha von Aleppo ersetzt wurde. Er ist vormals Reis Efendi gewesen und, was noch schlimmer ist, Christ, der Nationalität nach Grieche. Ich sagte: was noch schlimmer ist, weil so viel gewiß ist, daß die abtrünnigen Wesire beileibe nicht so gut waren zu den Christen als die echten, gebürtigen Türken unter ihnen. Dieser jetzt neue Wesir hält sich noch in Aleppo auf und braucht allerhand Zeit, bis er hier eintrifft. Du schreibst, Cousine, die Töchter des türkischen Sultans seien schlecht dran, weil sie nicht mit ihren Ehegatten leben können und meistens alten Paschas zur Frau gegeben werden. Es ist schon wahr, richtig wünschen können sie sich die Ehe nicht, ob sie nun mit einem alten oder einem jungen verheiratet werden, leben dürfen sie mit ihrem Gatten ohnehin nicht; er muß nach der Hochzeit fort von Constantinopel in irgendein großes Pascha-Amt. Ich denke, so verfährt man, damit er nicht irgendwelchen Krawall anzettelt. Und sollte sie einen Knaben zur Welt bringen, muß der gleich nach der Geburt sterben, wiewohl ich von einem Wesir weiß, daß eine Sultanstochter bei ihm gewesen ist. Nun können hier allerdings auch nicht Dinge geschehen, wie sie sich mit der Tochter Kaiser Karls des Großen zugetragen haben*.

Der Kaiser hatte einen Secretarius mit Namen Eginhart,

* *zugetragen haben:* Kürzer gefaßt ist die Novelle, die indirekt auf der Sage von Eginhard und Emma aus dem 12. Jh. fußt, bereits im Brief Nr. 103 erzählt

der seines Amtes so wohl waltete, daß er bei jedermann beliebt war. Doch hatte ihn noch lieber als die anderen eine der Töchter des Kaisers, und umgekehrt empfand auch er große Liebe für Imma. Und sintemal diese Liebe wuchs und wuchs, verfiel er auf eine sehr gefahrvolle Tat und Mutprobe, da er eines Nachts vor Immas Tür hintrat und klopfte, als wäre er vom Kaiser gesandt. Doch sobald er Einlaß gefunden hatte, sprach er von ganz anderen Dingen zu Imma, die ihm freudig zuhörte und ihn mit gar gnädiger Liebe bei sich aufnahm, wo sie miteinander blieben bis in die Morgenfrühe. Und als dann in der Frühe Eginhart zu sich zurückkehren wollte, sah er, daß in der Zeit, die sie miteinander vertrieben hatten, viel Schnee gefallen war. Nun bangte ihm sehr, man könnte ihn an seinen Spuren im Schnee erkennen und herausbekommen, woher er gekommen. Er sagte der Tochter des Kaisers, was ihn bangte und beunruhigte. Die beiden hielten Rat, wie sie vorgehen sollten, damit nichts herauskäme. Schließlich fand die Fürstin einen Weg, und der sah so aus, daß sie ihren Geliebten auf dem Rücken durch den Schnee tragen werde.

Der Kaiser aber war, nachdem er die ganze Nacht schlaflos verbracht hatte, zeitig in der Früh aufgestanden und grad ans Fenster getreten, als er seine Tochter sah, wie sie erst eine große Last schleppte, diese dann absetzte und eilig zurückkehrte. Der Kaiser war darüber verwundert und verbittert zugleich. Eginhart wollte, da er sich dessen gewiß war, daß seine Tat nicht lange geheim bliebe, vom Hofe scheiden, und so bat er kniefällig den Kaiser um Erlaubnis mit der Versicherung, daß er für seine Dienste keinen Lohn erwarte. Der Kaiser antwortete, er werde darüber nachdenken und nannte einen bestimmten Tag, an welchem er seine Absicht ihn wissen lassen werde. An dem Tag versammelte er seine

Ratgeber, unterbreitete ihnen das Vergehen des Secretarius und berichtete, was er gesehen hatte. Er verlangte Rat eine Sache betreffend, durch die sein Haus geschändet worden war. Jeder gab einen anderen Rat, er selbst jedoch sprach: Wenn er Eginhart bestrafe, mindere er die Schmach der Familie nicht nur nicht, sondern vergrößere sie noch, deshalb würde er die Schande lieber mit dem Mantel der Ehe zudekken. Man ließ Eginhart kommen und teilte ihm mit, er würde als Lohn für seine Dienste die Tochter des Kaisers bekommen. Jawohl, ich geb' sie dir, sprach der Kaiser, sie, die aus lauter Güte dich auf dem Rücken trug. Die Fürstin wurde sogleich gerufen und Eginhart zu festen Händen gegeben. Sollen sie zusehen. Ich aber wünsche eine gute Nacht. Anfang dieses Monats wollte ein Gottloser den König von Frankreich umbringen*, aber er hat dafür bezahlt.

201

Rodosto, 21. aprilis 1757

Letzten Monat ist der neue Wesir, Râgıp Pascha, aus Aleppo angekommen; wenn er nur ein guter wird. Wie sollte er jedoch ein guter sein, wo er griechischer Herkunft ist? Grade in diesem Monat haben die Griechen am Ostertage unsere Kapelle in Jerusalem geplündert. Du weißt, die Kapelle ist an der Stelle errichtet, wo Christi Sarg gestanden hat. Die Kapelle war von vielen Kaisern und Königen geschmückt worden, ausgestattet mit Kleinodien aus kostbaren Edelsteinen, von denen die Griechen viel mitgenommen haben. Alldieweil der Wesir ein Grieche ist, haben die Griechen ihn mittels Geldes abgewendet von der Gerechtigkeit, also weiß Gott allein, wie das enden wird. Die Türken lassen unsere Geist-

* *umbringen:* Attentat gegen Ludwig XV., verübt von Robert François Damiens, der dafür in Paris öffentlich hingerichtet wurde

lichen in Jerusalem in aller Ruhe ihren Dienst tun für Gott. Aber die Griechen neideten uns allzeit die dortige heilige Kapelle, und eben diese Wut trieb sie zur Plünderung. Du magst fragen, wie sie es wagen konnten unter den Augen des dortigen Paschas? Oh, in diesem Land läßt sich mit Geld alles regeln. Die Stadt ist von vielen Griechen und Armeniern bewohnt, aber sie leben in großem Frieden mit unseren Priestern. Und zu Ostern versammeln sie sich dort von überall her, ja sogar die Juden kommen hin, um wenigstens die Stelle der alten Tempel sehen zu können. Wenn die auch jetzt noch dahin gehen, wie schön muß es dann zu Christi Zeiten gewesen sein, Juden in solcher Menge zum Tempel hinaufschreiten zu sehen.

Wie unzählig waren Juden zugegen, als Er auf Esels Rükken glorreich einzog in die Stadt Jerusalem, und dann als Er getötet wurde einige Tage danach. Daraus kann man beurteilen, vor den Augen welch einer Unmenge Volks der Heiland sterben wollte, die alle seinen Tod wünschten; am Ostertag wurden bis zwei Uhr nach Mittag gewöhnlich zweihundertfünfundfünfzigtausend und sechshundert Lämmer geschlachtet, die zu essen wurden zwei Millionen fünfhundertfünfzigtausend Personen gezählt. Welch ungemein große Versammlung das doch war, wie ungeheuer viele Mörder, da sie alle dafür waren, daß ihr König getötet werde. Sie aber riefen nur: Kreuzige ihn, wir haben keinen König! Eben dieses schrecklichen Mordes wegen kam über dies Volk Gottes fürchterliches Urteil und Rache. Man kann es abschätzen daran, daß bei der Belagerung von Jerusalem bis zur Einnahme durch Titus in der Stadt elfmal einhunderttausend Menschen begraben und nach der Bezwingung und Zerstörung siebenundneunzigtausend Menschen in die Knechtschaft getrieben wurden. Wahrlich, die über sie verhängte Strafe war groß, aber die Größe des Frevels auszusprechen wäre welche Zunge denn imstande?

202

Rodosto, 28. maji 1757

In diesem Monat, herzliebste Cousine, pflegt man zur Ader zu lassen. Am sechsten Tag dieses Monats gab es allerhand Aderlasse bei Prag, da die Streitmacht der ung'rischen Königin einen großen Kampf ausfocht mit dem König von Preußen*, dessen Ende zu das Heer der Königin nach Prag hin abgedrängt, dort festgesetzt und die Stadt selbst in die Zwinge genommen wurde. Gott allein weiß, wie das ausgehen wird; so viel freilich weiß ich, daß der Brief zwar klein, die Neuigkeit indes recht groß ist.

203

Rodosto, 30. junii 1757

Abermals, herzliebste Cousine, weiß ich eine große Neuigkeit zu berichten, der König von Preußen ist nämlich geschlagen worden. Und das ging so: Marschall Daun eilte mit einer großen Streitmacht Prag zu Hilfe, der König rückte ihm entgegen, und sintemal beide Seiten grad rauflustig waren, frönten sie halt ihrer Lust und lieferten sich einen großen Kampf. Die Schlacht wurde am 18. bei dem Dorf oder der Stadt Kolin geschlagen. Es war ein langer Kampf. Der Sieg aber verließ den König und gesellte sich zu Daun; da dieser ihn freundlich empfing, gewann er auch die Schlacht, entsetzte Prag und öffnete die Stadttore. Von der Schlacht allerdings hatte man in der Stadt nichts gewußt, eh als erste am selben oder am nächsten Tag eine tapfere Mar-

* *König von Preußen:* Friedrich II. der Große in der Schlacht bei Prag

ketenderin mit der Freudenbotschaft ankam, daß sie gewonnen wär. Vermutlich hat man diese Weiberpost daraufhin auch beschenkt. Sodann rückte das Preußenheer ab von Prag. Wer könnte die Freude der Bewohner beschreiben, hätten sie doch viel Schaden, Verderben und Brände erlitten durch Bomben und Brandgeschosse.

Da ich dieser Tage die Historie vom Sultan Murat las und dort ebenfalls von Schlachten die Rede ist, erzähle ich sie ganz kurz, damit mein Brief länger werde. Nun gut, da hatte also König Ludwig V.* Frieden geschlossen mit Murat, und um den zu bekräftigen, überreichte man dem Sultan als Pfand die Hälfte einer geheiligten Hostie. Ich weiß nicht warum, aber der König brach ohne jeden Grund den Frieden und marschierte mit einem zahlenmäßig starken ung'rischen Heer gegen den Sultan. Es befanden sich auch viele Bischöfe im Felde, denn früher gab es den üblen Brauch, daß die Bischöfe mit ihren eigenen Truppen ins Feld ziehen mußten. Zudem meinte man damals, allerdings nicht dem Evangelium gemäß, Ungläubigen gegenüber brauche man Zusagen und Gelöbnisse nicht zu halten. Die Schlacht fand bei Varna statt, die Ungarn schlugen sich sogleich hitzig, so daß sie die Türken zurückdrängten, und diese bereits die Flucht antraten. Als der Sultan sah, daß er die Schlacht so gut wie verloren hatte, holte er die halbe geheiligte Hostie aus dem Brustbeutel, hob sie gen Himmel und flehte Gott an, der möge jene bestrafen, die den Frieden gebrochen haben, den sie mit einem solchen Pfand ihres großen Propheten bekräftigt hatten. So geschehen, preschte er mitten in sein Heer, kehrte es um und führte es abermals zur Attacke auf den Feind. Von Schrecken gepackt wandten sich nun die Ungarn

* *König Ludwig V.:* Tatsächlich der ungarische König Ulászló I., nach Treuebruch umgekommen in der Schlacht bei Varna 1444

zur Flucht. In einer Gegend zwischen Teichen und Sümpfen kam auch der fliehende König selbst samt Roß um. Aus dem Exempel ersiehst du, Cousine, die Türken zollen Christo große Ehre, wiewohl sie uns Giaurs, Ungläubige, heißen, weil wir an Mohammed nicht glauben. Und wie recht tun wir daran!

204

Rodosto, 2. novembris 1757

Wieder eine große Neuigkeit, herzliebste Cousine! Sultan Osman hat nach vielem Kränkeln das Viele, was er besaß, anderen hinterlassen. Anderen, sagte ich, denn auch die anderen werden es anderen hinterlassen, und es wird nicht einem belassen werden, also sprach ein Derwisch zu einem König in persischen Landen. Ein Derwisch trat in den Hof des Königs, rollte in einer Laube seine Matte aus und zündete sich eine Pfeife an, als wäre er dort der Herr. Der König sah ihn und schickte jemanden zu ihm mit der vorwurfsvollen Frage, wie er es habe wagen können, ohne Erlaubnis einzutreten. Der Derwisch ließ ausrichten, einen Gasthof dürfe jedermann betreten; dem König hätten Urgroßvater, Großvater und Vater den Palast hinterlassen gleichwie einen Gasthof. Der König lachte über des Derwischs Narrheit. Osman war ein guter, friedliebender Sultan, der die Christen nicht haßte. Er verstarb am 29. Tag des vergangenen Monats, nach einer Herrschaftsdauer von zwei Jahren, zehn Monaten und ein paar Tagen. Tags darauf wurde Mustafa zum Sultan erkoren; er ist um die fünfzig Jahre alt und ein Sohn des Sultans Ahmet. Was das für einer sein wird, weiß Gott.

Du schreibst, Cousine, in Frankreich habe sich eine Herzogin, als sie vom Pferd fiel, beide Arme gebrochen. Sie wird nun sicherlich ein Leben lang davon gezeichnet sein. Da sehen wir, jungen Frauen dürfte man nicht erlauben, daß sie ein Pferd besteigen; den Alten könnte man es zunehmend zugestehen, sie brauchen Arme und Beine nicht so nötig als junge. Ich habe gelesen, in der Gegend von Thessaloniki habe eine Edelfrau gelebt, die ein Lieblingspferd hatte, auf dem sie gern ausritt. Das Pferd war auch so herrisch, daß es einen anderen kaum aufsitzen ließ. Und so geschah es einmal, daß der Papst aus Rom zum Kaiser nach Constantinopel wollte, und da er auf dem Landweg reiste, mußte er das Gut der edlen Frau passieren. Bei seiner Ankunft wurde er von der Dame mit großen Ehren empfangen, und als er wieder aufbrechen wollte, bat die Edelfrau ihn, er solle sich auf ihr Pferd setzen und darauf den Rest des Weges zurücklegen. Dem Papst war dieses Wohlwollen willkommen, und er schwang sich aufs Pferd. Nach Erledigung seiner Angelegenheiten nahm er auf der Rückreise bei der Dame Quartier, gab ihr das Pferd mit vielem Dank zurück und zog weiter. Etliche Tage danach wollte die Frau aufsitzen, doch es ging nicht, das Pferd war nie mehr bereit, seine Herrin zu tragen, als hätte es sagen wollen: Ich trug den Heiligen Vater auf dem Rücken, da kann ich doch künftig keine Frau mehr tragen*. Kalin nikta, Cousine!

205

Rodosto, 29. novembris 1757

Wenn Krieg geführt wird, herzliebste Cousine, muß von Schlägereien berichtet werden, wir hier schlafen in aller Ruhe, aber in Schlesien gilt es ständig auf den Beinen zu sein, ja auf den Beinen zu sterben, wie dies am 22. dieses Monats

* *tragen:* Kürzere Variante der Geschichte s. Brief Nr. 57

den Preußen bei Breslau widerfuhr. Die Armee der Königin wurde, so scheint's, von Graf Nádasdy kommandiert und das Preußenheer vom Herzog von Bevern. Gesetzt, ich würde den Verlauf der Schlacht in Gänze berichten, müßte ich zum Schluß dann doch sagen, der Preuße ist geschlagen und der Herzog gefangengenommen worden, und ein paar Tage danach übergab man auch Breslau an Nádasdy. Schlesien hätte die Königin also nunmehr wiedergewonnen. Breslau wurde nicht lange belagert, weil ein paar Tage nach der Schlacht schon aufgegeben. Und dabei ist es Nádasdy nicht so ergangen wie einem griechischen König, Philipp nämlich, dem Vater Alexanders des Großen. Der König belagerte irgendwelche Festung, als ein hochmütiger Grieche in sein Lager kam und den König um Aufnahme in dessen Diensten bat, weil er ein Bogenschütze sei, der einen Vogel im Flug abschießen könnte. Der König mag grad bei schlechter Laune gewesen sein, jedenfalls antwortete er, er brauche keine Jäger, sondern Soldaten. Der Grieche hielt sehr viel von sich, war aufgebracht über diese Antwort, und er schlich sich noch selbigen Abends in die Festung ein mit dem Vorsatz, sich zu rächen. Einige Tage danach machte der König einen Rundgang um die Burg, trat der Festung jedoch zu seinem Unglück näher, als es angebracht gewesen wäre. Und wie er so die Burg beäugte, traf ihn ein Pfeil aus der Festung am Auge. Als man ihm den Pfeil aus dem Auge herauszog, sah man darauf geschrieben: Philipp aufs rechte Auge. So war's denn auch, der Schuß saß am rechten Auge. Der König und die anderen alle durchschauten sogleich: Der Bogenschütze hatte geschossen aus Rache. Wozu nicht alles sind Hochmut und Rache imstande! Ich sollte mich ebenfalls rächen, weil ich so lange schon keinen Brief erhielt von Euch.

Rodosto, 29. decembris 1757

Derzeit sind neue und kalte Bräuche im Schwange, es wird auch mitten im Schnee Krieg geführt, denn am fünften dieses kalten Monats kam es zu einer großen Schlacht bei Leuthen in Schlesien. Die Armee der Königin wurde von Prinz Karl und Marschall Daun kommandiert; der Preußenkönig befehligte seine Streitmacht selbst. Es war ein großer Kampf, beide Seiten schlugen sich tapfer, zum Schluß jedoch neigte der Sieg sich dem König zu, und davon hatte er den Nutzen, daß er Breslau zurückgewann. Gott weiß, wie lange er durchhält.

Ich muß wiederum vom Tode schreiben, denn der edle Herr Csáky ist, nachdem er am sechsten die Worte nur noch schwer hervorbrachte, am siebten um elf Uhr vormittags im Alter von 81 Jahren verstorben. Er ist fast bis zum Tode, das heißt grad bis zum Tode gesund gewesen und hat nie einen Doktor oder Arzneien benötigt. Man kann also nicht sagen, er sei an dem oder an jenem gestorben, weil seine Krankheit so und so war, weil die Arznei nicht die rechte war, nein, er ist einfach nur darum gestorben, weil es Gottes Fügung ist, daß ein jeder Mensch sterbe. Er ist Ferenc Rákóczis letzter General gewesen. Nun sind wir nur mehr zu zweit mit dem edlen einstigen Junker Zay, wir sind die allerletzten, weil Gott der Herr uns zuletzt gelassen hat. Wozu und wie lange? Er weiß es. Wie auch immer, danken wir Ihm, daß er uns dieses Jahr zu erleben vergönnte, und bitten wir darum, daß er die armen Flüchtlinge auch künftig nicht verlasse und seinen heiligen Blick nicht von ihnen wende. Bitten wir ihn aber nicht mit dem Munde, vielmehr mit dem Herzen, denn die Menschen hören auf den Mund, Gott aber schaut aufs Herz, gleichwie das sich mit einem heiligen Eremiten zutrug.

Ein Bischof war auf Reisen übers Meer; die Seeleute gingen bei einer Insel vor Anker, und der Bischof ging zu seiner Kurzweil an Land. Wie er da so auf und ab wandelte, erblickte er eine kleine Hütte zwischen den Bäumen und meinte, es könnte die Behausung eines Menschen sein. Ganz leise näherte er sich einem Fensterchen, durch das er Menschenworte hörte, als betete da jemand. Aber wie war er verwundert darüber, daß der da drin also betete: Verflucht sei der Herrgott. Und diese Worte wiederholte er ohne Unterlaß. Der Bischof konnte nicht an sich halten, ging hinein zu ihm und sprach: Bruder, du sollst nicht sagen, verflucht sei der Herrgott, sondern geheiliget sei der Herrgott. Der Eremit fing an, es so zu sagen. Da er ihm das beigebracht hatte, kehrte der Bischof zurück aufs Schiff, welches losfuhr. Unterdessen aber hatte der Eremit das grad Gelernte vergessen, und er rannte geschwind dem Bischof hinterher. Das Schiff war bereits ein Stück weit weg vom Ufer, doch der Eremit scherte sich nicht darum, ob er auf Festland oder auf Wasser lief, er hatte nur das Gebet im Sinn. Der Bischof und die anderen an Bord sahen mit großer Verwunderung, daß der Eremit ihnen übers Meer nachlief. Als dieser das Schiff eingeholt hatte, rief er dem Bischof zu, er habe das Gebet vergessen. Angesichts des großen Wunders antwortete ihm der Bischof: Bet' nur so, Bruder, wie du bisher gebetet hast. Aus dem Beispiel ersehen wir, daß Gott des Herzens Gebet mag und achtet unsrer Worte nicht. Auch ich wünsche meiner lieben Cousine, Neujahr in Gesundheit zu erleben. Amen.

207

Rodosto, 20. decembris 1758

Nicht nur uns, herzliebste Cousine, sondern dem ganzen Menschengeschlecht geht es so als den zum Tode Verurteilten im Kerker, die nicht wissen, wann sie abgeführt werden zum Richtplatz. Grad so ist unser Los. Wieviele Herren, Edelleute haben wir hier schon begraben, den einen in diesem, den anderen im anderen Jahr, so daß wir nur mehr zu zweit geblieben waren mit dem edlen Herrn Zay. Gott nahm auch ihn aus dem Exil am 22. Oktober. Nunmehr bin ich alleine von den Flüchtlingen und kann nicht sagen wie bisher, ich ließe dem oder jenem den Vortritt, denn allein geblieben, werde ich nun selbst hinausgehen müssen hin zum Richtblock. Nach Herrn Csákys Tod hatte die Pforte den edlen Herrn Zay zum Oberhaupt der Ungarn gemacht, die sich unter der Protektion des Sultans hier im Lande aufhalten. Nach seinem Tode mußte ich mich zur Pforte begeben, um zu vermelden, daß er gestorben war. Dem Brauch gemäß wurde ich zum Başbog* gemacht, denn wohlweislich bin von denen, die einst mit dem alten Rákóczi ins Land gekommen sind, nur mehr ich übrig, die sich aber mit mir jetzt noch hier befinden, sind neue. Wie ist doch diese Welt! Was hab' ich an Veränderungen nicht alles durchgemacht, doch Gottes Vorsehung ist allzeit mit mir und mit uns allen gewesen und bleibt es auch. Eine ganze Predigt könnt' ich verfassen über unseres Lebens Wandel im Jammertale, welchen Wandel wir so lange suchen, bis wir den Berg der Freude erklommen haben. Es ist schon etliche Tage her, daß ich zurück bin aus der großen Stadt. Was immer der Herr fürderhin verfügt über mich, ich bin in seinen Händen, so

* *Başbog:* Gruppen- oder Truppführer in formalem Generalsrang

viel aber weiß ich, Staub muß zu Staub werden, und selig ist, wer nicht für den Herrn, sondern im Herrn stirbt. Brauch ich mir denn nach meiner so lange währenden Flucht anderes wünschen als jene Glückseligkeit?

Als ich den ersten Brief an meine Cousine schrieb, war ich siebenundzwanzig Jahre alt, diesen aber schreib ich im neunundsechzigsten; davon zieh ich siebzehn Jahre ab, die übrigen verbrachte ich in unnützem Exil. Unnütz hätte ich nicht sagen sollen, denn in Gottes Fügung ist nichts Unnützes, fügt er doch alles zu seinem Ruhme. Wir haben also darauf zu achten, daß auch wir es dafür nutzen, und so wird jegliche seiner uns betreffenden Fügungen uns zum Heile gereichen. Wollen wir uns also nichts anderes wünschen, als daß Gottes Wille geschehe. Flehen wir um ein Leben in Heil, um einen guten Tod und um ewige Seligkeit, und wir werden ablassen vom Bitten, vom Freveln ebenso als vom Flüchten und von unersättlichen Wünschen. Amen.

Nachwort

Die in den einundvierzig Jahren zwischen 1717 und 1758 datierten Briefe wurden vom Verfasser, dem Ungarn Kelemen Mikes, nie abgesandt, und selbst falls es postalische Privatbriefe gewesen wären, hätten sie, da vom Briefeschreiber an eine Gräfin im damaligen Konstantinopel adressiert, die Türkei nicht verlassen brauchen. Und doch sind die nicht einmal abgesandten ›Send-Briefe‹ aus der Türkei heraus und sehr wohl bei den richtigen Empfängern angekommen: bei jedermann, der sie je las und liest – als Lesebriefe: epistolare Literatur. Die literarische Form des Briefs, die Epistel, liefert gewissermaßen frei Haus die Suggestion von Partnerschaft, Kommunikation, Intimität, ja auch Glaubhaftigkeit, etwa durch Untermischung historisch-dokumentativer Partien; und dann ist die Briefform, historisch auf breiter Skala verteilt zwischen – sagen wir – Cicero und Goethes Briefroman von den *Leiden des jungen Werther*, freilich auch noch eine überaus wandlungs- und anpassungsfähige Äußerungsweise, individuell flexibel anpaßbar sowohl dem Verfasser als auch dem (fiktiven) Adressaten und den vielen möglichen Situationen, in welchen Erzählung, Antwort, Widerspruch usw. leger oder streng, neumodisch oder konservativ daherkommen können.

In den Übergängen vom Barock (im Frankreich Ludwigs XIV. vom Klassizisieren) zum Rokoko Anfang des 18. Jahrhunderts war der Brief zu einer überaus gepflegten literarischen Form geworden; private Korrespondenzen wurden mit ästhetischem Anspruch und mit dem Blick auf mögliche, ja erwünschte öffentliche Rezeption geführt; private Briefe der Marquise de Sévigné kursierten in den Pariser Salons bereits zu Lebzeiten der Verfasserin handschriftlich, ehe sie zu Bestsellern mit unzähligen Auflagen wurden. Da traf es sich glücklich, daß es in der siebenbürgisch-ungarischen Tradition einen bereits kultivierten Vorlauf für die Subjektivität der Redeweise (in Autobiographien und religiösen Streitschriften) gab, und daß ein junger ungarischer Intellektueller, aufgewachsen in solcher siebenbürgischen Tradition und begnadet mit einer ausgeprägten Neigung und Begabung zum gelösten und doch konzentrierten Erzählen, auch zum Rollen- und Sprachspiel, um die Zeit nach Paris verschlagen wurde. Mit den Eckpunkten des geographischen Dreiecks Siebenbürgen-Paris-Türkei sei zunächst etwas von jener Konstellation signalisiert, in der die *Briefe aus der Türkei* entstanden sind.

Im südöstlichen Karpatenbogen, im heutigen Rumänien, liegt Zágon, der Geburtsort von Kelemen Mikes. Die aus dem Mittelalter überkommene Bezeichnung der Komitate im östlichen Grenzland, so auch für Mikes' Heimatgrafschaft Drei Stühle (ung. Háromszék), liefert zugleich die Erklärung für die zum Volksgruppennamen gewordene Herkunftsbezeichnung ›Székler‹: Bewohner einer der Stühle im Grenzland; analog dazu gab es übrigens siebenbürgisch-sächsische Stühle der dortigen Grenzlanddeutschen. Aus den Pflichten zum Militärdienst erwachsene Privilegien nährten und festigten ein eigenes Gemeinschaftsbewußtsein der Székler-Ungarn und ähnlicherweise der privilegierten freien Deutschen in den sächsischen Stühlen. In der ständischen Gesellschaft Siebenbürgens waren die Székler – neben den privilegierten Nichtszékler-Ungarn, das heißt im wesentlichen dem Feudaladel sowie den Sachsen – eine der drei staatsbildenden ›Nationen‹ (von dem sächsischen Autor Johann Troester 1660 ›Ständ-Nationen‹ genannt). Das Staatsgebilde dieser drei politischen – primär nicht ethnisch-sprachlich determinierten – ›Nationen‹ war das Fürstentum Siebenbürgen, entstanden um die Mitte des 16. Jahrhunderts im Ergebnis der Dreiteilung des mittelalterlichen, unter dem Renaissance-Herrscher Matthias Corvinus (einem Siebenbürger) ein Jahrhundert zuvor noch so mächtigen Königreichs Ungarn. Das – einschließlich Siebenbürgens – einheitliche Königreich Ungarn war 1526 dem nach Mitteleuropa vorstoßenden Türkenheer unterlegen und von den Türken zum Teil, nämlich das Donau-Theiß-Tiefland mit der Hauptstadt Buda (Ofen), in der Folgezeit okkupiert worden. Um den verwaisten Thron und damit um das Königreich als Ganzes stritten sich Ferdinand I. aus dem Hause Habsburg, der vom nicht türkisch besetzten Rest des Reichs in den West- und Nordgebieten die Macht ausübte, und zum anderen König Johann I., gestützt auf seine Hausmacht in Siebenbürgen. Der 1565 ausgehandelte Kompromiß besiegelte mit der Hinnahme der (dank des osmanischen Schutzes freilich realiter beschränkten) Souveränität des Fürstentums Siebenbürgen die faktische Dreiteilung Ungarns. Für die Kontinuität der Herausbildung der ungarischen Nation im neuzeitlichen, modernen Sinne der sprachlich-kulturellen Identität war diese siebenbürgische Eigenständigkeit von großer Bedeutung. Der Ständetag der drei ›Nationen‹ deklarierte für das protestantisch dominierte Fürstentum 1568 die (in allen anderen damaligen Staatsgebilden Europas beispiellose) völlige Freiheit der Verkündigung und Erklärung des Evangeliums. Zu einem europäischen Machtfaktor avancierte Siebenbürgen als Mitglied der protestantischen Allianz in den ersten Phasen des Dreißigjährigen Krieges; auch eingedenk der Freiheit und Förderung der Kultur und Bildung ist im ungarischen historischen Bewußtsein Fürst Gábor Bethlens Siebenbürgen (1613-1625) vom Mythos eines ›Feengartens‹ umweht.

Vor solchem historischem Hintergrund dürfte es verständlich sein, daß der Epistelschreiber Kelemen Mikes selbst noch im gemeinsamen Exil mit allerlei Ungarn, also sowohl aus dem verbliebenen Königreich, aus Ungarland (im zeitgenössischen deutschen Wortgebrauch aus ›Ungern‹), als auch Székler und Nicht-Székler aus Siebenbürgen, seine Székler – primipile wie er (Brief Nr. 39) – durchaus nicht bloß im Scherz als Kern des Siebenbürgischen und damit des Ungartums an sich ansah.

Der im August 1690 geborene Knabe Kelemen war grad wenige Monate alt, als sein Vater nach der Gefangennahme durch kaiserlich-österreichische Truppen hingerichtet wurde. Er hatte sich den Rebellen angeschlossen, die den gewaltsamen Anschluß des Fürstentums an das Habsburgerreich abzuwehren suchten. Bis zur Wiederverheiratung der Mutter um 1697 verbrachte Kelemen seine Kindheit bei kulturell aufgeschlossenen, Bibel lesenden Verwandten in der engeren Heimat, offenbar völlig eingebunden in ein volks- und naturnahes Milieu, das sein späteres künstlerisch-kreatives Verhältnis zur Sprache, zur Muttersprache zumal, und seine Kommunikationsbereitschaft entscheidend prägte und in welchem er all die Jahrzehnte des Exils hindurch geistig-emotional verwurzelt blieb. Zehnjährig konvertierte er mit der Mutter zum katholischen Glauben des Stiefvaters und wurde einer Jesuitenschule in Klausenburg anvertraut. Von der Schulbank weg wurde Kelemen Mikes 1707 in den Lebenskreis eines Mannes berufen, der sich zeitweise im Rampenlicht der europäischen politischen

Bühne bewegte und dessen Schicksal der Jüngling sein eigenes ein für allemal unterordnete. Der 1704 vom Ständetag zum Fürsten von Siebenbürgen gewählte Ferenc Rákóczi II., seit 1703 an der Spitze der für einen von Wien unabhängigen Nationalstaat kämpfenden konföderierten gesamtungarischen Stände, nahm nach der Inthronisation das Gelöbnis der jungen Angehörigen der zur Elitebildung gegründeten Adels-Companie zu Klausenburg ab und berief einige Auserwählte als Pagen zu seinen persönlichen Diensten. Das Angelöbnis des Pagen, ab 1709 Kammerjunkers und schließlich Kammerherrn Mikes hielt ein Leben lang stand.

Von seiner gottgewollten Berufung überzeugt, hatte der Fürst die Führung im Widerstandskampf unter dem Fahnenspruch ›Pro Libertate‹ übernommen und die Verpflichtung insbesondere den Siebenbürger Ständen gegenüber als ausschlaggebendes Motiv für sein politisches Wirken bis ans Lebensende im Exil empfunden. Väterlicherseits hatten mehrere seiner Vorfahren die Fürstenwürde getragen; die Aristokratenfamilie, der seine Mutter, eine geborene Zrinyi, entstammte, hatte im westlichen Ungarn die Sammlung der nationalen Kräfte des Adels betrieben; ihr Vater war, der Verschwörung gegen den Kaiser und König beschuldigt, in Wiener Neustadt eingekerkert und hingerichtet worden. In zweiter Ehe mit jenem Grafen Thököly verheiratet, der die ersten Kuruzenheere in den Kampf gegen Wien geführt hatte, war sie ihm ins Exil in die Türkei gefolgt, wo sie 1703 starb. Zwölfjährig war Ferenc Rákóczi von seiner Mutter getrennt und zur Umerziehung in eine Jesuitenschule nach Böhmen verbracht worden, und trotzdem führte der Weg des reichsten jungen ungarischen Aristokraten in die gleichsam ererbte Position der Führung des nationalen Widerstands: Eine Abordnung aufständischer Bauern seiner Gutsherrschaft rief den Prinzen aus dem Wohlleben polnischer Gastlichkeit heim, um die marodierenden fremden Söldnerheere zu vertreiben. Der Prinz kam, und dies war das Fanal zum Freiheitskrieg 1703. Acht Jahre lang fand sein wechselhafter Verlauf europaweit ein vielfaches Echo, in Versailles wegen der Schwächung des Rivalen um die spanische Erbfolge auch Zuspruch, aber 1711 war dann doch wieder nur mehr der Weg nach Polen offen, zunächst um die erhoffte französisch-russische Hilfe zu holen, tatsächlich führte er aber ins lebenslängliche Exil.

Kelemen Mikes' Lebensweg verlief in Funktion zu dem ›unseres Fürsten‹, ›unseres Herrn‹, wie später in den Briefen zu lesen sein wird. Als im wiederum gastlichen Polen das herrschaftliche Leben zwar kurzweilig, jedoch nicht einmal mehr Hoffnung auf effektive Hilfe zu schöpfen war, bestieg der Fürst mit seinen Vertrauten, unter konspirativen Vorkehrungen, den englischen Frachter ›St. George‹ und betrat im Januar 1713 in Dieppe französischen Boden – als ›Comte de Charoche‹ (ung. Sáros, mit etwa der Bedeutung ›Schlammland‹, Name einer Grafschaft, vgl. auch Brief Nr. 84). Ludwig XIV. gewährte bis zu seinem nahen Tode (1715) dem zum Gast gewordenen Verbündeten Schutz und alle Ehren, politische Relevanzen – wegen der anstehenden Normalisierung der Beziehungen zu Wien – freilich ausgenommen. Kammerjunker Mikes dürfte es dennoch genossen haben, neben der fürstlichen Chaise, wie der Herr nach neuester Pariser Mode gekleidet, zu Gartenfesten, Konzerten oder Jagdausflügen nach Chantilly, Saint-Germain, Rambouillet oder Fontainebleau zu reiten. Passable Gewandtheit im Französischen verschaffte ihm, als der Fürst nach dem Tod des Sonnenkönigs bei den als Hüter der verketzerten jansenistischen Lehren still wirkenden Kamaldulensern in Grosbois ein Gartenhaus bezog und sich neben frommer Andacht in die Schriftstellerei (*Les Mémoires* ... und auf Lateinisch: *Confessiones et Aspirationes* ...) vertiefte, eigene Zugänge zu Bildung und Kunstgenuß, sicherlich auch zur gerade modischen Literatur. Jene berühmten Briefe, gewechselt zwischen Marie de Rabutin Chantal, Marquise de Sévigné und ihrem Cousin, Roger de Rabutin, Comte de Bussy, sind 1716 in neunter Auflage erschienen, und deren Lektüre dürfte für den jungen Kavalier nicht nur ein Muß zur Konversation in den Salons, öfter freilich doch in den Vestibules, gewesen sein, sondern überhaupt die Lust zum eigenen Briefwechselspiel mit einer ›chère cousine‹ angeregt haben. Die derb-drollige Geschichte in Mikes' Brief Nr. 58 ist von der Forschung bis jetzt außerdem nur beim Comte de Bussy gefunden worden. In den Wochen und Monaten vor dem Start ins türkische Abenteuer hatte der junge Mann ganz gewiß nicht bloß Kriegstaten im Sinn.

Mikes' Fürst begab sich auf die Reise in die Türkei auch nicht aus Kriegslust, und dennoch wegen der Aussicht, bei einem Krieg mittun und als politischer Führer, der einen Eid geleistet hat, so die gerechte Sache der ›Libertas‹, wenn auch nicht gleich für das ganze Königreich Ungarn, so doch wenigstens für Siebenbürgen verfechten zu können. Nicht Zuflucht suchte man beim Sultan, sondern einen mächtigen Verbündeten, an dessen Seite ›unsre Sach‹ in einer sich abzeichnenden antihabsburgischen Koalition aufs neue ins Spiel gebracht werden sollte. Doch bis Rákóczi mit seinem Trupp bei den Dardanellen kampfbereit an Land ging, hatte die Hohe Pforte vor dem Prinzen Eugen bereits kapituliert.

Zum Trost oder als Lebenshilfe blieb die stoische Moral: Da man sich der göttlichen Vorsehung nicht entziehen kann, hat man das Zugemessene mit Anstand und Würde zu tragen (s. Brief Nr. 12). Auf solchem Fundament des Glaubens an die Prädestination allein schon hätten wechselseitige Sympathien zwischen dem Fürsten und einer Tante seiner Gemahlin aus hessischem Hause erwachsen können. Es war, als sei auch sie, Elisabeth Charlotte Herzogin von Orléans, Schwägerin des Sonnenkönigs, Mutter des nach dessen Tod ins Machtzentrum gerückten Regenten – Liselotte von der Pfalz, die große deutsche Briefschreiberin – im Innersten des Herzens gleichsam im Versailler Exil. Hören wir kurz hinein in einen 1720 datierten zeitgenössischen Brief der achtundsechzigjährigen Herzogin an ihre Stiefschwester in Frankfurt. »Ey, liebe Louisse, wen Ihr über alles, waß ich Euch von hir berichte, weinen wollt, darf ich Euch nichts mehr schreiben; den weinen ist bitter ungesundt und ich wolte Euch nicht gern kranck machen. Ich weine nicht mehr, liebe Louisse! Warumb wollt Ihr dan weinen? Ich habe gott dem almächtigen alles heimgestellt, den laß ich walten, dancke ihm von hertzen, wen ein tag vorbeygeht, daß ich keine böße Zeittung erfahren, erwartte nichts gutts und gehe hübsch still meinen weg fort. Daß ich sagen solle, daß ein solch leben ahngenehm ist, müste ich lügen« (nach der originalgetreuen Ausgabe einer Briefauswahl von 1972, erschienen bei Koehler & Amelang in Leipzig). Der scharfblickende und scharfzüngige Tagebuchschreiber Saint-Simon erinnerte den Fürsten als angenehme und vornehme Erscheinung, aber sonderlich geistreich fand er ihn nicht, und als er von Rákóczis Vorhaben hörte, notierte er, ihm sei unbegreiflich, wie sich jemand mit so vielen leidvollen Erfahrungen erneut hinausbegeben mag auf die stürmische See. Wie hätte ihm der

Fürst – auch noch geistreich – begreiflich machen können, daß ihn nicht der Ruf des Sultans lockte, sondern daß die moralische Pflicht, nichts unversucht zu lassen, ihm gebot, im Herbst 1717 von Marseille in See zu stechen.

Spätestens an der Endstation der politischen Sackgasse in Rodosto war dem Fürsten das neuerliche Scheitern seiner historischen Mission offenkundig. Was er niemanden in seiner Umgebung merken ließ, gestand er wie stets rückhaltlos dem Allmächtigen in seiner *Confessio peccatoris* (Bekenntnis eines Sündigen): »Nirgendwohin kann ich mich wenden nunmehr in meiner Lage. Mich dürstet nach der Einsamkeit, von der ich mich auf Geheiß des Herrn für immer lossagte... vor einem Krieg und dem Vergießen von Menschenblut schrecke ich zurück, obschon ich wohl weiß, daß es meine Pflicht ist, mein Fürstentum aus der Knechtschaft zu befreien, aber auch dies wünsch ich wegen der Gefahren des weltlichen Lebens, die meiner Seele zum Schaden gereichen können, nicht mehr. Weise du mir, Herrgott, den Weg, der mich erwartet, denn alles, was ich als mir bevorstehend sehe, ist voller Gefahr.« Zur Jahreswende 1722/23 schrieb er dann, nachdem seine Bitte an den Regenten, ihm die Rückkehr nach Frankreich, oder aber nach Spanien zu ermöglichen, unbeantwortet geblieben war, einen Brief – so gut wie sicher, wenngleich von der Forschung nicht eindeutig zugeordnet – an die Regentenmutter, der einer ›Confessio‹ gleichkommt (»Meine traurige Erfahrung besagt nämlich, daß es außer dem seelischen und körperlichen Tod auch noch einen politischen Tod gibt ...«). Der Herzogin von Orléans konnte der Brief nicht mehr ausgehändigt werden; Liselotte von der Pfalz weilte seit dem 8. Dezember 1722 nicht mehr unter den Lebenden. Den Brieftext hätte in der Sache und in der Form auch der Kammerherr Mikes zu würdigen gewußt; es gibt jedoch keinen Hinweis darauf, daß er die persönliche Korrespondenz seines Herrn kannte, und ebenso deutet nichts darauf hin, daß Mikes seine in der Truhe verwahrten eigenen Briefe irgend einem von den ungarischen Asylanten in Rodosto zeigte oder auch nur erwähnte. Und doch träumte er von gedruckten Briefen, die eigenen schamhaft versteckend hinter rohrzuckersüß mundenden der ›Cousine‹ (Briefe Nr. 59 und 75).

Gleich nach der Ankunft in der Türkei, mit dem allerersten Brief (und mag er später auch bearbeitet worden sein), gelang Kelemen Mikes eine Intonation, die den Leser in einen Erzählstrom hineinzieht, dem er sich gern anvertraut. Daß Mikes schon ein Werkganzes mit Konzept und Komposition vorschwebte, ist nicht einmal wahrscheinlich, und tatsächlich geht schließlich vom organischen, unvollkommenen Gewachsensein des Ganzen ein besonderer Reiz aus; vermutlich war aber im Kopf des Autors eine Redeweise vorgebildet, der gemäß es in seinen belletristischen Briefen familiär offen und ungezwungen zugehen sollte, ohne jedoch auf Zierat aus Artigkeiten und Neckereien zu verzichten. Und die Partnerwahl galt es sorgfältig zu treffen. Wenn schon – mangels real existierender Cousine – eine Traumfrau, dann mit allen Attributen, und herauskam dabei ein siebenbürgisch eingefärbtes Bild von der idealen Frau nach den Ideen der europäischen Aufklärung, einem klassizistischen Medaillon schon nahe, ausgestattet mit allen Tugenden und Segnungen, die der Autor sich für ein ideales Leben in einem idealen Siebenbürgen wünschte. Die Heimat als Frauenbildnis war wohl von vornherein Adressatin und Partnerin in der Vorstellung des Briefeschreibers.

Die Erstfassungen der Briefe sind nicht bekannt, erhalten

geblieben sind etappenweise entstandene Abschriften von Mikes' Hand. In ereignisreichen Zeitläuften verdichtet sich die Frequenz, zwischendurch wird, um der drohenden Gefahr des Abbruchs zu begegnen, aus französischen Quellen (etwa dem aus dem Englischen übersetzten Periodikum *Le Spectateur*, 1714-1726; Bayles *Dictionnaire historique et critique*, 1695-1697; Fénélons und Fleurys Schriften) Erlesenes ohne Bruch in der Subjektivität der Sicht und des Stils berichtet (eine nicht zu unterschätzende sprachliche Leistung!), und als er in den vierziger Jahren, da er auf Heimkehr nicht mehr hoffen durfte, seine sprachgestalterischen Energien auf Übersetzungen verwandte (u. a. *Journées amusantes* von Madame de Gomez), sind von 1742 bis 1748 alles in allem sechs Briefe entstanden.

1759 wurde dem letzten Lebenden von Rákóczis Getreuen die Gnade erwiesen, via Wiens Gesandten in Konstantinopel mit den Verwandten in Siebenbürgen Kontakt aufzunehmen; seligen Seufzern gleichen diese missilen, denn endlich auch absendbaren Briefe; unter die letzte Epistel freilich hatte Mikes sein Amen zu der Zeit bereits gesetzt.

Den Weg des Epistelmanuskripts aus der Truhe des 1761 an der Pest verstorbenen Kelemen Mikes von der Marmaraküste nach Wien zu rekonstruieren war die Forschung bis in unsere Tage bemüht. Es scheint gesichert, daß es sich bei dem 1786 in Wien aufgetauchten ›seltenen, ungarisch geschriebenen Buch‹ um das Manuskript der Mikes-Briefe handelte. Anknüpfend an die Meldung vom Tod des Paschas von Travnik erinnerten die Redakteure einer der ersten Wiener ungarischen Zeitungen (›Kriegs- und andere merkwürdige Begebenheiten‹) 1789 an einen im Dienst dieses Paschas 1786 in Wien weilenden Ungarn, der ihnen dankenswerterweise damals ein ›Buch‹ schenkte, welches er wiederum von einem greisen Ungarn mit Namen István Horváth in Tekirdağ mit der Bemerkung bekommen hatte, es sei von Rákóczis Gefährten Mikes geschrieben worden. Fünf Jahre später druckte eine andere Wiener ungarische Zeitung (*Magyar Mercurius*) den Bericht eines Türkeireisenden, der in Rodosto (Tekirdağ) einen ›116 Jahre alten kerngesunden Ungarn namens István Horváth‹ kennenlernte. In den Sterbematrikeln in Tekirdağ steht unter dem Datum vom 12. 9. 1799 die Eintragung vom Tod des István Horváth im Alter von 120 Jahren; und in den Heiratsmatrikeln fand sich eine frühere Eintragung zur Trauung der Tochter des István Horváth mit ›Dominus Generalis Miques‹ als Trauzeugen.

Die mit dem ›Buch‹ beschenkten Redakteure des erstgenannten Wiener Blattes konnten sich nach Josephs II. Tod nicht mehr erlauben, Briefe aus dem Umkreis des Rebellen Rákóczi dem Zensor zur Druckgenehmigung zu unterbreiten. Das Manuskript wurde einem tatkräftigen jungen Propagandisten der neuen ungarischsprachigen Literatur, István Kulcsár in Szombathely (Steinamanger), anvertraut, der in Graf György Festetics einen einflußreichen Mäzen fand und 1792 auch noch die Genehmigung durch den Zensor erwirkte, was im Jahr des Erscheinens, 1794, wie es heißt, nicht mehr möglich gewesen wäre. Und die jungen Literaten lasen begeistert Authentisches, um ein Haar Verbotenes über den zum Mythos gewordenen Rebellenfürsten und mit Erstaunen Texte in einem zauberhaften Ungarisch, wie sie es sich aus den Gegebenheiten der lebendigen Sprache, den europäischen Strömungen ihrer eigenen Zeit folgend, erst noch erarbeiten mußten.

Der im ungarischen historischen Gedächtnis zum einen als ewiger Märchenprinz (der ja doch kam, als man ihn rief), zum anderen als mythischer Protagonist ewigen (und doch ausgehaltenen) Scheiterns fortlebende Fürst und sein über der eigenen Epistelpoetik brütender Kammerherr, der es ohne den Hauch eines Echos und damit der Anerkennung aushielt an fremder Küste, sind und bleiben im Bewußtsein der Nachwelt aneinander gekoppelt. Die ungarische Literatur empfängt aus Mikes' Briefen und von der sich in ihnen äußernden Künstlerpersönlichkeit seit zweihundert Jahren fortdauernd Impulse, und tief empfunden ist der Respekt vor jener Leistung in aller – auch tauber! – Stille.

Mikes und das Meer – Mythos der meerlosen Ungarn vom Alleinsein in der Fremde. Ein Schriftsteller unserer Zeit und Übersetzer der *Memoiren* des Fürsten aus dem Französischen, der 1991 verstorbene István Vas, schaute, wie von seiner Frau berichtet, am letzten Tag seiner letzten Amerika-Reise auf den Atlantik hinaus. Irgendwo hinter dem Horizont: sein Zuhause, mit Blick auf die siebenfach brückenüberspannte Donau, und er seufzte: »Armer Mikes.«

Berlin, Mai 1999

Paul Kárpáti

Zeittafel

1690 *August:* Kelemen Mikes wird im südostsiebenbürgischen Zágon als Sohn kalvinistisch-protestantischer Eltern adligen Standes geboren
November: Gefangennahme, später Hinrichtung des Vaters wegen Teilnahme an bewaffneten Aktionen zur Abwehr des Zugriffs der Habsburger auf das Fürstentum Siebenbürgen

1700 Herangewachsen bei Verwandten, mit der wiederverheirateten Mutter Übertritt zum katholischen Glauben; Besuch einer Jesuitenschule in Klausenburg/Kolozsvár

1703 Beginn des Freiheitskrieges (in der Folge der sog. Kuruzenkriege) unter der Führung von Ferenc Rákóczi II. gegen die Wiener Regierung um die Wiedergewinnung nationaler Eigenstaatlichkeit durch die Konföderation der Stände des Königreichs Ungarn und die Union mit dem Fürstentum Siebenbürgen

1704 Wahl Ferenc Rákóczis II. zum Fürsten von Siebenbürgen; Klausenburg und ein Großteil des Fürstentums in ungarischer Hand

1707 Aufnahme des siebzehnjährigen Mikes in die zur Elite-Bildung gegründeten Adels-Companie; Gelöbnisabnahme durch den Fürsten, dem Mikes als Page (von 1709 als Kammerjunker) zu persönlichen Diensten zugeteilt und in dessen unmittelbarer Nähe er bis ans Lebensende seines Herrn bleiben wird

1711 Mikes im Gefolge des Fürsten in Polen, zunächst um militärische Unterstützung bemüht, nach dem Friedensschluß der siebenbürgischen Stände mit Wien (29.4. in Szatmár) erste Station des Exils

1712 Im November Abreise aus Danzig an Bord des englischen Frachters ›St. George‹

1713 Im Januar Ankunft im französischen Hafen von Dieppe

1713-1715 Im Gefolge des (inkognito als ›Comte de Charoche‹ auftretenden) Fürsten am Hofe Ludwigs XIV. und in Schlössern des französischen Hochadels; vom Fürsten geförderte Studien zum Erwerb guter Sprach- und Literaturkenntnisse

1714 Besiegelung der diplomatisch-politischen Niederlage Rákóczis im Frieden von Rastatt (Ausgleich zwischen den Hegemoniebestrebungen der Bourbonen und der Habsburger)

1715 Rákóczi und seine nicht repatriierten Anhänger werden für vogelfrei erklärt und ihre Güter enteignet

1715 1.9.: Tod Ludwigs XIV., des Schutzherrn von Rákóczi, der sich mit seinen nächsten Bediensteten, unter ihnen Mikes, ins Ordenshaus der Kamaldulenser in Grosbois bei Paris zurückzieht

1715 August: Sieg der kaiserlichen Armee unter Prinz Eugen von Savoyen über die Türken bei Belgrad

1717 September: Rákóczi folgt dem Ruf Sultan Ahmets III. (1703-1730) und reist mit einem Gefolge von rund vierzig Mann, Ungarn und Franzosen, von Marseille in die Türkei

1717 10.10.: Ankunft im Dardanellenhafen von Gallipoli/Gelibolu an Bord des französischen Seglers ›L'Ange Gabriel‹; Datierung des ersten literarischen Briefes von Kelemen Mikes

1718 21.7.: Unterzeichnung des Friedens von Passarowitz/Požarevac zwischen Türken und Österreichern; einer Vertragsbestimmung entsprechend Umzug der ungarischen Exulantengruppe aus der Zweitresidenzstadt Adrianopel/Edirne erst nach Büyükdere, dann nach Yeniköy am Bosporus

1720 24.4.: Ankunft am nächsten und endgültigen Zwangsaufenthaltsort Rodosto/Tekirdağ an der rumelischen (europäischen) Küste des Marmarameers

1723 In einem Brief unterrichtet Mikes' Mutter ihren Sohn über Bemühungen und Chancen für seine Begnadigung; er jedoch bittet nicht um Gnade

1730 Innenpolitische Krise im Osmanenreich: Janitscharenaufstand

1730-1754 Sultan Mahmut I.

1732 Der Fürst nimmt seinen ›Ersten Kammerherrn‹ (*mon bien aimé premier Gentilhomme de la Chambre, le Sr. Mikes de Zágony*) in sein Testament auf

1733-1734 Europäische Verwicklungen um den polnischen Thron wecken noch einmal Hoffnungen bei den Exulanten auf Einbeziehung in eine Allianz gegen Wien

1735 8.4.: Tod des Fürsten Ferenc Rákóczi II.; seinem letzten Willen gemäß werden sein Herz und sein handschriftlicher Nachlaß nach Frankreich gebracht und den Kamaldulensern in Grosbois anvertraut

1737-1740 Abenteuerliche, politisch und militärisch bedeutungslose Unternehmungen der Exil-Ungarn, angeführt von Fürst Rákóczis Sohn, Prinz József (gest. 1738 in Tschernawoda), im Kriegsgeschehen zwischen den verbündeten Russen und Österreichern sowie den (mit dem Frieden von Belgrad 1739) erfolgreichen Türken

1740 Tod des preußischen Königs Friedrich Wilhelm I. (31.5.) und Kaiser Karls VI., als ungarischer König Karl III. (20.10.); Mikes' Gnadengesuch wird von Maria Theresia abgelehnt: *Ex Turcia nulla redemptio*

1740-1751 Vorwiegend übersetzerische Tätigkeit aus dem Französischen: Manuskriptfassungen von Erzählungen sowie Meditationen und Traktaten

1753 Mikes infolge Augenleidens zeitweilig sehunfähig

1754-1757 Sultan Osman III.

1756-1763 Siebenjähriger Krieg

1757-1774 Sultan Mustafa III.

1758 Die Hohe Pforte ernennt Mikes zum Başbog (Führer) der ungarischen Kolonie von Rodosto

1759 Wiens Gesandter in Konstantinopel erteilt Mikes die Genehmigung zur Korrespondenz mit Verwandten in Siebenbürgen

1761 2.10.: Kelemen Mikes stirbt an der Pest; sein Grab in Rodosto ist unbekannt

1794 Erstdruck des 1786 in Wien aufgetauchten Manuskripts der *Briefe aus der Türkei*, heute in der erzbischöflichen Bibliothek zu Erlau/Eger verwahrt

Morgenland und östliche Weisheit im insel taschenbuch

Erotische Geschichten aus den Tausendundein Nächten. Aus dem arabischen Urtext der Wortley-Montague-Handschrift übertragen und herausgegeben von Felix Tauer. it 704

Die Erzählungen aus den Tausendundein Nächten. Vollständige deutsche Ausgabe in zwölf Bänden. Zum ersten Mal nach dem arabischen Urtext der Calcuttaer Ausgabe aus dem Jahre 1839. Übertragen von Enno Littmann. it 224

Geschichten der Liebe aus den 1001 Nächten. Aus dem arabischen Urtext übertragen von Enno Littmann. Mit acht farbigen Miniaturen. it 38

Ibn Hazm al Andalusi: Von der Liebe und den Liebenden. Aus dem arabischen Urtext übertragen von Max Weißweiler. it 1757

Yoshida Kenkō: Betrachtungen aus der Stille. Das Tsurezuregusa. Aus dem Japanischen übertragen, erläutert und mit einem Nachwort versehen von Oscar Benl. Mit zehn Holzschnitten. it 1370

Kin Ping Meh oder Die abenteuerliche Geschichte von Hsi Men und seinen sechs Frauen. 2 Bde. Aus dem Chinesischen übertragen von Franz Kuhn. Mit Illustrationen einer alten Ausgabe. it 253

Lao-Tse: Führung und Kraft aus der Ewigkeit. Das Tao-te-king in der Übertragung aus dem chinesischen Urtext von Erwin Rousselle. it 849

Kakuzo Okakura: Das Buch vom Tee. Aus dem Japanischen übertragen und mit einem Nachwort versehen von Horst Hammitzsch. Mit Fotos aus Japan und einem Essay von Irmtraud Schaarschmidt-Richter. it 412

Die Räuber vom Liang Schan Moor. Ein altchinesischer Roman. Mit sechzig Holzschnitten. Aus dem Chinesischen übertragen von Franz Kuhn. it 191

Annemarie Schimmel: Mystische Dimensionen des Islam. Die Geschichte des Sufismus. Mit zahlreichen Abbildungen. it 1715

Die schönsten Märchen aus 1001 Nacht. Nacherzählt von Günter Eich. Herausgegeben von Karl Karst. it 1740

Tausendundeine Nacht. Neue Erzählungen. Aus dem arabischen Urtext vollständig übertragen und erläutert von Felix Tauer. it 1768

Der Traum der Roten Kammer. Ein Roman aus der frühen Tsing-Zeit. Aus dem Chinesischen von Franz Kuhn. it 1772

Tschuang-Tse: Reden und Gleichnisse des Tschuang-Tse. Ausgewählt und mit einem Nachwort versehen von Martin Buber. Großdruck. it 2317

156/1/12.96